巴蜀文化通史

百〇四岁叟 马识途

《巴蜀文化通史》学术委员会

章玉钧　隗瀛涛　李绍明　林　向　胡昭曦　贾大泉
谭继和　万本根　陈玉屏　罗　鸣　沈伯俊　彭邦本

主　编
章玉钧　谭继和

副主编
罗　鸣　彭邦本

编辑部
主　任　侯水平　向宝云
副主任　万本根　李　庆

"十二五"国家重点图书出版规划项目

四川建设西部文化强省重点项目

章玉钧　谭继和　主编

巴蜀文化通史
交通文化卷

蓝勇等　著

四川人民出版社

编者的话

巴蜀文化通史

编者的话

《巴蜀文化通史》编撰工程是中共四川省委批准、省委宣传部直接组织和领导，由四川省繁荣发展哲学社会科学协调小组立项、四川省社会科学院牵头的四川省西部文化强省建设重点支持项目，也是"十二五"国家重点图书出版物出版专项规划及国家出版基金（2016年度）资助项目。一直关心四川文化传承创新的省老领导杨超、杨析综、何郝炬、冯元蔚、廖伯康、聂荣贵、李永寿等同志率先向省委、省政府倡议启动编撰工作。在编撰研究过程中，得到了陶武先、柯尊平、王少雄、甘霖等历届省领导的大力支持和亲切指导，我们谨致衷心的敬意和感谢。

本书编撰委员会于2006年设立，编撰工作由此启动，至2020年全面完稿，历时十五年。编撰委员会名誉主任陶武先，主任王少雄、柯尊平，副主任殷建中、贾松青、侯水平、隗瀛涛、李绍明；顾问蔡美彪、李学勤、张海鹏；编委会成员有章玉钧、林向、胡昭曦、贾大泉、谭继和、万本根、陈玉屏、罗鸣、沈伯俊、彭邦本、向宝云、王素、舒大刚、邓经武、赵振铎、龙晦、龙显昭、刘平斋、吴野、钱来忠、曹顺庆、陈德述、任新建、李明泉、张忠仁、王毅、王庭科、冉光荣、杜肯堂、李学明、孙锦泉、陈廷湘、刘复生、佘正松、李健、李刚、李诚、江玉祥、江章华、蒋维明、季富政、高大伦、段志洪、侯德础、谢元鲁、甘绍成、张明富、张凤琦等。编委中，有些作为学术委员会成员，自始至终参与本书研讨和审定；有的承担了分卷的撰著；有的在本书酝酿和编撰的相关会议上提供了不少宝贵意见；有的应邀对有关书稿审阅并提出有益的建议。总而言之，编委们都为本书编撰出版做出了各自的贡献。另还专门请宗性（中国佛学院）审读了《宗教文化卷》。

编撰工作具体依托四川省社会科学院进行，院历届领导贾松青、侯水平、李后强、向宝云、高中伟等都给予大力支持、督促和帮助，多次召开院党委或院办公会议，听取编辑部汇报，决定有关事项并检查落实。编辑部成员张彦、彭东焕、印国玲在具体组织协调、制订规范规则、联系作者、学术讨论记录（含录音）、编写简报等方面做了大量工作。

《巴蜀文化通史》是集思聚智的学术成果，撰著参与者及分工情况详见于各卷后记。以下谨按卷次列出主要撰著者名单，共同见证这部著作的出版：

《通论卷》	谭继和著
《农业与水利文化卷》	彭邦本编著
《工商文化卷》	张学君著
《城市文化卷》	何一民等著
《建筑文化卷》	庄裕光著
《交通文化卷》	蓝勇等著
《民族文化卷》	赵心愚、杨铭等著
《宗族与会社卷》	张力著
《移民文化卷》	陈世松著
《方言卷》	李国太、黄尚军、袁雪梅、曾为志著
《民俗文化卷》	徐学书、喇明英、况红玲等著
《哲学思想卷》	蔡方鹿、刘俊哲、金生杨著
《史学卷》	粟品孝、周鼎、李晓宇著
《宗教文化卷》	李远国、向世山等著
《教育卷》	徐辉、徐仲林等著
《文学卷》	邓经武著
《艺术卷》	苏宁、沈博、幸晓峰著
《科技文化卷》	查有梁、王迎川、周世祥等著

《传播文化卷》　　　　　赵志立著
《文献要览卷》　　　　　舒大刚、李冬梅等著
《巴蜀文化大事记》　　　张彦、陈德言、王林、彭东焕编著
《巴蜀文化研究论著索引》　李敬洵编

  由于多领域的地域文化通史尚属首创，不同门类各有其文脉演变、内在逻辑与历史进程，故未对各卷涉及本领域涵盖的时间起止及个别体例做统一的要求。编著者虽务求如清人顾炎武所说"庶几采山之铜"，而力避"买旧钱""废铜以充铸"，但因见闻学识所限，书中疏漏不足之处，尚祈望读者正之。

  最后要说的是，全书从编撰到出版来之不易，还得益于四川人民出版社历任社长罗韵希、解伟、黄立新，副社长骆晓平，总编辑刘周远的关心和支持。特别是谢雪编审从中协调、统筹以及众多编辑"为他人作嫁衣裳"的辛勤付出。巴蜀文化界学术界的领军人物、尊敬的马识途先生在2018年一百零四岁时为本通史题写书名。在此，我们表示深深的谢意。

章玉钧　谭继和　罗鸣　彭邦本

2021年11月

总 序

◎ 章玉钧

呈献在读者面前的这部多卷本《巴蜀文化通史》，是国家重点图书出版物出版专项规划项目、国家出版基金资助项目和四川省西部文化强省建设重点支持项目的学术成果。这个项目由中共四川省委宣传部直接组织和领导，四川省社会科学院牵头，川渝合作，组织和邀约四川省、重庆市七十多位巴蜀文化研究专家参加，得到四川省委、重庆市委和国家有关部门的重视和支持，获得国家和省文化产业经费的资助。全书二十二卷二十八册，约一千六百万字。编撰出版工作历时十五年终告完成。参加本书编修的专家学者们团结协同、切磋琢磨、集思聚智、甘苦备尝，贡献了创造性的劳动。四川人民出版社和各卷责任编辑认真敬业，严谨审慎，做出了辛勤奉献。在此，谨就编撰《巴蜀文化通史》的缘起与旨归、定位与特色、架构与方法、集成与出新，作一概括的介绍，以助读者对全书先有个总体的了解。

缘起与旨归

编修《巴蜀文化通史》之议，酝酿已久。20世纪80年代至90年代，巴蜀文化和蜀学研究在四川逐步升温，在选编出版徐中舒、蒙文通、顾颉刚、任乃强、邓少琴、冯汉骥等大师关于巴蜀文化的论著①后,陆续编写出版了《巴蜀文化图典》②《巴蜀文化研究丛书》③《巴蜀文化系列丛书》④。大家既为"地域文化热"的兴起而振奋,又在同地域文化研究先行地区的比较中,看到我们的差距,深感传承、整合和弘扬巴蜀文化,要抓牵头的东西,抓具有基础性、全局性和带动性的项目。2001年,一直关注文化的四川省老领导杨超、杨析综率先提出编撰《巴蜀文化通史》的倡议,杨超还构想系统整理自古以来的巴蜀文献,编成《巴蜀全书》。他们登高一呼,高屋建瓴,对学界有很大的启发和鼓舞。经过反复酝酿,省里八位老同志⑤于2005年10月联名致信四川省委、省政府,建议启动《巴蜀文化通史》的编撰工程。在组织四川高校和研究机构数十位专家学者进行论证,并征得重庆市有关领导和专家学者的赞同后,省委批准立项,审定了全书的框架设计。2006年7月,《巴蜀文化通史》多卷本编撰工程正式开展。

大家渴望编撰《巴蜀文化通史》并积极付诸行动,是基于这样的共识:民族文化是一个民族的根、脉、魂,是民族精神的载体,是支撑民族生存和发展的脊梁。全球文明古国各具优长,唯有中华文明几千年来一脉贯通地连续发展至今,重要原因是有由甲骨文、金文发展而来的形、音、义相结合的汉字为重要载体和文化纽带,用其写成的文史典籍代代承传,从未间断,起到全民族凝心聚力的巨大作用,激励中华民族历经磨难而不衰,直至迎来民族走向伟大复兴的盛世。巴蜀文化是多源汇成一脉、多元聚为一体的中华文

---

① 徐中舒《论巴蜀文化》、蒙文通《巴蜀古史论述》、顾颉刚《论巴蜀与中原的关系》、任乃强《四川上古史新探》、邓少琴《巴蜀史迹探索》,均由四川巴蜀史研究会编辑,由四川人民出版社于20世纪80年代出版。此后还有《冯汉骥考古学论文集》1985年由文物出版社出版,另有《缪钺全集》2004年由河北教育出版社出版。
② 该图典由川渝合作编成,刘茂才、滕久明任编委会主任,万本根、俞荣根任主编,四川人民出版社1999年出版。
③ 该丛书由杨超、杨析综任编委会主任,首批六册。李绍明《巴蜀民族史论集》、隗瀛涛《巴蜀近代史论集》、林向《巴蜀考古论集》、胡昭曦《宋代蜀学论集》、谭继和《巴蜀文化辨思集》、徐南洲《古巴蜀与〈山海经〉》,均由四川人民出版社2004年出版。
④ 该丛书由杨超、杨析综任编委会主任,谭洛非、邓星盈、万本根任主编,共十册,四川人民出版社2001年出版。
⑤ 八位老同志是杨超、杨析综、何郝炬、冯元蔚、廖伯康、聂荣贵、李永寿、章玉钧。

化中一个重要的区域文化，是博大精深的中华文明的一枝奇葩，在中华民族文化谱系中占有独特的地位。她绚丽多彩、大器包容，在与兄弟地域文化交流互益、吞吐融会中发展繁荣，形成并展示出独特的神韵和魅力，使哺育她的中华文化更添灿烂辉光。对于川渝地区各族同胞而言，巴蜀文化就是我们世代生存之根、承传之脉、发展之魂。

巴蜀大地钟灵毓秀、文脉悠长，堪称多种人类遗产荟萃的聚宝盆。巴蜀文化有许多独具的特色和亮点，足以令我们为先辈的创造感恩并自豪。茂县营盘山、成都平原从宝墩到三星堆、金沙以及长江三峡、宣汉罗家坝等处文化遗址的多次惊世发现，结合古文献资料，无可辩驳地证实了巴蜀作为长江上游的上古文明中心，丰富了中华文明的基因，显示出古蜀古巴文化永恒的魅力。周秦以来，中华思想文化素以儒学、道学为主干；佛学西来后，更以儒释道交融互补为特色。蜀地仙道发源很早，成为天师道的创教地；儒学从西汉起就在此代代传承，文翁石室、周公礼殿、孟蜀石经彪炳千秋；在佛教中国化的进程中，巴蜀出了许多大德高僧，尤其是禅学大师，成为中国禅学中心之一。作为中国重要地域学术文化的蜀学，富有哲思传统和文史之长，"易学在蜀""史学莫隆于蜀""文宗自古出巴蜀""自古诗人例到蜀"等赞语，无不彰显历代巴蜀学术文化的璀璨夺目，成就非凡。巴蜀的音乐、舞蹈、碑刻、石窟、书法、绘画、诗词歌赋、戏剧、织锦、酿酒、制茶、肴馔等享有盛誉，非物质文化遗存丰赡多彩。巴蜀悠久的农耕文化与繁盛的工商文化相得益彰，并曾在水利开发、天然气开采、钻井术、天文、数学、医药等科技领域独占鳌头，纸币"交子"首发领先全球。巴蜀是中国历史上一个典型的移民区域，又长期是汉族和许多少数民族相聚和融合的地区，开拓了对外交往的条条蜀道，形成了连通中亚、南亚的南方丝绸之路和藏羌彝民族走廊。移民文化与原生文化、汉文化与少数民族文化、本土文化与外来文化在这里交融互动，使巴蜀文化具有很强的开放性、包容性、创新性和辐射性，这些特性被学者喻为"水库效应"。巴蜀儿女自古敢为天下先，尤其是百余年来向现代化转型时期，巴蜀文化哺育和造就了众多的杰出人物和文化精英，红色文化光耀史册，三线建设举国之重，"改革之乡"①闻名遐迩。在2008年"5·12"汶川特大地震等自然灾害的救援和重建过程中，四川人民表现出的英勇、睿智、大爱、感恩，也都凝聚着巴蜀文化浴火重生的精神。

当今中国正处于世界百年未有之大变局，建设社会主义文化强国，着力提升文化软实力，关系到"两个一百年"奋斗目标和中华民族伟大复兴中国梦的实现。身为当代学人，要在马克思主义指导下，树立高度的文化自觉和自信，十分珍视本土优秀的传统文化，处理好传统文化与现代化、本土文化与外来文化的关系，立大志愿，开大视野，用大手笔来发掘和系统梳理传统文化资源，传承、整合、弘扬巴蜀文化，致力于培根铸魂、固本延脉，使我们优秀的文化基因永续传承，与当代社会相协调，让富有恒久魅力、具有当代价值的巴蜀文化在提高全民精神素质，推进文化强省强国，铸牢中华民族共同体意识和助推构建人类命运共同体的进程中发挥应有的作用。

编撰多卷本的《巴蜀文化通史》，具有深远宏大的文化价值、学术价值和应用价值。一是对巴蜀文化几千年的发展轨迹及其创造、积累的宝贵文化财富，作出系统梳理和规律性总结，可以回应巴蜀民众了解"我是谁""我从哪里来"的文化寻根需求，丰富人们的精神世界，尤其是在道德规范和价值取向上得到涵养和化育。二是可以较全面地展示巴蜀文化的神韵和亮点，系统阐扬蜀史、蜀学、蜀文、蜀艺，构筑宽阔的学术研究平台，为巴蜀人文社会科学走向繁荣，促进传统文化的创造性转化和创新性发展，发挥立其大本、凝聚人心、导向助推的作用。三是同兄弟地域文化的研究成果相互呼应、相得益彰，有助于深入了解中华文化，传承中华文脉，为我们的母亲文化增光添彩，一起来展示她的独特魅力，进而与世界多元文化中不同民族文化平等交流互鉴，为建设新时代中国特色社会主义文化，增强我国的文化竞争力和软实力添砖垒瓦。四是更进一步促进川渝文化合作，可以为繁荣、丰富当代巴蜀先进文化建设，尤其是推进文化创意产业和康乐旅游产业，发掘深层次的文化内涵，提供坚实的学术依据，从而开启思路、激发灵感，以文塑旅，以旅彰文，把潜在文化资源（包括物质文化遗产和非物质文化遗产）

---

① 邓小平1982年对家乡四川的深情赞语。

转化为现实的生产力和文化软实力。五是有助于改变四川高校和研究机构在巴蜀文化和蜀学研究上各自为政、力量分散的状况，使之汇聚并形成有较高水平的老中青结合的研究队伍。与《巴蜀文化通史》珠联璧合的《巴蜀全书》，作为四川有史以来最大规模的古籍文献整理工程，经由四川大学古籍整理研究所提出并担纲，在四川省社会科学院和兄弟高等院校协力下，2012年以来，已出版阶段性成果两百余种，就是蜀学研究正在形成合力的又一明证。

定位与特色

为了实现前述宗旨，参与编撰的同仁都力求使《巴蜀文化通史》既是文化集成，又是学术创新，努力做到观点有一定创新性，知识含量丰富，资料翔实，文笔流畅，总体上进入巴蜀文化研究的学术前沿，在科学性、系统性、创新性、前瞻性、可读性等方面力争成为当代巴蜀学人可以"预流"——预于时代学术潮流的成果，成为在巴蜀文化研究上服务于现实并可继往开来的学术著作。但我们悬鹄虽高而未必力所能逮，故难免"取法乎上，仅得乎中"之憾。

这部书的研究对象是巴蜀文化，性质是通中寓专、通专结合的文化通史，角度是把地域史学与文化学及相关学科契合起来，贯穿全书的编撰理念是"三通"，即纵通、横通与会通。这里就分别说一说本书的"文化"本位、"巴蜀"立位和"三通"定位。

（一）"文化"本位

世界上对"文化"的定义已经有好几百种。我们以唯物史观为指导，本着天人合一、以人为本的中华人文精神[①]来解读文化。"惟天地万物父母，

[①] 天人合一、以人为本，打破天道与性命的隔阂，既避免把天人合一引向神学化，也避免陷入人类中心主义，而把敬畏、顺应自然与发挥人的主体能动性相统一，蕴含天人相依相待、互动互益的张力。

惟人万物之灵。"①人作为自然演化的产儿，受惠于天地万物，在群体劳动实践中成为地球上的万物灵长，既能创制工具，又能用语言交流，进而创制文字，由此有了文化及其积累、传承，于是便创造了"人化的自然界"。同时，在法天、法地、法万物的进程中，人也改变和提升着自身。汉字的"文"，原意是文身、文饰、纹理，以文来显示，以文来变化，讲规矩、礼貌，与禽兽区别开来。这是外在的，更是内在的。文的外化于行与内化于心，开物成务与锻塑成人，乃是人类与自然进行精神与物质相互变换中联袂互动的双重效应。自然力所为乃造化，人类心力所创是文化。文化从何而来？由人化文；文化落脚何方？以文化人。荀子讲"化性起伪"，"伪"就是人为的东西。要改变自身才能更好地改变世界。文化就是这样"人化"与"化人"（或曰"人为"与"为人"、人性的外化与内化）相统一，在双向建构中螺旋式上升，推动着人居世界的演进。人，既是创造文化的能动主体，又是文化所创造的价值主体。这与古语"人文化成"②的解读可以相通，也跟西方"文化"一词兼容"耕作、栽培"（外化）和"养育、教化"（内化）的语义相衔接。《中庸》讲至诚尽性，内外交修："惟天下至诚，为能尽其性。能尽其性，则能尽人之性；能尽人之性，则能尽物之性；能尽物之性，则可以赞天地之化育；可以赞天地之化育，则可以与天地参矣。"③这段话，恰可理解作为内化与外化相统一的文化的功能。

这样的广义文化，它对外与天地万物相成相济，内结构则包含着精神文化、语文符号、规范体系（行为习俗和法律）、社会制度和社会组织、物质产品等要素。④这些文化要素，大体可划分为相互联结、相互渗透的三个层面：外层是作为基础的物态文化，即经过人的劳动形成的"人化"自然或器物层面，体现人与自然的互动关系及其物质成果；中层是语文符号、制度文化和行为习俗文化等，可称为"交往文化"，体现出人与人的互动关系即社会关系，也是精神文化的外在表现；内层则是以价值观为核心的精神文化，

---

① 《尚书·周书·泰誓上》，《十三经注疏》上册，中华书局1979年影印本，第180页。
② 《易·贲卦·彖辞》："观乎天文以察时变，观乎人文以化成天下。"
③ 《礼记·中庸》，《十三经注疏》下册，中华书局1979年影印本，第1632页。
④ 《中国大百科全书·社会学卷》，中国大百科全书出版社1991年版，第409页。

体现出人的心灵世界在真、善、美、圣（科学、道德、艺术、哲学、宗教）诸多领域与境界的创造。清代龚自珍说过："圣人之道，本天人之际，胪幽明之序，始乎饮食，中乎制作，终乎闻性与天道。"①文化的上述三个层面，既如血脉相通，总体上联动互进，在变迁时序上又往往呈现有速有缓、或前或后的不平衡发展状态。这种总体性与异步性的统一，是在研究和描述文化史时需要仔细琢磨和体现的。

综上所述，文化是在天人相合相分、互动互益进程中人的生命存在及其取得的全部成果，或简单地说，文化就是人类独有的生存方式。人们总是生活在世代传承而又不断积累、不断丰富的文化之中。这文化如水，滋润万物；若风，吹拂人间；又好比血液，灌注循环于特定民族或地区人群的心灵深处，产生凝聚力和认同感，积淀、凝结为人们稳定的生存方式。因此，人类的文化既有共通性，又有民族性、地域性和时代性，是多元的、多样的，而不是单一的、无差别的。不同民族、不同地域、不同时代产生的文化模式，形成的文化精神各有不同。伴随着时代的风云变幻，当不同文化相遇、相会时，从价值观念、思维方式、生活样态到社会习俗，就会产生交流、交融、交锋，出现文化选择和互融，进而导致文化的转型。通观世界历史，文化转型曾有过各种不同的类式。中华文化的现代转型是守正创新，把马克思主义基本原理同中华优秀传统文化相结合的自主式；而不是聚合多种移民文化、喧宾夺主的复合式；更不是那种特定场合下原有文化解体，被另一文化取代的断崖式。

"文化"和"文明"是两个意义相近又有区别的概念。文化侧重于文的功能，文明侧重于文的成就。人猿揖别，就出现文化；到告别蒙昧、野蛮，才进入文明时代。文明是个褒义词，囊括人类创造的积极成果之总和，用以指称人类社会的进步程度和开化状态。②当今多以文化标示民族性差异和地域性特色，而以文明标示人类的普遍行为和多元成就。文明因交流而互鉴，因互鉴而发展。在经济和科技全球化进程中，许多物态文化和一部分行为习

---

① 《五经大义终始论》，《龚自珍全集》，上海人民出版社1975年版，第41页。
② 《易·乾·文言》："见龙在田，天下文明。"《尚书·舜典》："睿哲文明。"孔疏："经天纬地曰文，照临四方曰明。"

俗文化在逐步趋于同质化，而具有不同基因的制度文化、语言文字，特别是精神文化，则终会呈现和保持多样化。这一部地域文化通史，本着文化的多元性和相通性来立论，各卷都力图写出浓郁的地域文化味，体现出"人化"与"化人"的统一。

（二）"巴蜀"立位

广袤的中华大地因地壳碰撞形成了自西向东、由高到低三个落差很大的阶梯，巴蜀处于高阶到中阶的内陆腹地，连通祖国的南北西东。巴蜀西部为青藏高原东南缘及横断山区北段，东部为群山环抱的四川盆地，总体地势西高东低，地形地貌独特丰富，集雄、奇、险、秀于一体，自然禀赋得天独厚，是万物生灵的洞天福地。巴和蜀是上古以来巴人、蜀人及其他族群先民活动的地域，二者相连乃至交错，文化复合共生，自成一个地域文化区系。在中华文明满天星斗式的起源中，这里是相对独立肇兴的长江上游文明起源中心，有巫山人、资阳人为代表的文化根系，有万年以上的文明起步，上古巴蜀地域文明形成和发展中的不少谜团还有待地下发掘来破解。三千多年前巴蜀文明就与中原文明血脉交融，与吴越、荆楚等文明紧密互动，也与南亚、中亚文明交流互鉴。公元前316年，秦并巴蜀后则更紧密全面地融入中华文明共同体，成为它重要的组成部分之一，东汉时即享有"天府之国"的美誉。巴与蜀同源同围，文化具有同质性和内聚力，而自然人文环境又同中有异，形成了刚柔相济的复合型文化共同体。蜀人慕文好乐，精敏健雄，浪漫诙谐；巴人质直尚勇，豁达豪爽，吃苦耐劳。所谓"巴出将、蜀入相"，大致道出了两者文化性格的差异。巴蜀的地域范围历代有涨有缩，行政区划迭有变迁（包括1997年以后川渝分治），而长期历史形成的巴蜀文化区虽没有截然划定的边界，却是相对稳定的整体，并未因行政区划变动而忽合忽分。巴蜀文化区的范围是涵盖今四川省和重庆市地域，兼及周边风俗略同地区的民族文化共同体。它以史源悠久、流传有绪的巴文化、蜀文化为主轴，既包括四川盆地以汉族为主体、辐射四周的文化，也包括盆地周边各以藏、彝、羌、苗和土家等世居少数民族为主体、各民族和谐共融的文化，是这一地区从古至今多民族地域文化的总汇。这部书论述的地域以今四川省和重庆市为主，对不同历史时期曾纳入巴蜀行政区划或与其文化关联密切的地域也有涉及。

巴蜀虽地处祖国内陆，不靠边、不濒海，却衔接南北，连通西东。在编撰这部书时，我们力求处理好巴蜀文化与其母文化——中华文化的关系，重视巴蜀文化与兄弟地域文化之间的交集和互动，着眼于巴蜀文化的特性、个性，寓共性于个性之中，寓统一性于多样性之中。我们也重视巴蜀文化与域外文化之间的交集和互动，注意巴蜀文化在中外文化交流中所起的作用。在巴蜀文化内部，我们力求处理好蜀文化与巴文化相互之间的关系，巴蜀汉民族文化与各世居少数民族文化的关系，尽可能都给以充分的关注，反映它们之间的共性与个性、互联与互动，力避顾此失彼，详略失当。为涵盖并展示少数民族文化多姿多彩的众多领域和方面，这部书除单独设置《民族文化卷》外，各有关专题卷都力图把相关领域的少数民族特色文化摆在重要位置进行阐述和概括。

（三）"三通"定位

"三通"是贯穿全书的重要编撰理念。史著价值在于信，通史灵气在于通。司马迁"究天人之际，通古今之变，成一家之言"①是我们心向往之、孜孜以求的目标。史学前辈范文澜等曾提出"三通"（"直通""旁通""会通"），我们根据编撰《巴蜀文化通史》的要求，把历时态的"纵通"、共时态的"横通"与跨文化、跨学科的"会通"，合在一起作一些新的阐释。世界是通的，大历史是通的，大文化是通的。文化史的发展，本来就涵盖着纵向的全过程、横向的多层面、跨文化的多领域。通向历史本真，揭示历史本体，是"三通"追求的目标。尤其是作为通中寓专、通专结合的多卷本地域文化通史，无论承担通论或专题卷的学者，都力求在"三通"上下功夫。

一曰纵通，指历时态全过程的贯通。"观水有术，必观其澜。"这部书贯穿古今，上溯于远古巴蜀先民之蒙昧初开，下迄21世纪初年川渝之文明新

---

① 《史记》卷一三〇《太史公自序》。

貌，原始察终，系统梳理这个既有内在连续性，又呈现不同时代阶段性的曲折过程中巴蜀文化层积而兴的脉络，由此分析其在各个历史时期的盛衰流变，此起彼伏的高峰低谷，展示巴蜀文化的特色和贡献，进而探究其发展的逻辑进程，尤其是传统巴蜀文化向现代化转型的路径，论证巴蜀文化的当代价值和意义，揭示巴蜀文化的发展趋势和前景，做到鉴古察今、述往知来。这是全书贯穿始终的主线。这条主线还可以从实践与认识的角度一分为二：一是巴蜀文化的实践史、发展史；二是在实践基础上对巴蜀文化的认识史、研究史。二者结合方能从实践与认识的循环往复中，深入把握"外化与内化相统一"的文化真髓。

二曰横通，指共时态全方位的互通。"事不孤起，必有其邻。"从全书立卷到各卷章节的设置，都力图以时间为经，以反映文化的不同层面及专题为纬，纵横交织，立体成像。历史运动是有结构的，它是过程与结构的统一，广义文化中各层面的共生、交叉、互动就体现着这种结构性。这部文化通史不仅要剖析巴蜀文化发展的过程，同时要展现巴蜀文化的层次与结构。本书多数专题卷，虽然在物态文化、交往文化、精神文化几个层面中各有其侧重点，但都是从有血有肉的文化肌体中抽出来的，不能孤立求索和描述。研究时不仅不能把经济基础与其上层建筑割裂开来，还要努力展示文化各层面的横通，展示各专题内部各个相关领域的横通。这样做是为了尽量体现地域文化生成的内在机理，使读者把握到神完气足、血肉丰满、生机勃勃的整个巴蜀文化。

三曰会通，着重指跨文化、跨学科的多元共融，全景式打通。《易·系辞上》说："圣人有以见天下之动，而观其会通。"①南宋郑樵《通志》特别强调"会通"。②要从天下事物阴阳变动不居的状况，观察领悟其会合变通的卯窍。人类文化从来是多元并存，在相互比较、碰撞、渗透、融合中发展的。研究地域文化，必须有开放式的大视野，具备跨文化、跨学科的眼界

---

① 李鼎祚《周易集解》注文中引用汉代干宝："观日月而要其会通，观文明而化成天下。"
② 郑樵《通志·总序》："百川异趋，必会于海，然后九州无浸淫之患。万国殊途，必通诸夏，然后八荒无壅滞之忧。会通之义，大矣哉！"又其《夹漈遗稿》卷三《上宰相书》："天下之理，不可以不会，古今之道，不可以不通，会通之义，大矣哉！"

和通识，能够在充分尊重和了解各种文化事象的前提下，不停留于对现象的描述，而要触类旁通、探赜索隐、择精合妙、汇聚通宜，真正实现圆融贯通。纵通为经，横通为纬，须擅会通，方呈现三维立体的全息图景，做到究始终、观全体、明是非得失之故。就是说，文化史研究要通过分析和综合，具备文化反思和阐释张力，会归通衢，由"方以智"进到"圆而神"，抵达藏往知来之境。

我们时时提醒自己：研究巴蜀文化不仅要钻得进去，还要跳得出来，站到更高处，具有开放的胸襟和跨文化比较的视野，把巴蜀文化放到多元一体的中华文化和全球多元文化的大背景下加以审视，察异观同，和合会通。巴蜀文化从来不是与世隔绝、孤立自足地成长起来的，而是在同周围的兄弟地域文化相互影响下发育繁衍，并在同远近的异质文化间接或直接的交流互动中汲取营养的。我们正处在不同文化交流空前深入、碰撞空前激烈的时代，为了追寻全球文化的多元和谐，助推构建人类命运共同体，一定要本着"各美其美，美人之美，美美与共，天下大同"的文化会通观，祛除近代以来因受西方强势文化轻视、压抑而形成的文化自卑和盲从心态，提高对中华文化地位、作用的认识，坚定文化自信，珍爱并拓展、弘扬本土文化的精华。要在马克思主义指导下，具备通识通才，对中外文化精神析同辨异，折冲樽俎，在会通中实现对优秀传统文化的继承和超越，对外来文化精华的吸纳和转化，促进新时代中国特色社会主义文化繁荣发展，不断开拓文化巴蜀、文化中国转型复兴之路。

架构与方法

20世纪初叶，随着新史学的兴起，文化史在历史学中的地位得到重视和加强。刘师培曾计划研究文化专门史，含十六种，以西方学术的科目，析先秦诸学学术思想之长短得失。①胡适设想，中国文化史要包括民族史、语言文字史、经济史、政治史、国际交通史、思想学术史、宗教史、文艺史、风俗史、制度史等科目。②梁启超专就文化史的做法讲课，认为需要对政教典章、社会生活、学术文化等方面，做分门别类的文化专史。最好是把人生的活动事项纵剖，依其性质，分类叙述。在狭义的文化专史中，他举出语言史、文字史、神话史、民俗史、宗教史、道术史（哲学史）、史学史、自然科学史、社会科学史、文学史、美术史等。③不过，20世纪30年代初问世的几部中国文化史（如杨东莼1931年、柳诒徵1932年、陈登原1935年），仍多系综合体裁，对各文化门类往往语焉不详。

在前辈学者探索的启发下，我们反复思量，决定突破所见的国内现有地域文化史侧重综合、纵通的体裁，而按"纵述史实，横排门类"的编撰原则，采用"通论+专题卷+大事记"这样一种体现纵通、横通、会通的创新结构，几经斟酌，全书共二十二卷，排序如下：置全书之首的《通论卷》，阐释了巴蜀文化的基本概念与学术体系，生态环境背景，巴蜀文化的研究史和认识史，由古及今的文化发展轨迹、基本性质及基本特征，在多元一体、博大精深的中华文化中的定位及其特殊贡献，薪火传承与现代化转型创新及前景趋势，力求起到提纲挈领、纲举目张的作用。其后大体按文化的不同层次，分别为巴蜀文化具有特色的领域、学科列专题卷。先是侧重物态文化并由此探及相关交往文化、精神文化层面的，有《农业与水利文化卷》《工商文化卷》《城市文化卷》《建筑文化卷》《交通文化卷》；接下来的《民族文化卷》从中华民族共同体的多民族视角强调综合性；《宗族与会社卷》《移民文化卷》《方言卷》《民俗文化卷》大体属于制度文化、语言文字、行为交往文化层面（鉴于政制、职官、法律等制度，全国大体统一，故不设专卷）。继后精神文化层面的部分，卷数较多，设有《哲学思想卷》《史学卷》《宗教文化卷》《教育卷》《文学卷》《艺术卷》《科技文化卷》《传

---

① 刘师培：《周末学术史序》，1905年作，《刘师培儒学论集》，四川大学出版社2010年版，第36~78页。
② 胡适：《〈国学季刊〉发刊宣言》，《胡适文存》二集，黄山书社1996年版。
③ 梁启超：《中国历史研究法（补编）》，《中国历史研究法》（外二种），河北教育出版社2000年版。

播文化卷》。为便于了解巴蜀历史文献，尤其是蜀学文献，特设有文献目录学专题《文献要览卷》。专题卷之后的《巴蜀文化大事记》，对先秦至当代巴蜀文化重大事件以编年方式扼要记载，便于读者对巴蜀文化全程有鸟瞰式、综合性的把握；《巴蜀文化研究论著索引》，则供研究者作为检索工具使用。以上就是全书的架构。

各专题卷均前置导言，末设结语。其篇章框架则因事制宜而有所不同。有的是以时期分章，大体按不同门类分节，在纵通中含横通（如《教育卷》）；有的主要按专题并结合时序来分章节，在横通中含纵通（如《科技文化卷》）；有的先理出历史线索，再突出一些重点专题，先纵后横，纵横结合（如《城市文化卷》）；还有的卷内分两编，分述相关内容（如《农业与水利文化卷》）。

《巴蜀文化通史》作为多卷本的学术著作，主要供大专以上程度的读者阅读，以及文化馆、图书馆等购备。它既不是曲高和寡的"阳春白雪"，也不是能够直接普惠民间的通俗普及读本。为了让巴蜀文化走进千家万户，还有待开发科普读物和图文，使之逐步大众化，在应用和传播上做创新文章。

编撰《巴蜀文化通史》，涉及学科门类甚广，涵盖时间很长，创新要求颇高，总字数超过千万。这样的文化工程，绝非率尔操觚、短促突击所能成功。近人刘承幹[①]《明史例案》提出过八条准则，就是"搜采欲博，考证欲精，职任欲分，义例欲一，秉笔欲直，持论欲平，岁月欲宽，卷帙欲简"，我们在编撰过程中借作参照，同时根据在新时代撰写地域文化通史的新要求，不断从实践中探索，大体形成了以下一些做法：

（一）多学科的专家学者分工合作，协同攻关

梁启超主张，广义的文化专史，涉及面特别广，在专史中最为重要，也最为困难。这不单是史学家的责任，更是研究某种专门学问的人对于该种学问的责任，要尽量用内行的专门家去做。若能以终身力量做出一种文化专史

---

① 刘承幹（1881～1963）：著名藏书家、刻书家、史学家。

来，于史学界便有不朽的价值。①本书的编撰设置了编撰委员会、学术委员会及编辑部，确定由正副主编主持编撰，编辑部依托省社科院开展编务工作。各专题卷的著者采取定向邀标办法聘请，多为对该学科领域研究有素的专门家，分别采取由个人承担，或二三人合著，或一人主撰、团队协力完成等方式进行。为保证学术质量，使全书有机统一，在实行主编负责制的同时，由资深专家组成学术委员会，全程参与从项目规划到成书的学术攻关和学术把关。

2006年以来，先后开了四次分卷著者会议，八十多次书稿审读会议。第一阶段，先由学术委员会同分卷著者反复讨论各卷著者拟出的由粗到细的提纲，并明确全书编纂理念②，统一规范体例，然后与分卷著者签订编撰合同，落实工作责任。第二阶段，学术委员会同分卷著者研讨各卷写出的一两章样稿，这是"摸着石头过河"的试错与磨合过程。有些卷的思路和写法曾有大的调整和改变。第三阶段，各卷著者潜心研究，奋力写作。初稿先后写出后，大都经过学术委员会仔细研读，写出审读意见，同著者一起讨论，从结构、体例到观点、材料都认真交换意见，对著者遇到的各种史料、概念及话语体系、文脉梳理、文化基因挖掘等问题，出点子，提思路。待著者修订后又进行讨论，有的书稿研讨了四个回合。当某一分卷初稿趋于成熟时，即请出版社责任编辑提前介入审编，参加讨论，以便撰写工作与第四阶段的编辑出版工作紧凑衔接，不出空当。因各卷皆分头撰写，结构和文字风格有所不同，对同一文化事象的见识裁断有别也在所难免。在统改书稿过程中，既充分尊重分卷著者的学术个性和创见，同时为了各卷在总体上规范统一，基本观点相互协调而不相抵牾，尊重主编的统改权，而在个案判断上各卷则有自由度。注意把握各卷边界，相互照应避让，以免大的重复，做到详略互见，各得其宜。

在这部文化通史编撰期间，本书学术委员会大多数成员在辛勤共事中度过了古稀以至耄耋之年。我至今还清楚地记得在每次研讨会、审稿会上专家

---

① 梁启超：《中国历史研究法（补编）》，《中国历史研究法》（外二种），河北教育出版社2000年版。
② 章玉钧：《关于编纂〈巴蜀文化通史〉的思考》，《中华文化论坛》2007年第4期，第5~10页。

们无私地贡献个人的真知灼见，自由发表不同见解乃至相反的主张，体现出的那种学术为公的争鸣探索精神。尤其令我们刻骨铭心的是：隗瀛涛、李绍明、贾大泉、沈伯俊、万本根、胡昭曦、林向七位先生为学术工作长期呕心沥血，先后因病辞世。对诸位先生的高见卓识、学者风范尤其是为编撰本书所做的贡献，我们将永志不忘。

（二）采取多重证据法和综合研究法，在搜集和鉴别史料上下大功夫

古人所称"文献"，原本指书面文字记载与贤人口头传闻①，徐中舒先生拓展他的老师王国维的古史二重证据法为多重证据法，注重传世文献、出土文物和现代民族学、民俗学的活态文献等结合互证，将区域文化史研究提高到崭新的学术境地。本书编撰中，继承和弘扬王、徐等前贤视野广阔的史料观，搜罗史料力求竭泽而渔，鉴别史料着意披沙拣金，通过综合比勘，相互参证，追根溯源，从而正误辨伪，务寻真史。各专题卷著者都是先汇辑基本史料并掌握学界已有研究状况，汲取前人取得的成果，才进入写作阶段。有好几卷的著者更是"读万卷书、行万里路"，带领研究生经年累月搞田野考察，获得不少真知灼见，从而在学术上有了新的拓展。

（三）坚持文化学的视角，采取多学科交叉和比较文化学的研究方法，力求写足文化味

文化既然是人的生存方式，归结为"人化"和"化人"，每卷文化史就要见物更见人，既写出"由人化文"的胜境，更揭示"以文化人"的妙谛。有关精神文化的各专题卷，既系统梳理巴蜀精神文化尤其是蜀学发展繁荣的脉络，突出展示巴风蜀韵孕育出的文宗巨子和文化精英的成就，也记载众多无名工匠、艺人等留下的民族民间文化、市井文化的瑰宝。侧重物质文化的各专题卷，不停留在物态层面的描绘，而尽力深入到制度层面、精神层面。如《农业与水利文化卷》《科技文化卷》等，对举世无双、造福人类

---

① 朱熹："文，典籍也；献，贤也。"引自《四书章句·论语集注》卷二《八佾第三》，中华书局2012年版，第63页。

二千二百七十多年的都江堰水利工程，就不仅从物质、科技、生态层面介绍其巧夺天工、可持续发展的奥秘，而且从制度文化层面总结其堰官、岁修、劳役、配水、轮灌、收费等管理制度，更深入精神文化层面阐释其"上善若水"的哲理和人文精华。

（四）掌握焦点，抓住重点，发挥特点，突破难点

饶宗颐先生在揭橥华学趋向时，曾提出"三条"："一是纵的时间方面，探讨历史上重要的突出事件，寻求它的产生、衔接的先后层次，加以疏通整理。二是横的空间方面，注意不同地区的文化单元，考察其交流、传播、互相抱注的历史事实。三是在事物的交叉错综方面，找寻出它们的条理——因果关系。"又说："我一向采用的史学方法，是重视'三点'，即掌握焦点，抓紧重点，发挥特点，尤其要特别用力于关联性一层。"①我们体会，"三通"的理念与上述"三条""三点"是一致的，而方法上特别重视关联性，就要纵通找焦点，横通抓重点，会通求特点。编撰中，我们注意咀嚼梁启超的卓见：文化的发展史，各个时代、各个领域是不平衡的，重要性是不一样的，要分主系、闰系和旁系。不要平讲直叙，分不出浓淡高低。须用鸟瞰的眼光，看出哪个时代最主要，发达到最高潮，便用全力赴之。②各书大都采用了这种大处着眼、抓住重点、突破难点、提炼观点、不平均使用力量的方法。

集成与出新

前面提到，编撰这部书时，我们力求做到既是文化集成，更是学术创新。无论文化发展、学术探索，都是慧命相续、推故致新的过程，需要不断传承积累，继往开来，久久为功。"譬如积薪，后来居上。"用冯友兰先生

---

① 饶宗颐：《〈华学〉发刊词》（1995年），《选堂序跋集》，中华书局2006年版。
② 梁启超：《中国历史研究法（补编）》，《中国历史研究法》（外二种），河北教育出版社2000年版。

的话，这是从"照着讲"到"接着讲"的进程。每门文化史的研究，都需要对已有的各种史料，广搜博采，集纳钩沉；对前贤成果循波讨源，含英咀华；只有在对文化遗产守正传承的基础上，才有可能站到前人肩膀上，回应新的时代需求，匠心独运，开拓新境；才有可能焕然出彩，奉献出在某些方面超越前贤的成果。朱熹诗云："旧学商量加邃密，新知培养转深沉。"① 集成是出新必需的基础和前提，出新则是集成企求的目标和价值增值的成就。二者同体异面，缺一不可，是衡量学术成果质量相互关联的两个维度。

（一）从集成的维度看

首先，《巴蜀文化通史》可以说是"巴蜀文化"概念提出八十多年来首次大的学术集成。"西蜀文化"（郭沫若1934年）、"巴蜀文化"（卫聚贤1941年）提出之初，主要是就巴蜀考古文化而言，后来渐次扩大到广义的巴蜀文化，有关论著已上千册，有关文章达数万篇（《巴蜀文化研究论著索引》多有著录），形成了分别以史学文献考据、文物考古、民族民俗田野调查为主的三种研究方向，近年又发展出综合诸家的会通型研究方向。各条路径的学者在不同领域、从不同角度艰辛探索，均取得了丰硕的成果。本书各卷编修中，都努力加以搜集、消化和吸取，并以借鉴、发挥这些观念、方法为前提，力求形成对巴蜀文化研究具总汇性的成果。如《通论卷》从总体上就巴蜀文化生态背景、内涵性质、发展历程及基本规律、特征等问题，会通诸说，取精用宏，做了言之成理的统体性总述，成为具有集成性的一家之说。《民族文化卷》不仅就民族理论的疑难问题深入研究，还在搜集分析历史文献材料、文物考古材料，特别是对国家组织的多次民族调查材料下了很大功夫，从而描绘出巴蜀世居各少数民族立体生动的文化图景。

其次，古往今来的巴蜀文化长河浩荡壮丽，魅力无穷。《巴蜀文化通史》对清点总结长时段、宽领域、多层面的巴蜀文化来讲也是一次学术集成。巴蜀的历史文化名人，如大禹、李冰、落下闳、文翁、司马相如、扬

---

① 《鹅湖寺和陆子寿》，（宋）朱熹著，郭齐、尹波点校：《朱熹集》卷一，四川教育出版社1996年版，第185页。

雄、诸葛亮、陈寿、常璩、陈子昂、武则天、李白、杜甫、薛涛、苏轼、格萨尔、张栻、秦九韶、杨慎、李调元等，都在相关卷帙中重点推介，娓娓道来；巴蜀历史上突出的物质文化成就和非物质文化成就，蜀学、蜀文、蜀艺、蜀籍的精华也都提要钩玄，荟萃于此。如《文献要览卷》就搜选论列了近五百种巴蜀文化重要典籍，可一览巴蜀文献精华，为学者指点津梁。又如智慧幽默的四川方言是巴蜀历史文化凝结的珠宝，《方言卷》挖掘、串起一颗颗珍珠，并生动剖析其蕴含的丰富文化信息，令人齿颊留香。

再者，不少专题卷的著者既具文化通识，又对该学术领域长期耕耘，研究有素，此次写作起到了阶段性总结的学术集成作用。例如：《城市文化卷》著者三十多年来由跟从名师到带领团队，一直深耕于近现代中国城市与城市文化研究领域；《移民文化卷》著者是国内知名的移民文化、客家文化研究专家；《交通文化卷》著者多年致力于西南历史地理尤其是交通文化的调研；《哲学思想卷》和《史学卷》著者长期潜心研究巴蜀哲学、巴蜀史学；《建筑文化卷》著者是卓有成就的古建筑研究专家、高级建筑师。他们都在各自领域完成了多项国家课题，此次承担专题卷，更是辛勤研讨，旁搜远绍，厚积薄发，突出亮点，倾力奉献了后出转精之作。

（二）从出新的维度看

本书围绕前述长时段、宽领域、多层次的巴蜀文化来创新体例结构，成为首部纵横贯通、覆盖面广、体量超大的巴蜀文化史，在全国已出的各种区域文化通史中，当属编撰体例新、时间跨度长、内容浩繁的一部。学术体系上的集成性，本身就是从文化观念、编撰理念到架构体例的出新，在地域文化通史领域作了开创性的探索。这是其一。

本书各卷着眼于发展新时代文化，明道求真，以史经世，着力写出巴蜀文化的特色和韵味，在内容上有较多突破和出新。过去关于农业与水利、工商、交通、建筑、城市等的论著，容易停留于物态层面，罕有从文化学角度和宏观视野对其全过程深入探讨之作；这次研究标明以"农业与水利文化""工商文化""交通文化""建筑文化""城市文化"为对象，注重深入文化层面进行阐释，且着意探讨长时段历史中这些物质文化变动与制度文化、精神文化演进的关系及产生的影响，这些往往是以前研究论著较少触及的。有关巴蜀学术文化的几卷，着力显示蜀学长于思辨、多元会通、创新超迈、沟通理欲、注重事功等特色，有助于发扬当今的时代精神。有关交往文化的几卷，注重聚焦于民间大众，关注各色人等的日常生活，运用了许多文化人类学、社会学、民族学的方法，见解新颖，地域文化味很浓。这是其二。

更值得珍视的是，各卷在编撰中深汲传统的源头活水，发现其烛照现实和未来的原创亮点，尤其是优越秀冠的巴蜀文化在传承创新中焕发异彩之所在。许多卷发掘出大量翔实的资料，匠心独运，以史鉴今，提炼出有创新性的学术观点，或举出有新颖性的论据，活用巴蜀首创的学术话语，采用别出心裁的叙事方式，力争获得创新、独见、卓识的学术成果。具体的创新点如同"诗眼""文眼"分布闪烁在卷帙之中，细心披阅，当会时有"山阴道上，应接不暇"之乐，这里无法一一细析。

鉴于多卷本地域文化通史尚属初创，不同文化门类各有其学理脉络、发展轨迹和演进特色，编撰难度往往超出预期，主编和各卷著者虽迎难而上，勉力为之，但仍难免有纰漏丛脞之处。尤其是古蜀文明还有不少千古待解之谜，我们受限于已获的资料和研究水平，多只能守阙存疑。对成稿后的许多惊世发现，巴蜀文化日新月异的面貌和新的研究成果亦未能更多纳入。当把多卷本《巴蜀文化通史》奉献到读者面前时，我们既同大家分享喜悦，又有颇为忐忑的心情。这部书，以至其中每一卷，究竟应获怎样的评价，最终还要接受时间的检验。衷心期望巴蜀文化研究慧命相续，薪火相传，探索和构建起自身完整的学科体系、学术体系和话语体系。但愿此番的初创能为后续俊彦们开拓新境起到抛砖引玉的作用。

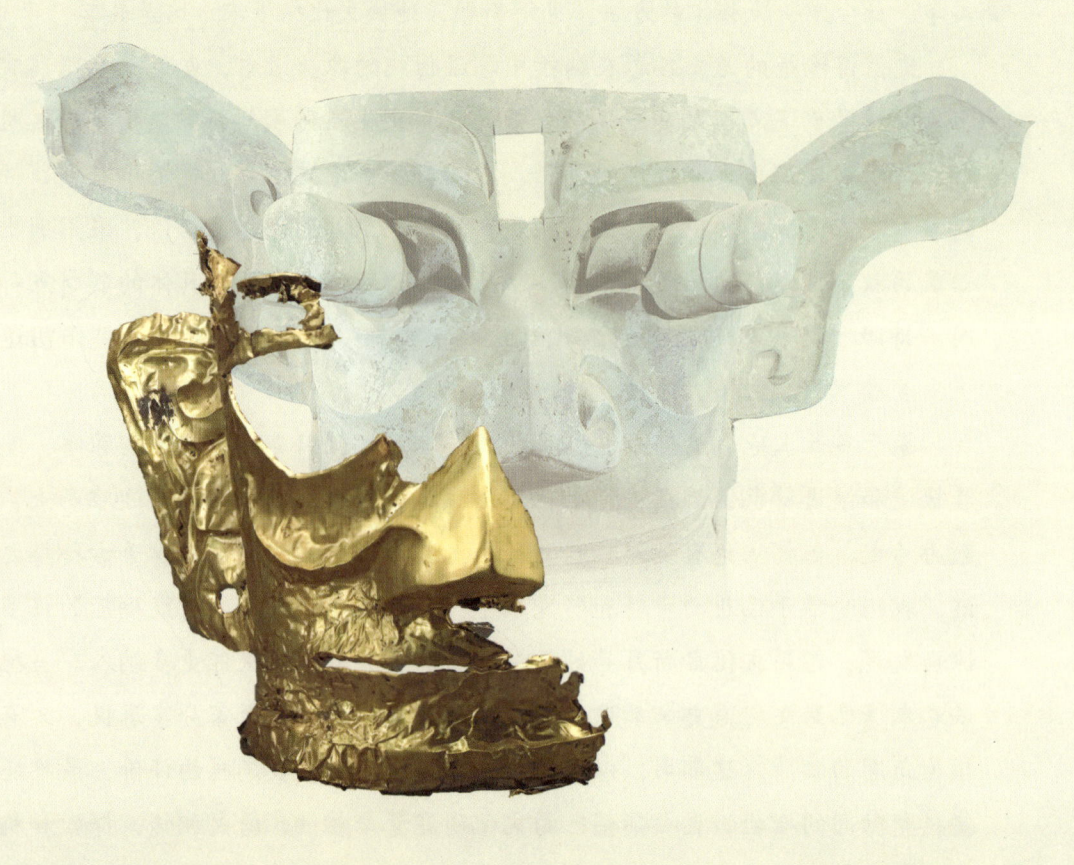

目 录

导　言 / 1

第一章　巴蜀交通历史发展历程 / 7

第一节　先秦到宋交通发展历程 / 9
一、日渐发达的对外交通网络 / 9
二、日益完善的巴蜀交通制度 / 10
三、走向衰落的巴蜀交通驿道 / 12

第二节　元明清时期交通发展历程 / 13
一、交通管理出现新变化 / 13
二、交通路线重心不断迁移 / 14
三、重要交通驿道的管理建设 / 15
四、救生红船制与现代交通工具的采用 / 18

第三节　民国时期交通发展历程 / 19
一、巴蜀交通运输业全面发展 / 19
二、巴蜀交通事业发展新变化 / 20

第四节　中华人民共和国交通发展概述 / 24
一、公路建设进入新时期 / 24
二、铁路发展进入新纪元 / 27
三、航空事业从恢复到飞跃 / 28

第二章　古代巴蜀交通通道 / 31

第一节　巴蜀与陕西交通通道 / 33
一、主线 / 33
二、支线 / 36

第二节　巴蜀与云南交通通道 / 36
一、主线 / 37
二、支线 / 43

第三节　巴蜀与鄂湘交通通道 / 47
一、主线 / 47
二、支线 / 48

第四节　巴蜀与甘青地区交通通道 / 49
一、主线 / 49
二、支线 / 50

第五节　巴蜀与康藏交通通道 / 51

第六节　巴蜀与黔贵交通通道 / 52

第七节　巴蜀内部主要交通通道 / 53
一、唐宋成渝南北道 / 53
二、元代四条陆上交通干线 / 53

第三章　近现代巴蜀交通通道 / 55

第一节　铁路通道的建设 / 57
一、巴蜀地区铁路建设曲折历程 / 57
二、巴蜀地区铁路建设重要成就 / 58

第二节　公路通道的建设 / 66
一、高速公路的建设 / 67
二、国道体系的形成 / 69

第三节　水路通道的拓展 / 79
一、历史上巴蜀地区河道修建与整治 / 79
二、重要河道的开发与管理 / 81

三、其他河道概况 / 88

第四节　航空路线和机场建设 / 90

一、巴蜀地区航空路线概述 / 90

二、重要航空机场的建成与扩修 / 91

第四章　巴蜀交通制度与习俗 / 95

第一节　驿站、铺塘汛 / 97

一、先秦时期的驿传制度 / 97

二、秦汉魏晋南北朝时期的驿传 / 98

三、唐宋的驿传 / 100

四、元明清的驿传 / 102

五、近代的驿运 / 107

第二节　篙师、过滩与拉纤 / 108

第三节　救生红船制 / 112

一、历史沿革 / 112

二、发展规模 / 114

三、经费问题 / 118

第四节　乌拉差和麻乡约 / 122

一、"乌拉"与乌拉差 / 122

二、"麻乡约"与运输业 / 123

第五节　马帮 / 126

第五章　巴蜀交通设施 / 129

第一节　陆上交通设施 / 131

一、栈道 / 131

二、索桥 / 138

三、溜索 / 146

四、廊桥 / 150

五、蜀马 / 151

六、背篓 / 153
　　七、肩舆与陆纤 / 159
　　八、鸡公车与黄包车 / 161
　　九、溜子厢路 / 164
　　十、陆驿与铺塘 / 165
　　十一、枧筒管道 / 165
　　十二、过江索道与缆车 / 166
　第二节　水上交通设施 / 167
　　一、独木舟 / 167
　　二、竹木筏与皮筏 / 169
　　三、木船 / 172
　　四、水驿与码头 / 185
　　五、梯级运输水道 / 185
　　六、滚干箱与吊神船 / 186

第六章　巴蜀交通物流运输 / 187

　第一节　丝绸贸易运输 / 189
　　一、巴蜀丝绸生产概况 / 189
　　二、巴蜀丝绸贸易运输 / 192
　第二节　茶马贸易运输 / 207
　　一、巴蜀茶叶生产概况 / 207
　　二、茶马贸易与转运的缘由 / 209
　　三、历代茶马贸易与运输 / 211
　　四、历代茶马贸易运输路线 / 220
　第三节　川盐贸易运输 / 225
　　一、川盐发展概述 / 225
　　二、清代民国川盐运销概况及运输路线 / 227
　　三、川盐运输的影响 / 239
　第四节　滇铜黔铅转运 / 243
　　一、滇铜贸易运输 / 243

二、黔铅贸易运输 / 250

　　三、巴蜀地区与滇铜黔铅贸易运输 / 254

第五节　皇木采办运输 / 255

　　一、明清在巴蜀的皇木采办情况 / 255

　　二、皇木采办运输 / 258

第六节　山货物流运输 / 263

　　一、先秦秦汉两晋南北朝时期山货运输 / 263

　　二、唐宋时期山货运输 / 266

　　三、元明清时期山货运输 / 270

　　四、民国时期山货运输 / 277

第七章　巴蜀交通与政治军事 / 283

第一节　交通闭塞形成的特殊政治军事地位 / 285

第二节　交通发展与巴蜀的成亡得失 / 287

　　一、秦汉时期的巴蜀治理 / 287

　　二、三国至隋唐的巴蜀治理 / 290

　　三、宋以降的巴蜀治理 / 296

第三节　巴蜀交通发展与中国政治格局变化 / 299

第八章　巴蜀交通与经济文化 / 305

第一节　巴蜀交通与区域经济地位升降的关系 / 307

　　一、唐以前巴蜀交通格局基本形成 / 307

　　二、唐宋时期巴蜀交通体系日趋完善 / 309

　　三、元明清时期巴蜀交通网络密集化 / 314

　　四、近代巴蜀交通空间格局变化 / 318

第二节　巴蜀交通与社会生产力变化的关系 / 318

　　一、栈道碥路时期 / 319

　　二、水运碥路时期 / 320

　　三、公路水运时代 / 321

四、公路铁路时代 / 323
　　五、立体交通时代 / 324
　第三节　巴蜀交通与巴蜀社会文化 / 325
　　一、蜀道诗文与巴蜀文化 / 325
　　二、蜀道交通与关隘文化 / 327
　　三、川江交通与码头社会 / 331
　　四、川江交通与文化艺术 / 333

结　语 / 339

后　记 / 351

导　言

　　交通是人类空间移动、文化传播和物资流动的主要途径，是属于人类物质层面的东西。如果我们将交通本身作为物质层面的事物，那么，我们对交通文化应该从三个层面去理解。

　　我们知道，世界上关于文化的解释有三百多种，以前我们一般习惯性地将文化分为物质文化、制度文化和精神文化。其实，制度本身也是一种精神层面的东西，这样分有一定的缺陷。所以，这里我们可以笼统地将文化分成广义、中义、狭义的文化概念。广义的文化是指人类所有物质文化、精神文化的总和，即人类所创造财富的总和，相当于英文中的"civilization"，即指人类文明；中义的文化主要是指人类物质文化精神层面的总称，相当于英文的"culture"，不过，这个文化的概念本身也需要物质文化来显现；狭义的文化是指人类艺术、基本语言能力，相当于英文的"art"和"literacy"。

　　显然，交通文化也应该从这三个层面去理解。

　　作为文明理解的交通文化，实际上主要是指交通中所有物质和精神内容，包括交通设施、交通工具、交通技术、交通组织、交通制度、交通习俗等方面内容。从这个意义上讲，我们研究交通史，即使是研究物质层面的交通史，也是作为人类文明遗产来研究，本身也是一种对文化的研究。

　　如果我们作为中义的文化去理解交通文化，主要是指交通中包括的精神层面的内容。当然，这种交通研究也不可能完全脱离作为物质的交通去研究，可能更重要的是首先通过复原作为物质的交通内容，然后通过研究作为物质的交通里面透露出的其他自然和社会层面的内容来理解交通文化，即研究自然和社会其他层面内容对交通的影响，或称其他自然、社会层面在交通中的渗透情况，也可称研究交通中的其他自然和社会烙印，即交通的自然和社会背景。当然，也包括研究交通对其他自然、社会层面内容的影响，即自然和社会的交通背景。这里谈的社会背景包括物质的内容，也包括精神的内容。

如果我们将交通文化作为狭义的文化来理解，即指交通衍生出来的文艺，如川江号子、轿夫号子、蜀道上的诗歌、有关交通的民间传说，等等。

交通在传统社会里不仅是人们空间移动和物质流动的主要途径，更是文化传播最主要的途径之一。在传统社会，交通受地理环境的影响更直接。巴蜀地区自古四向闭塞，交通相对于其他地区更为困难，所以李太白在《蜀道难》中称"蜀道难，难于上青天"后，"蜀道难"之称一直延续影响到今天我们对巴蜀特征的认知。这样，巴蜀地区的社会经济文化发展中交通所占据的地位可能是巴蜀地区的其他行业所不能比拟的。从这个意义上讲，巴蜀地区政治经济文化与交通的关系可能与其他地区相比更为密切。这样，不论是从总体角度理解的交通文化，或是从交通中透露出的自然和社会背景的文化，或是交通衍生出来的文艺，都应该在中国乃至世界交通史或交通文化上占有很高的地位。那么，我们在这部《巴蜀文化通史·交通文化卷》中怎样来定位我们的交通文化概念呢？

为此，我们应首先从巴蜀交通史研究的学术回顾中来讨论这个问题。①

20世纪以来，学术界对巴蜀交通史的研究多有涉及。早在20世纪20年代，王倬的《交通史》（商务印书馆，1923年）和袁德宣的《交通史略》（北京交通丛报社长沙铁路协会，1928年）出版，其中有部分内容涉及巴蜀交通。1937年，白寿彝所著的《中国交通史》（商务印书馆，1937年）中也有部分内容涉及巴蜀交通。40年代郑德坤出版《四川古代文化史》一书，其中有专章讨论巴蜀交通史，是20世纪前半叶较集中讨论巴蜀交通史的著作。

同时，也有一些论文涉及巴蜀交通，如王毓瑚的《秦汉帝国之经济及交通地理》（《文史杂志》1943年第2卷第9、10期）、史念海的《秦汉时期国内之交通路线》（《文史杂志》1944年第3卷第1、2期）、孙毓棠的《汉代的交通》（《中国社会经济史集刊》1944年第7卷第1期）等。

20世纪50年代以后，出版了许多断代交通史著作，如谭宗义的《汉代国内陆路交通考》（香港新亚研究所，1967年）、王子今的《秦汉交通史稿》（中

---

① 以下回顾部分参考王子今：《中国交通史研究一百年》，《历史研究》2002年第2期。

共中央党校出版社，1994年）、陶希圣的《唐代之交通》（食货出版社，1982年）、刘希为的《隋唐交通》（新文丰出版公司，1992年）、严耕望的《唐代交通图考》（中研院历史语言研究所专刊之83，1985年）、杨正泰的《明代驿站考》（上海古籍出版社，2006年）等，其中对巴蜀地区的交通多有涉及。

20世纪80年代以来，开始有了巴蜀交通史方面的专著，如李之勤的《蜀道话古》（西北大学出版社，1986年）、蓝勇的《四川古代交通路线史》（西南师范大学出版社，1989年）和《南方丝绸之路》（重庆大学出版社，1994年）、黎小龙等人的《交通贸易与西南开发》（西南师范大学出版社，1994年）、陆韧的《云南对外交通史》（云南民族出版社，1997年）等。特别要指出的是四川省交通厅编辑出版了大量交通史志，对交通史的研究推动很大，如王立显主编的《四川公路交通史·古代、近代部分》（四川人民出版社，1989年）、黄登明主编的《四川公路交通史·现代部分》（四川人民出版社，1998年）、四川省交通厅的《四川省志·交通志》（四川科技出版社，1995年）、四川省交通厅公路局的《四川桥梁图志》（四川人民出版社，2002年）、四川省交通厅公路局的《四川省公路志》（四川人民出版社，1994年）等。同时，四川省交通厅地方交通史志编纂委员会编的一些内部资料也对巴蜀交通的研究起了重要的资料汇集作用，如《四川内河航运史志汇集》《四川内河航运史志资料》《四川交通史志文稿》等。有的学者将巴蜀交通与经济开发联系起来研究，如张莉红的《在闭塞中崛起——两千年来西南对外开放与经济、社会变迁蠡测》（电子科技大学出版社，1999年）。

20世纪80年代以来，巴蜀地区水运交通也开始受到较多关注，以邓子琴的《近代川江航运史》（重庆地方史志资料组，1982年）、王绍荃主编的《四川内河航运史·古代部分》（四川人民出版社，1989年）、王绍荃主编的《四川内河航运史·现代部分》（四川人民出版社，2000年）、马志义主编的《长江航运史》（人民交通出版社，1993年）、马志义主编的《长江航运简史》（人民交通出版社，1997年）、熊树明主编的《长江上游航道史》（武汉出版社，1991年）、朱茂林主编的《川江航道整治史》（中国文史出版社，1993年）、郑敬东的《长江三峡交通文化》（中国文史出版社，2005年）为代表。而邓晓的《川江航运文化研究》（中国言实出版社，2009年）主要对川江航运的相关民俗、历史做了研究，是一部主要研究交通文化的著作。蓝勇在《西南历史文化地理》（西南师范大学出版社，1997年）中专门有对水上交通设施、组织、习俗的相关讨论。蓝勇的《古代交通、生态与实地考察》（四川人民出版社，1999年）一书收集了46篇论文，其中18篇都与巴蜀交通史方面有关。

先后出版有两个版本的《四川通史》（四川大学出版社，1996年版；四川人民出版社，2010年版），在主要朝代，书中都有巴蜀交通研究的章节。

近十多年来出版了几部专门探讨中国造船技术发展史的著作，如席龙飞的《中国造船史》（湖北教育出版社，2000年）、王冠倬的《中国古船图谱》（三联书店，2000年）、彭德清主编的《中国船谱》（人民交通出版社，1988年）等著作中也有对巴蜀古船的记述。蓝勇在《西南历史文化地理》（西南师范大学出版社，1997年）中也有对川江船的专门研究。

唐寰澄的《中国古代桥梁》（文物出版社，1957年），罗英的《中国古代石桥》（人民交通出版社，1959年），茅以升主编的《中国古桥技术史》（北京出版社，1986年），罗英、唐寰澄的《中国石拱桥研究》（人民交通出版社，1993年），唐寰澄的《中国科学技术史·桥梁卷》（科学出版社，2002年）等也有对古代巴蜀桥梁方面的研究。冯汉镛的《巴蜀古代科技史》（四川大学出版社，1996年）也有关于巴蜀交通科技方面的讨论。

近几十年来学术界关于栈道的关注十分多，如陆敬严的《古代栈道横梁安装方法初探》（《自然科学史研究》1984年第4期）、蓝勇的《中国古代栈道类型及其兴废研究》（《自然科学史研究》1992年第1期）、重庆文物局的《三峡古栈道》（文物出版社，2006年）等。

可喜的是，学术界已经有讨论交通史与社会文化史之间的关系的著作，如王子今的《中国古代交通文化》（三环出版社，1990年）、《交通与古代社会》（陕西人民教育出版社，1993年）、《跋足帝国：中国传统交通形态研究》（敦煌文艺出版社，1996年），为我们进一步研究区域交通文化史奠定了基础。

总的来看，虽然学术界已经对巴蜀史和交通文化有了较多的研究，但也存在一些不足：一是在对巴蜀交通内容的整体掌握上还不够全面，对许多历史上优秀的交通文化没有进行过深入研究，如历史上的救生红船制、枧筒管道、溜子厢路、肩舆、梯级运道及大宗的物流运输的研究都很不够；二是从文化史的角度对巴蜀交通的深刻分析相当缺乏，使我们对几千年来巴蜀先民创造的交通文明总结得远远不够。所以，在《巴蜀文化通史》中设立《交通文化卷》一卷不仅十分必要，而且也对我们的编写工作提出了更高的要求。

在这种更高的要求下，我们怎样突破一般意义上的交通史写法、显现交通的文化内涵就尤为关键了。基于前面对文化和交通文化的讨论，我们认为本卷的撰写立足于以下三点：

（一）对巴蜀交通历史发展历程做系统全面的分析，这一部分的立足点就是要尽可能地做到全面，力求将几千年来巴蜀交通史上的交通发展基本脉络清晰地展示给大家，将巴蜀交通史上有特色、有影响的交通制度、交通组织、交通设施、交通习俗全面地总结出来。

第一章从纵向角度对巴蜀交通发展的基本线索做分析，使我们对巴蜀交通有一个整体印象；第二章主要对古代水陆交通要道做总结梳理；第三章对近现代巴蜀水陆空立体交通做了勾画；第四章主要对巴蜀交通中特殊的交通制度和习俗做分析；第五章对巴蜀特殊的交通设施做分析。做到这些，一方面就能为我们全面系统又深刻分析巴蜀交通的文化内涵创造条件；另一方面复原这些交通内容，本身就是将作为广义的交通物质文化和制度文化展示给后人。

（二）我们前面谈到，作为中义的交通文化，简单地说实际上一是研究交通折射出的另外的自然环境和社会背景，一是研究交通对自然环境和社会背景的影响。这是本书的核心部分。

本书的第六、七、八章主要都是这方面的内容。第六章关于巴蜀交通运输实际上是研究交通对经济领域物质资源流动的影响，就是我们谈到的交通对社会层面的影响，这本身就是我们说的一种文化现象。第七章主要分析巴蜀交通对政治军事格局演变的影响及政治军事格局变化对交通的影响。第八章主要分析巴蜀交通与经济文化地位升降的关系，从交通变化中折射经济文化地位的变化，从交通的特征中透露出社会生产力的变化轨迹。

（三）以前有的学者通常以为交通文化仅是交通衍生出来的文艺，或是认为交通文化就是指论述交通的诗文。实际上这种对交通文化的理解是十分狭隘的。但是，作为一部以交通文化为切入点的论著又不能没有这些内容。所以，我们在第八章中设立了巴蜀交通与巴蜀社会文化一节，专门讨论蜀道诗文与巴蜀文化、蜀道交通与关隘文化、川江交通与码头社会、川江交通与文化艺术等内容。同时，我们在结语中从世界文明史角度出发，研究了"蜀道"这个话语在历史上的影响深度，分析了巴蜀交通在世界交通发展史上的地位，更从深层次的文化定位上分析了巴蜀交通的历史地位。

为了使读者对巴蜀交通文化有更具体更形象的了解，我们收集了大量清末以来有关巴蜀交通的历史照片，将其附在相关章节之中，方便我们的读者对巴蜀交通文化有更直观的感受。

第一章
巴蜀交通历史发展历程

第一节　先秦到宋交通发展历程

大凡交通之始，肇于人猿揖别，巴蜀地区当然也不例外。

一、日渐发达的对外交通网络

古地质学告诉我们，地质年代的第四纪中生代以前（七千多万年前），巴蜀地区仍是一个内陆大湖——巴蜀湖。距今七千多万年前，由于地壳内部矛盾运动，巴蜀湖湖底开始隆起，湖水逐渐消退，形成了今天的四川盆地。今天，我们翻开巴蜀地区地形图，可见四川盆地北东南三面临山，龙门山、摩天岭、米仓山、大巴山、巫山、七曜山、武陵山、大娄山、乌蒙山、五莲峰等大山相围，西面是青藏高原与横断山交接带，四面形成一个几乎完全闭合的地盆。这样的地势对生产力十分落后的古代巴蜀人民来说是一个不利的因素。难怪诗仙李白称"蜀道之难，难于上青天"，认为巴蜀"尔来四万八千岁，不与秦塞通人烟"。

当然，事实也许并非如李白说的那么严重。我国古代传说中中原人物的许多主要活动与巴蜀都有联系，许多通道很早就已经开通。《禹贡》中就谈到"沱潜既道"，认为巴蜀地区的河流很早就已开通，与外界联系起来。特别是史籍上记载昌意从西北"降居若水（雅砻江）"、大禹治水、夏桀伐岷山和包括蜀在内的八个少数民族助武王伐纣等故事都说明很早以前巴蜀与中原便有联系了。这一点是被大量的考古发现证实了的，即早在新石器时代，巴蜀地区与中原在文化上就有了联系。① 后来商代甲骨文中有许多关于商朝与蜀族交往的记载。据《竹书纪年》记载，杜宇王时期，蜀人曾到周王朝王室贡献琼玉。从考古发掘来看，三星堆文化遗址中就有许多外来文化的因素，说明商周时期蜀与外界的交流就十分明显。

就盆地内来说，原始人有取水、祭祀、狩猎、烧窑等原始路，以后形成

---

① 童恩正：《古代的巴蜀》，四川人民出版社1988年版，第4页。

"拔木开路"的自然路和"田野阡陌"的人工路。而在水路上，巴蜀地区很早就有船棺的风俗，显现了水上航行在日常生活中的重要性。在商周时，中原一带交通已经十分发达，出现了驿站制。"凡国野之道，十里有庐，庐有饮食；三十里有宿，宿有路室，路室有委；五十里有市，市有候馆，候馆有积。"（《周礼·地官·遗人》）但是，巴蜀地区的政治、经济和文化都落后于中原，从考古发掘和文献资料上还看不见这里有驿站的设置。秦十里设一亭，为地方行政区，但亭兼有馆驿的作用，驿传制度日趋成熟。[①]

战国秦代，四川对外交通已经十分发达。《史记》卷七九称"栈道千里，通于蜀汉"。当时，巴蜀地区有四条重要的对外交通路线，一是北面巴蜀通陕西的金牛道，一是东面巴蜀通荆楚的峡路，一是南面巴蜀通西南夷地区的五尺道，一是西南巴蜀通西南夷的邛笮道。其中金牛道是最重要的对外通道。以前，从金牛道到汉中后，多是经陈仓道再到关中，后发现"故道多坂，回远"，故沿褒河、斜水通褒斜道，褒斜道遂成为四川盆地到中原核心区的重要通道。战国时期，川鄂峡路已经十分通畅，可以直达郢都，江上出现了舫船、大舶船等航运工具。

二、日益完善的巴蜀交通制度

汉承秦制，五里一邮，十里一亭，三十里置驿，并有督邮之官兼管交通。[②] 汉代是我国封建社会统一的强大帝国，交通路线的开拓和交通制度的发展迅速。这段时期发展起来的交通路线，基本上奠定了后代交通干线的雏形。这个时期交通运输发展较快，巴蜀地区也不例外，故《华阳国志》卷三《蜀志》称蜀自汉兴以来"玺书交驰斜谷之南，束帛践乎梁益之乡"，显现当时四川盆地内外经济交通和文化交流的繁忙。甚至有司马相如曾在成都平原上驰四乘之传，故北宋以后留有驷马桥之称。

汉晋时期，四川普遍置邮驿。曾在邛崃山上置邛邮，临邛还有专门的都亭，专供官员食宿，连通西南夷的通道上也置有邮亭。

[①] （东汉）应劭：《风俗通义》："汉家因秦，大率十里一亭。亭，留也，盖行旅宿会之所馆。"
[②] （东汉）应劭：《汉官仪》（《后汉书刘昭注》引）："设十里一亭，亭长、亭候；五里一邮，邮间相去二里半，司奸盗。"又见《后汉书》志卷二九：亭本是一种地方乡里区划，兼有交通馆驿之功能。

汉晋时期巴蜀、陕西间交通路线有金牛道、嘉陵道、米仓道、洋巴道四道，巴蜀甘肃间有西山道、景谷道、阳平小道，巴蜀云南间有旄牛道、西南夷道和西夷道，巴蜀贵州间有符关道、黔江道，巴蜀荆楚间有峡路。由于经济和地理条件的限制，巴蜀地区的驿站不像中原那样设置普遍，驿制也不如中原健全。从现有资料来看，当时仅在南夷道、金牛道、西山道、旄牛道和峡路置有邮亭。然而，栈道设施发明后，汉晋时期是巴蜀栈道使用最广泛的时期。汉晋南北朝时期，褒斜道、陈仓道、剑阁道（金牛道）等道上战争取用不断，栈道时毁时修。

汉晋南北朝时期，巴蜀荆楚间的峡路也通达，沿峡路战争不断，军旅行进频繁，出现了连舫楼船。蜀汉时吴使、蜀使都从成都直接下水乘船，取水路到长江下游吴越，留有万里桥的名称于后世。

汉晋南北朝时期，南方陆上丝绸之路已经开通，蜀布已经通过蜀身毒道转到身毒（今印度），国内交通运输也有较大的发展。巴蜀的盐、木材、蜀锦、漆器等资源已经转运到盆地以外，同时换回南方各民族的各类珠宝、象牙、犀角等货物。不过，总体上来看，四川盆地在汉晋南北朝时期经济发展上的相对封闭性还是较为明显。

唐代是我国传统社会政治经济发展的鼎盛时期之一，各项制度都健全起来。唐废督邮，以吏主驿事，在兵部下设驾都管理驿道事务，下由州县官掌管驿道具体事务。虽然唐制为三十里一驿，但在西南山区，由于各种条件限制，多为五六十里才置一驿。当时全国共有驿站1639所，陆驿1297所，水驿260所，水陆相间之驿86所。从有关文献记载看，巴蜀地区当时设立的驿站相当多，只是具体数目已难确考。当时，巴蜀陕西间金牛道、荔枝道、故道，巴蜀甘肃间西山道、松扶道，巴蜀云南间石门道、清溪道，巴蜀荆楚间峡路都置为驿道，驿道干线比汉晋南北朝增加了一倍。

唐代巴蜀地区的交通比汉晋南北朝时期已经有了较大的发展。北经剑阁道、米仓道、荔枝道到汉中平原，再北可以取故道、褒斜道、傥骆道、子午道与关中相连。西北方向经景谷道、西山道可与西北甘青地区相接。东部峡路通达。西部因与南诏、吐蕃作战和交流，通道开通较多，往西有西山南路、西山北路、灵关道、夔松道、始阳道等通道，往南有清溪道、沐川源道、阳山江道。从巴蜀南部往南的古通道有石门道、黑水小道、纳川道、溱南二州道、黔州路、施州正道等通道。

从通道运输来看，东部峡路的蜀麻、蜀米、蜀锦、吴盐等为当时重要的交通运输货物。成都当时是一个水码头，故有"门泊东吴万里船"的诗句。唐代末年唐僖宗逃蜀，诸道财赋，皆从峡路而行。唐代巴蜀地区驿道上驿运十分通畅，金牛道、嘉陵故道和峡路上达官贵人、文人墨客、富商大贾、军旅取用不断。唐代曾从涪州取荔枝道进贡杨贵妃荔枝，留有"一骑红尘妃子笑"的千古名句。唐代末年，金牛道梗阻，西川奏章多由峡路转运入京。整个唐代，取行峡路文化名人众多，峡路成为一个文化名人的通道。隋唐时期，巴蜀地区的造船业已经较为发达，造出了五牙大舰、黄龙战舰、万斛舟、万里船等大船航行于峡路上。

三、走向衰落的巴蜀交通驿道

魏晋南北朝到唐代，许多僧人往返行进于南方丝绸之路，从巴蜀西部经清溪道和南部石门道到南诏进入今缅印的通道通畅。

宋制十里、二十里和二十五里置一邮铺，并将驿传分成步递、马递和急脚递三种。后来为了抵御蒙古军，川陕各古道邮铺改为九里一置，以便传递军情。宋末吴玠宣抚川陕，置军期递，军报十八天便可到达临安朝廷。丘崈之制置成都，创立摆铺递，奏请三十五天可达都城。①巴蜀交通路线在宋代发展呈现不平衡性，总体发展不如唐代。但由于中国政治经济重心的东移南迁和北方政治军事格局的形势变化，巴蜀北部对外交通和东部对外交通地位上升，而巴蜀南部交通发展相对较慢。

具体而言，当时巴蜀陕西间的嘉陵故道、米仓道、金牛道、洋巴道和川鄂峡路由于军事抗金蒙和漕运的需要，发展十分迅速，各项制度都有创新。宋代巴蜀通陕西剑阁道栈道曾不断修缮，专门设有与州同级的剑门关行政管理机构，曾一度下隶剑门县。剑阁道一度"岁贡纳运，便命商旅，昼夜相继，庐舍骈接"②。宋代沿嘉陵故道转运的漕米，一度改从剑阁道转运。嘉陵故道于宋代也在不断维修之中，承担了川秦马纲和川米北运的转运任务。米仓道与洋巴道成为宋金元征战的前沿，沿道关隘林立，烽火不断。

宋代由于中国政治经济文化中心的东移南迁，峡路成为巴蜀与中原核心地

---

① 吴昌裔：《论救蜀西事疏》，《宋代蜀文辑要》卷八四《名臣奏议》卷一〇〇。
② 黄休复：《茅亭客话》卷一。

区交流的最重要通道，成为转运蜀布帛、粮草、纲马的重要漕运通道。重庆由于处嘉陵江与长江漕运之交汇地，形成"二江之商贩，舟楫傍午"之状。其他取此道行的文化名人众多，军事战争取用也频繁。南宋还有两次巴蜀人民取峡路南下东南地区的移民大事件，一次是绍定四年（1231），蒙古军攻蜀，蜀之士大夫蔽江东下；一次是端平三年（1236）蒙古军再次攻蜀，巴蜀大量衣冠大姓出峡逃生。为了峡路航运的通达，宋代川江航运整修频繁。成都水码头的风景仍旧，合江亭成为官员上下船休息的重要码头。宋代夏圭的《巴船出峡图》和李公麟的《蜀川胜概图》展示了当时峡路交通的繁忙，而范成大的《吴船录》和陆游的《入蜀记》留传至今，成为记载巴蜀峡路交通的重要史料。传唱至今的川江号子可能也最早在宋代见于文献记载。同时四川盆地内的嘉陵江、沱江、渠江、乌江的运输业也较为发达。宋代巴蜀地区的造船业在全国地位突出，曾制造了大量马纲船和商船，其中成都、眉州、嘉州、合州、叙州、泸州、夔州、利州、阆州是重要的造船基地。

但由于宋政权对西南少数民族采取消极的不接触政策，故巴蜀通云南石门道、西川道和通贵州各道多半都馆驿废弃，道路倾颓，闭塞梗阻。这样，南方丝绸之路川滇段与缅印古道都较为闭塞。同时巴蜀各地栈道设施在宋代毁弃较多，走向衰落。绕岭过垭的碥路开始成为交通主要通道。

第二节　元明清时期交通发展历程

唐宋时期巴蜀地区分属于多个一级政区，唐代属剑南西川、剑南东川、山南西道，而宋代分属于成都府路、梓州府路、夔州路、利州路，这对于四川盆地交通有一定的负面影响。元代巴蜀地区开始统属于四川行省，这有利于巴蜀地区交通的发展。

一、交通管理出现新变化

元代交通的发展，在巴蜀交通史上有重要地位。早在至元四年（1267），元政府便在四川大规模修治山路、桥梁、栈道。[①] 元代广置驿站，北方旧地由通政院管理，南方汉地由兵部管理，冲要之地由托克托斯管理。驿制十里或

---

① 《元史》卷六《世祖本纪》。

十五里设一铺,二十五里设一驿,并置有急递铺。①当时,全国共有站赤1496所。据《经世大典》载,当时四川行中书省所辖驿站陆站48个、水站84处,共132处。最初陆站仅25站,后增为41站,其中马站29个、驴站12个,②最后才增至48站。

元代巴蜀地区交通路线最大特点是水站比陆站多得多,这说明元代峡路和嘉陵故道交通有了新的发展。同时,元代在驿站设立上有两个特点,一是为专门目的修筑驿路,如为渭井的盐运和绍庆府的盐运而开设驿站;一是依靠宋代留下的许多寨城,依山城设驿站甚多。

元代四川盆地有五条干线驿路,即兴元路至成都驿道有驿站20个,成都建昌通云南驿道有驿站23个,成都江陵间水道有驿站43个,嘉陵江水道,有驿站18个,旧石水陆道有驿站23个;其他还有通湖广陆道、渭井盐运水站、黔江水道、乌撒入蜀旧路。元代巴蜀地区交通发展上最重要的是盆地内的驿路交通网络形成,其中广元、重庆线有驿站13个,二广线(广元到广安)有陆站7个,成渝线有驿站8个,成叙线有驿站8个。

二、交通路线重心不断迁移

宋元之际四川地区战争较为频繁,一定程度上影响了元代民用交通运输业的发展。

明代巴蜀地区在统一的四川布政使司管理下,经济开发的深度和强度有所增加。明代由于中原地区、长江中下游地区社会经济发展更快,经济发展对资源的取用量也在增大,而这些地区的资源越来越少,因此巴蜀地区成为东南地区经济发展重要的资源来源地。为了转运这些资源,巴蜀地区的相应对外交通运输也发展很快。

明代驿路交通在元代站赤的基础上有了进一步发展。明洪武年间,景川侯曹震曾组织对四川各主要交通干线进行了一次系统修治,特别是对永宁河道的治理最有成效。这次修治奠定了明代成为巴蜀地区古代驿道发展顶峰地位时期的基础。按《明会典》载,四川当时有水陆站共169处③,而据《寰宇通志》做

---

① 《元文类》卷四一《经世大典序录》。
② 《永乐大典》卷一九四二三《经世大典·站赤》。
③ 《明会典》卷一一九《兵部》卷一九《驿传》。

逐个统计，四川共有水陆驿站179处，明末还曾一度发展到了200多个驿站。

当时，巴蜀地区的剑阁道、建昌道、峨越道、峡路、僰溪道、乌撒入蜀旧路、西川道、松平绵道、金沙江下游通道、成渝大道和嘉陵道都曾置为驿路，驿路交通发展达到了我国封建社会鼎盛时期。明代金沙江下游新市镇以下也已经开辟为驿道，而且有诸多人出于运输川米的目的而提出开通金沙江下游水路。驿路交通的发展，促进了四川商业的发展，形成了"商旅满关隘，茶船遍江河"的景象。

总体来看，明代巴蜀对外交通路线的重心东移南迁了。巴蜀北部剑阁道由于与中央核心区距离的地缘优势已经不明显，地位相对下降。明代四川北路的路线更靠东一些，北路已经不走剑阁道路线，从成都北行到汉州后，经中江、三台、盐亭、阆中、广元接原剑阁道为正驿，从而绕开了剑门关。同时，东面的乌撒入蜀旧路成为巴蜀到黔滇交通的最重要的通道。唐代和元代都曾设驿相通的石门旧道，在明代却没有设为驿道，较为梗阻。这一是由于明代乌蒙土司在西南土司中相当顽固，据地相抗，一是乌撒入蜀旧路和僰溪古道的开通，客观上取代了它的职能所致。同样，明代取建昌道到云南地区，由于沿途民族动荡的影响，也较为阻梗。至于巴蜀北部的米仓道，由于山高路险，人烟稀少，不曾辟为驿路，除了宋代因战争取用较多外，经济取用并不多。

三、重要交通驿道的管理建设

明代盆地内交通通道的形成对现代巴蜀交通通道格局的影响颇大。近代成渝间东大路的雏形在明代形成，即经过龙泉驿翻龙泉山，经简阳、资阳、资中、内江、永川、来凤驿翻缙云山余脉，经白市驿翻中梁山经石桥铺到重庆的驿道形成。

明代四川水运交通的地位十分高，峡路交通地位尤为重要，成为西南地区资源东运的最重要通道。当时取峡路从成都经嘉定府、叙州府、泸州、重庆府、夔州府到夷陵州63驿。为了航运方便，明成化年间曾在瞿塘峡开凿纤道。明代在马湖府、建昌府、遵义府、保宁府等地采办皇木，都取川江各主流和支流漂放和结筏转运。同时，许多商人到云南、川西高山采办杉木，通过川江运输到江南地区，更使川江木材运输十分繁忙。同时，明代一度取川江水路转运漕粮到成都。明代巴蜀、云南的一些贡马和市马都取峡路用民船运到南京，而巴蜀地区进贡的大量麂皮之类的山货，也是通过水路运输出巴蜀的。在明代巴蜀交通中，泸州是一个相当重要的城市。明代泸州是川江水路百石大船的上行终点，也是下行起点；同时，泸州又是巴蜀通滇黔最重要的乌撒入蜀旧路的起点，沱江流域的糖、盐、米都云集泸州，交通辐辏，车水马龙。重庆府自南宋以来地位上升，明代重庆府处两江之汇，逐渐成为巴蜀地区重要的交通枢纽城市。为了木船运输的安全，明代末年川江上出现了救生红船。

重要通道沿线植行道树在明代十分流行，剑阁道上的大量柏树就是明正德年间知州李壁所植，后人称翠云廊。米仓道上南江县段也植了大量古柏，后人称皇柏林。

明末清初战乱，使四川驿道馆舍和栈道都遭到极大的破坏，总体上看，清代驿路驿站建设不及明代。据《古今图书集成》记载，康熙时四川共有水马驿85个，其中陆驿51个、水驿34个，即使除去明代四川版图比清代大的因素，清代驿道管理建设也不及明代。清雍正年间，整饬朝政，裁减驿站，全省仅有水马驿60个，以后略增，但也不过65个，比相同时期陕西置驿128个，云南置驿81个，湖北置驿90个都少。[①]但是，为了弥补驿站短缺之弊，巴蜀广置军事性质的铺递。巴蜀地区在清代共置有多少铺，尚无确切统计。周询估计有八九百处，称"繁不胜记"[②]。据《大清会典事例》所载，四川铺之名逐个统计，得出四川共有铺1444处。据《四川通志》载，乾隆时共有铺司1469处。但是，据笔者接触的许多方志来看，清代四川铺一定不止1469处。铺一般十里或十五里为一铺，但因地势等具体情况里程又有损益。如此多的铺构成了一幅稠密的交通通信网络。

清代巴蜀地区驿路干线有以下几条：南路（古清溪道路线），共15驿；北路（古金牛道路线），共18驿；东路（成渝大道旧线），共17驿；西路（古西川道路线），共6驿；僻东路（乌撒入蜀旧道），四川省境内共6驿。其他驿路还有飞越岭道、东南路（古僰溪道路线）、僻南路（眉州、夹江、乐山、犍为、宜宾、庆符、长宁、兴文）、僻北路（广元圆山、苍溪、阆中、南部、西充、南充、合川）、僻东北路（广汉、中江、三台、盐亭、射洪、蓬溪）、北水路（嘉陵水道）、东水路（峡路）和南水路。

清代由雅州府西进西藏的茶路十分重要，共有三条，一条是飞越岭道，

---

① 雍正《四川通志》《钦定大清会典事例》《清文献通考》《蜀海丛谈》。
② 周询：《蜀海丛谈》卷上《驿站》。

一条是马鞍山道，一条是二郎山道。巴蜀地区的茶叶、丝绸、布、棉纱、铁器转运到康藏地区，康藏地区动物皮毛、药材等又转运到巴蜀腹地。汉藏贸易的交通枢纽打箭炉一时商旅云集，锅庄林立。同时，经宁远府到云南、缅印的南方丝绸之路也较为通达。清代石门旧道和宁远道因改土归流后沿途相对安定，相对明代通畅起来，清末许多外国人出入云南都是取用此两道，乌撒入蜀旧路仍然是重要通道，但取用相对较少。巴蜀地区的布匹、铁锅、食盐、丝绸、花材等商品大量由建昌道输入云南，而云南及沿途的木竹、竹笋、矿产、药材、牛羊、山货也通过此道转入巴蜀腹地。[①]乌撒入蜀旧路上的叙永因榷茶盐税，曾设叙永关。清代此路曾是转运川盐、滇铜、黔铅、滇茶、云南药材的重要通道。石门旧道在清代改土归流后十分通畅，曾是转运川米、川盐、滇铜、鸦片的重要通道。

清代出川北路在各驿中最为繁忙，商贾转输、兵旅征伐、公文传递、皇帝下诏、官员往返多有取用。云南到陕西的公文也取此道传送。巴蜀地区运往西北地区的丝绸、川纸、川扇、蜀版书，西北输到四川的皮毛、药材多取此路。清代曾出现的川米济陕、川铜济陕都是沿此道转运。[②]康熙二十七年（1688）和乾隆四年（1739）、乾隆四十二年（1777）、道光二十八年（1848）都曾大加修缮，使剑阁道联舆并马，成为通衢。

清代巴蜀地区水运交通仍然十分重要。峡路是巴蜀地区与外界交流的最重要通道，成为西南地区资源东运的最重要通道，滇铜、黔铅、川茶、川盐、川米、山货、皇木、商木大多取此水路转运各地。繁忙的运输业使商业分工越来越细，出现了经营和转运商品的商帮，如川帮、广帮、汉口帮、汉阳帮、南京帮、西帮等。水运的发达，使川江沿途城镇贸易发展很快，场镇的密度大增，形成许多专业场镇。

清代在四川水运上有许多重大事件，一是峡路滩险不断得到修缮和整治，特别是沿水路边的陆路和纤道也得到修缮，如乾隆年间李拔、嘉庆道光年间李本忠、光绪年间汪鉴都在三峡内大规模地修凿纤道，治理滩险。同时，江津县、泸县等地都有治理滩险之举。一是为转运云南京铜，乾隆年间一度开通了

---

① 蓝勇：《南方丝绸之路》，重庆大学出版社1992年版，第136页。
② 张莉红：《在闭塞中的崛起——两千年来西南对外开放与经济、社会变迁蠡测》，电子科技大学出版社1999年版，第14～15页。

金沙江水道，可从云南东川府小江口用船水陆相间转运到泸州，后来较长时间都可从永善县黄草坪直接经水路转运到泸州。同时，为转输川盐济黔、滇、鄂和转运滇铜之需，乾隆命人疏治了横江、南广河、赤水河、永宁河、綦江河、乌江等，形成引盐入黔的涪岸、永岸、仁岸、綦岸和引盐入滇的宜宾岸、南广岸，促进了川江以南支流水运的发展。清代沱江、嘉陵江、渠江、涪江航道也得到一定的修治。

四、救生红船制与现代交通工具的采用

清代前期川江木船的形制已经基本定型，出现了麻阳船、吊钩子、五板船等清后期出现的船名。到了清代后期，近代川江上航行的中元棒、舵笼子、敞口船等相继出现。

为了保障航行安全，清代不断在川江整治滩险，同时开始在川江上设置简单的航行标志。清代在川江上设置铜关、渝关、夔关，主要是为控制过往运输船只的税收和监管。因为沿江运输繁忙，失吉成灾之船众多，清代川江普遍实行救生红船制，设立了近百艘救生红船。为了保证水驿的畅通与安全，许多汛塘还设置哨船。

清代末年，在西方政治经济文化的影响下，西方现代交通文化进入巴蜀地区。1876年《烟台条约》签订后，宜昌开为商埠，1890年《烟台条约续增专条》重庆开埠，英国雇用中国帆船和自备中国帆船到重庆均为合法，1891年第一条挂旗木帆船西进重庆，传统帆船承担了巴蜀与国外贸易交通的职能。1897年，英国工程师蒲兰田对长江三峡滩险进行了一次整治。1898年英国人立德率"利川"号首航重庆，此举成为近代西方现代交通影响巴蜀交通之始。1908年巴蜀第一家川江轮船公司在重庆成立，1909年巴蜀人自己的"蜀通"号开航，近代水上交通在巴蜀地区的影响越来越大。

现代交通工具的采用，极大地提高了川江交通运输的能力。随着近代水运交通的发展，洋纱、洋布、毛呢、洋油、西药等洋货大量进入，而猪鬃、羊毛皮、桐油、生丝等国内货物也不断外运，从而促进了巴蜀地区对外对内贸易的发展，加快了中西文化的交融，但同时也使中国的有关主权丧失得更快更多。

在水上交通发展的同时，受西方铁路文化的影响，巴蜀地区也开始了兴修铁路。早在19世纪初英国人就有一个将滇缅修铁路与当时叙州府相接、与长江中下游相连接的铁路梦想，后在20世纪初的清代末年，从成都经重庆到宜昌的

川汉铁路兴修一事提上议程，并于1910年开工，但由于辛亥革命等因素而中断。

第三节　民国时期交通发展历程

民国时期，巴蜀地区近代交通发展很快，但总体上仍是传统交通与近代交通并行的时期。

一、巴蜀交通运输业全面发展

民国2年（1913），四川筹建成都至灌县（都江堰）的公路。从灌县起修了一公里，但因政局变化而停工，是为近代巴蜀地区公路之始。民国9年（1920）以来筑路风潮高涨，先后开修了成都到灌县、彭县、简阳、赵镇的公路。从民国14年（1925）到民国23年（1934）的10年间，在军阀防区制背景下，公路修筑高潮风起。早在民国2年，川督兼民政长尹景伊拟修筑成渝公路，后经历二十年之久，终于在1933年修成了长达377公里的成渝公路。早在民国元年（1912）尹昌衡就提议修建川康成雅公路，但直到民国21年（1932）才修通，全长151公里。其间，巴蜀地区还时断时续修通了简阳到渠县的公路，共长420公里。民国15年（1926）到民国17年（1928），又修通了成都到绵阳的公路，共计136公里。民国18年（1929），黔军开修叙纳公路，但半途而废。民国15年又开修贡井、自流井、邓关到富顺的公路以运盐，但直到民国20年（1931），仅修通贡井到邓关共35公里，邓关到富顺仅能通行黄包车。

同时，杨森在成都、广安、泸州、万县间，曾主持修筑了城市交通街道，主持开修了成都到彭山、灌县和万州到梁平的公路。从民国元年到民国22年（1933）成渝公路完工，计防区制下巴蜀地区共修公路43条，共计2755公里。[①]

同时，这个时期公路交通运输业发展起来。民国14年，四川成都正式有了汽车。同年在成灌公路上第一辆营运的福特汽车运营，同时成都华达汽车公司成立。民国15年（1926）开始在成都城区运行城市公共汽车。民国22年，重庆成立重庆市公共汽车公司，开始汽车营运。随后，四川各地各种汽车运输公司

---

① 王立显：《四川公路交通史》上册，四川人民出版社1989年版，第49~72页。

相继出现。①

四川近代交通水运走在陆运的前面。川江轮船公司在民国时期新增轮船，实力增强，相继成立了许多新的轮船公司。到民国14年，巴蜀地区已经有14家轮船公司，拥有轮船24艘。同时大量外国商船出入四川河道，到民国19年，外轮共有47艘，比省内公司轮船稍少，但进出川江的轮船中外轮占90%左右。②民国15年，卢作孚创办民生轮船公司，经过发展，到民国22年，民生公司已经有轮船19艘，员工7000多人。③

民国4年，四川成立了修浚长江上游水道公会，同年，川江轮船公司刘声元开始组织长江滩险治理，后又组织编纂了《峡江滩险志》。④同时，依照现代交通标志，设立了信号台、标杆、水码，如民国15年在万县狐滩设立标杆站，为川江第一信号台。⑤民国15年，重庆成立长江上游巡江工司，同年成立了修浚宜渝滩险事务处。民国18年，川江航务管理局在重庆成立，对川江航运的发展起了积极的作用。

虽然川汉铁路兴筑较早，但到民国初年巴蜀地区还没有一条真正的铁路运行。民国19年（1930），民生公司为运输煤炭所需，在重庆北碚修筑了10公里的北川铁路，为四川地区第一条营运的铁路。民国18年，刘湘在重庆广阳坝修建机场，购置飞机。1931年，巴蜀地区飞机开始运用于民用，中国航空公司开辟了汉口到重庆的航班，后延伸到成都。后又陆续在宜昌、万县增设航班，开辟了重庆、贵阳、昆明的航班，而欧亚航空公司开设了西安、汉中、成都航线。⑥

二、巴蜀交通事业发展新变化

民国22年，军阀混战的格局结束，防区制退出历史舞台。民国23年，为了适应新形势，四川省正式成立了四川公路局，专门设立了养路股，征收养路

---

① 王立显：《四川公路交通史》上册，四川人民出版社1989年版，第210～218页。
② 王绍荃：《四川内河航运史》（古近代部分），四川人民出版社1989年版，第165～184页。
③ 王绍荃：《四川内河航运史》（古近代部分），四川人民出版社1989年版，第195页。
④ 王绍荃：《四川内河航运史》（古近代部分），四川人民出版社1989年版，第201～213页。
⑤ 王绍荃：《四川内河航运史》（古近代部分），四川人民出版社1989年版，第215～216页。
⑥ 温贤美：《四川通史》第七册，四川人民出版社1994年版，第106、107、250页。

费；同时加强对已修成路线的养护，开始用木板设立了各种现代公路交通标志。

20世纪30年代四川制定了《四川陆上交通规划书》，加速对四川公路的建设。民国24年（1935）开始，四川系统勘测和修筑了川黔、川陕、川湘、川鄂公路。其中川黔公路长176公里，于当年6月修通；川陕公路长278公里，于同年11月初通，次年6月才真正开通。川湘公路则在民国26年初通车，共计691公里；川鄂公路在防区时代已经修到渠县，民国24年完成了渠县到万县公水岭测量，民国25年10月完成修筑，共187公里，但最终还是因万县到湖北利川险阻万分，改修黔江到石门公路，北与巴东、恩施相连。以上这些公路在如此短的时间内修成，巴蜀人民付出了艰辛的劳动，特别是采取的义务征工，不仅不给报酬，反而还需自带粮草，一度使修路民工十分艰困。[1]

在此期间，交通运输也有较大的发展。民国24年（1935），原四川公路总局改为四川公路局，调整了车务机构，培训了许多车务人员，添置和登记检验汽车。其间共登记汽车800多辆，还有200多辆军车没有登记。同时，监督商业用车，实行营运管理，建立了专门的电讯，制定了许多汽车营运章则，采取了许多方便客货运输的措施，促进了四川地区社会经济的较大发展。[2]

这个时期水上交通发展也较快。民生公司到民国26年（1937）已经有轮船47艘，承担了长江上游70%的运输任务。但在抗日战争前，轮船主要在川江主流的嘉陵江合川以下航行，其他河流主要还是以木船为主体，就算在川江主流上木船的运输量也十分大。

从清末英国人蒲兰田开始，西方等国对川江航道进行了大量科学测量。1922年，刘声元主持编纂的《峡江滩险志》出版，为我国最早科学测量的川江河道图专著。1935年成立川江打滩委员会，对青滩等重要滩险进行了治理。[3]1923年，乌江上开始利用"天车"绞滩，以改变过去盘滩"换棕"方法，后又一度改为"自绞"。[4]

民国26年（1937），开始修筑成渝铁路及内江自流井线，但因抗日战争影

---

[1] 王立显：《四川公路交通史》上册，四川人民出版社1989年版，第82~128页。
[2] 王立显：《四川公路交通史》上册，四川人民出版社1989年版，第250~282页。
[3] 王绍荃：《四川内河航运史》，四川人民出版社1989年版，第210~212页。
[4] 王绍荃：《四川内河航运史》，四川人民出版社1989年版，第218页。

响，只完成永川到重庆段和永川到内江的部分路基、桥梁、隧道。①

民国27年（1938），国民政府迁到重庆，先后设立了西南公路管理局、川陕公路管理局、川滇东路管理局，及川滇西路、川湘、川康、西康、四川等公路管理机构，到民国30年才正式成立统一的运输统制局。抗日战争时期，为了战时需要，大量修筑公路。民国24年开始测量雅安至天全的川康公路。民国25年6月开工，到民国29年雅安到康定219公里试通车，民国31年2月正式通车。民国29年修筑通了210公里的内乐公路，民国30年修通了71公里的康青公路首段的康定到营官寨段。

抗日战争时期在公路修筑上最有影响的当数川滇东路的修筑和乐西公路的修筑。川滇东线是在民国25年（1936）开始测量和修筑的，取传统的乌撒入蜀旧路路线，从隆昌到泸州、纳溪、叙永与贵州、云南相接，民国27年12月初通，但直到民国28年才改善通车条件。民国28年开始测量乐西公路，同年开始修筑，到民国30年1月修通，全长525公里。同时又于民国29年开修西昌经会理、姜驿、元谋、姚安到云南祥云的公路，民国30年6月全线通车。1938~1939年修通了汉渝公路重庆万源段。1940年开修了甘川公路，但半途而废。另1943~1944年康青公路营官寨到青海歇武寺段也曾修筑，但中途而断。民国时还修筑了18条厂矿路线及支线，共长295公里。如在1947年修通青木关到北碚的公路长24公里，民国26年（1937）修海棠溪到清水溪公路长37公里。

这个时期对以前"义务征工"做了修正，给予了修路民工一定的待遇，使修路民工的抗日激情更为高涨，促进了战时筑路的迅速发展。②

抗日战争时期，曾开修叙昆铁路，其中四川地段曾完成部分土石方工程。③同时，中国航空公司开辟了到桂林、昆明、兰州、酒泉、哈密、汉中、芷江、柳州、香港、泸州、嘉定等地的7条航线。欧亚航空公司通了成都至昆明、雅安，重庆至香港（经桂林、广州）、重庆至哈密（经西安、兰州）4条航线。中苏航空公司开通中国至莫斯科航线，开通中印驼峰航线（印度汀江到昆明、泸州、宜宾），运输了大量战备物资。④

抗日战争时期，四川地区的公路交通运输地位十分重要。民国28年

---

① 温贤美：《四川通史》第七册，四川人民出版社1994年版，第106、247页。
② 王立显：《四川公路交通史》上册，四川人民出版社1989年版，第158~169页。
③ 温贤美：《四川通史》第七册，四川人民出版社1994年版，第247页。
④ 温贤美：《四川通史》第七册，四川人民出版社1994年版，第250~251页。

（1939），四川公路局公布了《交通指挥部组织大纲》，同年公布了《战时公路运输条例》。据统计，民国30年（1941）四川公路局全年运送旅客为30万人次，一般有300多辆车运行其中。战时运输最重要的是货物运输，民国31年（1942），川黔线的运输量达33800吨，昆泸线达26693吨，其中主要是军品、器材、桐油、盐、药材、布匹等物资。抗日战争期间，成渝两地都曾兴办城市公共汽车，但运行维艰。①

抗日战争期间，水运交通起了重要的作用。民国26年（1937）底，南京失守后，大量物资和人员都是通过川江水路转运到四川，其中卢作孚的民生轮船公司发挥了主力军的作用。"七七事变"后，川江水路承担了运输大量支援前线的军用物资和出川抗战的川军的任务。②民国27年（1938）成立了绞滩委员会，设立绞滩站，开始机械绞滩。③

这一期间，国内政治经济形势变化很大，为了适应新形势，民国31年（1942），成立川湘、川陕水陆联运总管理处，开展川湘、川陕的水陆联运，利用汽车、轮船、木船、板车、驮运多种运输方式进行运输，传统的骡马驿运方式一度兴盛，转运食盐、米粮、砖茶、铜币、水泥、石油、机棉、羊毛、茶叶等。④由于大量企业、机关、学校内迁，人口大增，促进了交通发展，水运航线大增。同时，这个时期还整治了金沙江航道，不断从金江街往下试航，修治了蒙姑到宜宾、蒙姑到永仁的滩险和纤道，但最终只开辟了宜宾到屏山、新市镇的航道。为适应川陕联运之需，民国时期对嘉陵江陕西略阳至合川间航道进行了大量修治，开辟许多纤道，设立了许多绞滩站。为了川湘联运，又在乌江上修治滩险，开纤道，设立绞滩站。在嘉陵江试航到了南充，在乌江试航到了彭水。同时，对岷江、涪江、大渡河、青衣江、马边河、清流溪、白龙江、东河等进行了整修，对威远河、釜溪河、綦江河进行了渠化处理，以利于航运。⑤

抗日战争结束后，四川地区开始了大量军事人员的复员运输，担任了许多

---

① 王立显：《四川公路交通史》上册，四川人民出版社1989年版，第301~328页。
② 王绍荃：《四川内河航运史》，四川人民出版社1989年版，第222~225页。
③ 王绍荃：《四川内河航运史》，四川人民出版社1989年版，第218页。
④ 王绍荃：《四川内河航运史》，四川人民出版社1989年版，第226~230页。
⑤ 王绍荃：《四川内河航运史》，四川人民出版社1989年版，第230~304页。

紧急军事运输，客货运输逐渐萧条。①后来随着政治、经济中心东移，四川地区战略地位下降，四川水运交通的重要性不如以前。

同时，四川地区在设防背景下继续新修了部分公路。民国37年（1948），开修了达县到广元的公路，但中途停工。同年成都至巴中公路开工，到民国38年（1949），仅南部至仪陇145公里和赵镇至兴隆20公里的新修中段可勉强通车。民国37年（1948），汉渝公路万源镇段开工，但中途而废。②

总的来看，民国时期巴蜀地区的交通发展是处于现代交通与传统交通的过渡时期，这个时期一方面出现了现代航空、轮船、公路汽车等现代交通运输方式。但航空的影响十分有限，而木船运输在四川地区还占有重要的地位，传统骡马驿运仍然发挥着较重要的作用。

第四节　中华人民共和国交通发展概述

一、公路建设进入新时期

新中国成立后，四川公路建设进入有计划地发展的新时期。20世纪50年代，四川重点修建了成阿、沐石、宜西、东巴、川藏等干线公路，使少数民族地区交通大为改观。1958~1965年，国家对公路建设实行"依靠地方、依靠群众、普及为主"的方针，四川出现了全民修路的热潮，至1965年底，全省有公路39068公里。1966~1976年，因"文化大革命"的影响，四川公路事业遭受严重挫折。至1979年底，四川公路里程达8048公里，较1949年增长10多倍；公路桥梁建设达11986座331391延米，干线公路上的临时或半永久式桥梁多改建成为永久式桥梁；公路隧道及半隧道达98处9507延米。新中国成立以后的30年间，由于投资所限，一些重要干线公路，只能以低标准分期进行局部改造，而交通不便的边远山区的县乡公路建设则主要以"民工建勤"为主，全省公路总体上技术标准较低、质量较差。

20世纪50年代，汽车运输企业经过改组、整顿，实行"统一管理、统一运

---

① 王立显：《四川公路交通史》上册，四川人民出版社1989年版，第348~352页。
② 王立显：《四川公路交通史》上册，四川人民出版社1989年版，第169~184页。

价、统一货源"的"三统"管理，并增设站点，延展营运线路，基本适应了国防和国民经济建设的需要。从50年代末至70年代初，四川汽车运输企业的管理水平及客货运输质量有明显提高，不仅完成了繁重的支农、支工、支重、支铁等运输任务，特别是在国家"三线"建设中，在成昆铁路未修通之前，完全依靠汽车运输而建成特大型的攀枝花钢铁基地为国家建设作出了突出贡献。

中共十一届三中全会以后，四川公路建设进入快速发展时期，路网建设逐步完善，等级质量不断提高，蜀道难的面貌逐步改观。

20世纪80年代初，四川重视加快大型公路桥梁和老、边、少地区的公路建设。由眉山倡导并推广到全省的公路加宽改造，拉开了公路技术改造的序幕，使四川公路建设开始了从"数量型"到"质量型"的转变。至1985年底，全省加宽改造公路30 841公里。

"七五"期间，四川省委、省政府出台一系列促进交通发展的优惠政策。公路建设重点抓了干线公路和山区公路两个方面。五年间，全省先后完成成灌、成温邛、大件路北段、成都—眉山—峨眉公路等18个大中城市进出口公路改造以及20座特大桥等重点公路建设项目，新（改）建山区公路1万公里，新建桥梁1821座69000延米，重点整治油路2597公里，公路好路率由1985年的37%提高到56.8%，全省实现县县通公路。

"八五"期间，通过采取"以工代干""公路建设大包干"和开展"交通发展年"等活动，全省新（改）建公路10458公里、桥梁167座24919延米，新建标美路5071公里、水泥路2934公里，公路好路率比"七五"期末提高17%。大件汽车运输专用公路，纳（溪）大（方）、绵（阳）江（油）等高等级公路先后建成通车。同时，成绵高速公路、国道108线广元北段、内宜高速公路、广邻高速公路等一大批高等级公路相继开工。"八五"期间最突出的成果是：全长340.2公里、投资40亿元、历时五年的成渝高速公路如期竣工通车，结束了四川没有高速公路的历史。

"九五"期间，四川公路交通发展速度明显加快，以高速公路为主骨架的三级公路网络（国道干线建设、区域路网建设与改造、农村通达工程）初步形成。不仅完成成绵、成都城北出口、成都机场、内宜、成乐、成灌、国道108线凉山段、隆纳、成雅、达渝路罗江至大竹段、广邻等11条高速公路，还有在建高速公路里程500公里。至2000年底，行政区划调整后的四川，公路总里程达108529公里，居全国第二位。基本形成以成都为中心，以国省干线公路为骨架,连接城乡、沟通山区、贯通相邻省区的公路网。

新中国成立以后,特别是中共十一届三中全会以后,随着改革开放的深入,四川内河航运发展迅速。截至1996年,四川内河航运的发展变化主要表现为:一是轮船通航里程大幅度增加。1950年全省仅有长江干流和嘉陵江等约10%的航道能通行轮船。通过不断整治、渠化航道,到1996年全省轮船通航里程达4724公里,比1950年增长近3倍。特别是长江航道经过综合治理后,不仅1500吨级至3000吨级的大型船队可由上海直达重庆,还能全面实现夜航。二是港口装卸实现机械化。许多港口修建了机械化的装卸码头,并分别与铁路、公路相衔接,实行水陆联运,货物装卸也实现机械化和半机械化。三是运输实现机动化。新中国成立初期,全省地方航运部门仅有小轮船6艘、172吨、853客座、4865千瓦,水路运输主要靠木船。通过1956年开始的木船机动化改造后,至1996年全省地方航运部门共有各种机动船1127艘、24515吨、109654客座、221035千瓦,运输驳船2102艘、546962吨,其运输能力大幅度提高,当年完成的客运量和旅客周转量分别比1950年增长31.58倍和669倍,货运量和货物周转量分别比1950年增长14.72倍和33.07倍。四是客货轮不断更新换代。新中国成立前,四川不仅轮船数量少,且都是使用蒸汽机做动力,设施陈旧,技术性能落后。新中国成立后,老旧轮船逐步被船型新、机型新、设施和技术性能较好的轮船取代。改革开放以来,轮船的更新换代更为迅速。客轮船型愈加美观,机型愈发先进,设施日趋齐全。运货的拖轮全部使用大功率内燃机做动力,船型也进行了改造,其拖带能力成倍提高。川江船舶动力装置实现内燃机化,机型实现系列化,船体实现钢质化,蒸汽机、杂牌柴油机和木质轮船被淘汰,高速气垫船、水翼船发展迅速。五是水上旅游运输兴起。20世纪70年代末,长江水上旅游运输逐步兴起。其后大宁河、岷江、嘉陵江和乌江水上旅游运输发展迅速。至20世纪90年代中期,全省仅进出川旅游客运企业就发展到27家,旅游客船发展到122艘、5.24万客座。1996年,全省水上客运量达5310万人,旅客周转量达35.9亿人公里。六是水运工业长足发展。全省共有大中小型造船厂60多个,既能建造适合行驶中小河流的拖轮、客轮、驳船,又能建造行驶长江等大河的大型客货轮、高档豪华旅游船舶和高速气垫船舶,不仅实现船舶建造不出省,而且造船技术不断提高,省内船厂所采用的"双尾"和"平头涡尾"船型,使船舶时速由27公里提高到32公里,达到国内先进水平。

二、铁路发展进入新纪元

新中国的成立,开辟了四川铁路发展的新纪元。1952年7月,新中国第一条铁路——成渝铁路全线建成通车,实现了四川人民四十年来的愿望;1958年11月,第一条出川铁路——宝成铁路建成通车,掀起四川铁路建设的第一次高潮。1959年11月,内昆铁路内江至安边段建成通车。1964年,中共中央制定加快西南"大三线"(战略后方基地)建设的重大决策,国务院把成昆、川黔、贵昆和襄渝铁路作为西南"大三线"建设的重点工程,总理周恩来亲自部署组成"西南铁路建设指挥部",调集铁道兵和铁路职工31万人掀起四川铁路建设的第二次高潮。1965年7月,川黔铁路建成通车;1970年7月,成昆铁路建成通车;1973年10月,经陕西通往湖北的襄渝铁路全线通车。同时,还配套建成一批铁路支线和专用线。

1975~1990年,四川没有新的建设项目开工,铁路建设重点放在对主要干线的电气化改造上。继1975年7月中国第一条电气化铁路——宝成铁路实现全线电气化后,襄渝铁路(达县以北)和成渝铁路也先后都完成电气化改造。至1990年,四川准轨铁路营运里程达2795公里,较新中国成立初期增长40倍,初步构成全省的铁路骨架,其中有四条干线出川,从东、南、北三个方向与全国铁路网连通。省内各类型牵引机车由新中国成立之初的5台增至597台,其中内燃、电力机车比重达73%,宝成、成渝、成昆、川黔线(四川境内段)的牵引动力全部实现电气化或内燃化。在成都铁路局所属的川铁路线中,50千克以上的重型钢轨占正线的90.4%。各类旅客列车由新中国成立之初的4辆(简易车厢)增加到1349辆,且品类齐全,乘坐舒适,部分卧车还装了空调设备;四川已开通直达北京、上海、广州、合肥、浦口、西安、太原、郑州、武汉、兰州、乌鲁木齐、贵阳、昆明等大城市和省内沿线县市之间的特快、直快或其他旅客列车。1990年与1953年相比,客运量由359万人增加到4094万人,增长10.4倍;货运量由240.7万吨增加到6022万吨,增长24倍。1990年,铁路运输所承担的客、货周转量分别占社会综合运输客、货周转量的31.9%和75.2%。

20世纪90年代以后,四川铁路建设进入第三次高潮。1991年12月,川黔铁路实现全线电气化。1992年6月,达成铁路开工建设。1992年12月,宝成铁路(四川境内)复线开工建设。1993年,成昆铁路(四川境内)电气化改造开工。1997年达万铁路(四川境内72公里)开工建设。1998年,内昆铁路水富至梅花山段（川境内25公里）开工建设。1999年，内宜铁路电气化建设开工。至2001年底，达成铁路、成昆铁路电气化改造、宝成铁路复线工程、成都铁路枢纽工程相继竣工投入营运，内昆铁路、达万铁路、筠连铁路和泸叙铁路正在建设中，全省铁路营运里程达4000多公里。2002年，四川境内的宝成、成渝、内昆、襄渝等干线铁路全部实现电气化；总投资5亿元，历时近八年的成都铁路西环线通过验收投入试营运，使成都成为中国率先拥有中心城市铁路环线的省会城市。"十五"期间，四川在建渝怀、遂渝、万宜3条铁路。2006年，渝怀、遂渝等重点项目相继建成投产，达成铁路扩能改造项目顺利推进，成绵乐城际铁路、成都新客站等项目前期工作进展顺利。

三、航空事业从恢复到飞跃

新中国建立后，四川民用航空事业主要经历以下几个发展时期：

1949～1954年为恢复发展时期。1949年底，中国人民革命军事委员会民航局驻渝办事处在重庆成立，成为西南地区最早的民航管理机构。1950年8月1日，民航局开通省外至四川和西南地区的第一条正式航线，即由天津经北京、汉口到重庆的航线，接着又开通重庆至成都、昆明、贵阳等航线。至1954年，四川民航先后开通12条国内航线，分别以重庆或成都为起点，通达北京、天津、上海等12个大中城市。机场最初只使用成都凤凰山机场和重庆白市驿机场，后增加南充、达县、西昌、泸州等机场。这一时期的四川民航由于航线开辟较少，航班密度不大，飞机载量小，客运量和货运量也少。

1955～1978年为稳步发展时期。1955年，民航局调拨6架里-2型飞机给民航重庆管理处，四川民航开始执管飞机并掌握航空运输和一定的通用航空飞行主动权。1956年新增加伊尔-14型飞机，1958年新增运-5型飞机，1971年新增安-24型飞机，1972年新增伊尔-18型飞机。至1978年，四川民航共拥有各型飞机31架。同时，四川民航从1955年开始组建飞行队伍，到1978年共有各类空勤人员469名。1959年和1966年，成都双流机场和重庆白市驿机场先后改（扩）建，"三线"建设时期又新建西昌青山机场。经过多次改（扩）建的四川民用机场设施日臻完善，为四川民航提供了较大的生产能力。从1955年至1978年，四川民航共开辟新航线72条，分别通往全国各主要大中城市，川内城市有成都、重庆、西昌、南充、达县、泸州等，共飞行86242个班次，完成运输总周转量20399.11万吨公里、旅客运输量198.1万人、货邮运输量111785.6吨。1956年5

月29日，四川使用CV-240型飞机飞越世界屋脊，并试航北京经成都至拉萨航线成功。1965年3月1日，四川使用伊尔-18型飞机正式开航。成都双流国际机场是四川乃至西南地区各航站发运旅客最多的一个航站，1978年发运旅客第一次超过10万大关，达112655人。

1979～1998年为飞跃发展时期。改革开放促使民航管理体制由军队领导为主的政企合一管理逐步走上企业化道路。1986年9月19日，四川省航空公司（1992年更名为四川航空公司）成立。1987年10月15日，民航西南管理局、中国西南航空公司、成都双流机场宣布正式成立。此后，四川民航飞机数量增多、型号更新迅速，进入涡轮风扇型喷气式飞机时代，至1998年，四川民航拥有波音、Y-7、空客A321等各型运输和通用航空飞机59架。空勤人员总数增多，人员结构发生变化，飞行领航员、机械员、通信员较1978年前大为减少。1998年与1978年相比，空勤人员总数增加3.3倍，其中驾驶员增加2.6倍，乘务员增加15.2倍。同时，为提高机场承用能力，还新建和改（扩）建一大批机场。成都双流国际机场A1（扩）建后，3600米的主跑道可供波音747-400型飞机起降。西昌青山机场改造后，成为可适应各类大型飞机起降的国家一级机场。此外，南充都尉坝、达川、宜宾、泸州等机场均进行了扩建。绵阳机场、广元机场和阆中机场新建工程进展顺利。四川民航共开辟新航线323条，其中国内干线303条、地方航线13条、国际和地区航线7条，开通成都至新加坡、泰国、中国香港等国际和地区航线以及成都至日本广岛、马来西亚吉隆坡等国际客货包机航线。至1998年，四川民航经营飞行的航线达200余条，通达国内外70余个大中城市，仅成都飞往各地的航线就有53条。据统计，二十年间，四川民航共完成运输总周转量716908万吨公里、旅客运输量58994万人、货邮运输量870673吨。

第二章 古代巴蜀交通通道

巴蜀地区自古称四塞。四川盆地边缘岷山、龙门山、摩天岭、米仓山、大巴山、巫山、七曜山、武陵山、大娄山、乌蒙山、五莲峰耸立，西南横断山脉纵列。在这样的地理环境下，在生产力低下的古代，消除这种空间阻碍艰难万分。

一个经济区域的经济发展与外界物质和信息能量的交流密不可分，而这种物质和信息能量的交流首先必须借助通畅的交通通道，在古代则首先借助陆上和水上的交通通道。这样看来，区域经济发展与对外交通通道的开拓紧密相关，在号称四塞的巴蜀地区尤其如此。

在漫长的历史岁月里，巴蜀先民披荆斩棘、开山辟崖，在崇山峻岭、高山深谷中开辟了一条条对外通道，使闭塞的巴蜀地区的经济和贸易得以不断发展。

第一节　巴蜀与陕西交通通道

汉唐时期中国政治核心区在今关中平原，经济重心在中国北方黄河流域，巴蜀地区与其交往自然通过四川北部。这样，巴蜀与陕西的交通路线得以率先开拓。巴蜀与陕西交通线主要线路有金牛道、米仓道、荔枝道和嘉陵故道，小道有王谷道、洋壁道、汉壁道、容裘谷道等。

一、主线

（一）金牛道

金牛道系历史上从今成都经绵阳、广元到陕西的重要交通干道。金牛道开通得很早，早在周显王时便有取用和修凿。战国末年，张仪、司马错伐蜀便取此道入蜀。战国秦汉时金牛道路线沿今汉中经勉县烈金坝、宁强五丁峡、七盘关、龙门阁、明月峡到古葭萌，经剑门、柳池驿、武连驿、梓潼送险亭、五妇岭、石牛铺入成都。

唐代金牛道一般称剑阁道（又称石牛道），为川陕正驿，十分畅通。在此路上可考的驿站有天回、两女、金雁、旌阳、万安、巴西、奉济、上亭、汉源、方期、嘉川、深度、望云、筹笔、五盘、三泉、金牛17个驿站。①当时达官贵人、文人骚客、官商大贾、军旅游兵往来不绝。唐末五代金牛道虎患酷烈，造成"商旅少敢入蜀"，通道一度梗阻。②

宋代在金牛道上设绵汉剑门路巡检使，设立相当于州级的剑门关建制，设剑门官使，管理这条通道的政务和商务。

元代广置驿站，在剑阁道上置有汉川（汉中市）、褒城（今褒城）、沔阳（逸县）、金牛（烈金坝）、罗村（滴水铺）、镇宁（宁强）、朝天（广元朝天镇）、宁武（广元市）、临江（广元昭化）、人头山、剑门（剑阁剑门镇）、隆庆（剑阁县）、乘泉（剑阁垂泉）、伯坝（梓潼复兴）、绵州（绵阳）、罗江（德阳罗江）、白马（德阳白马）、德阳（德阳市）、汉州（广汉市）、成都本府站（今成都市）20站。③

明清时期川陕交通仍以剑阁道为正驿，四川人称出蜀北路，陕西人多称四川官路。明代的出蜀北路在路线上有较大变化，即明代四川北路从成都北上到汉州驿（今广汉）后，绕过今德阳、罗江、绵阳、梓潼、剑阁，而经中江、五台、盐亭、阆中、苍溪、广元柏林到广元问津驿（今广元）。但清代康雍时又恢复了唐宋驿路线，称为正北路。明清时正北路为运销川茶、传递公文要道，商旅不绝，征战不已，有"秦川道，翠柏天，商旅兵家密如烟"之称。但明清以来随着中国经济重心的东移南迁和巴蜀东部的开发，川鄂峡路地位相对上升，剑阁道的战略地位相对下降。

（二）嘉陵故道

《禹贡》称"沱潜既道"，说明今嘉陵江很早便被开通为通道。

汉唐以来嘉陵江水陆路征战、修治频繁。据研究表明，唐代这条道路陆路因在今微县南翻清泥岭故称青泥道，其路线从宝鸡陈苍驿、模壁、三交城（益门镇）、玉女潭、遵涂驿（又叫石盘驿）、大散关（观音堂）、黄牛寨（黄牛铺）、黄花县（黄花驿）、唐仓镇、梁泉县（凤县）翻马岭到两当县两当驿、固镇、河池县（微县伏家镇）翻青泥岭（有青泥驿）、兴州长举县、盘头城、兴州顺政县（略阳）、兴城关、三泉县（阳平关），东接金牛道入兴安州，南

---

① 蓝勇：《唐宋四川馆驿汇考》，《成都大学学报》1990年第4期。
② 《资治通鉴》卷二七七。
③ 蓝勇：《元代四川馆驿汇考》，《成都大学学报》1991年第4期。

取金牛道顺嘉陵江水路至渝州接峡路。①水路若从兴州起航549里到利州，790里到阆州，300里到果州，300里到合州，435里到渝州。

宋代川陕交通以嘉陵故道为正驿，担负着转输茶纲入秦川，漕运军粮入兴州、凤州和转输马纲入川趋峡路的重担，其重要性远远超过了剑阁道。

元代从宝鸡到褒城间置有陆站，从广元问津水站（今广元市）始置有17个水站到渝州，即算泉（昭化）、合水（剑阁江口）、石牛、虎溪（苍溪）、南津（阆中）、南部（南部县）、新政（南部新政）、州子口（蓬安县）、石狗（南充石狗坝）、顺庆（南充市）、后津（南充青居镇）、石牛子（武胜西关）、马石湾、云会、金沙（合川金子）、荔枝（合川濮岩）、朝天（重庆朝天门）。②

明代继续在嘉陵道上置驿路。清末以来随着中国政治经济重心东移南迁，巴蜀东部的开发，峡路地位上升，成渝干道定型而嘉陵江水路不断萎缩，航道不畅，嘉陵故道特别是北段地位大大下降。

（三）米仓道

米仓道在历史上是一条出奇制胜的军事通道和商旅取用的间道，历代不曾设驿辟为正道。唐代此路又称巴岭路、大竹路、大巴路。其通道主线从今重庆经合川、渠县三汇沿巴河到巴中，沿南江经樗林关、上两、关坝、米仓关、草鞋坪垭口、大南、牟羊城、土卡门、火烧岩、巴岭关、官苍坪、小坝、白杨关、乌山垭、喜神坝、白杨塘、南郑到汉中市。③

宋元之际米仓道沿线战火频繁，蒙古军多次取此道南攻川峡四路。明清时米仓道是川盐走私贩运之道，明清政府时期设许多关卡缉私，加上"驿路由沔入蜀，故米仓道由之者鲜矣"④。现在古米仓道已荒废甚久。

（四）荔枝道

荔枝道早在汉代便开通。唐代洋州至达州曾一度设为驿路，但不久便废弃。在唐代天宝年间为转输涪州荔枝到长安，曾将这条驿路整修一新。据考证，这条驿路从涪州荔枝驿经乐温县沿溶溪水河谷行至梁山驿、高都驿，经通

---

① 严耕望：《通典所记汉川通秦川驿道考》，《新亚学报》8卷2期。
② 蓝勇：《元代四川馆驿汇考》，《成都大学学报》1991年第4期。
③ 蓝勇：《米仓道的踏察与考证》，《四川文物》1989年第2期。
④ 张邦伸：《云栈纪程》卷四。

州循下蒲江翻大巴山,又取洋水至西乡,取子午道到长安。[1]宋代时这条道路一度"遂为商贾负贩之路"[2],所谓"水航与蜀,陆肩于雍,持金易丝枲者不绝于道"[3]。唐宋时在荔枝道旁有两条间道:一是洋万涪道,一是洋渠道。明清以来,从洋县、达州、渠州的洋渠道成为正驿,为川陕重要商道。

二、支线

王谷道:王谷道是今天沿大竹河取行的通道,历史上又称任河道。据《水经注》记载,此道早在汉晋时期就开通,历代多有取用。明清时期是川东北地区与陕东南、鄂西北地区的一条重要商旅通道,特别是巴蜀的药材、茶叶和省外的布匹多通过此道转运。

洋壁道:洋壁道是历史上从汉中洋州西乡县翻大巴山到四川壁州(通江)的通道,早在唐代就存在,共有五六百里山路。一条路线可能是从镇巴经竹峪关到通江,一条路线可能是从西乡县经木马河、百雄关到通江,为历史上的洋壁道正道。

汉壁道:汉壁道是历史上从汉中到四川通江的通道,早在宋代就开通,是明清时期运送茶叶的重要通道。

容裘谷道:容裘谷道是历史上从勉县翻大巴山到巴蜀的一条间道,早在汉晋时期就开通。

第二节 巴蜀与云南交通通道

巴蜀与云南之间的交通往来十分早,同时由于巴蜀与云南间交通可以与缅印相连,历史上巴蜀与云南交通的通道往往成为南方丝绸之路的重要路线。随着中国政治经济和西南政治经济格局的演变,巴蜀与云南间交通主线时有变化,总的趋势是主线向东南方向推移。

---

[1] 蓝勇:《四川古代交通路线中》,西南师大出版社1989年版,第68~70页。
[2] 魏了翁、方回:《古今考》卷九。
[3] 《方舆胜览》卷五九《达州》。

一、主线

（一）川滇西路

此线在历史上又称零关道、旄牛道、清溪道、西川道、南路，是历史上从成都经川西（今雅安、西昌）入云南的通道。

汉晋时南方丝绸之路称"蜀身毒道"，其北段叫零关道，南段叫永昌道。零关道以其经过当时零关（今甘洛汉源交界的深沟）而得名[①]，其具体路线经临邛县、若栋长岭、邛崃山杨母阁、九折坂、牦牛县、灵关、台登县、邛都、会无县、三缝县、晴蛉到叶榆县（大理）。[②]汉晋时期这条通道上就有许多商人、僧人往返，三国时诸葛亮五月渡泸便取此道。

唐代川滇清溪道基本上沿用汉晋零关道路线，因唐宋时经过今甘洛汉源间清溪关（深沟）而习惯称为清溪道，又称邛部旧道、嶲州道、姚州道，宋代又习惯称为西川道。

唐代川滇清溪道馆驿里程从成都经双流二江驿（双流县治）、新穿口（双流花园场附近）、新津三江驿（新津县）、延贡驿（在今邛崃冉义延贡镇）、临邛驿（临邛县治）、顺城驿（邛崃大塘）、雅州百丈驿、名山百丈镇（名山百丈镇）、名山顺阳驿（名山县治）、严道延化驿（雅安市西）、奉义驿（长贲关，雅安县南飞龙关）、荥经南道驿（荥经县治）、汉昌驿（葛店，荥经郑家坝）皮店（皇泥铺）、邛崃关（大山）、潘仓驿、山口城（草鞋坪垭口）、黎武场（汉源清溪）、汉源场（九襄镇）、白土驿（九襄富村）、通望木筤（汉源县治）、望星驿（晒经山）、清溪关（汉源甘洛交界之深沟）、大定城（今洛海棠）、达土驿（甘洛察坪）、新安城（越西县保安）、菁口驿（越西县治）、永安城（越西县南箐）翻木瓜岭（今小相岭），其间途经瞿竿馆（越西小山）、荣水驿（水口）到初裹驿（喜德冕山），经北谷（台登谷，泸沽峡）、台登平乐驿（冕宁泸沽镇）、苏祁驿（西昌礼州北）、嶲州三阜城（西昌青柯山）、沙野城（西昌西打罗）、羌浪（德昌县治）、阳蓬岭俄准岭馆（俄准岭，德昌东南安宁河各诸山，甸沙关附近）、箐口驿（会理石窝）、芷驿（会理白果）、会川镇（会理县）、目集驿（唐集县，今会理凤营区）、河

[①] 蓝勇：《南方丝绸之路灵关、石门关考辨》，《成都大学学报》1992年第3期。
[②] 蓝勇：《南方丝绸之路》，重庆大学出版社1992年版，第12~19页。

子镇（会理黎溪大海子）、泸津关（会理拉鲊渡口）、未棚馆（攀枝花大龙潭）、伽毗馆（永仁县治）、渠桑驿（清渠铺，永仁南晴玲河渡口）、藏傍馆（大姚赵家店阳裹馆（大姚城东北）、弄栋城（姚安城北）、外弥荡馆（姚安西黑泥尺村）、求赠馆（佉龙驿，祥云云南驿古城村）、波大驿（祥云县治）、渠蓝赵馆（即白崖城，今弥渡红岩）、龙尾城（大理下关）到阳苴咩城（大理县城西）。①

北宋初西川道仍然为大理政权与宋朝贡和商务的通道。但从北宋熙宁以后，这种稀少的交往受到了人为的阻碍。到了南宋，政权偏安江南，客观上致使中原与大理交通多取大理东南邕州道，致使西川道更加冷落和闭塞。

元初，广置站赤。至元十九年（1282）三月，脱铁木儿、刺真等奏在宋西川道基础上设置经塔八合你到鸭池（押赤，中庆府，今昆明）的站道。记元代中庆成都驿路从中庆府在城陆站（昆明市）经利浪陆站（富民西北二十五里）、和曲陆站（武定县）、鞍山陆站（马鞍山）、虚仁陆站（武定白路）、环州陆站（元谋北十里环州驿）、姜陆站（元谋县姜驿）、浍川陆站（会理县治）、大龙陆站（会理北六十里，今会理益门）、明夷陆站（米易县治）、法山陆站（德昌南）、泸州陆站（西昌市西南，又叫泸川释）、泸沽陆站（冕宁泸沽镇）、邛部州陆站（越西县治东）、西蕃陆站（甘洛县治）、大渡河陆站（汉源县大树区治）、沉黎陆站（按元代黎州当置站，在今汉源清溪区）、荥经陆站（按元代荥经当置站，是否此名，待考）、雅州陆站（雅安市内）、百丈陆站（今名山百丈镇）、白鹤陆站（邛崃县治）、唐安陆站（崇庆县治）到成都本府站（成都市）。②

元代设置站赤，从成都南下至浍川站（会理）后，不像以往折向西南从拉鲊古渡渡金沙江经今姚安入云南，而是向南经黎溪、姜驿，从今江边渡口经元谋县入云南，直到明清。另元驿站路线一度改经今甘洛和米易县治，但在明清时又在这一段恢复唐宋的旧线。

明代此道称为四川西南路。洪武二十四年（1391），曹震委派四川都司金事潘永、建昌卫指挥使月帖木儿开通宋元西川道（建都道），这条古道得到很好的整修。

---

① 蓝勇：《四川古代交通路线史》，西南师范大学出版社1989年版，第82~85页。
② 蓝勇：《元代四川站赤汇考》，《成都大学学报》1991年第4期。

记明代四川西南路驿站从锦官驿（成都市南河口南岸）经唐安驿（崇庆县治）、白鹤驿（邛崃县治）、百丈驿（名山百丈）、雅安驿（雅安市内）、新店驿（荥经东北三十里新添区治）、菁口驿（荥经西南安靖靖口）、邛崃关（大关）、沈黎驿（汉源清溪北二里）、晒经关（晒经山）、河南驿（汉源河南乡）、深沟（唐清溪关旧址）、海棠关（甘洛海棠）、镇西驿（甘洛海棠镇西）、利济驿（越西北五十五里保安）、龙泉驿（越西南十五里中所）、泸沽驿（泸沽镇）、溪龙驿（西北八十里新华，又叫溪龙铺）、泸川驿（西昌市北）、禄马驿（西昌鹿马）、阿用驿（西昌南二百里）、白水驿（西昌南三百里德昌锦川）、巴松驿（会理北一百四十里老纸房）、大龙驿（会理北十里益门）、会川骆（会理县）、腰驿（会理南七十里）、黎溪驿（会理黎溪）、姜驿（元谋姜释）、金沙江渡口（今元谋江边，曾设有龙街巡检司）、环州（元谋北大黄瓜圆镇，隆庆后移小甸关）、虚仁驿（叫墟灵驿，原在武定白路，隆庆后移武定高桥）、和曲驿（武定）、利浪谷驿（富民西北）到云南府滇阳驿（昆明东南）。[①] 这条古道置驿以后，从姚安左隙（拉鲊）渡金沙江的古道成小道。当时，从建昌、越巂南下到元谋北苴林村可西行姚安入大理，同时从泸川驿与鹿马驿之间可经沙平驿（河西）、河口驿（金河）、平川驿（盐源右所）到盐井卫盐井驿（盐源卫城）。

明初，建昌道十分通畅，取用较多。但是，明末这条古道却梗阻非常，有称"武定之达建昌，川陆存久而棒塞"[②]。

清初康熙时，这条驿路得到一定整治和维修，在驿道上增设铺塘，用兵弁传递公文军情。当时这条路名称甚多，如称四川西南路、四川南路、由清溪县至建昌路、建越路。雍正时，裁并驿站，但铺递在一定程度上弥补了驿站的不足，代替了驿站的部分职能。

（二）川滇中路

此道历史上又称五尺道、僰道、西南夷道、石门道、乌蒙道等，是历史上川南通滇东北到今云南的交通路线。据《蜀王本纪》《华阳国志》等史籍记载，蜀王杜宇就曾涉足朱提（昭通），想必此古道早已开凿了。

秦始皇时，常頞开凿了一条经今滇东北到今曲靖一带的官道。由于滇东北

---

① 蓝勇：《四川古代交通路线史》，西南师范大学出版社1989年版，第100~101页。
② 《皇舆考》卷一〇《云南》引《云南图序》。

一带山势陡险异常，路仅能凿成五尺宽，故称为五尺道。汉武帝继位后，派唐蒙沿五尺道路线开凿了"西南夷道"。

隋唐时期，这条古道发展成了通南诏的重要驿道，在四川对外交通上有举足轻重的地位。《蛮书》称："从石门外出鲁望、昆州至云南，谓之北路。"《舆地纪胜》称这条路为"唐使南诏路"，历史上人们又习惯称其为石门道，因为其路途有险峻异常的石门关（云南盐津豆沙关）。唐代袁滋出使南诏，曾在豆沙关留有摩崖题刻。

记唐代入南诏北路从戎州（宜宾市）经开边县（云南水富县治）、曲州（侨置，宜宾县张窝西一带）、石门（宋石门镇，云南盐津豆沙关）、邓枕关（牛头山，大关岔河北）、马鞍渡（大关岔河渡口）、阿傍部（靖州，大关城区）、蒙夔山（大关南60里雪山，又称乌蒙山，俗称王爷山）、阿夔部（昭通北）、蒙夔岭（昭通北）、曲州（昭通）、鲁望（鲁甸）、界江山（会泽北老尖山）、磨弥殿（东川附近）、汤麻顿（制长馆）、马龙县西（寻甸县北）、柘东（昆明市）、安宁馆（安宁县城）、龙和馆（禄丰县东南）、沙雌馆（楚雄舍资）、曲馆（曲水，楚雄市）、石鼓驿（楚雄吕合）、沙却馆（欠舍川，南华沙桥驿）、求赠馆（怯龙驿）、普棚驿、波大驿（云南城）、祥云云南驿、白岸驿（祥云红岩）、龙尾城（大理市下关）到阳苴咩城（大理县西）。①

宋初，从今宜宾可"西南取曲、协州并南宁州、安宁盐井路至南诏"②，古道仍通畅。不过，这条古道在两宋大部分时期都梗阻闭塞，其闭塞原因与西川道一样，故宋代取用这条古道甚少。

到了元代广设站赤，石门旧道才得以通畅。计从中庆在城站（昆明市）经嵩明杨林站（嵩明杨林）、矣龙站（嵩明东北）、蒙古都站（又叫茂茂都站，在今马县西附近茂茂部）、龙马站（又叫马龙站，今马龙县）、不鲁吉站（又叫卡鲁吉站，明叫松林驿，今沾益北松林）、火忽都站（又叫火合都站，明炎方驿，今曲靖炎方）、木渠站（或即荡驿，即今倘塘）、枇杷站（又叫必畔站，在今可渡河附近）、阿都站（今可渡河旁）、乌撒站（亢撒，威宁县治）、乌蒙结吉站（昭通市）、雪山站（昭通大关间乌蒙山，又叫王爷山）、

---

① 蓝勇：《四川古代交通路线史》，西南师范大学出版社1989年，第117~119页。
② 《太平寰宇记》卷七九《戎州》。

合折林（又叫会刺站，今大关寿山带）、罗佐站（或即闹旱站，今大关吉利一带）、叶稍坝水陆站（豆沙关）、华帖水陆站（盐津柿子坝）到盐井水陆站（盐津县治）。从此继续取陆路经必撒站（又叫定川站，今筠连县治）、老雅乙站（高县附近）、庆符站（高县符江镇）到叙州水陆站（宜宾市），也可从盐井水陆站取水路经蒲二水站（盐津普洱）、滩头水站（盐津滩头）、大窝水站（盐津两碗）、横江水站（宜宾横江镇）到叙州水陆站（宜宾市）。①

明中叶以后至清初，因滇东北许多土司反对改土归流最强烈，多在古道上扼关自守致使此道"川陆久存而榛塞"②。到清初改土归流后，此道"畅为滇川交通孔道，沿途市镇繁荣，商贾辐辏"③，大量川盐、南土、滇铜、茶叶、川米等都沿这条古道转输。清末以来，取此道的军事征战也较多，如李蓝起义军入川、石达开入川、辛亥滇军谢汝翼援川和回滇、护国军刘云峰入川、军阀杨森谋入滇、三十九军胡子嘉入川都曾取此道。

（三）川滇东路

历史上这条道路又称为纳川道、乌撒入蜀旧路、入蜀西路、下南道等。纳川道的使用见于史籍较晚。《新唐书》卷二二二《南蛮》记载韦皋督诸将分道出，一路出纳川与南诏会，即指此道。

宋代元丰以来，这条古道常为军旅取用，有称"国朝元丰以来，问罪之师亦由此启行"④，故有水陆皆通行之称。

这条古道真正成为川滇黔的骨干通道是在元代。因为元人认为当时石门旧道和建昌旧道"烟瘴远险"，"惟乌撒、芒部有一径，道近可千余里，既无瘴毒，又皆坦途"⑤，故在此道设立了站赤。

明清时，由于石门旧道梗阻，建昌旧道也时通时塞，这条古道逐渐发展成为最重要的由四川入云南的大道。明代文学巨匠杨升庵多次往返于此道，对古道沿途风物名胜、时俗政事多有所载。洪武年间，景川侯曹震在西南地区对交通道路进行了一次大规模整修，其中这条通道上的永宁河段修治十分见成效。计明代乌撒入蜀旧路从四川泸川水驿（泸州沱江口，泸州递运所）经纳溪

---

① 蓝勇：《四川古代交通路线史》，西南师范大学出版社1989年版，第126~127页。
② 《皇舆考》卷一〇《云南图序》。
③ 民国《盐津县志》卷一六《艺文》附陈一得《盐津石门考》。
④ 《方舆胜览》卷二二《泸州》。
⑤ 《永乐大典》卷一九四一九《经世大典·站赤》。

水驿（纳溪安富镇）、渠坝水驿（纳溪渠坝）、大洲水驿（纳溪大洲驿，嘉靖三十六年又改称通邮驿）、峡口水驿（纳溪上马乡，洪武二十四年改名永安驿，明末裁去）、江门水马驿（叙永江门镇）、永安驿（叙永新农）、永宁驿（在叙永西门外，原称落洞驿，有永宁递运所）、普市驿（叙永普市）、摩泥驿（叙永摩尼）、赤水驿（叙永赤水河镇，赤水河递运所）、阿永驿（毕节燕子口，或即白岩驿）、层台驿（毕节北层台山，元落台驿）、毕节驿（毕节县）、周泥驿（赫章东周泥）、黑张驿（赫章县，黑张递运所）、瓦甸驿（威宁东七十里瓦甸）、乌撒驿（威宁县东，乌撒在城递运所）、普归德驿（又名阿都驿）、倘塘（今倘塘，又称荡旦驿）、沾益驿（今宣威）、南宁驿（曲靖西北三岔口）、炎方驿（曲靖炎方）、松林驿（今沾益北元卜鲁吉驿）、易龙驿（今嵩明东）、杨林驿（嵩明西南杨林）、板桥驿（昆明大板桥）到滇阳驿（云南昆明东南）。①

洪武十七年（1304），奢香夫人曾立龙场九驿以达蜀，九驿是龙场驿（贵阳西北八十里修文县）、陆广驿（贵阳西北百一十里六广）、谷里驿（贵阳西北百四十里黔西谷里）、水西驿（贵阳西北三百二十里黔西县）、奢香驿（又名西溪驿，贵阳西北三百六十里林泉）、阁鸡驿（在大方东南三十里）、阁鸦驿（在毕节东南六十里阁鸦塘）、归化驿（毕节东南三十里归化塘）到毕节驿（在今毕节县治）与乌撒入蜀道接。②

清初，入云南的公文传递和官吏往来一半是由叙州府取原石门旧路入，入贵州也多取重庆经綦江、桐梓入，而乌撒入蜀旧路一般仅是"传递寻常文报而已"③。但在乾隆时，云南咨陕西和甘肃咨云南公文，一度改由此道入出四川，使这条古道逐渐变得重要起来。到了咸丰年间，"东南梗塞，一切改道由永宁"④。

清代这条古道还是川盐四大边岸运道之一的永岸运道。清代前期云南承担滇铜北运，曾沿此道运到永宁，沿永宁水路运到泸州，再换长船运到汉口，北上入京。同时，这条通道也是黔铅北运的重要道路。清代民国时期，军旅取用此道非常多。泸州由于是川江上百担大船终点，又是乌撒入蜀旧道出川起点，

---

① 蓝勇：《四川古代交通路线史》，西南师范大学出版社1989年版，第136~137页。
② 蓝勇：《四川古代交通路线史》，西南师范大学出版社1989年版，第138页。
③ 光绪《续修叙永永宁厅县合志》卷一六《武备志·驿传》。
④ 光绪《续修叙永永宁厅县合志》卷一六。

故城市繁荣，商旅辐辏。

二、支线

（一）阳山江道

这条古道即从今乐山经峨眉、峨边到甘洛接古清溪道的古道。由于在清溪道镇西处相合，故称镇西古道。又因古道可沿阳山江（大渡河）行，故又称阳山江道；再则古道经中镇，故又称中镇邪径；同时经过铜山寨，历史上又称为铜山道。

这条古道开通于唐代，是一条粮草转输入黎州、嶲州的重要通道。唐代有的寨曾将杉木板放入大渡河漂运到嘉州贸易。

宋代黎州梗阻，使铜山道繁极一时。从嘉州羊山江路至阳苴咩城共49程。熙宁年间，这条古道成为大理政权与宋蕃马匹贸易的大道，蕃人多牵马到铜山寨贸易，又用布囊装满麻荏从汉境贩至蕃境。峨眉人杨佐曾取此道到云南招买蕃马。这条通道虽能避大相岭、大渡河之险，但烟瘴仍很重，而宋朝在与少数民族关系上又采取消极政策，因此在中镇、铜山等寨驻兵防止虚恨蛮出入，致使通道时时梗阻。

明初，建昌道梗阻，景川侯曹震对唐宋阳山江道旧迹修治，有称"镇西古道"或"东路"。记明代嘉州阳山江道为从嘉定州（乐山市）经峨眉县（今峨眉县治）、高桥（峨眉高桥乡治）、土地关（今黄茅至蔡洪坡）、龙池场（今峨眉龙池区）、大围关（今大为）、铁索桥（大为南）、箭坪公馆（又称射箭下坪，宋铜山寨，今龙池玉龙射箭）、射箭上坪（今射箭南）到黑龙溪（虎皮岗）。到此古道分为左右两路，左路是唐宋旧路，经下马胜溪、古今寺（峨边沙坪镇对岸）、大渡河（又称中镇水，唐宋阳山江）、中镇巡检司（唐宋中镇寨，今峨边县治沙坪镇）、罗回公馆（今金口罗回）、板房堡（今金口大板）、一碗水堡、龙溪沟（今龙门沟）、梅岭山、老木坪公馆（今甘洛阿支足，清又称溪木坪）、麻沟堡（又称黑麻沟，甘洛县境）、舒快公馆（甘洛苏雄乡）、马日贡（今甘洛田坝）、小菩萨（今甘洛大菩萨）、海棠关（甘洛海棠区治）、镇西（甘洛正西）到新驿（越西东）。右路经上马胜溪、金口厂（又称金口堡，归化乡，今金口河金河）、木园（又称冷竹坪，今楠木园）、天池（今鱼池）、万家石、松坪、马烈（今汉源马烈）到大渡河守御千户所

（在富林，今汉源县治）。①

（二）沭川源道

一般认为沭川源道是从越巂（今西昌）越黄茅埂到犍为的一条古道。唐沭川河一说即今沭川河，又叫大沐溪；一说即今清溪河，又叫马边河；一说即今箭板河。

实际上这条古道早在三国时已存取用。建兴三年（225），诸葛亮南征，即从安上（屏山新市镇）由水路入越巂。隋代史万岁南征，也应取沭川源道到今西昌后，再取姚州道入云南。这条古道在唐代曾是南诏挟吐蕃攻四川的通道之一。宋代这条道路有称是"入蜀要道"，又有称是"由夷道可到犍为县沐川寨"的道路。明清时，沐川古道旧线仍是一条出入云南的要路，其路线经乐山、犍为、清溪、沐川（古沐川源）、新市镇（三国安上，唐马湖城），西翻黄茅埂经补则衣里、切扼窝施、补均梁子、豹口梁、昭觉、三湾河、四块坝、滥坝、清水河、燕麦地到西昌。②

（三）南夷道

汉代在开凿西南夷道的同时，又开凿了南夷道。汉元光五年（前130），汉武帝"发巴蜀卒治道，自僰道指牂柯江"，人们称此道为"南夷道"。

南夷道是四川古道中最早见于记载设置邮亭的古道。元光六年（前129），南夷始置邮亭。南夷道在汉晋时取用非常频繁。据唐代张无尽《沐川寨记》记载南诏吐蕃进攻唐代的小道有八面菁道。元代此路为"由叙州入云南要路也"，而沿土獠蛮江（白水江）可行五板小舟，载七人行使。

元以后这条古道较闭塞。清代从今毕节经镇雄入蜀大路有两条，一条从毕节经田高塘、木里塘、白乌塘到镇雄，一条从毕节经吴家店塘、张基屯塘、仁里塘到镇雄。

到了镇雄后一条路可取西北大关口经奎乡（奎香）伐乌关汛再取石门道入蜀或入滇；一条路可经板桥、牛街汛离开白水江北上大坝入四川筠连。此道在清代称罗星渡道，一度转运滇铜，路线从汤丹厂、寻甸到镇雄后经威信到罗星渡，水运经上罗场、洞底、老鸦沱、平寨场、木滩、孝儿场、趱滩、嘉乐场、高县、庆符、来复、南广滩到泸州。乾隆七年至十年，对南广河进行了整修，

---

① 蓝勇：《四川古代交通路线史》，西南师范大学出版社1989年版，第146~150页。
② 蓝勇：《四川古代交通路线史》，西南师范大学出版社1989年版，第150~153页。

此路曾一度发展成为重要滇铜运道。①

（四）金沙江水陆道

历史上金沙江曾是一条要道。据《华阳国志》载，三国时期诸葛亮南征云南孟获，率西路大军从安上（屏山新市镇）溯金沙江水路入越嶲（今西昌），驻军卑水（今美姑、金阳一带）。宋代，金沙江下游马湖江人们仍经常取用此道通航，当时从叙州至马湖江口，西溯七十里至安边寨（宋又称平夷，今宜宾安边镇），再水陆行三百二十里至夷都村（今屏山新市镇），又水陆行一百八十三里至天池，亦曰文池，此马湖蛮王所居也（今雷波黄琅区治）。

明代商人王万安用拖梢五大板船漂航金沙江。当时，在打冲河三江口（雅砻江入金沙江处）和德昌，千户所扎木筏漂流或散放到会川口（会理），再扎筏而下，经虎跳滩（非今虎跳峡）、天生桥等险地，六天六夜到马湖府再到叙州，经数险滩。许多商人用杉板漂至江浙，每块杉板获数百金。但是，明清以来，金沙江水道愈加险恶，有所谓"数百年来，金沙江塞，舟楫不通"。许多地方水大时可放舟而行，水小时便只有上岸缆空船而下。由于金沙江水路愈险，嘉靖二十三年（1344）推宫温卓沿金沙江陆岸开罗东路，修凿罗东驿安边铺陆路。计罗东路从蛮夷驿（万历中改名龙华驿，在今新市镇）经大涡铺（屏山安和乡西）、平夷铺（屏山新安乡治）、荔枝铺（屏山青龙附近）、新滩溪铺（屏山栗子乡）、泥溪驿（又有飞云铺，今屏山城关镇北）、悔泥溪铺（有巡检司，今福延附近）、罗东驿（又有书楼铺，今屏山楼东乡治）、黑岩铺（屏山石岗乡）、安边驿（今宜宾安边镇）到汶川驿和叙州递运所（今宜宾市）。面对金沙江航道愈来愈险恶，明清许多官吏就曾力主和着手整治金沙江航道。到了清乾隆年间，为滇铜京运之需，才大力整治金沙江航道，经过治理，一度从小江口的象鼻岭渡口水陆兼程到叙州府，但大多数时间只能从永善县黄草坪转运到叙州府。清中后期金沙江水路失修，水路十分险恶，舟楫之利愈少。民国时，曾有两次在金沙江试航，但都在老君滩遇难，故长时间水路都只能通航到屏山县新市镇。②

---

① 蓝勇：《四川古代交通路线史》，西南师范大学出版社1989年版，第153~155页。
② 蓝勇：《四川古代交通路线史》，西南师范大学出版社1989年版，第156~159页；《清代滇铜京运路线考释》，《历史研究》2006年第3期。

（五）金沙江渡口诸道

古代金沙江著名渡口很多，如平夷渡口（即唐开边渡口，石门道之渡）、会无渡口、江边渡口、拉鲊渡口、小江渡口、定筰渡口等。据《华阳国志》载真正古老的渡口有拉鲊渡口（三缝渡口）、会无渡口和定筰渡口。

拉鲊渡口（三缝渡口），即清溪道上的拉鲊渡口，为三国时诸葛亮五月渡泸的渡口（见前面清溪道的考述）。会无渡口是一条从西昌一带西向滇东北的一条古道上的渡口。《华阳国志》载："会无县，路通宁州，渡泸得堂狼县，故濮人邑也。"汉晋泸津一说即今巧家县蒙姑渡，一说即今巧家杨柳渡。明清时由会理入会泽大道从会理经前所坝、石头河、大屯、姜州汛、鲁魁山、必济河、虎街营、波喇塘、滥坝塘、会理汛、鲁南山、鹦哥嘴、金沙江蒙洼（姑）渡、那姑到会泽。由于唐宋时云南政治中心西移，再加上这条古道险恶难行，故以后大规模军旅取用此道并不多见。定筰渡口，即历史上的闰盐古道渡口。

（六）淯井古道

此道在唐代即为转输淯井盐的要道。北宋在长宁开发淯井盐，淯井水路得以修治。计从淯井监取水路到泸州需要九日程，从三江砦水陆并行为五日程。元代，为了控制盐井和运输盐的需要，从江安沿淯江设立了站道，计从江安水站（江安县）沿淯江经铜鼓水站（长宁铜鼓滩）、乌蒙大水站、落云水站、武宁水站（长宁双河区龙头乡江河）至长宁军水站（今长宁双河区治）。[①] 清代淯井古道从安宁溪始"可通舟楫，顺流入江，百货丛集，为长宁繁华之地"[②]。

（七）闰盐古道

据《华阳国志》载"（定筰县）渡泸水宾，则微白摩沙夷（宁蒗县）"，这个渡口应在今云南宁蒗西，汉晋时就大道所经。[③]《汉书·地理志》就记载定筰县产盐，《华阳国志·蜀志》也记载定筰县有盐池，后来《新唐书》《太平寰宇记》等也记载嶲州昆明县产盐，元代云南大姚黑白盐井十分出名。历史上为转运盐形成了运盐通道，因盐源县在元代属云南柏兴府闰盐县，故有"古闰盐道"之称。

---

① 蓝勇：《四川古代交通路线史》，西南师范大学出版社1989年版，第161页。
② 《蜀水经》卷一〇《淯井》。
③ 蓝勇：《四川古代交通路线史》，西南师范大学出版社1989年版，第159~161页。

闰盐古道干线始于今西昌马道，西渡安宁河，经河西（旧名盐中），翻越牦牛山脉南段之磨盘山，下山过雅砻江，沿峡谷经梅子堡、禄马堡、平川，翻山经卫城（明盐井卫治所）、盐源（今县城），抵白盐井（有古盐池）。自白盐井向西，经合哨，溯盐井河而上，经盐塘（旧名黑盐井，唐昆明县、元柏兴府及闰盐州、县治所，有古盐池）、辣子沟入云南宁蒗（元之蒗蕖州）界，翻过干拉斯山，即抵宁蒗县城（旧名大村），再自宁蒗向南折西抵金沙江河门口渡金沙江到丽江城。

第三节　巴蜀与鄂湘交通通道

一、主线

早在春秋战国时长江峡路便是军旅征战的重要通道，战火弥漫。三国时从成都取峡路便可直航吴越。成都为其一个重要的水码头。

唐宋峡路置为水驿路，可考巴蜀与荆楚间有合江亭、眉州江都馆、平羌开峡路、犍为青溪驿、江津茅坝驿、云阳龙日驿、万户驿、夔州瞿塘驿、巫山云阳驿、巴东万年驿、新滩新安驿、峡洲覆盆驿等驿。[①]唐代峡路是转输盐麻粮食的重要水道，唐末五代金牛道梗阻，西川奏章也多取行峡路。宋代随着中国政治重心东移南迁，峡路地位上升，成为宋代转输蜀布帛、粮草、纲马的重要漕运道路。当时峡路成都至峡州为23程左右，计成都到涪州12程，涪州到忠州1至2程，忠州到万州1至2程，万州到夔州1至2程，夔州到峡州6程。[②]

元代广置驿站，峡路从成都到沙市有可考站赤50个，计有成都府本府站、广都水站平安水站、龙山水站、眉州水站、鱼鲵水站、青神水站、峰门水站、牟差水站、嘉定水站、越坝水站、净江水站、三圣水站、犍为水站、下坝水站、月波峰水站、宣化水站、真溪水站、喝口水站、叙州水站、南溪水站、江安水站、泸州本州水站、黄舣水站、神山水站、南溪水站、史坝水站、汉东水站、石门乌蒙水站、朝天水站、木桐水站、涪州水站、概云根水站、梅沱小水站、万州水站、云阳水站、夔府水站、巫山水站、万流水站、巴东水站、建平

---

① 蓝勇：《四川古代交通路线史》，西南师范大学出版社1989年版，第174页。
② 蓝勇：《四川古代交通路线史》，西南师范大学出版社1989年版，第175页。

水站、黄牛庙水站、凤楼水站、廉州站、白水港站、松滋州水站、流店水站、江陵水站、沙市水站。[①]

明代峡路继续置驿，成都到宜昌凤楼驿共63驿，计有锦官水驿、广都水驿、木马水驿、武阳水驿、眉州水站、石佛水驿、青神水驿、峰门水驿、平羌水驿、凌云水站、三圣水驿、沉犀水驿、下坝水驿、月波水驿、宣化水驿、真溪水驿、牛口水驿、汶川水驿、李庄水驿、龙腾水驿、江安水驿、董坝水驿、纳溪水驿、泸川水驿、黄舣水驿、神仙水驿、牛脑水驿、史坝水驿、汉东水驿、石门水驿、石羊水驿、㵲溪水驿、铜罐溪水驿、鱼洞水驿、朝天水驿、木桐水驿、龙溪水驿、蔺市水驿、涪陵水驿、东清水驿、邦陵水驿、花林水驿、云根水驿、曹溪水驿、瀼驿、集贤水驿、周溪水驿、巴阳水驿、五峰水驿、南沱水驿、安坪水驿、永宁水驿、龙塘水驿、马口水驿、高唐水驿、万流水驿、巴山水驿、建平水驿、白沙水驿、屈溪水驿、黄牛水驿、凤楼水驿。[②]明代峡路水路的通畅对当时川南、川东经济发展提供了必要的条件。明清时期长江峡路承担了皇木转运、滇铜黔铅京运、杉木商业转运、川盐川米及山货转运的任务，成为巴蜀地区与中原政府交通往来的重要官道，为明清时期巴蜀地区与外界交流最重要的交通通道。

明末以来，由于岷江、金沙江森林大量被砍伐，水土流失加重，长江泥沙激增，水量减少，险滩复出，航行愈加困难，成都至乐山段航运日渐萎缩。近代现代陆路交通兴起以来，长江峡路水路交通的地位有所下降。

二、支线

（一）宁河堵水道

这条通道主要是沿大宁河与堵水两条河道行进，故名宁河堵水道。三国时期就有从上庸通道到夔州的记载，唐宋以来成为一条军事上避开三峡天险到夔州的出奇兵之道，又是开发大宁河沿岸盐业资源的商业通道。这条通道的大宁河段成为重要的运盐卤的重要通道。现今两岸的栈道孔就是当时转运盐的历史见证。

（二）鸟飞水道

这条通道在历史上也是避开三峡天险的一条重要通道，路线是沿大溪河与

[①] 蓝勇：《元代四川站赤汇考》，《成都大学学报》1991年第4期。
[②] 蓝勇：《四川古代交通路线史》，西南师范大学出版社1989年版，第182~185页。

清江流域相连。据记载，此道早在汉晋南北朝时期就已经开通，宋代成为出奇兵之道，明清时期是巴蜀地区到湖北建始一带的重要通道，民国时期还开辟为驿运之道。

（三）汤溪水道

此道汉晋时期就开通，为转运盐的重要通道。唐代此河称东瀼水，有舟楫无虞之称；明清时期汤溪河一直是运输盐、煤的重要通道。

（四）小江水道

小江历史上称彭溪、叠江，近代多称小江。早在《水经注》就有明确的记载；北宋时期已有整治河道的行为；明清以来小江一直可通航，其中东河从官渡经温泉镇、汉丰镇、高阳镇、双江可通机动船。同时，陆路从云阳经高阳、汉丰镇、温泉镇、榨井坝、关口坪可与东乡县接入陕南，是清代川东地区转运云安井盐、温汤井盐入陕南的重要商道。

（五）南陵山道

唐宋时期巴蜀一带入清江流域的正道，路线沿巫山南陵山经建始县到施州，东可沿清江到湖北，西可入翻驴瘦岭到黔州彭水县。

第四节　巴蜀与甘青地区交通通道

历史上巴蜀地区与甘肃、青海地区的交通路线主要有景谷道、西山道等。

一、主线

（一）景谷道

历史上的景谷道即是从古扶州（南坪）、古阴平（文县）沿文河（白水江）和从古武都郡沿白龙江经景谷、景谷县（白水关与碧口间）和白水关（五里垭）入昭化接金牛道的古道，历史上又称阴平道和白水道。历史上景谷道在军事上的地位十分重要。汉晋蜀三关（阳平关、江关、白水关）中的白水关便在此通道上，唐代此通道上的石门关被列为二十六要关之一。汉唐时，此道军旅征战不断。明清时此道为川甘商旅大道，从碧口东行店铺栈房林立，为川甘物资集散地和转运枢纽。

（二）西山道

西山道是沿岷江上游行进的一条古老通道，是四川盆地连接中国西北地区的重要交通干线。据研究，唐宋时此道从成都经犀浦县、店昌县、导江县、灌口镇（也可从成都经彭州到灌口镇）出玉垒关，再沿岷江经汶川县、茂州汶山县、松州嘉城县（松潘）后，可经扶州到文州，也可从扶州、宕州到岷州，还可向西北经叠州、洮州通西域。

西山道在军事上和经济上的地位都尤为重要。军事上所谓"唯灌口一路，去成都止百里，又皆平陆，朝发夕至。威茂两州，即灌口之障蔽"[①]。唐代吐蕃不断在这条通道上出击，西山道成为维系唐西川政权的一条命脉。唐取此道用兵吐蕃，故此道上千里转运辎重粮草不绝。唐宋时这条道路又是四川盆地与川西北各民族贸易的要道。唐代彭州导江县已形成"贸丝抱布，来往是常"[②]的局面，而灌口蚕崖关形成了专门市场。宋代时此道形成了规模较大的茶马贸易，形成"诸蕃尽食永康之茶"[③]的局面。

元明以来，此道曾设置驿站，多有修治。明清时，政府多次取此通道用兵西北各族，通道上军旅往来频繁，辎重粮饷之旅穿梭不断，而通道两旁关卡、碉楼林立，栈道横空。从经济上看，明清时此路也是运销西路边引茶的要道和川甘走私烟土的干线之一。

二、支线

（一）阴平邪径

这条通道系三国邓艾开通，唐宋时因经过龙州青塘岭而称青塘岭道。此通道路线从沓中（舟曲）至阴平县（今文县）南下摩天岭垭口，再经九道拐、南天门、北雄关过秦陇栈阁至青川所（青溪区治），再南经箐青山出涪江东岸，沿涪水左担道、马阁山德阳亭至江油关（平武南坝老街）、石门山（龙门山）达绵州。唐代此道上涪水关（平武南坝附近）为唐二十六要关之一，其军事上的战略地位十分重要。相对而言，历史上阴平邪径的商业地位不是很高。

（二）松岭关路

此道从绵阳经今北川县到茂汶，历史上称为松岭关路。此道早在唐代存在，称为威蕃栅道，同时因经过松岭关（今北川县曲山关）又称松岭关道。宋

---

① 《舆地纪胜》卷一四九。
② 《全唐文》卷九八一《对熟羌市易判》。
③ 《宋代蜀文辑存》卷六一阎苍舒《论宜贵茶以市疏》。

代称此道为陇东道，又称石泉军路；明代称此道为茂州小东路；清代仍为商旅出入之路。今天的北川茂汶公路基本上沿此古道行进。

（三）平戎城道

唐代剑南进入吐蕃的一条重要通道，又称西山北路。其路线从茂州经真州合江镇沿安水（黑水河）西翻牙山（雅克夏山）到恭州入吐蕃。

（四）威戎军之路

唐宋时期进入吐蕃地区的一条重要通道，又称西山南路。其路线从威戎军（汶川威州镇）沿杂谷河、威江西进维州（唐无忧城，今理县薛城）入吐蕃境。明清时期此道仍然通畅，称为入藏北路。

（五）灌汶西通金川道

此通道分成两条路线，一条从汶川桃关附近渡岷江翻巴郎山到金川（小金县），是清代乾隆年间进伐大小金川所取用的重要通道。一条是牛头山道，又称灌金古道，从灌县北上漩口场、鹞子山沿正河翻牛头山与桃关道卧龙关相接的古道，曾是一条重要的商贾通道。

（六）龙松道

唐宋时期从龙州通松州的古道，明清时期开始有商旅往来。[1]

第五节　巴蜀与康藏交通通道

古代巴蜀地区与康藏地区交通路线很多，但主要有三条，即始阳道、和川道、夏阳道。

始阳道：从今雅安经荥经、汉源翻飞越岭到打箭炉入藏的通道。唐代此路称飞越岭道，常为军旅取用。宋代此通道称始阳道，已开始进行茶马交易。明代经理边茶，飞越岭道称为大路。清代实行茶引制度，此通道为"南路边引"的大路。此道到打箭炉后可入藏，清代称"入藏中路"，清末民初称这条茶路为"老大路"。

和川道：唐代又叫夔松道，宋称碉门道。其路线从雅安西经飞仙关，沿天全水经禁门关而西翻马鞍山到泸定北晶州入康定、西藏。从宋代开始这条通道

---

[1] 蓝勇：《四川古代交通路线史》，西南师范大学出版社1989年版，第239~248页。

上便有了茶马贸易。明代此通道为"三十六番朝贡出入之路"①，曾设置驿站，也是经理蜀茶的要道。清代以雅州为中心行销"南路边引"茶，此路为小路。

夏阳道：此路始见于唐代，因途经今芦山天全间灵鹫山的灵关又叫灵关道。其路线从雅州溯唐宋浮图水（宝兴河）经漏阁、芦山县、灵关、灵关镇到今宝兴县治分两路，一取今东河上偏松城和定廉城，一取西河至野城。清代此路叫夹金山小道，为雅州入出大小金川要道。②

第六节　巴蜀与黔贵交通通道

巴蜀地区与黔贵地区之间交通开通十分久远，历史上主要有僰溪道、黔江道和符关道三条干道。

僰溪道：僰溪道早在东汉时可能就已经开通。唐宋从渝州入今贵州地区多从今江津县出发，经南州、珍州至播州，再入各经制州和羁縻州，又称"溱南二州大路"。元代曾在此路设置驿站，四川境内可考有古渝、伯节和白庆三站。明代沿此线路置有朝天、百节、白渡、扶欢、东溪、安隐、松坎、桐梓、播州、永安、湘川、乌江、养龙坑、底寨、札佐、贵阳等驿。清代这条驿路被继续沿用。明清两朝多次用兵贵州，此路为军旅征战要道。清代此道为川盐入黔的重要通道。清末实行盐引制，此路称綦岸运道。

黔江道：这条通道是从涪陵沿乌江河谷入贵州的一条重要水陆通道。早在战国时司马错便取此道取黔中郡。唐宋时此通道可溯舟到思州，黔中一带许多少数民族也取此道入贡；此路到黔中后可西入南宁州到南诏地区。元代曾在这条通道上置涪州、关滩、辛西滩、绍庆、新滩等水站。明代此通道裁去驿站，但水路仍不失为一条重要通道。清代此通道为川盐入黔的要道之一，称涪岸运道。

符关道：这条通道在汉武帝时唐蒙便取道符关入夜郎。但此路赤水河曲折难行，唐宋时商旅取用并不很多。南宋元明时期，赤水河一线军事地理位置十分重要。明末以来这条通道发展成运销川盐入黔的大道，称仁岸运道。

---

① 《明史》卷三三一《四川土司》。
② 蓝勇：《四川古代交通路线史》，西南师范大学出版社1989年版，第253~254页。

第七节　巴蜀内部主要交通通道

先秦时期巴蜀地区内部的交通主要借助丰富的水力资源，沿长江、沱江、岷江、嘉陵江等大江交往，尤以从今成都为始发站的峡路为主道。唐宋时从成都顺水下恭州（重庆）需11日。

一、唐宋成渝南北道

唐宋时东西川交往陆路有南北两道。北道从成都东出飞鸟县（中江大华乡），经遂州、合州到渝州，总计900里左右。此道还可东经邻水、邻山县、梁山县、梁山驿、万州高梁驿到万州羊渠驿（万州区）。南道从成都东南出灵泉县（龙泉镇）到简州，经资州、昌州龙尾驿到渝州，约950里。唐宋时四川经济重心在四川盆地中北部地区，故北道不论是经济发展势头还是商旅使用频繁程度都胜于南道。

二、元代四条陆上交通干线

（一）广渝线

从广元、苍溪、阆中、南充、合川到重庆的驿道，经广元站、板石站、永宁站、槐树站、宝峰站、芦溪站、顺庆站、青居站、平滩站、盐滩站、合阳站、钓鱼山站到古渝站。

（二）阆广线

从阆中、蓬安锦屏、大竹、岳池到广安的驿道，经宝峰站、相如站、义陆站、荣城站、皇华站、故县站到广安站。此道可在荣城站东到梁山站，高梁站到开州盛山站、忠州咸淳站。

（三）成渝线

从成都经中江、三台、射洪、遂宁、南充、合川到重庆的驿道，经成都站、中江站、潼川站、金华站、遂宁站、今龙东站、白马站、顺庆站、平滩站、盐滩站、合阳站、钓鱼山站到古渝站。

明清东大路：从明代开始成渝东大路定型设为驿路。其路线从成都锦官驿经龙泉驿、阳安驿、南津驿、珠江驿、安仁驿、隆桥驿、峰高驿、东皋驿、来凤驿、白市驿到重庆朝天驿。明代东大道定型是与四川经济重心南移格局相吻合的。清代继续沿用明代东大路，另可从重庆东取分水驿、垫江驿、梁山驿、万县驿、云阳驿、奉节驿、巫山小桥驿等驿入湖北。

清代小川北道：清代在继续沿用东大道时，在川北还有一条小川北道。其路线从成都经蓬溪、顺庆、渠县、大竹、垫江、梁山县、分水驿到万县，共14站，系从湖北循水路入川到万县后舍舟从陆路到成都的捷径。

（四）成叙线

从成都经眉山、青神、乐山、犍为到宜宾的驿道，经成都本府站、木马站、眉州站、青神站、嘉定凌云站、犍为站、宣化站到叙州站。

第三章

近现代巴蜀交通通道

第一节 铁路通道的建设

一、巴蜀地区铁路建设曲折历程

巴蜀地区铁路建设倡议之始可以追溯到清末。英国人戴维斯提出修建一条从缅印经云南从四川宜宾沿长江到上海的铁路,并在川滇边境进行一些测量。修建铁路具体的酝酿始于清光绪二十九年(1903)。时任四川总督的锡良奏准由四川自行集资修建由成都经重庆至宜昌达汉口的川汉铁路,并于1904年1月在成都设立川汉铁路公司。此后清政府以"铁路国有"为名,将川汉铁路的筑路权出卖给西方列强,此举激起了四川人民的义愤,由此掀起的"保路运动",成为辛亥革命的导火索。随着清王朝的终结,川汉铁路也胎死腹中。

民国时期,虽曾多次提出修筑铁路,但由于军阀混战、国贫民弱,仅对其中部分计划进行过勘测,大都没有实际动工。民国22年(1933),卢作孚修筑了用于运输煤的窄轨的北川铁路,成为巴蜀地区的第一条铁路。

抗日战争时期,成渝铁路曾开工修建,但因财力物力困难未能铺轨。至1949年底,除我们谈到的窄轨北川铁路外,还有一条全长67公里的准轨铁路——綦江铁路,专用于重庆钢铁厂运输煤焦和铁矿石,附带办理少量游客和其他民用物资运输业务。[①]

新中国的成立开辟了巴蜀铁路发展的新纪元。1952年7月,成渝铁路全线建成通车,实现了四川人民多年来的夙愿;1958年11月,第一条出川铁路——宝成铁路建成通车;1959年11月,内昆铁路内江至安边段建成通车;1965年,川黔铁路建成通车;1970年7月,成昆铁路建成通车;1973年10月,经陕西通往湖北的襄渝铁路全线通车。同时,这个时期还配套建成了一批铁路支线和专用线路。

---

① 《四川省交通年鉴》2008年卷,四川科学技术出版社2008年版,第28页。

从20世纪60年代中期开始，巴蜀地区对主要铁路干线进行了电气化改造。继1975年7月中国第一条电气化铁路——宝成铁路完成全线电气化后，襄渝铁路（达县以北）和成渝铁路也先后完成电气化改造。至1990年，四川准轨铁路营运里程达2795公里，比新中国成立初增长40倍，初步构成铁路骨架，其中出川干线四条，从东、西、北三个方向与全国铁路网连通。

20世纪90年代以来，四川铁路建设进入新的高潮。1991年12月，川黔铁路实现全线电气化；1992年6月，达成铁路开工建设；1992年12月，宝成铁路（四川境内）复线开工建设；1993年，成昆铁路（四川境内）电气化改造开工；1997年，达万铁路开工建设；1999年，内宜铁路电气化建设开工。

进入21世纪，巴蜀地区铁路建设持续发展。2002年，宝成、成渝、内昆、襄渝、达成、成昆、川黔等干线铁路全部实现电气化。与此同时，渝怀、遂渝、万宜三条新线开工建设。2006年，渝怀、遂渝等重点项目相继建成通车，2008年9月26日，兰渝铁路开始建设，原预计六年内完工，后因资金和甘肃段地质问题，总工期延长九年。截至2009年1月1日，巴蜀地区共有干线铁路十条，在建一条，再加上支线和各条专用铁路，已经基本形成了覆盖整个巴蜀地区的铁路交通网，自此，巴蜀铁路交通进入了一个新时期。[①]

二、巴蜀地区铁路建设重要成就

（一）成渝铁路

成渝铁路的前身原为川汉铁路西段。20世纪初，川鄂两省人民倡议集股商办修建成都至重庆经宜昌抵汉口的川汉铁路。四川总督锡良与湖广总督张之洞商定，川汉铁路分东西两段，东段宜昌至武汉由湖北省修建，而西段从成都经重庆、万县、奉节至宜昌则归四川省修建。[②]宣统元年（1909）三月，川省段开工，至武昌起义后，川汉铁路修建停工，仅完成可供开行工程运料列车的17.3公里，以及未竣工的46公里。至民国24年（1935），国民政府决定重修成渝铁路。次年春，"铁道部建设委员会"组织铁路勘察队，循川汉铁路前所测路线加以实地勘察。该年六月，组织工程局建于重庆，后又在此基础上成立川

---

① 《四川省交通年鉴》2008年卷，四川科学技术出版社2008年版，第28页。
② 金士宣、徐文述：《中国铁路发展史》（1876～1949），中国铁道出版社1986年版，第243页。

黔铁路公司。①民国26年（1937）6月和民国35年（1946）10月曾两次开工，施工段主要在重庆至内江间，终因抗日战争及款源不济等因素修修停停，工程进展缓慢。至1949年，完成的土石方及桥、涵、隧道仅为设计工程量的34%，未曾铺轨。新中国成立后，1950年6月15日成渝铁路重新开工，至1952年7月1日全线建成通车。成渝铁路的通车，不仅实现了四川人民四十多年来的愿望，而且也成为新中国自行修筑的第一条铁路，在中国铁路的发展史上意义非凡。②

1977年，成渝铁路开始电气化改造。改造工程从成都东站起至重庆站，加上重庆枢纽环线，全程553.5公里。从1978年开始，由西向东分段施工，至1985年全线完工。

建成后的成渝线西起四川省会成都市，东到重庆市，全长505公里。其西端连接宝成、成昆、达成铁路，东端与川黔、襄渝、渝怀、渝遂，以及正在修建的兰渝铁路相通，中段在内江连接内昆铁路。全线与巴蜀境内各条主要公路及长江、嘉陵江航运衔接，是巴蜀地区的一条交通大动脉。③

（二）宝成铁路

早在1913年，中华民国政府就计划在平汉铁路以西建造一条南北干线，连接黄河上游与长江上游之间的铁路交通，并曾就修建同（大同）成（成都）铁路进行过多次踏勘，但因工程浩大而未动工兴建。1936~1948年间，又经过多次勘测比较，曾选定天水至成都方案，计划称天成铁路，但也未动工兴建。直至1950年起，陆续对天水至略阳和宝鸡至略阳两段又进一步勘测，遂选定宝鸡至成都方案。

宝成铁路于1952年7月和1954年1月分别在成都和宝鸡两段开工，1956年7月12日在黄沙河接轨成功，1958年元旦全线正式运营。宝成铁路的建成，开辟了第一条出川铁路通道，也成为沟通大西南和大西北的第一条山岳铁路，同时宝成铁路也是新中国成立后修建的第一条工程艰巨的铁路。④

从1958年6月起，宝成铁路进行了电气化改造工程，1960年6月完成宝鸡至凤州段工程；1967年开始对剩余部分进行改造，至1975年7月1日全线完成电气

---

① 张肖梅编著：《四川经济参考资料》，中国国民经济研究所1939年版，第4页。
② 四川省地方志编纂委员会编纂：《四川省志·交通志》（下册），四川科学技术出版社1995年版，第7~18页。
③ 王德荣主编：《中国运输布局》，科学出版社1986年版，第87页。
④ 王德荣主编：《中国运输布局》，科学出版社1986年版，第89页。

化改造，宝成铁路也成为中国第一条电气化铁路。①

建成后的宝成线北起陕西宝鸡市，南抵四川省会成都市，从宝鸡开始途经秦岭、凤州、略阳、阳平关、广元、江油、绵阳、德阳达成都，全长668.2公里，其中四川境内375.34公里。该线沿途以山岳地区为主，占全线的80%。②线路北连陇海铁路，中段的阳平关站与阳安铁路相接，在成都站与成渝铁路接轨，并连接成昆、达成铁路。成都至广元间，有广旺、德天、广岳、成汶等铁路支线与本线接轨，途中与川陕公路并行，还可与嘉陵江、涪江等水道联运。

（三）成昆铁路

成昆铁路于1952年开始研究线路走向，1956年底选定由成都经峨眉、普雄、西昌、金江、广通至昆明的路线。1958年，北段成都至西昌，南段西昌至昆明，分别进行勘测设计，于当年7月开始局部动工，到1964年9月全面展开施工，1970年7月1日全线建成通车，1971年1月1日正式交付运营。成昆铁路穿过地区多为高山峡谷，工程艰巨，其间共四次越岭、七次展线，全线共修建各种桥梁991座，总延长92.7公里，占线路长度的8.5%；隧道427座，总延长341公里，占线路长度的31.5%；桥梁、隧道总延长达433.7公里，占线路长度的40%。122个车站中有1/3的站内设有隧桥。该线是我国铁路网中的重要干线，它的建成，对于改善西南地区的交通状况、密切西南边疆与全国各地的联系、促进西南地区的经济发展和国防建设，都具有十分重要的意义。③

建成后的成昆线北起四川省会成都市，南抵云南省会昆明，从成都起经峨眉、甘洛、西昌、德昌、金江、元谋、禄丰、安宁至昆明，全长1101公里。④川滇两省以师庄为界，四川境内全长809公里。成昆铁路北接宝成、成渝、达成铁路，南连贵昆、南昆、内昆、昆大、昆河铁路，是沟通川滇两省及内地连接西南边陲的国家I级干线。⑤

---

① 四川省地方志编纂委员会编纂：《四川省志·交通志》（下册），四川科学技术出版社1995年版，第20~30页。
② 李京文主编：《中国交通运输要览》，经济科学出版社1989年版，第86页。
③ 四川省地方志编纂委员会编纂：《四川省志·交通志》（下册），四川科学技术出版社1995年版，第39~55页。
④ 王德荣主编：《中国运输布局》，科学出版社1986年版，第92页。
⑤ 李京文主编：《中国交通运输要览》，经济科学出版社1989年版，第87页。

（四）内昆铁路

内昆铁路前身为叙昆铁路。早在19世纪末，英法等国就开始在川滇边境进行勘测。抗战开始后，由于沿海各港口均被日军封锁，为保障军需，四川省政府会同云南省政府商议修筑川滇铁路，上报国民政府，经各方研讨，遂决议修筑。[①]铁路于1938年9月完测，12月先动工修建了昆明至曲靖的线路，长160公里，1941年3月20日通车。[②]1943年，又延长至沾益，共长176.9公里。[③]其余部分因各种原因未曾修建。新中国成立后于1956年重新开始动工，其中北段内江站至宜宾安边镇，于1958年铺轨至宜宾，1959年通车到安边。[④]1966年开工修建宜宾至珙县支线，于1977年通车；南段昆明至安边，1958年开工，因工程巨大，受当时技术条件限制，于1962年停建。后贵州省内的梅花山至昆明段343公里，于1965年与贵昆铁路共轨，1966年作为贵昆铁路西段交付运营。而安边至水富（4公里）在1996年作为云南省地方铁路交付运营。至此，将近百年，内昆铁路修修停停，仍有云南水富至贵州梅花山段（358公里）未能修建。1998年，连接内昆线作为国家"九五"重点建设项目开工修建，于2001年建成，2002年开始交付运营。

建成后的内昆线北起四川省内江市，南到云南省会昆明。从内江出发，经自贡、宜宾、水富、盐津、大关、彝良、昭通、草海、六盘水、宣威、沾益、曲靖抵达昆明，全长872公里，其中川境段140.84公里。该线北面于内江与成渝线相通，于宜宾与宜珙支线相连，中段在梅花山站与贵昆线相接，最后于六盘水与贵昆铁路连通，是一条穿越川滇黔，联系四川盆地与云贵高原的重要铁路干线。内昆铁路的建成对改善沿线交通状况，完善西南路网布局，实施"西部大开发"战略，促进西南地区经济和社会发展，加快沿线人民脱贫致富，增进民族团结具有重要意义。

[①] 张肖梅编著：《四川经济参考资料》，中国国民经济研究所1939年，第7页。
[②] 张家璈：《中国铁道建设》，商务印书馆1946年版，第201页。
[③] 金士宣、徐文述：《中国铁路发展史》（1876—1949），中国铁道出版社1986版，第515~516页。
[④] 四川省地方志编纂委员会编纂：《四川省志·交通志》（下册），四川科学技术出版社1995年版，第30~34页。

(五)川黔铁路

早在民国3年（1914），国民政府曾与中法实业银行缔结钦渝铁路修筑借款，由于第一次世界大战的爆发而停顿①。后自民国16年起，国民政府曾多次组织对四川至贵州的铁路进行勘测，提出了隆昌至贵阳的西线方案和重庆至贵阳的东线方案。经过比较，最终选定西线方案，但只进行过踏勘、初测，未曾动工修建。1950年至1951年，綦江铁路局又对该线进行了测量，提出了东线自赶水经新站麻垭口至大河场再接隆筑线的建议。1951年，铁道部再次组织踏勘，提出自新站起穿越凉风垭至桐梓，再经板桥穿娄山关接隆筑线的方案，于1956年4月开工，1965年10月交付运营。②1990年12月17日，赶水站至南宫山站实现了电气化，并交付运营。1991年12月28日，川黔铁路全线实现电气化。

建成后的川黔铁路北起重庆市，南抵贵州省会贵阳市，全长475公里。其中，重庆至小南海段与成渝铁路共轨33公里，该线从重庆出发，在白沙沱长江大桥横跨长江后，经綦江、赶水，在石门坎与贵州分界，在贵州境内经桐梓、遵义、息烽、修文至贵阳。重庆境内长135.72公里，全线在重庆端连接成渝、襄渝、渝怀、渝遂以及在建的兰渝铁路，贵阳端接贵昆、湘黔、黔桂铁路，是巴蜀地区沟通南方诸省的一条重要通道。

(六)襄渝铁路

1916年，美国裕中公司拟贷款修建株（州）钦（州）、周（家口）襄（阳）两铁路时，曾踏勘自襄阳沿汉水至安康，然后向南至万源、达县以达重庆的线路。此线路即为襄渝铁路前身，因当时该公司认为工程过巨，没有列入修建计划。③现在的襄渝铁路为新中国成立后所修建，是由川豫铁路演变而来。1958年，国家计划修建川豫铁路，该线西起宝成线青白江站，经南充、三汇镇、达县、宣汉，穿大巴山至陕西安康，再经湖北襄樊抵达河南信阳接京广铁路，全长约1179公里。后在修建过程中，达县至成都段、襄樊至信阳段在当时都未及修建，先修建从达州至重庆段，故称襄渝铁路。其中襄樊至莫家营段56公里，1960年建成通车。其余部分全长859.6公里，东西两段分别于1968年和

---

① 张肖梅编著：《四川经济参考资料》，中国国民经济研究所1939年版，第8页。
② 四川省地方志编纂委员会编纂：《四川省志·交通志》（下册），四川科学技术出版社1995年版，第34～39页。
③ 金士宣、徐文述：《中国铁路发展史》（1876—1949），中国铁道出版社1986年版，第460页。

1969年开工，与此同时，中段于1970年第一季度开工，1973年10月接轨通车。东西两段也于1975年11月至1979年12月分别交付运营。[①]襄渝铁路的电气化改造从1975年开始，分三段进行。襄樊至安康段373公里，于1980年10月建成；安康至达县276公里，于1983年12月建成；达县至重庆255公里，于1998年12月建成。

襄渝铁路二线工程是"西部大开发"十大重点工程之一，北起陕西安康，途经万源、达州、广安、北碚直至沙坪坝，全长507公里。其中重庆段庆华站至磨心坡站，正线长38.88公里，重庆枢纽引入线正线长57.95公里。2005年8月该线路开始动工，2009年9月20日全线建成通车。

建成后的襄渝铁路东起湖北襄樊，中经陕西南部，西至西南地区的水陆交通枢纽重庆，全长897公里。该铁路在大巴山隧道中部从陕西入川，巴蜀境内全长395.24公里。铁路全线横贯鄂、陕、川三省，东接汉丹、焦枝铁路，中连阳安铁路，西通成渝、达成铁路，南接川黔铁路，是巴蜀地区连接华中地区的一条重要铁路干线，也是继宝成线、川黔线、成昆线后第四条出入巴蜀地区的通道，为加强川东北地区、重庆市与湖北等省的联系起到了很大的推动作用。同时，襄渝线也贯通了达成线、达万线，是四川、重庆间相互沟通的重要道路。

（七）达成铁路

达成铁路于1992年6月开工，1997年11月全线通车。此线是由中央和地方共同投资修建的，为我国首条"公司化运作的铁路"。至2008年7月10日，国铁收购达成铁路，达成铁路遂交由成都铁路局托管。达成铁路复线工程于2004年11月27日开工，2009年全线竣工。

建成后的达成铁路东起四川省达州市，西至省会成都市。该线从达州出发，途经河市坝、覃家坝、渡市、三汇镇、渠县、营山、蓬安、大英、遂宁、中江、金堂、新都、龙潭寺以达成都，沿途跨越长江重要支流渠江、嘉陵江、涪江、沱江，全长386公里。其中达州站至三汇镇站段与襄渝铁路并轨，龙潭寺站至成都站段与成渝铁路并轨，现为国家I级干线。该线西边与成渝、宝成、成昆铁路相通，东边连接襄渝、达万铁路，是横贯川东地区的一条重要交通大动脉。

[①] 四川省地方志编纂委员会编纂：《四川省志·交通志》（下册），四川科学技术出版社1995年版，第57~64页。

（八）渝遂铁路

渝遂铁路于2003年2月开工建设，至2005年4月23日全路段铺轨完成，2006年正式运行。该线是中国高铁工程技术的试点之一，建有全中国首条为高铁而设的无碴轨道试验段，全长13.16公里，于2004年9月开始动工，至2007年1月完成测试。同时，遂渝铁路二线工程也于2012年底建成。

建成后的渝遂铁路西起达成铁路遂宁站，东至襄渝铁路北碚站，接入重庆铁路枢纽，途经四川省遂宁市和重庆市潼南县、合川区、北碚区等地，两跨涪江和嘉陵江，全长165公里。其中，新建线路127.8公里，增建二线17.4公里。同时，该线也是中国西部的首条高标准铁路。

（九）渝怀铁路

渝怀铁路的前身为川湘铁路。1936年，国民政府在决定修建湘黔铁路后，曾计划修建川湘铁路，铁道部委托参谋本部陆地测量总局派飞机航测[①]，并于同年5月，设立了"川湘铁路筹备处"[②]。当时拟修建一条从湘黔铁路的铜仁车站为起点，经贵州印江进入四川后过彭水、涪陵以达重庆的铁路，全长650公里。这是一条湖南通往四川比较理想的线路，后来因七七事变爆发而未能实现。[③]

现在的渝怀铁路从2000年12月16日开始动工，至2005年建成竣工，2006年初开行了货运，2007年4月18日客运全线通车。该铁路穿过的区县多为贫困地区，因此渝怀铁路又被称作是一条扶贫铁路。修建时预留了复线条件，一次建成电气化铁路。2009年9月26日，重庆北至涪陵段二线开工，标志着渝怀复线开工建设，预计建设工期为三年。其中铁山坪隧道、黄家湾隧道、界牌坡隧道等工程为控制性工程。

建成后的渝怀铁路西起重庆市重庆北站，途经长寿、武隆、涪陵、彭水、黔江、酉阳、秀山、松桃、铜仁至湖南怀化，横跨重庆、贵州、湖南三个省市，是"西部大开发"的重点工程之一，全长625公里，为国家I级单线。

（十）达万铁路

达万铁路于1997年开始建设，由铁道部、四川省、重庆市共同出资兴建，

---

① 张肖梅编著：《四川经济参考资料》，中国国民经济研究所1939年，第7页。
② 国民政府铁道部：《铁路半月刊》1936年第2期。
③ 金士宣、徐文述：《中国铁路发展史》（1876—1949），中国铁道出版社1986年版，第460页。

2002年10月23日正式通车，2004年11月1日开通客运。建成后的达万铁路西起襄渝铁路达州站，东至重庆市万州区。从万州出发，途经万州李河、分水、梁平、开江、达州麻柳镇到达州，正线全长157.077公里。达万铁路连接了万州火车站和万州深水港，使得达成、达万铁路和长江航运连成一片，构成了巴蜀地区铁路水陆联运的综合运输网络，是货物客流出川，并进一步通江达海的直接通道。目前，达万铁路为国家I级单线铁路，并预留电气化条件。

在巴蜀地区，历史上还修建了大量地方铁路，如民国16年（1927）至民国22年（1933），爱国实业家卢作孚、黄锡滋、张艺耘就集资组成"北川民业铁路股份有限公司"，建成四川省第一条煤矿简易窄轨（轨距610毫米）的北川铁路，全长16.8公里（1963年因矿井迁移，已拆迁至刘家沟至黄桷镇，长13.5公里，成为矿区窄轨专用线）。1958年11月，内江县修建内江至高桥铁木轨道。1959年1月，成都市修建环城及成都至龙泉驿轻便铁路3条，共长78.4公里。到1962年，全省动工修建的地方铁路共115条，总长1198.4公里。[1]1959年4月，温江专区为开发山区煤、铁矿资源，投资修建湔江铁路，由专区交通系统负责勘测设计。从思文至白水河长20公里，轨距为762毫米，铺铸铁轨，动员组织了彭县、大邑、什邡、崇庆等县民工1万余人施工，于1960年3月通车。通车后的彭白铁路从彭县城西至大宝山区的白水河，全长42.2公里（包括思文支线1.8公里）。1960~1966年沿线的轨道和桥梁受到技术改造，提高了运输能力。1960~1985年，彭白铁路共发送旅客1491.08万人，发送货物786.5万吨；1982年以来，每年发送旅客60万人以上，发送货物50万吨以上。到1985年末，有蒸汽机车8台、15~20吨货车101辆、客车8辆。[2]1985年1月，经国家计委批准，利用原川豫铁路已成路基、桥涵工程及已征土地，修建青白江温家店准轨地方铁路，全长33公里，并于1985年10月22日动工，次年完工。

巴蜀地区还修有大量支线、专用线铁路。截至1985年底，巴蜀地区共有铁路支线9条，共长436.3公里，车站60个（包括自干线接轨出岔的车站9个）。其中，接自宝成铁路的支线计4条，共长249.5公里；接自川黔、成渝、内昆、成

---

[1] 四川省地方志编纂委员会编纂：《四川省志·交通志》（下册），四川科学技术出版社1995年版，第64页。

[2] 四川省地方志编纂委员会编纂：《四川省志·交通志》（下册），四川科学技术出版社1995年版，第65页。

昆、襄渝铁路的支线各1条，共长186.8公里。[①]

第二节　公路通道的建设

巴蜀地区的公路交通始于民国2年（1913），四川筹建成都至灌县的公路，从灌县起修了1公里，但因政局变化而停工，是为近代巴蜀地区公路之始。直至1949年，当时的川康两省共修成公路8742公里，计修建成了成绵公路（1928）、成渝公路（1933）、川黔公路（1935）、川陕公路（1936）、川鄂公路（到万县段，1936）、川湘公路（1937）、川滇东路（1939）、汉渝公路（到万源，1939）、乐西公路（1941）、川康公路（到康定段，1942）等重要干道。但公路总体上质量低下，不少公路晴通雨阻，汽车货运量只占到全部公路运输货运量的不足10%，人力畜力运输仍占90%左右。

新中国成立后，四川公路建设进入了有计划发展的新时期。20世纪50年代，四川重点修建了成阿、沐石、宜西、东巴、川藏等干线公路，使少数民族地区的交通得到了极大改观。1958~1965年，四川出现了全民修路的热潮，至1965年底，全省共建成公路39068公里。1966~1976年，受"文化大革命"的影响，四川公路事业遭受严重挫折。至1979年底，四川公路里程达80248公里，较1949年增长10多倍。只是由于投资所限，一些重要公路干线只能以低标准分期进行局部改造，而交通不便的边远山区的县乡公路建设则非常落后。全省公路总体上技术标准较低，质量较差。

十一届三中全会以后，四川公路建设进入快速发展时期，路网建设逐步完善，等级质量不断提高，蜀道难的面貌开始逐步改观。

20世纪80年代以后，巴蜀地区开始重视加快大型公路桥梁的建设，以及路面拓宽改造工程，四川公路开始实现从"数量型"到"质量型"的转变。至1985年底，总共加宽改造公路30841公里。

"七五"期间，巴蜀地区的公路建设重点放在干线公路和山区公路两个方面。五年间，先后完成成灌、成温邛、大件路北段、成都—乐山—峨眉和18个大中城市进口公路改造以及20座特大桥等重点公路建设项目，并新建山区公路1

[①] 四川省地方志编纂委员会编纂：《四川省志·交通志》（下册），四川科学技术出版社1995年版，第65~66页。

万公里，全省实现了县县通公路。

"八五"期间，巴蜀地区新建公路10458公里，各条高等级公路通车。同时，高速公路开始修建，其中，历时五年的成渝高速公路通车，结束了四川没有高速公路的历史。

近年来，巴蜀地区的公路交通发展明显加快，以高速公路为主骨架的三级公路网早已形成。截至2007年底，重新划分行政区后的四川地区总共拥有公路通车里程达18.9万公里，而重庆地区也拥有公路通车里程接近10万公里。[1]

一、高速公路的建设

截至2008年，巴蜀地区共有高速公路里程3030公里，其中重庆1168公里、四川1862公里。其中有10条国家级高速公路过境，如京昆高速公路川境段的绵广高速从绵阳到广元，全长135公里。该线南接成绵高速，北连沙溪坝至棋盘关高等级公路，形成了一条北上出川的快速大通道，并使国道主干线在四川境内得以全线贯通。成绵高速起于成都市三合场，经新都、青白江、广汉、德阳，止于绵阳磨家，全长92.4公里，是国道主干线北京至昆明公路的一段，也是四川省规划实施的"一条线"经济的交通干线。成雅高速为国道108线和318线在四川境内的共用段，是通往云南和西藏的主要通道，也是"西部大开发"的交通主干线之一。该线起于四川成都二环路永丰立交桥，途经成都高新区、双流、雅安的9个县市。西攀高速起于泸沽至黄联关高速公路止点，经德昌、永郎、米易、新九、金江，止于攀枝花市仁和区金江镇，全长161.8公里。该路北接成雅高速，南连108国道线，与世界上最艰险的成昆铁路并行在横断山脉中。全线共有大中型桥梁248座，长约46.8公里，桥长占总路线的里程近三成。

沪蓉高速公路巴蜀境段的渝宜高速从重庆出发，经长寿、垫江、梁平、万州、云阳、奉节通往湖北宜昌，现已经通车到巫山，其余路段正在修建中。渝邻高速起于邻水县邱家河，止于重庆市江北区黑石子立交桥，全长53公里。它南接重庆至湛江公路，北连沪蓉国道主干线万州—成都支线，可西通成都，北上陕西，东达湖北。广邻高速起于广安市区，止于该市邻水县，全长44.56公里，为沪蓉高速公路主干道的一段。通过该线可东达上海，西连成都，南通重

---

[1] 四川省交通厅交通史志总编室编纂：《四川省交通年鉴》2008年卷，四川科学技术出版社2008年版，第24～26页。

庆，北上达州，是四川通往上海的主要陆路通道，也是重庆东北部入川的快速公路运输干线。南广高速即四川省南充市至广安市的高速公路，全长69公里。该线西连成南高速通往成都，南接广邻高速可直抵重庆。成南高速是由四川省成都市至四川省南充市（嘉陵区）的一条高速公路，全长215公里，里程仅次于成渝高速公路，居四川省第二。该路是国家规划的"五纵七横"国道主干线上海至成都公路的一段，同时也是连接川中、川东地区的重要通道和省内外物资交流的干线公路。

包茂高速公路巴蜀境段的达渝高速起于达州市罗江镇，止于重庆市，全长220公里。该线是我国西部地区一条重要的国家干线公路，同时是川东北地区北上陕西、南下贵州的重要交通走廊，也是重庆市、四川省乃至西南地区经贵州到广西北海的重要出海通道。达渝高速公路在邻水与国道主干线上海至成都公路沪蓉支线相交，并与襄渝铁路、达成铁路、达万铁路相连接。

兰海高速公路巴蜀境段的渝南高速南起重庆市，北至四川省南充市，为国家高速公路兰州至海口线中重要的一段。该路西接四川省蓬溪、遂宁，直达成都，向南直通重庆，并在重庆境内与过境外环线和多条国道主干线连接，通过沪蓉国道和渝湛高速公路直达沿海地区，大大缩短了四川东北部地区通往沿海地区之间的距离。渝黔高速为国道主干线兰海高速公路在重庆境内的一段，起于重庆主城，止于渝黔交界处的崇溪河，全长134公里。

厦蓉高速公路巴蜀境段的隆纳高速起于内江市隆昌成渝高速公路，经泸州市泸县、龙马潭区和江阳区，止于纳溪区渠坝镇，全长87.8公里。隆纳高速公路是四川通往贵州、云南、广西北海的重要出海口通道。成渝高速公路是巴蜀境内第一条高速公路，于1995年7月1日建成全线通车。该线西起四川省会成都市，东至重庆市，是四川省与重庆直辖市之间的公路交通大动脉。从成都东门出发，成渝高速途经简阳、资阳、资中、内江、隆昌、荣昌、永川、璧山，至重庆市区，全长438公里。

渝昆高速公路巴蜀境段的内宜高速（含宜宾至云南水富段）北起内江苏家桥，穿内江、自贡、宜宾，南与云南水富相连，全长137公里。其中内江至自贡40公里，自贡至宜宾67公里，宜宾至水富30公里。该线北与成渝高速相连，南经宜宾直抵云南，成为四川省内主要交通干线和南向出川的重要通道。

成渝环线高速公路的渝遂高速从重庆市到四川省遂宁市，全长147.965公里，分重庆和四川两段。重庆段起于重庆沙坪坝高滩岩，接渝长高速重庆内环段，经西永、青木关、璧山、铜梁、潼南等，连接川渝交界处丁家沟，最后在遂宁与成南高速路相连，全长111.8公里。四川段全长36.64公里，起于遂回高速公路罗家湾，经北固、西宁、南强等乡镇接双龙庙。遂渝高速公路在遂宁市与成南高速公路相连，成为连接成都至重庆间最短的一条高速公路，总长度约为295公里，比现在的成渝高速公路还短50公里。成乐高速从成都至乐山，北与成雅高速公路相接，连接省会成都，沿线经彭山、眉山、青神、夹江4个县（区），南止于乐山市，全长86.834公里。

在巴蜀地区大城市四周形成了绕城高速，如成都绕城高速公路是连接成绵、成南、成渝、成雅（乐）、成灌等5条高速公路的快捷通道，全长85公里。北起新都三河场，经龙泉狮子桥、双流白家场、温江文家场，止于新都三河场，建成于2001年12月19日。重庆绕城高速公路是交通部12条典型示范路中唯一的绕城公路项目，全长186公里，分为东、南、西、北四段。东段长36.78公里，起于花溪互通枢纽，止于江北区新龙湾，在南彭、忠兴、惠民、广阳、鱼嘴、天堡、王家场、仁睦、水土、三岔河设置有10处互通式立交；南段全长50.20公里，有西彭、江津、仁沱、马宗、一品互通式立交5处；西段长约55公里，起于北碚区附近，与北段相连，与渝合高速公路交叉形成北碚枢纽互通，止于九龙坡与江津交界的滴水岩，与南段相接，有北碚、歇马、青木关、曾家、金凤、走马、滴水岩互通7处；北段长49.29公里，起于鱼嘴长江大桥北岸新龙湾，止于北碚区朱家坪，全线设有复盛、朝阳寺、天堡寨、仁睦、水土、施家梁6座互通立交。

除此以外，截至2008年底，川渝两省还拥有地方高速公路数条，分别为成都机场高速、成灌高速、成温邛高速、遂回高速、南充绕城高速、重庆内环高速、长涪高速、綦万高速、重庆机场高速等。

二、国道体系的形成

新中国成立以来，巴蜀地区已经形成了完整的国道体系。

北京到昆明的108线公路（川渝境内路段）由原川陕公路、川藏路成雅段、川云西路三条公路连接而成。[①]原川陕公路从七盘关（即棋盘关）至成都，全长419公里。民国15年（1926）9月，由成都、金堂、新都联合动工修筑成都至

---

① 四川省交通厅公路局编纂：《四川省公路志》，四川人民出版社1995年版，第80~84页。

唐家寺路段，至次年陆续完工，时称"成赵马路"；民国17年（1928），修筑完成唐家寺经广汉至德阳交界处路段；同年底，又修通德阳至绵阳路段，并与先前所修广汉至德阳段相接①；民国23年（1934）10月，蒋介石为"进剿"红军，下令限期修筑七盘关至绵阳的公路共278公里。民国24年（1925）6月，成立川陕公路总段工程处，于当年9月15日开工，年底即全线初通。在川陕公路的修建过程中，十分重视文物的保护，在施工限期紧迫的情势下，除广元千佛崖遭局部破坏外，沿途千年古柏及其他文物，竟得以保存，殊为不易。②原川藏公路成雅段，全长151公里。早在民国元年（1912），川边经略使尹昌衡就沿赵尔丰所修"治边大道"扩建修筑"成康军路"，此为该公路前身；民国13年（1924）至民国16年（1927），刘成勋当西康屯垦使时对该公路进行了续修；民国16年（1927）后又陆续修建，至民国21年（1932）夏全线打通。原川云西路，从雅安至挖断路，全长718公里。民国28年（1939）3月开工修筑汉源经石棉、冕宁至西昌段，当时称乐西公路，全长243公里，该段地形复杂，修筑过程极其艰苦，至民国30年（1941）1月全路初通；民国29年（1940）8月交通部奉令修筑西昌经德昌、会理至挖断路段，当时称西祥公路，长317公里，于民国30年（1941）2月次第开工，至同年6月28日打通，年底竣工通车；民国31年（1942）3月开工修筑雅安经荥经至汉源段，长158公里，至民国32年（1943）底修通；民国29年开始修筑的荥经至富林段114公里，历经波折，直至1950年底方才竣工。至此，川云西路全线贯通。联通后的国道108线（北昆公路），通过巴蜀境内里程1291公里。从北部川陕边境的七盘关入川，向南经广元、绵阳、德阳、成都、雅安、西昌、攀枝花等7市和21个县（市）至川滇边境的挖断路，出川通往云南昆明。

包头到南宁公路210线由原汉渝公路和川黔公路连接而成。③原汉渝公路从铁匠垭到重庆，全长438公里。民国27年，因抗战需要，国民政府军委会电令交通部立即从速修建该路。民国28年1月开工修筑万源至大竹段219.8公里，至民国29年3月打通；民国29年1月开工修筑大竹至重庆段194公里，于当年10月打通。同年，因苏联援华物资减少，该工程奉令停工，只由重庆修至万源。直到

---

① 王立显主编：《四川公路交通史》（上册），四川人民出版社1989年版，第65页。
② 王立显主编：《四川公路交通史》（上册），四川人民出版社1989年版，第104页。
③ 四川省交通厅公路局编纂：《四川省公路志》，四川人民出版社1995年版，第86~87页。

民国37年（1948）7月，国民政府鉴于军事需要又决定继续修建万源至铁匠垭段，随即开工，拖延至民国38年（1949）7月被迫停工。新中国成立后，1957年又重新测量修建，于1958年底竣工。至此，汉渝公路全线建成通车。原川黔公路，从重庆海棠溪至崇溪河段，全长176公里。民国24年，国民政府军委会重庆行营参谋团进驻重庆，在《四川剿匪公路建设计划图、表》中，首先命令赶修川黔公路，于当年2月开工，6月20日即全线竣工。在川黔公路的修建过程中，颁布了《四川省政府修筑公路征用民工暂行条例》，并实行大规模征工，这在四川尚属初创。①

连通后的国道210线（包南公路），通过巴蜀境内里程626公里。从川陕边界的铁匠垭入川，经万源、达县、大竹、邻水进入重庆市，过重庆、江津、綦江至渝黔边界的崇溪河通往贵州方向。

兰州到重庆公路212线由原川甘（青昭）、广（元）南（充）、渝南三条公路连接而成。②原川甘公路，从姚渡至广元，长95公里。1957年开始修筑，于1958年5月建成宝轮至白水51公里简易公路，1963年5月，又开始修筑姚渡至白水路段，于当年8月30日修通。至此，川甘公路全线贯通。原广南公路，从广元至南充，长290公里。民国17年初，由南充马路局主持修筑南充至西充38公里，次年完工；民国18年至民国21年，29军田颂尧部修筑完成阆中至南部建兴路段66公里；民国32年，因抗战大后方建设需要，开始修筑建兴至西充33公里，于民国33年建成；1951年3月至12月，修筑阆中至苍溪路段27公里；1955年完成从广元至红土垭路段24公里；1958年又开始修筑苍溪至广元红土垭102公里，于1964年5月建成简易公路。至此，广南公路全线贯通。原渝南公路，从重庆至南充190公里。1952年5月中旬由川东行署主持开始修筑渝碚段53公里，于1953年7月建成通车；1952年6月开工修筑合川段69公里，1953年10月竣工；与此同时，川北行署也开始主持南充段的修筑，于1952年6月12日全面开工，至1953年3月竣工。由此，渝南公路全线贯通。联通后的国道212线（兰渝公路），巴蜀境辖575公里。从川甘边境的姚渡入川，经广元、苍溪、阆中、南部、西充、南充进入重庆市，是西北连接西南的干线公路之一。

兰州到景洪213线公路纵贯四川全境，由原龙朗、成阿、成三、五新等四

---

① 王立显主编：《四川公路交通史》（上册），四川人民出版社1989年版，第93~97页。
② 四川省交通厅公路局编纂：《四川省公路志》，四川人民出版社1995年版，第88~90页。

条公路联结而成。①原龙朗公路，从郎木市至龙日坝，全长269公里。1953年，解放军在郎木市至龙日坝之间修筑便道，1958年5月地方开始动工将其改为简易公路，长145公里，于当年11月底完成；1956年根据当时政治、军事形势需要，于当年4月动工修筑唐克至龙日坝段124公里，11月底完工，其间发生"唐克事件"②。原成阿公路一段，从都江堰至龙日坝，全长343公里。1950年开始组织修建，1951年3月灌汶段开工，至1952年7月修通73公里；1953年2月理县境内51公里修通；1954年2月理县至龙日坝239公里修通。至此，灌县至龙日坝公路全程修通。原成灌公路，从成都至灌县（今都江堰），长55公里，为四川省最早修建的一条公路。民国2年（1913），川督民政长胡景伊倡修成灌马路，公路开工不久，遭地方势力的强烈反对，随即工程中断。民国11年春，第三军军长刘成勋筹办成灌马路，采取官商合办，但未成功。民国13年冬，杨森督理四川军务，并任四川道路分会名誉会长，拨款赞助修筑，同年秋工程修至崇义铺，复因经费紧张，改为"官督民办"，工程得以继续推进。同时，杨森又派兵工从成都一端向灌县方面修筑，终于在民国14年冬全线完工。③成灌路是巴蜀地区第一条行驶汽车的公路，其修建过程艰难曲折，历时十二年才勉强打通。原成三公路和内乐路的一段，从成都至井研三江达五通桥，全长188公里。民国20年由军部主持动工修筑，年底由成都修至籍田44公里。不久因战乱而停顿。民国25年1月，川军将领潘文华、唐式遵请准四川省政府公路局拨款，继续征工修筑籍田至仁寿52公里，于当年11月完工。民国36年，公路由仁寿延伸至井研。1952年，井研县组织民工将公路修至三江与内乐路连接，从而成三路全线通车。原五新公路，从五通桥至新市镇，长155公里。民国17年夏，24军司令刘竹村组织修建犍为至沐川46公里，后民国20年21军和24军发生战争，24军战败，路局随之瓦解，工程因此停顿。1951年和1952年，分别对五通桥至清溪和清溪至沐川两段进行了整治，并联通该路；民国31年修筑完成五通桥至犍为33公里；1954年2月开工修筑沐川至新市镇段，长76公里，于1955年4月竣工。

连通后的国道213线（兰景公路），通过巴蜀境内里程1018公里。该线从川

---

① 四川省交通厅公路局编纂：《四川省公路志》，四川人民出版社1995年版，第90~93页。
② 1956年修筑唐日公路时，组织青年突击队，进行武装抢测，修至唐克农场时，遭歹徒袭击，工程师兼队长杨纯彬等牺牲，时称"唐克事件"。
③ 王立显主编：《四川公路交通史》（上册），四川人民出版社1989年版，第51~53页。

甘边境的郎木寺入川，经若尔盖、红原、理县、汶川、都江堰市、郫县（今郫都区）、成都、仁寿、井研、五通桥、犍为、沐川等市县（区），在屏山县新市镇过金沙江出川入云南境。

成都拉曲317线公路，由原成阿公路成映段、映八路、川藏公路八美至岗托段3条公路联结而成。①原映八公路，从映秀至八美，长338公里。1958年8月由甘孜州交通局分两期对八美至丹巴段进行施工，于1959年5月完成，全长83公里；1960年开工修筑中滩铺至三圣沟74公里，至1969年完工；1967年开始修筑花园坪至小金县猛固桥段38公里，于1973年竣工；1973年由林业部门施工修筑丹巴县城往东32.5公里，于1977年完工；1973年10月，开工修建三圣沟至花园坪段88公里，于1978年9月建成；1979年5月开工修筑从小金县城的烈士塔至三叉沟段，长22.5公里，至1984年11月完工；原川藏公路一段，从乾宁（八美）至马尼干戈，长334公里，新中国成立前为康青路的一段，由国民政府拨款兴建。民国32年（1943）5月，交通部川康公路管理局设营甘工程处于营官寨，8月局部开工，至11月由营官寨修至甘孜；民国33年（1944）10月打通甘孜至马尼干戈路段。马尼干戈至岗托段136公里，1951年5月开工，至1952年元旦打通雀儿山，6月通车至岗托。

连通后的国道317线（成拉公路），巴蜀境辖898公里。起于四川成都，经郫县（今郫都区）、都江堰市、映秀、小金、丹巴、道孚、炉霍、甘孜、德格，在岗托出川，过金沙江入西藏昌都地区，止于拉萨北面的那曲，与青藏公路联结。

上海到聂拉木318线公路由原川鄂公路、成渝路成简段、川藏公路成都至东俄洛段、川藏南线联结而成。②原川鄂公路，从苏拉口至简阳，长639公里。民国15年（1926）8月开工修筑简阳至遂宁段，于民国17年（1928）2月完工；遂宁至渠县段，于民国16年（1927）开工修筑，至民国19年（1930）完成；民国25年（1936）2月开工修筑渠县至万县段，于当年10月底打通；③新中国成立后，1958年3月1日开工修筑从川鄂边界的苏拉口至万县公路，当年10月即通车。原成渝公路一段，从简阳至成都，长68公里，为成渝公路最早开工

---

① 四川省交通厅公路局编纂：《四川省公路志》，四川人民出版社1995年版，第94~95页。
② 四川省交通厅公路局编纂：《四川省公路志》，四川人民出版社1995年版，第96~99页。
③ 王立显主编：《四川公路交通史》（上册），四川人民出版社1989年版，第64~65页。

修建的一段。当时因地方割据，成渝公路统一筹修难以实现，于是民国13年（1924），以商办方式先修成都至简阳段，从成都至简阳石桥名曰成石马路。但因当时军阀割据，再加之经费困难，因此搁置。后于民国15年（1926）重新开工，并将路线延伸至简阳县城，直到民国19年（1930）6月成简马路终告完成。①原川藏公路一段，从成都至东俄洛，长436公里。其中成都至雅安与国道108线重复，下面仅述雅安至东俄洛路段。民国24年（1935）初，国民政府势力入川，出于军事需要，开始筹修川康公路，兴建雅安经天全至康定新线，此线耗用人力财力至巨，费时数年，路未通而工程停顿。②民国27年（1938）4月，蒋介石再令行营拨款修筑川康公路，分5段施工，于民国27年（1938）5月开工，至民国29年（1940）秋完工。民国30年（1941）2月，交通部又对该路进行整修，经过一年时间，全线才勉强通车；民国28年（1939），西康省政府请准国民政府开始筹修康定至东俄洛80公里，于民国30年（1941）10月下旬开工，至次年10月全线打通。

联通后的国道318线（上聂公路），通过川渝境内里程1580公里。该线从重庆、湖北交界处的苏拉口进入，经万州、梁平进四川省，过大竹、渠县、南充、蓬溪、遂宁、乐至、简阳、成都、双流、新津、邛崃、名山、雅安、天全、泸定、康定、雅江、理塘、巴塘等21个县市，于竹巴笼过金沙江进入西藏自治区境内。此路从东到西，横穿巴蜀全境。

厦门到成都的319线公路巴蜀境段由原川湘路茶洞至白马段和涪长、渝长段，成渝路渝璧段及成简段，绵璧路璧塘段，塘坝至乐至段，川鄂路乐简段等8条公路联结而成。③原川湘公路一段，从茶洞至白马，长541公里。此路为新中国成立前重庆行营计划修筑5省联络公路之一。民国24年（1935）9月26日，四川省政府转奉行营令四川公路局"赶速修筑川湘公路"，于该年11月28日局部开工，次年2月全面动工，至民国26年（1937）6月即全线初通。该段公路路长工艰，修建过程中进行了大规模征工，建期仅年余即强求通车，沿线人民在公路的修建过程中作出了巨大牺牲，为公路的建成也作出了巨大贡献。④重庆至白马段，由原涪白、涪长、渝长3条公路组成，长263公里。民国27年

---

① 王立显主编：《四川公路交通史》（上册），四川人民出版社1989年版，第59~60页。
② 王立显主编：《四川公路交通史》（上册），四川人民出版社1989年版，第131~132页。
③ 四川省交通厅公路局编纂：《四川省公路志》，四川人民出版社1995年版，第101~104页。
④ 王立显主编：《四川公路交通史》（上册），四川人民出版社1989年版，第105~110页。

（1938）修筑了长寿县境内关口至回龙寨段；新中国成立后，1957年修筑了长寿县城至江北县（现重庆市渝北区）交界处段，长15.7公里；1958年又从长寿、江北两县交界处修至两路，长45.8公里；同年，为支援大溪河水电站建设而修筑涪白公路，长91公里，于当年10月20日开工，至11月26日从涪陵汤家院子修至鸭江，1960年由武隆县白马修至沙陀子，1964年9月从沙陀子修至鸭江接线；与此同时，也动工修筑涪陵至长寿段，1958年开工，至1959年竣工。至此，重庆至白马段公路全线贯通。重庆至成都368公里，其中乐至至成都段与国道318线重复（详见上文）。其余重庆至璧山段为成渝公路一部分，于民国16年（1927）开工，因当时军阀混战，刘湘和刘文辉相互对峙，致使该路迟迟无法完工，至民国22年（1933）初，随着刘湘军事进攻，刘文辉节节败退，该段公路也终于完工；璧山至塘坝段长85公里，于民国22年（1933）下半年动工修筑，至民国23年（1934）10月完工；1945年开始修筑龙台至乐至段，长78公里，至1949年8月完成路基20%和部分涵洞，新中国成立后继续修筑，于1956年和1958年由安岳、乐至两县分别修通；1985年9月开工修筑塘坝至安岳龙台28.292公里，至1989年竣工，该段公路是国内第一批使用世界银行贷款修筑的公路工程之一。

连通后的国道319线（厦门至成都），川渝境辖里程1172公里。该线从湘渝交界处茶洞进入，经秀山、酉阳、黔江、彭水、涪陵、长寿、重庆主城、璧山、铜梁、潼南进四川省，再过塘坝、安岳、乐至、简阳达成都。

广州到成都321线公路由原川滇东路、成渝路隆昌至成都段联结而成。原川滇东路，从隆昌至赤水河，长272公里。民国24年（1935）开始积极筹划，于民国25年（1936）10月按义务征工办法征调民工。次年，四川大旱，为救济灾民，又以工代赈，先修隆泸段，民国26年（1937）4月正式开工，但到5月就因缺款而告停工。民国27年（1938）3月8日，因抗战需要，重新在泸州破土复工，经日夜抢修，于当年12月19日初通。该路为战时修建，虽经费有限，但职工事业心强，技术力量精干，因而与其他路比较，路线合理，遗留问题较少，桥涵大部为永久式，是巴蜀地区民国时期修建之公路中效益较高的一条。[①]原成渝公路的一段，从隆昌至成都，长254公里，于民国初开始筹修，因战事频繁

---

① 王立显主编：《四川公路交通史》（上册），四川人民出版社1989年版，第145页。

而搁置，至民国22年（1933）始建成。①

连通后的国道321线（广州至成都），巴蜀境辖里程526公里。路线从川黔交界处的赤水河入川，经叙永、纳溪、泸州、隆昌、内江、资中、资阳、简阳达成都。

秀山到个旧326线公路，1957年1月7日开工修筑秀山至清溪段，当年6月竣工，长12公里；1963年开始修筑清溪至贵州界红岩坝段，于1964年修通，长19公里；1973年酉阳县交通局主持修建贵州界关子门至水氽头段，至1975年7月竣工，长10公里。至此，秀山至个旧公路巴蜀境段全线完工。②

国道326线（秀山至个旧），巴蜀境段41公里。起自秀山，经龙凤到红岩坝入黔，再度从酉阳的关子门进入重庆，经天台、李溪的水氽头再次入黔。

除以上国道外，巴蜀地区的省县道交通网络已经形成较完整的网络，如成南公路，起自成都市北梁家巷，经新都、唐家寺、金堂、中江、三台、盐亭、南部、仪陇、巴中到达南江的桃源，全长610公里。该线原称唐巴公路，1984年调整路线，北端从巴中延至南江县桃源，南端从唐家寺延至成都，改称成南公路。现南江北与陕西南郑相通，又称两南公路。成双公路，起于成都火车南站至于双流机场，长12公里，为民航专用道。成都至美姑公路，起自成都，经双流、新津、彭山、眉山、夹江、峨眉、峨边到达美姑，全长378公里，是成都通往凉山彝族自治州的一条干线，也是通往旅游胜地峨眉山的一条重要公路。成温邛公路，从成都经温江、崇州、大邑至邛崃的公路，是成都平原的一条重要经济路线，又是川藏公路的辅助线。此线原里程83公里，改建后缩短为77公里。此线接通近30条县乡道路，沿线村镇棋布，物阜民丰，是四川省重要的粮食和经济作物生产基地。成白公路（又称成彭公路或成宝公路），起自成都梁家巷，经大丰、龙桥、新繁、利济至彭州，再经隆丰、关口、通济、复兴至大宝（白水河），全长79公里。成青公路，起自新都县大丰，经义和桥、什邡、绵竹、安县、北川、青川至永红止，全长382公里，系成都通往川北边远山区的又一条干线，对开发山区经济具有重要作用。成环公路起于洛带，环绕成都一周，经龙泉驿、中兴、双流、温江、郫县（今郫都区）、唐家寺、金堂等县（镇），全长206公里。渝巫公路即重庆至巫溪公路，是重庆通往川东边远山区

---

① 王立显主编：《四川公路交通史》（上册），四川人民出版社1989年版，第61页。
② 四川省交通厅公路局编纂：《四川省公路志》，四川人民出版社1995年版，第106页。

的一条干线，起自重庆江北区观音桥，经渝北、长寿、澄溪、七间桥、任市、拔妙、开县、江口、田坝、文峰到达巫溪，全长529公里。渝道公路，起自重庆市南岸区4公里，经南彭、太平、石滩、神童、南坪、南川进入贵州道真县，全长179公里。该线经过山岭重丘地带，是重庆通往贵州的一条干线公路，对沟通渝黔边境人民物资交流、发展两省经济具有重要作用。渝东公路起自重庆市石桥铺，经白市驿、石板场、福寿至江津东胜止，长148公里，除重复2公里外，实际里程146公里，路线属山重区，是重庆通往贵州习水地区的又一条干线。渝隆公路重庆至隆昌公路，起自重庆牛角沱，经璧山、来凤、永川、荣昌达隆昌止，全长183公里。渝环公路此路全长224公里，除与国道319线、210线、212线等重复69公里外，实长155公里。起于重庆市渝北区，经两路、旱土、郭家沱渡口、大兴场、四公里、白节、马宗、铜罐驿、帽合山、白市驿、团结村、青木关、北碚、龙凤桥、水土镇等地环绕重庆市，原属县乡道路，1984年纳入省级干线公路。通过此线，将成渝、川黔、川汉、汉渝、渝南等主要干线公路连通，同时联结成渝、襄渝、川黔、渝遂4条铁路和长江航运，形成水陆交通网络。巫恩公路起于渝鄂边界的鸡心岭，经白鹿、巫溪县城、上磺、奉节、新民、兴隆至石乳关止，全长291公里。城万公路为万州通往城口的一条干线，北接城广路直通广元，东与国道318线（原川鄂路）和长江水运相连，起自城口，经庙坝、蓼子、明通，翻越雪雹山进入开县境，过白泉、红园、和谦、温泉、开县城关、赵家，翻大垭口进入万州境，再经塘坊达万州市区，全长325公里。巴彭公路为巴中市水宁寺至彭水县城公路，北连城广线，南与国道319线（原川湘公路）相通，路经平昌、达州、梁平、忠县、石柱等县市，全长569公里。仪北公路起自仪陇县城，经蓬安、长乐、岳池、溪口达北碚朝阳桥止，长305公里。1984年线路调整，北端由岳池县延伸至仪陇县，故称仪北公路，为原岳北公路的延伸。南泸公路由原南平路、平江路、绵江路、绵璧路、塘大路、永泸路等6条公路联结而成，起于阿坝州南坪县，经平武、江油、绵阳、三台、遂宁、潼南、塘坝、大足、邮亭、永川达泸州市止，全长754公里。遂筠公路，由原遂内、川云中路联结而成。路线起自遂宁经安岳、内江、自贡、宜宾、高县等县市，止于筠连横山子，与云南盐津县相通，全长392公里。资贡公路为资中球溪河至贡井公路，全长105公里，途经铁佛、连界场、新场、威远等地，贯穿3县煤、铁、气矿和主要农产区，并与内威、荣威、穿回3条县道交错相连。南汶公路为从南坪至汶川公路，联结南坪、松潘、茂县、汶川四县，北与南泸公路相连，南接国道213线达成都，长330公里。若松公路起自若尔盖县，沿热曲河（黄河支流）两岸山脚逆流而上，通过班佑村、包座农场、八猫沼泽地带、草坝、尕力台达松潘，全长162公里。越金公路起自越西县城，经普雄、昭觉、金阳止于芦稿，长241公里，是凉山彝族自治州由北向南的一条连接线。红石公路从马尔康红旗桥经丹巴、泸定达石棉，全长385公里，是甘、阿、凉3州的一条连接线。西巧公路，起自西昌县缸窑，经普格、宁南县在华弹过金沙江抵云南巧家县止，巴蜀境段全长162公里。乾冕公路，起自国道317线的乾宁，经东俄洛、营官寨、九龙、大河边、麦地达冕宁县止，全长445公里，该公路与国道108线相通，是一条连接甘孜、凉山两自治州的干线公路。甸渡公路从甸沙关起经米易、雅砻江口、攀枝花市至平地止，全长170公里，是穿越攀枝花市的干线公路之一，也是国道108线在此地段的一条辅助线。甘乡公路起自国道317线的甘孜，经新龙、君坝、理塘、乡城边境的大雪山垭口与云南接线，全长561公里。安马公路，位于甘孜州北部，起自安卜拉山（川青交界处）经石渠县城至马尼干戈，接国道317线（原川藏公路北线），全长290公里。城广公路起自城口县城，经大竹河、万源、官渡、铁溪、通江、巴中、沙河子、旺苍达广元止，全长548公里，为川东、川北边区的主要交通干线。江茂公路起自江油，经通口、北川、治城达茂县，全长145公里，东连南泸路，西通南汶路，是川北地区通往阿坝州的一条干线。松红公路是阿坝州联结松潘、红原两县的通道，该线起自松潘县川主寺，经尕力台、色地、麦洼达红原瓦切，与国道213线相通，全长162公里。红阿公路，起于国道213线红原线龙日坝，止于青川边界的阿坝县分水岭，全长156公里，此路横穿阿坝县全境，连接阿坝全县县乡。刷炉公路起自国道213线的刷马路口，经马尔康、红旗桥、两河口、翁达抵炉霍县与国道317线接通，全长340公里，该线是沟通甘孜、阿坝两州的重要干线。石南公路起自石柱县鱼泉口，经黄水、忠县、澄溪、垫江、八耳、丰禾、袁市、邻水、广安、岳池等地达南充市止，全长401公里，该路由原川汉公路、川鄂公路广安至南充段和部分县公路连接而成。石雷公路起自石柱县城，经丰都、涪陵、鸭江、水江、南川、万盛，止于綦江县雷神庙，全长336公里。黔石公路位于川东南缘，起于黔江县城，止于渝鄂边界的石门坎，长22公里。自雅公路是自贡至雅安公路，是连接自贡、乐山、雅安3地市的一条干线。路经荣县、五通桥、乐山、夹江、洪雅等县（区），全长283公里。乐汉公路起自乐山，经峨眉、龙池、新场、金口河、马烈抵达汉源，全长212公里。合木公路是连接泸州、宜宾、凉山3地市州的一条干线，起于川黔交界处的合江磨刀溪，经合江、泸州、南溪、宜宾、屏山、新市镇、美姑、昭觉、西昌、盐源至木里止，全长955公里。秀松公路，起于渝东南秀山，纵贯贵州，止于广西柳州。川渝境段自秀山县城与319国道连接，经石耶、梅江达渝黔边界牧牛溪止，长37公里。叙高公路东起国道321的叙永滥泥沟，经兴文县城、红桥、龙头、巡场达高县与省道206线连通，又是泸州、宜宾两地市的连接线，长112公里。宁华公路起自川滇边境宁南县的葫芦口，经会东、会理、石家湾、攀枝花市，止于云南华坪石龙桥，全长293公里。①

第三节　水路通道的拓展

巴蜀地区地处长江上游，河流众多，水源充沛，有大小河流1400余条，历史上通航河流达176条，以横贯东西的长江为主干，再加上岷江、沱江、嘉陵江、涪江、渠江、乌江等大小河流为分支，形成一个四通八达的水运网，覆盖了全省的大部分地域。

一、历史上巴蜀地区河道修建与整治

巴蜀地区由于河道众多，主要城市大多沿江修建，自古以来航运发达。近代以来，伴随着西方列强的经济势力深入内地，特别是《马关条约》之后，重庆开埠，一方面川江成为西方列强获取大西南富饶资源的重要通道，一方面西方先进的轮船和治河技术又刺激了巴蜀地区内河航运的变革和轮船运输业的发展。抗日战争时期，国民政府迁都重庆，巴蜀地区成为抗战的大后方，内河航运曾出现空前繁荣的局面。但几千年来，巴蜀地区内河航运大多依赖自然河道通航，利用天然港口靠船，航道缺乏整治，港口疏于建设，现代船舶修造工业薄弱，整个巴蜀地区内河航运仍十分落后。

新中国成立后，特别中共十一届三中全会以来，随着改革开放的深入，巴蜀地区内河航运发展更为迅速，至1996年，巴蜀地区内河航运的变化发展主要表现为六个方面：（一）轮船通航里程大幅度增加；（二）港口装卸实现机械化；（三）运输实现机动化；（四）客货轮不断更新换代；（五）水上旅游运

---

① 四川省交通厅公路局编纂：《四川省公路志》，四川人民出版社1995年版，第108～145页。

输兴起；（六）水运工业长足发展。①

　　长江上游航道，古时多是利用自然航道通船。遇有山崩滑坡成滩，阻塞行船，才由官府出面向社会募资或捐廉在所辖地域凿石筑坝，开辟纤道，进行一些零星治理。

　　清朝及民国时期，对巴蜀川江航道整治较多。清嘉庆、道光年间，夔州知府思成，云阳知县毛会伦、廖鸿芝及万县知事等均捐廉募资，对重庆至奉节间庙矶子、东洋子、猴子石、狐滩、白纤滩等进行疏凿治理。夔州知府汪鉴筹数万金开辟白帝城至川鄂边界之鳊鱼溪195公里之纤道。另外，清朝商人李本忠，其家世代经营川鄂食盐运输，因商船多次在三峡沉没，祖父也因此遇难，父亲落水被救，为追思先人，永除后患，便捐资治滩。从嘉庆十年（1805）起至道光二十年（1840）止，共耗银18万两，在三峡治滩和修纤道54处。后人为纪念李公治滩功绩，曾立碑颂扬。②清光绪二十二年（1896）八月，云阳县境大帐北岸因雨山体滑坡，堆积成滩，名曰兴隆滩，上下船只不通。次年春，重庆、万县两地商会等筹巨资招工开凿，中国海关也向清政府请款，投入整治，于当年凿通。③

　　民国初年，四川轮船日渐兴起。1915年"川航"轮船公司经理刘声元为改善轮船航行条件，联合"川江""瑞庆"轮船公司，筹集资金，合力整治崆岭险滩，陆军部也拨款支持，重点整治青滩、泄滩、兴隆滩、涪滩四处，并对东洋子、庙矶子、牛口、八斗、观音滩、滟滪堆之青龙嘴、石板夹以及红石子、渣包、黄泥滩、草盘石、钟摊子等滩进行了疏凿。④1930年，重庆海关、川江航务处及重庆、万县商会等组织"崆岭打滩委员会"，向过往船只征收白银共计15万两，对三峡鬼门关之崆岭南漕进行了疏凿，使枯水班轮得以通行，1935年，又对柴盘子、青滩、崆岭等滩做了进一步治理。⑤

　　1937年，抗战爆发，国民政府迁都重庆后，当局责令扬子江水利委员会和

---

① 《四川省交通年鉴》2008卷，四川科学技术出版社2008年版，第26~28页。
② 《平摊纪略》，道光庚子年版，卷三第4页、卷六第31页。
③ 四川省地方志编纂委员会编纂：《四川省志·交通志》（上册），四川科学技术出版社1995年版，第26~27页。
④ 《交通杂志》1933年第9期。
⑤ 四川省地方志编纂委员会编纂：《四川省志·交通志》（上册），四川科学技术出版社1995年版，第27页。

汉口航政局对川江进行了一系列治理，重点整治了小南海、莲石滩、筲箕背、柴盘子、泄滩等碍航大的险滩，使川江航道得到改善。①

新中国成立后，交通部于20世纪50年代初成立专门机构负责整治川江航道，本着先通后畅、先改善后提高的原则，对川江航道进行有重点、有计划、有步骤的系统治理。1951年至1957年，先后对59处主要碍航滩险和浅窄航道进行了整治，初步改变了"日航夜泊"的落后状况。1958年至1965年，又先后整治了78处滩险，再加之灯标信号的增设，千吨级船队可直航重庆，并使全线上下水都实现了夜航。1966年至1976年对川江97处滩险进行了治理，同时，加强了助航设施，使航道条件得到进一步改善。1969年下半年起至1978年，对渝蓝段航道进行了全面整治，整治后的航道基本满足了大型航队的需要。1977年至1985年，川江航道整治的重点转向蓝家沱至宜宾303公里河段，整治工程因经济调整停建，致使仍有严重碍航的滩险未能得到根治。

到20世纪初，长江干流从宜宾开始至宜昌航道全长1044公里。其中宜宾至重庆384公里，称上川江，后经不断整治，宜宾至蓝家沱303公里可通行200~800吨级船舶，但枯水期三个月需要减载。蓝家沱至重庆的81公里，1969年后进行了一系列整治，可通行800吨级船舶。②重庆至宜昌660公里，称下川江，地处丘陵和高山峡谷区，地势陡峻，河床底质为岩石卵石，其中，重庆至万州328公里，属宽谷河段，枯水时弯窄，多浅滩，为渝宜段枯水船舶吃水限制河段。万州至奉节123公里，河谷渐缩窄、河道较顺直，两岸溪沟发达，溪口急流滩多，以东洋子滩较凶险，其次是庙矶子。奉节至宜昌209公里，属峡谷河段，2009年因三峡工程的修建，水位上升，现万吨级油轮可直抵万州。③

二、重要河道的开发与管理

（一）金沙江航道

金沙江为长江正源，起于青海玉树，止于四川宜宾，全长2308公里，其中1545公里在巴蜀境内，主要支流有水落河、雅砻江、安宁河、小江、牛栏江和

---

① 四川省地方志编纂委员会编纂：《四川省志·交通志》（上册），四川科学技术出版社1995年版，第27页。
② 四川省地方志编纂委员会编纂：《四川省志·交通志》（上册），四川科学技术出版社1995年版，第25页。
③ 李京文主编：《中国交通运输要览》，经济科学出版社1989年版，第314页。

横江等，流域面积34.39万平方公里。①

历史上，曾有不少有识之士，多次提议开发金沙江。明后期，历任云南巡抚不断上奏朝廷开凿金沙江，但因当时明后期国力衰败，"救败不暇，终莫能举"②。清康熙年间，云南楚雄守冯甦等力主开发金沙江水道，但皆因地方多事，未获批准。乾隆五年（1740），清廷为解决滇铜入京铸钱之需，始令云南总督张允随筹划开通金沙江航道，前后施工历时八年，至乾隆十三年（1748）四月方告完成。其间，滇铜一度可在会泽小江口以下水陆联运，更多时间在云南永善县黄草坪装船，分段转运至泸州，再换大船出川，年运量可达70万~100万斤。③鸦片战争之后，因政局动乱，航道失修，铜运因此中断。

抗战时期，为打通川滇水路联运，国民政府曾组织多次勘测金沙江水道，并于民国29年（1940）7月在屏山县城设立金沙江工程处，对金江街至宜宾航道进行了长达五年的整治，使得宜宾至屏山航段正式通行客轮，屏山以上至新市镇航段通行木船，金沙江航道得到了一定改善。新中国成立后，1964年开始对新市镇至宜宾108公里已通航道进行改善，同时对新市镇至金江街916公里未完全通航河段进行开辟。改善工程从1965年开工，至1968年竣工，改善后新市镇至宜宾的航道可全年通行200吨级船队。开辟工程从1964年开始，分上下两段进行。上段工程，于1964年至1966年完成马上至龙街138公里航道；1964年至1971年完成金江桥至龙街276公里航道。下段工程，1965年2月，开工整辟新市镇至雷波90公里航道，其间由于"文革"干扰，于1968年11月停止。整治后新市镇至下河坝30公里与会溪至陆营沟12公里可季节性通航船只。1975年10月至1978年底，云南省交通厅航务处又在原四川整治下段航道的基础上，对新市镇至陆营沟57.3公里航道进行了整治。经两次整治，新市镇至雷波通航条件显著改善。④

20世纪80年代初，金沙江经过多次综合整治，航道状况大为改善，通航里程曾达825.5公里。其中，其宗至鲁南，长152公里，中水期季节通航木帆船。中江街至万马河口，长171公里，曾通航小型客货轮，以前在中水期可流放木

---

① 重庆航运军事代表办事处：《四川内河航运资料汇编》，1984年内部刊印，第337页。
② 冯甦：《滇考》卷下。
③ 蓝勇：《清代滇铜京运路线考释》，《历史研究》2006年第3期。
④ 四川省地方志编纂委员会编纂：《四川省志·交通志》（上册），四川科学技术出版社1995年版，第35~36页。

材。万马河口至鲁车渡，长236公里，每年11月至翌年6月季节通航30吨级船舶。巧家蒙姑至大田坝，长84公里，可通载重1吨左右的木帆船。溪落渡至新市镇，长76.5公里，以前中水期通航80吨级机动船。新市镇至宜宾，长106公里，曾经全年通航80吨至200吨级驳船。[①]但近20年来，受两岸公路建设和水库建设的影响，航道失修，水运交通的地位大大下降。

（二）嘉陵江航道

嘉陵江发源于陕西省凤县境内的秦岭山脉，流经甘肃微县、陕西略阳，经阳平关入四川境，再流经广元、昭化、苍溪、阆中、南部、蓬安、南充、武胜、合川等地，在重庆汇入长江，全长1083公里，主要支流有白龙江、东河、西河、涪江、渠江等，流域面积16.76万平方公里[②]，为川江最大支流，自北向南纵贯四川盆地，是沟通南北水运的重要航线。

近代以前，嘉陵江航道未进行过大的整治，基本处于自然状态。抗战时期，为开展川陕联运，国民政府曾调集各部门从民国28年（1939）至民国33年（1944）对嘉陵江进行大规模整治，整治后最浅处能通行20～50吨级木船，小轮船在中洪水期可由重庆直航南充。但战后由于工程机构撤销，放弃维护，经几年洪水冲刷淤积，航道又趋恶化。新中国成立后，对嘉陵江航道进行了两次大的整治。第一次从1958年10月至次年5月，重点整治了南充至重庆320公里航道；第二次整治从1966年开始，至1975年底基本结束，历时十年，重点治理了南充至广元419公里航道。经两次大规模整治，重庆至合川段可畅通行驶100～300吨级船队。合川至南充段全年可通行150～200吨级货驳，南充至昭化可通行小轮及100～150吨级货驳，昭化至广元可全年行驶30～45千瓦小拖轮。广元以上河段，1953年曾开辟广元至略阳156公里航道，1955年又继续向上开辟了略阳至黄沙88公里航道，但1958年宝成铁路通车后，航道基本废弃。[③]干流从大滩至重庆，通航里程797公里，以前可全年通航。其中，大滩—广元—昭化，长83公里，该段又称略阳河，通航10～60吨级驳船。昭化—阆中长178公里，阆中—南充—合川长442公里，合川—重庆长94公里，中洪水期均通航200

---

① 交通部：《全国内河航运普查资料汇编》，1981年，第17页。
② 中国人民解放军重庆航运军事代表办事处：《四川内河航运资料汇编》，1984年，第337页。
③ 四川省地方志编纂委员会编纂：《四川省志·交通志》（上册），四川科学技术出版社1995年版，第37～38页。

吨级驳轮。广元至合川船队以吊拖为主，合川至重庆上行以一列拖带为主，下行用并排吊拖。[①]

近年来，随着公路、铁路交通的发展，特别是高速公路的普遍修建，水运逐渐被汽车、火车取代，加之沿江水电站的修建，除短途区间偶有船只运输外，嘉陵江航道已很少使用，大多数航段基本废弃。

（三）涪江航道

涪江为嘉陵江支流，发源于四川省松潘县雪宝顶，流经平武、江油、绵阳、三台、射洪、遂宁、潼南等县，在合川汇入嘉陵江，全长660公里，主要支流有通口河、凯江、梓江、郪江、琼江、小安溪等，流域面积3.66万平方公里。[②]

20世纪80年代，涪江航道多为砂卵石河床，每年洪泛之后，滩槽发生变化，此通彼阻，所以必须进行疏淘。清光绪二十四年（1898），各地船帮设立"漕务局"，负责淘槽事务，定于每年10月至次年3月雇工淘检，所需经费由各地船户负担，此方法相沿数10年。抗战时期，四川省水利局曾对三台县至柳林滩修建航渠（即船闸）。新中国成立后，1951年沿江各县均成立航运管理站，对涪江航道进行分段维护管理，每到枯水季节即成立淘槽委员会，雇请临时工进行疏淘。1966年起，各县建立专业航道养护队，负责航道常年维护。同时，还对一些重点滩险进行了改善工程，改善后的涪江航道通航能力大大提高。[③]

涪江干流自绵阳至合川航道里程375公里，全年通航。其中，绵阳至遂宁，长206公里，通航小型机动船和15～30吨级驳船。遂宁至合川，长169公里，通航小型机动船和30～50吨级驳船。[④]

（四）渠江航道

渠江为嘉陵江的另一条支流，位于四川盆地东北部，干流发源于南江县大巴山南麓，流经南江、巴中、平昌、三汇、渠县、广安等县，在合川上游8公里的渠河咀汇入嘉陵江，全长665公里，主要支流有大、小通河，州河，林岗溪

---

① 交通部：《全国内河航运普查资料汇编》，1981年，第35页。
② 中国人民解放军重庆航运军事代表办事处：《四川内河航运资料汇编》，1984年，第414页。
③ 四川省地方志编纂委员会编纂：《四川省志·交通志》（上册），四川科学技术出版社，1995年版，第41页。
④ 交通部：《全国内河航运普查资料汇编》，1981年，第37页。

等，流域面积4.1万平方公里。[①]

新中国成立以前，渠江基本未进行过整治，主要靠自然航道行船，每遇航道阻塞，多由地方集资，临时组织疏淘，勉强维持通航。新中国成立后，为解决达县地区各种物资运输及发展大巴山老革命根据地交通，曾对渠江航道进行过大力整治和渠化工程。20世纪50年代由渠县、三汇、广安、合川等地航管站分段负责，对沿线30多处滩险进行了整治，至1961年基本完工，沿线航道水深提高，增加了船只的装载量，使通航能力得到了一定提高。1962年成立了渠江航道养护段，开始在原有基础上对沿线8个险滩进行重点彻底整治，整治后三汇至合川主航段，枯水期也可通行88千瓦拖轮及80~120吨级驳船。另外，渠江上游巴河经当地航运管理部门逐年整治，三汇至平昌127公里，枯水期可通行10~28吨级船只，中洪水期可通行小机动船；平昌以上航段可通行6~15吨级小船。[②]渠江干流自沙河至渠河咀，航道里程596公里，全年通航。其中，沙河至三汇，长296公里，目前只能通航6~40吨级驳船，中洪水期通航小机动船；三汇至渠河咀，长300公里，通航10~30吨级驳船和2×60马力拖轮，80~120吨级驳船。[③]

近年来，随着公路、铁路交通的发展，特别是高速公路的普遍修建，水运逐渐被汽车、火车取代，加之沿江水电站、灌溉大坝的修建，除短途区间偶用船只运输外，渠江航道已很少使用，大多数航段基本废弃。

（五）岷江航道

岷江发源于青藏高原岷山山脉南麓松潘县羊膊岭，流经四川省的松潘、汶川、都江堰、新津、彭山、眉山、青神、乐山、犍为至宜宾汇入长江，全长735公里，主要支流有大渡河、青衣江、马边江等，流域面积13.35平方公里。[④]

抗战时期，为发展成都与重庆之间的运输，国民政府计划将岷江开辟为轮船航道。民国29年（1940），国民政府令扬子江水利委员会整治岷江。整治工程分两期进行，从民国29年（1940）至民国33年（1944），共整治滩险23个，

---

① 中国人民解放军重庆航运军事代表办事处：《四川内河航运资料汇编》，1984年版，第451页。
② 四川省地方志编纂委员会编纂：《四川省志·交通志》（上册），四川科学技术出版社1995年版，第43~44页。
③ 交通部：《全国内河航运普查资料汇编》，1981年，第38页。
④ 中国人民解放军重庆航运军事代表办事处：《四川内河航运资料汇编》，1984年，第280页。

宜宾至乐山小轮可季节性通行。新中国成立初期，岷江流域公路还不多，许多物资依赖水路运输。1952年川西行署交通厅曾对灌县至成都的柏条河进行治理，整治后可通行6~8吨级木船。1956年至1957年，四川省内河局对成都至乐山航道进行了为时两个冬春的整治，整治后该段航道面貌大为改观，不仅木船运量大为增加，在洪水季节彭山至乐山航段还可行驶浅水轮船。乐山以下航段，从20世纪50年代至60年代，四川省每年都对其进行一些投资，对碍航严重的滩险进行整治，使轮船能长年通行。1970年起，四川省又开始对乐山至宜宾162公里航道进行重点整治，至1985年，先后整治了26个滩险，筑坝222344立方米，疏浚109371立方米，炸礁1205立方米。经整治，该段航道长年可通行175~220千瓦拖轮和200吨级船队[1]。

岷江从都江堰起分为内外两江，内江以灌溉为主，外江兼作排洪，到江口后又相汇合。成都以下为通航河段[2]，通航里程348公里。其中，成都至江口又称府河，属内江水系，航道里程71公里，受上游灌溉用水影响，仅能季节性通航。江口至乐山长115公里，仅通航25吨级木船，中洪水期可通航160马力拖轮，50~80吨级驳船。乐山至宜宾长162公里，其间有大渡河汇入，可通航50~300吨级驳船[3]。

近年来，随着公路、铁路交通的发展，特别是高速公路的普遍修建，水运逐渐被汽车、火车取代，加之沿江水电站、灌溉大坝的修建，除短途区间偶用船只运输外，岷江航道已较少使用，大多数航段基本废弃。

（六）沱江航道

沱江是长江上游的较大支流之一，发源于四川省茂汶县九顶山东南麓。其源头为绵远河、石亭江和毗河三条河，另外还接受一部分岷江水，在金堂附近与内江河系分支出的中河、昆河汇合后称沱江，流经德阳、金堂、简阳、资阳、内江、富顺等县（市），在泸州汇入长江，其主要支流有阳化河、球溪河、清流河、釜溪河、胡市河等，流域面积2.8万平方公里[4]。

---

[1] 四川省地方志编纂委员会编纂：《四川省志·交通志》（上册），四川科学技术出版社1995年版，第46页。
[2] 《交通杂志》1933年第9期。
[3] 交通部：《全国内河航运普查资料汇编》，1981年，第28页。
[4] 中国人民解放军重庆航运军事代表办事处：《四川内河航运资料汇编》，1984年，第306页。

沱江在新中国成立前并无大的整治，只在枯水季节进行一般性疏凿淘检，所需费用由沿江各地帮会向相关商贩征收，只要船只能通过，工程即算完成，因此基本处于自然状态。新中国成立后，1951年沿江各县均成立航运管理站，负责航道养护工作，每到枯水季节，即对航道进行例行疏淘。1958年后，沿江各县建立了专业航道养护队，分段包干，对航道进行有计划的治理。到1985年，除常年养护外，共整治滩险109处，整治后使沱江航道大为改善。其中，金堂至富顺枯水期可通行15～58千瓦拖轮和15～30吨级驳船，富顺至泸州可通行30～58千瓦拖轮和30～40吨级驳船。[1]

沱江干流自金堂至泸州517公里，猫猫寺船闸截弯取直后，航道里程为508公里，全年可通航。其中，金堂至李家湾长405公里，通航20～80马力拖轮、15～30吨级木驳船；李家湾至泸州长103公里，通航40～80马力拖轮、30～40吨级驳船。[2]

近年来，随着公路、铁路交通的发展，特别是高速公路的普遍修建，水运逐渐被汽车、火车取代，加之沿江水电站和灌溉大坝的修建，除短途区间偶用船只运输外，沱江航道已很少使用，大多数航段基本废弃。

（七）乌江航道

乌江是长江上游的主要支流之一，发源于贵州省西部威宁县乌蒙山东麓，是贵州省最大水系。乌江有南北两源，分别为三岔河和六冲河，两源在黔西县化屋基汇合后称乌江，流经毕节、六盘水、安顺、贵阳、遵义、黔南、铜仁，于涪陵汇入长江，全长1036公里。其中龚滩至涪陵188公里在巴蜀境内，主要支流有清水江、洪渡河、三岔河、六冲河、猫跳河、石阡河、芙蓉江等，流域面积87900平方公里。[3]

清光绪三年（1877），为解决川盐入黔，四川总督丁宝桢曾用三年多时间，耗银两万余两，对乌江进行了整治。抗战时期，为开展川湘水路联运，国民政府曾对乌江进行了为时七年的整治。经过以上两次大规模整治，乌江通航

---

[1] 四川省地方志编纂委员会编纂：《四川省志·交通志》（上册），四川科学技术出版社1995年版，第47～48页。
[2] 交通部：《全国内河航运普查资料汇编》，1981年，第33页。
[3] 中国人民解放军重庆航运军事代表办事处：《四川内河航运资料汇编》，1984年，第476页。

条件有了一定改善。①

新中国成立后，为发展乌江航运，1952年起，由涪陵地区航运管理部门对乌江涪陵至龚滩航道进行了一系列整治。治理乌江航道本着"先通后畅"的原则进行，大致分两个阶段。1960年以前，主要把乌江开辟为轮船航道，同时协同贵州打通了千百年来卡住乌江下游咽喉的龚滩，结束了以前分段通航的局面，沟通了川黔水路运输。1960年至1985年，除继续改善提高航道设施外，重点整治了涪陵至白涛27公里航道并打通了乌江与长江汇合处的灌口特大浅滩，并在全江实现了绞滩电动化和机动化。经整治，涪陵至武隆白马以下终年可通行200吨级驳船队，涪陵至龚滩终年可通行100吨级货轮。②乌江干流自马骡渡以下至涪陵471公里为通航河段，但马骡渡至大乌江19公里为峡谷，缺乏货源，很少有船只往来，故习惯上以大乌江为通航起点。20世纪80年代，大乌江至文家店，长55公里，中洪水期可通60吨级货轮，枯中水位行驶20吨级木船。文家店至思南，长49公里，全年可通航20吨级木船，5～11月通航60吨级货轮。思南至沿河，长102公里，每年有10个月可通航40～80吨级货轮。沿河至龚滩，长58公里，每年11个月以上可通航40～100吨级货轮。龚滩至白涛，长162公里，全年可通航100吨级货轮。白涛至涪陵，长26公里，也是全年通航100吨级货轮。③

三、其他河道概况

巴蜀地区，除了长江干流及以上几大支流外，还有许多小支流可以通航。

如大渡河为岷江最大支流，发源于青海省叶草拉工巴，流经四川泸定、石棉、汉源、峨边，在乐山汇入岷江，全长1070公里，主要支流为青衣江，流域面积7.7万平方公里。大渡河从峨边至乐山129公里为通航河段，其中，峨边至龚咀长34公里，通航150吨级驳船、15～30吨级木船；龚咀至新华长35公里，水流湍急，用于木材流放，不通航；新华至乐山长60公里，可终年通航30～150吨级驳船。④

---

① 四川省地方志编纂委员会编纂：《四川省志·交通志》（上册），四川科学技术出版社，1995年版，第50页。
② 四川省地方志编纂委员会编纂：《四川省志·交通志》（上册），四川科学技术出版社1995年版，第50页。
③ 交通部：《全国内河航运普查资料汇编》，1981年，第25～26页。
④ 交通部：《全国内河航运普查资料汇编》，1981年，第31页。

赤水河为长江支流，发源于云南镇雄县境内，流至云贵川三省交界处的梯子岩，开始在川黔两省边境上迂回，至赤水县以下5公里的鲢鱼溪进入四川省境，在合江县城汇入长江，流域面积20438公里。① 此河通航河段从白杨坪至合江247公里，其中川境段仅49公里，主要由贵州省负责整治与维持。经历年整治，至20世纪90年代，巴蜀境内从赤水县鲢鱼溪至四川合江县航段，全年可通行150吨级拖驳船队。

滏溪河是沱江右岸支流，发源于威远县之两母山东北麓，流经威远、自贡，至富顺之李家湾注入沱江，全长187公里。此河分上下两段，上段从威远卜子湾至自贡雷公滩62公里，称威远河，下段火井沱至李家湾70公里，称滏溪河，除中间雷公滩至火井沱2公里不通航外，其余河段均通航。该河流经自贡，为川盐运输孔道，从民国时期开始，经历年整治并进行渠化。到20世纪70年代，滏溪河已可通行小机动船，实现了运输机动化。

清溪河系沱江左岸支流，发源于安岳县马龙岩金光寺，流至内江下游之大河口汇入沱江，通航河段129公里。鉴于该河的运输和灌溉价值，民国31年（1942）开始，四川省水利局对该河进行渠化。新中国成立后又进行了整治，至1966年，清流河已实现全部渠化，全年可通航15~20吨级木船。20世纪70年代后，又改为小机动船运输。但自70年代以来，随着沿河公路运输的发展，该河运输功能逐渐被汽车取代，现航道多已废弃。綦江发源于贵州桐梓县凉风垭，由南向北流经松坎镇进入四川，至江津注入长江，全长216公里。其中四川通航134公里，为川黔重要水上通道。清光绪四年（1878）四川总督丁宝桢为解决川盐入黔，曾拨款从江口向上整治。抗战时期，国民政府令导淮委员会对綦江进行了渠化，新中国成立后继续进行了整治，可通行60~90千瓦的机动船。

永宁河发源于叙永县观东山东麓，流至纳溪县汇入长江，全长157公里，为贵州进出长江的水陆接转重要交通线。明洪武二十四年（1391），景川侯曹震因军事上的需要，曾整治永宁河航道。清光绪年间，四川总督丁宝桢为解决川盐入黔，亦曾整治永宁河。新中国成立后，国家从1952年开始对永宁河进行了整治，使得叙永至纳溪112公里航道可通行小功率机动船。

大宁河发源于大巴山南麓巫溪县之西宁区，由龙潭河和渴家坝河汇合而成，至巫峡口注入长江，全长167公里。其中巫溪至巫山74公里航道自20世纪70

---

① 交通部：《全国内河航运普查资料汇编》，1981年，第22页。

年代以来经不断整治与加强维护，现常年通行8吨以下小功率机动船。①

第四节　航空路线和机场建设

一、巴蜀地区航空路线概述

巴蜀地区的航空活动最早出现于1915年，时任北洋政府参谋部次长陈宧到川督理军务，以两架飞机组成航空队来蓉，飞机停在成都凤凰山。1929年，国民革命军第二十一军军长刘湘从法国购回两架飞机，并开始在重庆广阳坝修建机场，从此四川有了飞机。

1931年8月，四川最早的民用航空机构——中国航空公司重庆办事处成立，10月21日，入川最早的民用航空定期航线——沪蓉航线汉口至重庆航段通航。1933年6月4日，重庆至成都航线通航，使全长1981公里的沪蓉航线贯通。1935年，中国航空公司先后开辟重庆至贵阳、重庆至昆明航线，欧亚航空公司开辟西安至成都航线。同时，中航公司在重庆珊瑚坝建设机场，成都、南充、内江等地修建了简易机场。抗日战争时期，四川民航陆续开辟一些新航线，至1938年10月，其航线由战前的8条增至17条。抗战胜利后，四川民航开通飞往香港、越南河内、缅甸仰光等地的地区和国际航线，机场建设速度也相应加快，至1946年7月，四川共有简易机场28个。

新中国成立后，巴蜀地区的民用航空事业主要经历以下几个发展时期：

1949～1954年，为恢复发展时期。1949年底，中国人民革命军事委员会民航局驻渝办事处在重庆成立，成为西南地区最早的民航管理机构。1950年8月1日，民航局开通省外至四川和西南地区的第一条正式航线——由天津经北京、汉口到重庆的航线，接着又开通重庆至成都、昆明、贵阳等地的航线。至1954年，四川民航先后开通12条国内航线，分别以重庆或成都为起点，通达北京、天津、上海等12个大中城市，并新增南充、达县、西昌、泸州等机场。这一时期的四川民航，由于航线开辟较少，航班密度不大，飞机载量小，客运量和货运量均少。

---

① 四川省地方志编纂委员会编纂：《四川省志·交通志》（上册），四川科学技术出版社1995年版。

1955～1978年，为稳步发展时期。1956年，民航重庆管理处迁至成都，1957年1月，更名为民航成都管理处。至1978年，四川民航共拥有各型飞机31架，共有各类空勤人员469名。1959年和1966年，成都双流机场和重庆白市驿机场先后改（扩）建，"三线"建设时期又新建西昌青山机场。从1955至1978年，四川民航共开辟新航线72条，分别通往省外各主要大中城市和省内的成都、重庆、西昌、南充、达县、泸州等。

1979～1998年，为快速发展时期。1986年9月19日，四川省航空公司（1992年更名为四川航空公司）成立。1987年10月15日，民航西南管理局、中国西南航空公司、成都双流机场宣布正式成立。此后，四川地区民航飞机数量增多、型号更新迅速，并开始进入涡轮风扇型喷气式飞机时代。至1998年，四川民航拥有波音、运-7、空客A321等各种型号运输和通用航空飞机59架。1998年与1978年相比，四川省空勤人员总数增加3.3倍，其中驾驶员增加2.6倍，乘务员增加15.2倍。同时，为提高机场承用能力，还新建和改建了一大批机场。成都双流国际机场扩（改）建后，3600米的主跑道可供波音747-400型飞机起降，西昌青山机场改造后，成为可适用各类大型飞机起降的国家一级机场。此外，南充都尉坝、达州、宜宾、泸州等机场均进行了改建，绵阳、广元和阆中等机场新建工程进展顺利。在此期间，四川民航共开辟新航线323条，其中国内干线303条、地方航线13条、国际和地区航线若干。

1999～2007年，为持续发展时期。其间大量国际航线开辟，西南航空公司和四川航空公司均快速发展，机场建设也取得突破性进展。2007年，光四川省民用航空就完成全社会客运量、货运量分别达到1713万人、32万吨。[①]

二、重要航空机场的建成与扩修

历史上由于巴蜀曾作为抗战大后方，航空机场的修建较多。现巴蜀地区航空业发达，特别是由于地形地貌的复杂，支线机场众多。

成都凤凰山机场，于民国4年（1915）建成，为四川省的第一个机场。后经多次维修，1961年，凤凰山机场交付空军使用。重庆广阳坝机场，位于重庆市南岸区广阳坝，民国18年（1929）建成；自九龙坡、白市驿机场启用后，广阳坝机场就很少使用。新津机场，位于四川省成都市新津县，民国18年（1929）

---

① 《四川省交通年鉴》2008年卷，四川科学技术出版社2008年版，第29页。

建成，现为中国民航飞行学院飞行训练基地之一。宜宾机场，位于宜宾市区西北方向的莱坝镇，民国20年（1931），宜宾已修有机场，从民国24年（1935）开始，历经多次整修；1992年，新的宜宾莱坝机场整修竣工，交付民航使用。重庆珊瑚坝机场，位于重庆市渝中区菜园坝附近江心洲，民国22年（1933）建成；每年夏秋之间，珊瑚坝机场都因江水上涨被淹以致无法使用，飞机即改在广阳坝机场起降（后又改在九龙坡和白市驿机场起降）；1950年后，民航结束使用珊瑚坝机场。梁平机场，原名梁山军用机场，民国22年（1933）建成；新中国成立后一直为空军使用，1987年开设了民用航线；2003年，随着万州五桥机场正式通航，梁平机场退出历史舞台。民国24年（1935），国名政府拨款在雅安修建机场。重庆白市驿机场，位于重庆市西南方向，距市中心25公里，民国28年（1939）建成，经过多次整修，为近代重庆最重要的机场；1990年，重庆江北机场建成后，白市驿机场只作军用机场使用。九龙坡机场，位于重庆市中心西南方向约7公里，民国28年（1939）建成。1950年机场改建为九龙坡火车站。成都双流机场，原名双桂寺机场，位于成都市西南郊双流东侧约2公里处，距成都市中心西南约16公里，民国28年（1939）建成，交空军接管；1956年划归民航使用，更名为"成都双流机场"；后经多次扩修，成现在的双流国际机场。遂宁机场，位于四川省遂宁市，距离市中心5公里，民国28年（1939）建成，后经多次扩修，现为民航飞行学院的一个重要的训练基地。南充都尉坝机场，位于南充市西南4.5公里的都尉坝北，民国30年（1941）建成，后又称南充火花机场，1987年完成扩建工程；2004年建成南充高坪机场，为南充火花机场（前身为南充都尉坝机场）的迁建项目。达州河市机场，位于达州市通川区西南12公里的河市镇，民国30年（1941）建成，属战时野外简易机场；1960年、1994年、2006年多次扩建。绵阳机场，位于绵阳城南，距市中心10公里；民国32年（1943），曾在塘汛建有一机场；现在的绵阳机场于2001年建成通航。广汉机场，位于四川省广汉市南郊，民国33年（1944）建成，现隶属于中国民航飞行学院广汉分院。泸州蓝田机场，位于四川省泸州市，距市区8公里，于民国34年（1945）建成，为军民合用机场。重庆江北机场，位于重庆市渝北区两路镇，距重庆市中心22公里，1990年建成，同时配修了一条机场至市区的高速公路；2004年底完成第二期工程，现为西南三大航空枢纽之一。西昌青山机场，位于西昌市北郊，距离市中心14公里；西昌原有小庙机场，条件不好，1975年另建成青山机场开航，1997年划归双流机场管理。攀枝花机场，位于攀枝花市区东南部的保安营，离攀枝花市中心直线距离9.5公里，2003年建成通航。九寨沟机场，简称九黄机场，位于四川省阿坝州松潘县境内的川主寺镇北，于2003年正式通航。广元旧有东坝机场，现在的广元机场位于利州区盘龙镇，于2000年9月建成通航，距市区14公里左右。重庆万州机场，位于长江南岸，距万州主城区约15公里；2003年完工投入使用；2007年，又建成康定机场。

第四章

巴蜀交通制度与习俗

巴蜀地区自古称为四塞，特殊的地理环境使巴蜀地区的交通文化特色鲜明。一方面在大一统国度里，中原地区的交通文化对巴蜀地区影响极大，如巴蜀地区的驿站制度、铺塘制度、邮政制度都与中原并无太多差异；同时巴蜀地区也形成自然的独特交通形式和风俗习惯，如救生会堂、乌拉差、麻乡约、马帮等组织，使巴蜀地区的交通文化在世界交通史上有独特的地位。

第一节　驿站、铺塘汛

在我国古代，信息传递主要依赖驿传系统。驿传又称邮驿或邮传，其开创于殷商，至民国3年（1914）裁撤，有着三千多年的历史。其间代代相承，不断发展完善，形成了完备的驿传制度。

在我国古代，驿传系统经过不断发展，具备了官员接待、文报传递、物资运输三方面功能。驿站是驿传制度的主要形式。驿传系统发展到宋以后，除驿站外，还出现了铺、塘、汛等信息传递方式，它们与驿站一起，组成了严密完善的驿传铺递系统，对维持国家机器的正常运转有着重要的意义。

古代巴蜀地区有多条道路沟通境内外，也形成了完备的驿传制度。

一、先秦时期的驿传制度

殷墟出土的甲骨文中，已有对通信活动的记载。殷商时，边疆有事，即由边境守将差遣"鼓"到京报告。郭沫若和陈梦家都认为这是一种"边报"。[①]而甲骨文中已有"逨""遘""传"等字，"逨"是"遘"的初文，"遘"是"驲"本字。古代乘车曰"驲"、曰"传"，乘马曰"遽"、曰"驿"，这表明，在殷商时代，驿传制度已经开始建立。[②]

周代开始在交通大道上建立馆舍制度。《周礼·地官》记载："凡田野之

[①] 刘广生主编：《中国古代邮驿史》，人民邮电出版社1986年版。
[②] 王文楚：《中国古代驿传制度概述》，《历史教学问题》1983年第3期。

道,十里有庐,庐有饮食。三十里有宿,宿有路室,路室有委。"同时,发驿遣使和传递文报时还必须使用"节"作为证明,故有"凡通达于天下者,必有节,以传铺之"之称。①周代通信组织的管理大体上是在天官冢宰的全面领导下,秋官司寇主要负责平时通信,夏官司马负责战时紧急通信,地官司徒负责馆舍的供应和道路与交通凭证的管理,寿官宗伯负责内外文书的起草,管理分工很细,组织严密。②

春秋战国时期,交通进一步发展,驿传普遍设置。各国的通信组织名称不一,有的叫遽,有的叫邮,驿置之间也有一定的里距,有三十里一置的,也有五十里一置的。这时的驿传组织为各国之间的交往和战争提供了信息传递上的可能。

秦灭巴、蜀,巴与楚之间的相互攻伐,都说明先秦时期巴、蜀与秦、楚之间存在较为完善的交通体系。同时,为满足战争军报传递、物资运输的需要,巴、蜀内部必定存在较为完备的驿传组织为其提供保障。

二、秦汉魏晋南北朝时期的驿传

秦统一后,对列国的驿传机构也进行了统一,"驲""遽""置"等都统一为"邮"。"邮"是通信系统的总称,只负责较远距离的公文书信的传递,有"近县令轻足行其书,远县令邮行之"③之称。同时在交通干线上设置传舍,接待过往使者和官员。另外,在交通干线上还设有邮亭作为传舍的重要补充。

汉承秦制,邮传系统有"邮""置""驿""传"等称谓。其中,"邮"泛指邮站或邮传系统,"传"以车为传递工具④,"驿"则用马,"置"为车马运递机构,有时指传,有时指驿,这三者都是县级邮站。另外,汉代还广泛设置有乡级邮站——亭,亭原为基层地方组织,同时兼有邮传的功能。汉代邮站里程的设置,内地最低一级邮站——亭以十里为准一设,南方水泽多处以二十里设一邮站,内地地形复杂的"就便处",边地多以原军事防御亭障兼

---

① (郑)玄注,(唐)贾公彦疏:《周礼注疏》,文渊阁四库全书本。
② 刘广生主编:《中国古代邮驿史》,人民邮电出版社1986年版。
③ 睡虎地秦墓竹简《田律》,转引自刘广生主编的《中国古代邮驿史》,人民邮电出版社1986年版。
④ 在中国古代"传"不仅指邮政机关,也有通行证的意义。

职，邮间距都较远。①这里讲的是亭一级邮站的里程间距，驿和传大多为三十里一置。传递方式上，可以分为步递（轻足递）、车递（传递）、马递（驿骑）、船递四种。经过交通要道上的驿、亭，要持有凭证，称为"过所"，用传需有木传信，上面要盖有御史大夫的印章。②

云梦睡虎地出土的秦简证明秦代国中传车已经通到了成都。《史记·魏豹彭越列传》记载：高帝十年（前197）秋，梁王彭越因谋反罪被刘邦"传处蜀青衣"（用传车将彭越充军到蜀地）。这"传处蜀青衣"乃是史籍上可见到的蜀道通邮的最早的记载。《史记·淮南衡山列传》还有记载：文帝六年（前174），淮南王刘长亦因谋反罪，被丞相张苍等"请处蜀郡严道邛邮"（请求将淮南王充军蜀郡的"严道"）。《淮南衡山列传·索隐注》记载：严道，"蜀郡之县也"，在今四川荥经县西严道古城址，"严道有邛莱（崃）山，有邮置，故曰'严道邛邮'"。于是，文帝"乃遣长，载以辎车，令县次传"（《汉书·淮南衡山济北王传》）。因而，我们更加确信秦汉古蜀"置传"的状况同中原地区基本上是同步的。

四川渠县赵家坪出土的汉代置车画像石、成都青杠坡汉墓出土的"传车过桥画像砖"及四川彭县汉墓出土的"寺门击鼓画像砖"也证明"驿置""邮亭"这类邮驿机构在西汉时期已遍设于巴蜀。

武帝时，司马相如出使西南夷时是"驰四乘之传"到蜀的，这说明至少在汉武帝时期，通往成都的驿道已能方便地通行快速的乘传。司马相如到达成都后，"通零关道，桥孙水，以通邛都"。零关道在汉代就置为邮路。《史记》有载："臣请处蜀郡严道邛邮。"③按《集解》徐广曰："严道有邛僰九折坂，又有邮置。"《索隐》也称："县有蛮夷曰道，严道有邛莱山，有邮置，故曰严道邮也。"武帝元光五年（前130），治南夷道。裴骃《史记集解》引徐广："元光六年，南夷置邮亭。"可知在开道同时就置为驿路。《华阳国志》卷四《南中志》载南秦县"自僰道南广有八亭道通平夷"，认为从南秦到平夷经过八亭之路，其线路走向是从珙县沐滩到威信，南下镇雄，从镇雄分东西两路。西路从赫章安顺，再沿北盘江直下广州。东路从镇雄东南到毕节，从毕节

---

① 王树金：《秦汉邮传制度考》，西北大学2005年硕士论文。
② 王文楚：《中国古代驿传制度概述》，《历史教学问题》1983年第3期。
③ 《史记》卷一一八《淮南衡山列传》。

经独山沿都柳江或打狗河到潭水经桂平到广州。

四川凉山州昭觉县出土的汉光和四年（181）及初平三年（192）的汉代石表上刻有"缮治邮亭"的铭文，表明汉代巴蜀"驿置"与"邮亭"已经通到了四川凉山一带。①

魏晋南北朝时期，国家长期陷于分裂动乱局面，但各政权在其内部还是努力发展邮驿系统。这一时期延续和加强了东汉以来传驿合并的趋势，但传与驿还是两套机构，中央历来分别管理，一归客驿令，一归法曹。在地方，传舍设在县级城市内，由舍长负责；州郡的县城内另有一套邮驿共置的机构，由承驿吏负责。道路沿途则有亭传或邮亭来接待过往官员和传递公文的人员。因此，魏晋时期的亭传、邮亭任务基本合一。在传、驿逐渐统一的过程中，两者的区别主要表现在交通工具的不同上，任务有时会有交叉。这个时期结束了秦汉时代的传、驿分设，开创了隋唐的馆驿合一制度，起着承前启后的作用。②

三国时期蜀汉政权在邮驿上也有很多发展，蜀汉在白水关至成都间设置了一系列的亭障馆舍，以保证邮驿的正常运行。关羽也在荆州地区沿江设置了大量的"斥候"，以保障军用通信。③但巴蜀地区交通不便，通信工具中很少用车，主要用驿递送，从事这项工作的人称为"驿人"。南朝时，水驿与路驿相兼，成为一大特色。其中从金陵出发到巴蜀的驿路就有水陆两途，为南朝通西域的"河南路"的重要一程。④

三、唐宋的驿传

唐代是我国中古社会发展的兴盛时期，其驿传制度发展也相当完备，形成了以长安为中心，遍布全国的驿传系统。根据《唐六典》卷五《兵部》记载："凡三十里一驿。天下凡一千六百三十有九所。二百六十所水驿，一千二百九十七所陆驿，八十六所水陆相兼。"三十里一驿，驿有长，原由"州里富强之家主之"，后改为"吏主驿事"，是为驿长，下辖驿夫，皆由民

---

① 以上关于秦汉时期巴蜀地区的邮传状况主要参考宋明章：《秦汉古蜀邮传考》，《巴蜀史志》2005年第2期；蓝勇：《四川古代交通路线史》，西南师范大学出版社1989年版；蓝勇：《南方丝绸之路》，重庆大学出版社1992年版。
② 赵彦昌、吕真真：《魏晋南北朝时期的公文邮驿制度》，《秘书》2009年第3期。
③ 臧嵘：《中国古代驿站与邮传》，天津教育出版社1991年版。
④ 刘广生主编：《中国古代邮驿史》，人民邮电出版社1986年版。

任役，这就突出了官办邮驿的性质。①唐代陆驿配马，最高等级的都亭驿有马七十五匹，最低等级也有八匹。驿马之外，还有驿驴。水驿有船二至四只不等。

唐驿的组织管理很严密。一县之驿，由县令兼理；一州之驿，掌于州之兵曹；一道之驿，统于节度使；全国之驿，隶属于兵部。②另外，还有严密的监察制度。

唐代驿使往来须持有凭证，主要有银牌、角符、券、符传四种。驿使行程，乘驿者日行六驿，乘传者日行四驿。③

《唐六典》记载的1639个驿站，当时十五道平均每道108个，今四川地区在唐代为剑南道、山南西道大部和江南西道一部，估计唐代馆驿会接近二百个，遍布巴蜀各地。④唐代"川陕金牛、荔枝、故道，川甘西山、松扶道，川滇石门、清溪道，川鄂峡路都置为驿道，驿道干线比汉晋增加了一倍"⑤。

宋代驿传制度大体因袭唐代，但也发生了重大变革，最重要的就是驿与递的分离。两宋频繁的战争使得驿马紧张，任务繁重，因而从北宋开始建立日益完善的铺递组织，递送政府文书，形成了相对独立的通信系统。按邮递方式的不同，分为步递、马递、急脚递，其中后两种是骑马传递，只有步递是人力递送。熙宁中还出现了金牌急脚递。"南宋又增设了斥候铺和摆铺。斥候铺是把称作斥候的瞭望、侦察与文书传递结合起来的急递组织，通常设在边防要地。摆铺是为适应军事行动、加速紧急文报的传递而临时设置的一种急脚递，是斥候制度的一种补充。"⑥另外，以兵卒代替百姓为递夫（铺兵），是宋代邮驿制度的一大变革。⑦宋制，十里设一递铺，也有些地方"二十五里置铺一所"。铺兵要路十名或十二名，僻路四名或五名。⑧宋代的急递铺多在战时设置，战争结束即撤销，具有临时性质。宋代文报传递功能从驿站中分离出来由递铺专执

---

① 陈京：《中国邮驿发展简史》，《邮政研究》1990年第3期。
② 四川省交通厅地方交通史志编纂委员会：《四川交通史志文稿·古代陆路交通篇》，1984年内部印行。
③ 王文楚：《中国古代驿传制度概述》，《历史教学问题》1983年第3期。
④ 蓝勇：《唐宋四川馆驿汇考》，《成都大学学报》1990年第4期。
⑤ 蓝勇：《四川古代交通路线史》，西南师范大学出版社1989年版。
⑥ 邹莹：《中国古代邮驿制度与传播》，《咸宁学院学报》2003年。
⑦ 刘广生主编：《中国古代邮驿史》，人民邮电出版社1986年版。
⑧ 刘广生主编：《中国古代邮驿史》，人民邮电出版社1986年版。

后，馆驿只负责官员接待，为其提供食宿，支给钱粮、草料及其他生活用品。

宋代特别是南宋，巴蜀地区的地理位置较前代更加重要，馆驿和递铺的设置更加密集。"为了抵御蒙古军，川陕各古道邮铺改为九里一置，以便传递军情。两宋之际吴玠宣抚川陕，置军期递，警报十八天便可到达临安朝廷。丘崇之制置成都，创立摆递铺，奏请三十五天可达都城。"①

四、元明清的驿传

元代驿传制度十分发达，驿传以大都为中心，遍布全中国。"元朝的驿传组织从性质上可分为三类，一是传递一般官府文书的驿站，二是专门传递朝廷与各省衙门往来的重要文书的急递铺，三是专门传递军事文书的海青站。"②元代驿站有水陆两种形式，陆站用马、牛、驴，辽东用狗，水站用船。元代在各驿路上每十五里设一站，六十里设一馆舍。其职能除接待官员外，也负责一部分文书传递。管理驿站的官员北方为驿令，南方为提领，此外还有驿丞、百户。元代驿站的管理机构多有变化，多数时汉地驿站属兵部，北方旧地站赤为通政院管理。乘驿者还需持有符牌。符券分异券及给异玺书（又称铺马圣旨）两种，牌符则有金虎符、金符、银符、海青符及园符五种。元代，急递铺成为与驿站相互补充的常设机构，据《元史·急递铺兵》记载，"每十里或二十里、二十五里则设一铺"。每铺有铺兵五人至十五六人不等。元大都设有总急递铺提领所，所设提领三员，统辖全国急递铺。急递铺主要递送重要官署及有关军事的紧急公文。"铺卒递送朝廷及郡邑文书时，则腰束革带，悬铃持枪，挟雨衣，赍文书以行。夜则持炬火，以惊虎狼。遇道狭时，车马行人闻铃声则遥避路旁。及所到之铺，铺司须先等候其至，接到文书，立即辗转传递，一昼夜行四百里。传递之文书，用油卷绢捲缚，护以夹板，防止破碎和雨雪濡湿。"③海青站是专门的特种军事驿站，专门传递战时军事紧急情报，主要设于边防驿道，且非常设，其设置和撤销依紧急军事行动而定，一般都设立于战时。④

---

① 蓝勇：《四川古代交通路线史》，西南师范大学出版社1989年版。
② 包桂芹：《元代文书驿传机构简述》，《历史档案》1990年第1期。
③ 四川省交通厅地方交通史志编纂委员会：《四川交通史志文稿·古代陆路交通篇》，1984年内部印行。
④ 以上元代驿传制度主要参考包桂芹：《元代文书驿传机构简述》，《历史档案》1990年第1期。

元代四川行省共设有陆站48所，水站84所。其中，兴元路至成都路驿道上有汉川、褒城、沔阳、金牛、罗村、镇宁、朝天、宁武（广元）、临江（昭化驿）、人头山、剑门、隆庆、垂泉、伯坝、绵州、罗江、白马、德阳、汉州、成都本府20站，其中临江站为水陆站，其余均为陆站。成都建昌通云南驿道可考驿站有23个，均为陆站，分别是：成都本府、唐安、白鹤、百丈、雅州、荥经、黎州、大渡河、西蕃、邛部州、泸沽、泸州、法山、明夷、大龙、浍川、姜、环州、虚仁、鞍山、和曲、利浪、中庆府在城。成都江陵水道可考驿站49个，均为水站，分别是：成都府、广都、安平、龙山、眉州、鱼鲰、青神、峰门、平羌、嘉定（南门）、越坝、净江、三圣水、犍为、下坝、月波峰、宣化、真溪、喝口水、叙州、南溪、江安、泸州、黄舣、神山、湳溪、史坝、汉东、石门、朝天、木洞、涪州、溉云根乌蒙（咸淳府）、梅沱、万州、云阳、夔府、巫山、万流、巴东、建平（归州）、黄牛、风楼、廉州、白水港、松滋州、流店、江陵、沙市。嘉陵江水道有驿站18个，即问津、算泉（临江）、江口（合水）、石羊、虎溪、南津、南部、新政、州子口、石狗、顺庆、后津、石牛、马石湾、云会、金沙、荔枝、朝天。元代旧石门水陆道上可考驿站有23个，即叙州、横江、大窝、滩头、蒲二、盐井、华帖、罗佐（闹早）、合析林、雪山、乌蒙结吉、乌撒、枇杷、阿都、水渠、火忽都、不鲁吉、马龙、茂茂都、矣龙、杨林、中庆。另外，在四川盆地内的广（元）重（庆）线、二广（广元、广安）线、成渝线、成叙线上也有很多驿站分布。通湖广陆道、淯井盐运水站道、黔江水道和乌撒入蜀旧路上也分布有多个驿站。①总的来看，元代四川站赤交通具有以下三个特点：水站比陆站多，专门为特殊目的设专站，依山城置站赤。②

明代驿传，在京师曰会同馆，在外曰水马驿、递运所、急递铺。会同馆设在北京和南京，主要接待各王府、边地、外国的使臣和信差。水马驿主要为递送使客和供给出使驰驿官员以驿马、驿船等，分水驿、陆驿两种。水驿设船，每驿五只至二十只不等，陆驿配牛、马、驴，五匹至八十匹不等。递运所主要转送军需物资，也分为水路和陆路。水路设车、陆路设船，根据情况所设数额不等。急递铺分设各地，主要负责走递公文。明代对铺的设置，原则上是十里

---

① 蓝勇：《元代四川站赤汇考》，《成都大学学报》1991年第4期。
② 蓝勇：《元代四川站赤汇考》，《成都大学学报》1991年第4期。

设一铺,但实际上有二十里甚至更长距离才设一铺。据《大明会典》记载:"凡十里设一铺,每铺设铺长一名,铺兵要路十名、僻路或五名或四名,于附近有丁力田粮一石五斗之上,二石之下点充,须要少壮正身。每铺设十二时日晷一个,以验时刻。铺门首置立牌门一座,并牌额全。常明灯烛一副,簿历二本。铺兵每名各置夹板一副,铃攀一副,缨枪一把,棍一条,回历一本。"①递送方法则是"递送公文照依古法,一昼夜通一百刻,每三刻行一铺,昼夜须行三百里。但遇公文到铺,不问角数多少,须要随即递送,无分昼夜,鸣铃走递。前铺闻铃,铺司预先出铺,交收,随即于封皮格眼内填写时刻、该递铺兵姓名。速令铺兵用袱包裹,夹板拴系紧齐,小回历一本急递至前铺,交收于回历上附写到铺时刻,以凭稽考。毋致停滞差迷。如是公文到来不即递送,停积等待,因而误事机者问罪"②。

明代,在有别于驿传系统的武备系统中,"汛""塘"的概念已经出现。塘汛是从明代镇戍制度中发展而来的。明中后期,各镇戍之地以总兵、副总兵、参将、游击等各级将官"分地守御"之区已被称为"汛地"。《明史》中关于汛地出现的最早记载是福建五水寨辖区内所划分的汛地。而明代的很多哨戍在清代发展为"塘"。"汛"与"塘"一起,在清代的信息传递、物资转送中发挥了重要作用。③

明代巴蜀地区的驿传在元代站赤的基础上有了更进一步的发展。洪武年间景川侯曹震组织的对四川各主要交通干线的修治,奠定了明代四川驿道成为古代驿道发展顶峰地位的基础。《明会典》记载的水陆驿有169处,而据《寰宇通志》逐个统计为179处。当时,四川剑阁道、建昌道、峨越道、峡路、僰溪道、乌撒入蜀旧路、西川道、松平绵道、成渝大道和嘉陵道都曾置为驿路,驿路交通发展到了鼎盛时期。④

铺在明代已成为十分普及的官方文书传递设施,相关制度十分健全。明代四川地区设有铺1500个左右。明代影响巴蜀地区急递铺的因素很多,归纳起来

---

① 明申时行等修:《大明会典》卷一一九《兵部·急递铺·诸司执掌》,续四库全书本。
② 以上明代驿传制度主要参考肖风:《明朝的公文驿传制度》,《历史档案》1982年第1期;四川省交通厅地方交通史志编纂委员会:《四川交通史志文稿·古代陆路交通篇》,1984年内部印行;方珂:《明代四川省急递铺的地理研究》,西南大学2008年硕士论文。
③ 秦树才:《论清初云南汛塘制度的形成及特点》,《云南社会科学》2004年第1期。
④ 蓝勇:《四川古代交通路线史》,西南师范大学出版社1989年版。

主要有地形因素、道路环境和社会环境。不同的地形影响了急递铺的传递效率和分布状况，其在四川盆地及丘陵区传递速度一般日行四百里以上，山地丘陵地区日行三百里左右，高寒山区不过日行百里。同时在海拔越高的地区，铺的设置密度小，随着地势高度的下降，铺的密度逐渐增大，两者之间呈负相关。而各县急递铺的数量与该县是否处在交通干道上的关系很小，而且几乎不受驿站分布的影响。明代急递铺的运转经费由各县自己承担，因而一个县的赋税和人口因素也影响了该县铺的数量。另外，民族分布也是影响急递铺分布的因素，在土官管理的大部分民族地区没有铺的分布。与此同时，巴蜀地区的急递铺也有一定的历史作用。其为当时和现世留下了大量的地名，并在传递文报、通达上下、招待行旅、分担驿站负担、促进商贸集镇发展、促进邮传和交通系统的分工、节省资费、提高效率等方面发挥了重要作用。①

清代在兵部设车驾清吏司掌管邮驿，同时还设有会同馆和捷报处。总的来看，清代交通传输组织形式分为驿、站、塘汛、台、所、铺六种。

各省腹地所设为驿，驿隶厅州县，也有专设驿丞以司驿务者，其钱粮夫马均归印官管理，由道府稽查，复以按察使兼理驿传事务，总核一切。盛京之驿不隶州县，专设驿丞管理，又设正副监督专司稽查，统于盛京兵部。②在两驿之间视情况还设有腰驿，也叫腰站，为换马处，以确保紧急公文的传递。③

军报所设为站，主要是从京师出张家口或嘉峪关两线接西北军塘，传达文报。另外，在吉林、黑龙江、直隶喜峰口、古北口、曲石口及山西杀虎口外、蒙古等地也设有站。④

清代的塘主要在两个方面发挥作用。第一是防守作用，在这一方面，它总是与汛防等联系在一起。"清代，各省绿营兵分别隶属于总督、巡抚、提督及各镇总兵，被称为督标、抚标、提标、镇标，各标又辖若干协、营。在大多数情况下，督抚提三标以外的绿营兵各协营都将其驻守之地区划分为彼此相连的若干区域，每区域委派千总、把总、外委等官率兵驻守。这个由千把总率兵驻守之地即汛地。在每一汛地内，部分绿营兵集中驻扎在该汛的政治、经济、

---

① 以上明代四川急递铺的研究主要参考方珂：《明代四川省急递铺的地理研究》，西南大学2008年硕士论文。
② 方裕谨：《清代邮驿制度概述》，《历史档案》1982年第3期。
③ 刘广生主编：《中国古代邮驿史》，人民邮电出版社1986年版。
④ 刘广生主编：《中国古代邮驿史》，人民邮电出版社1986年版。

文化中心，其余部分则又被分置于汛地内各交通要允之地，安家驻扎，称为塘。"①第二是信息传递的作用，这使它经常与铺一起被视为一个地区军要信息传递的重要设置。

西北两路设台来传递信息，如北路张家口外各台，每台派蒙古章京、骁勇骑校、兵丁以司接递，迤逦而西，达乌里雅苏台城。由乌里雅苏台分道而北，达近吉里卡伦设台。由乌里雅苏台迤逦而西达科布多，由科布多分道而北达卡伦亦设台。由科布多分道而南达古城设台。由赛尔乌苏迪通而北达库伦，再北达恰克图亦设台。②

明代的递运所在清代裁撤归驿，只有甘肃一带还保留这种形式，各设牛车专司运输，归所在厅州县管理。③

清代的铺密布于各省的府厅州县之间，靠人力步行接递各级官府的日常公文。全国共有铺13935处，铺兵44643人。铺是专门的文报递送系统，负责传递中央各部院与各省，以及各省府州县之间的日常公文，不承担官员接待、物资转运的任务。在文报传递方面，铺与驿站的区别是驿站所递文报是中央和各省省级官员，或省级官员之间有严格时间限制的文报，主要包括廷寄、紧要奏折、题本；铺则递送中央和各省省级官员，或省级官员之间，以及各省所属的府厅州县间的日常文报。铺的间距一般为十五里，每铺设铺司一名、铺兵四名，由国家发给工食银。文报到铺后，由铺司登记，再由铺兵步行递至下铺。其速度一般要求每昼夜三百里。铺递系统的费用与驿站一起，由各省向中央奏销。④

清代巴蜀地区的驿路设施因受明末清初战乱的影响，发展不如明代。按照《古今图书集成》记载，康熙时四川共有水马驿85个，其中陆驿51个、水驿34个，不如明代。雍正时，整饬朝政，裁减驿站，全省仅有水马驿60个，后略增为65个。并将急递铺尽数裁撤，公文交给塘兵递送，乾隆二年（1737）才又复设铺司。据《四川通志》记载，乾隆二年（1737）全省共有铺司1469处。清代巴蜀地区的驿路干线主要有：北路（古金牛道路线），共18驿；东路（成渝大道东线），共17驿；西路（古西川道路线），共6驿；僻东路（乌撒入蜀旧

---

① 秦树才：《论清初云南汛塘制度的形成及特点》，《云南社会科学》2004年第1期。
② 方裕谨：《清代邮驿制度概述》，《历史档案》1982年第3期。
③ 刘广生主编：《中国古代邮驿史》，人民邮电出版社1986年版。
④ 刘文鹏：《清代驿传及其与疆域形成关系之研究》，中国人民大学出版社2004年版。

道），川省境内共6驿。其他驿路还有飞越岭道、东南路（古僰溪道路线）、僻南路（眉州、夹江、乐山、犍为、宜宾、庆符、长宁、兴文）、僻北路（广元圆山、苍溪、阆中、南部、西充、南充、合川）、僻东北路（广汉、中江、三台、盐亭、射洪、蓬溪）、北水路（嘉陵水道）、东水路（峡路）和南水路。①

五、近代的驿运

1896年，大清邮政正式开办，驿站传递公文的作用日渐削弱。1913年1月，北洋政府宣布将驿站全部裁撤，驿传制度被近代邮政取代，驿运从官办运输演变成民间运输，驿运衰落。但巴蜀地区的驿道运输在民国时期特别是抗日战争时期，因国防需要而被重新重视，为抗日战争的胜利起到了不可磨灭的作用。

抗日战争爆发伊始，因中国近代交通运输事业的发展滞后与自身缺陷，以及日本对华所采取的战略封锁政策，使中国抗战后方与前线陷入交通运输力量不足的战略性困境。国民政府为摆脱此困境，"回归传统"，"恢复"传统"驿运制度"，大规模利用中国传统交通运输力量以补战时交通运输力之不足。驿路大批量承担军需民用之战时交通运输任务，名其曰"战时驿运"。

1940年9月1日，交通部驿运总管理处在重庆成立，负责全国战时驿运的兴办与管理。各省则纷纷成立该省驿运管理处，由其主持该省战时驿运工作。在此大背景下，四川省办驿运工作迅即展开。

1940年10月1日，四川省驿运管理处在成都成立，全面主持四川省办驿运营运与管理工作。其发动民众参与战时驿运，开辟战时驿运路线，承担军公商各类物资运输，甚得政府与社会人士赞许。据其举办期间下属驿运机构设立与经营政策的变化，大致分为三个时期：一为驿运支线总段时期，从1940年10月1日至1942年5月底，此为四川省办驿运前期，总共先后开辟驿运路线五条，分别为奉建支线、新渝支线、渝广水陆联运线、渠万支线、川西支线，并相应成立驿运支线总段之驿运机构，从事驿运营运与管理工作；二为驿运区时期，从1942年6月至1945年3月底，此为四川省办驿运中期，因四川省办驿运营运路线之规模扩大，四川省办驿运划分为川西驿运区和川东驿运区两个驿运区，并相应成立驿运区之驿运机构；三为四川省办驿运后期，以1945年3月底川西驿运区解散

---

① 蓝勇：《四川古代交通路线史》，西南师范大学出版社1989年版。

为标志。四川省办驿运进入后期发展阶段以后，随着战事的好转、驿运营运业务的大量减少而渐入衰落，因抗战胜利而失去"战时驿运"存在的可能。1946年5月，四川省驿运管理处解散，四川省办之战时驿运至此结束。①

第二节　篙师、过滩与拉纤

巴蜀地区的水上交通运输在巴蜀交通史上有重要的地位，由于特殊的地理环境产生的水上交通运输，使巴蜀地区早在唐宋时期川江交通便形成了许多独特的民俗，其中请篙师、过滩、拉纤等尤为引人瞩目。

唐代李肇《唐国史补》卷下里面便谈到峡江过滩要请篙师点滩，宋《江陵几杂志》也谈到"峡江船，须土人晓水势行之"，陆游《剑南诗稿》卷二《瞿塘行》谈到"篙工柂师心胆破"，这些记载都说明当时过峡船普遍要请篙工过滩。清代滩师以宜昌最多，谢鸣篁在《川船记》中称："（滩师）惟宜昌著，船主厚赀财聘之，客子盛礼貌款之，丰酒馔享之，有所使辄从命。"②到了近代仍以新滩的滩师（近代称为领江）最著名。

清末三峡航行

清末三峡航行

---

① 以上四川战时驿运主要参考肖雄：《抗日战争时期四川省办驿运研究》，四川大学2007年博士论文。
② （清）谢鸣篁：《川船记》，《赐砚堂丛书》。

上水船过滩盘滩是出入峡船重要的关口。早在宋代"(新滩)两岸多居民，号滩子，专以盘滩为业"①。明清时青滩的滩师最有名，因到了青滩，"舟子亦皆不识水性，必另请本滩之居人，称之曰滩师，然后可，不然无不倾覆者"②。对于整个盘滩的过程，陈祥裔《蜀都碎事》卷二记载："凡舟至此（青滩），皆必搬空，行李沿江而走，其舡头以席封之，又必以绳周船扎紧，防颠碎也。"谢鸣篁《川船记》："上水船亦先于下流将货物务使运尽，乃以空船倒曳而上，柁与梢不用也。夥掌分而为四，于本滩买纤夫二百余人，周船身系而牵之，始得稳登。"这两则史料详细记载了当时盘滩拉系绳空船而上和货物沿江而行的情景。

上水船拉纤是川江航运中十分重要的环节。早在唐代川江上就开始有纤夫的记载，如有记载："唐东蜀大圣院有木像，制度瑰异，耆老相传：顷自荆湘溯流而上，历归峡等郡，郡人具舟楫取之，纤夫牵挽，不至岸。至渝州，人焚香祈请，应声而往。郡守及百姓，遂构大圣院安置之。"③宋

新滩拉纤

代嘉陵江上的拉纤运米便为一景观，郑刚中《思耕亭记》称"（嘉陵江）米舟相衔，旦昼犯险，率破大竹为百丈，有力者十为群，背负而引滩，怒水激号呼相应，却力不得前，有如竹断舟退，其遇石而碎与泊俱人者，皆蜀人之脂膏也。"④宋代陆游《入蜀记》称"江岸多石，百丈萦绊，极难过"，"欲力牵挽"也是记载拉纤之状。明代连川滇黔交界处的小江河也"以竹将为索，日百丈，前二后十。每至一滩，客与行李皆出，谓之盘滩。止存人一把拖，五人拽百丈侧行滩石间"。历代川江拉纤多以锣鼓指挥，《石湖诗集》中多首诗谈到

---

① 范成大：《吴船录》卷下。
② 陈祥裔：《蜀都碎事》卷二〇。
③ 《太平广记》卷一一五"牙格子"条。
④ 黄宗羲：《天下郡国利病书》卷六五引。

了打锣催航的场面，如《将至叙州》有"穷乡足荒怪，打鼓催我船"之句，而《峡州至喜亭》有"时见出峡船，饶鼓噪中流"之称。从明代开始对纤夫的记载就更为详细了。

王士性《广志绎》卷五：

蜀舟甚轻薄，不轻又难为旋转。谚云：纸船铁梢工。蜀江篙师，其点篙之妙，真有百步穿杨不足以喻。舟船顺流，其速如飞，将至岩石处，若篙点去，稍失尺寸，则迟速之顷，转首为难，舟遂立碎。故百人之命，悬于一人。上者尤可牵船，篾缆名曰火仗，长者至百丈；人立船头，望山上牵船人不见，止以锣声相呼应而已。

另《夔行纪程》也记载：

船行江中，纤牵山顶，声息不能相闻，船上设锣鼓，以锣鼓声为行止。进退纤绳或挂树梢绊石上则锣鼓骤发，纤夫停足。另有管纤者名检挽，无论岩之陡峭、树之丛杂，扑身脱解，倾跌所不计。纤绳挂住，船即转折不定，危在呼吸。若纤断，更不待言。

这里谈到有"检挽"外，还有"夥掌头"和"纤头"两种人。谢鸣篁《川船记》记载了专门为纤夫引道的"夥掌头"，洪良品《巴船纪程》则记载了还有专门手执竹枝以抽挞拉纤偷懒者的"纤头"。从上面记载我们可以描绘出明清时期拉纤过滩的情景：前面拉纤的夥掌头在不时地高喊注意前方的道路，纤夫号子响成一片，纤头不时前后跑动抽挞不力者。一时锣鼓声急起，纤夫停拉，检挽者上下飞窜，而困在江中船上的篙

拉纤的时刻

工点篙不断,喊声四起!这种场面笔者儿时在金沙江、长江和沱江上还时常见到,只是已不像上面记载的那样规模大和人员齐了。

早在宋代范成大《吴船录》卷下便记载了川江下水船的险状,其称:"每一舟入峡

《金沙江图》中的"滚干箱""吊神船"

数里,后舟方敢续发,水势怒急,恐猝相遇,不可解拆也。帅司遣卒执旗,次第立山之下,下一舟平安,则簸旗以招后船。"清代吴焘也记载了当时下水船过滩的险状,其称:"长年一人高坐船头,谓之太公,搋舵一人,或左或右悉听太公指使,每至一滩,太公桡夫无不大声疾呼。"谢鸣篁《川船记》更是详细记载了下水船过滩的险状,"下水船先于上流泊定,视水之浅深以定运货之多寡。本滩有惯识滩性者,亦谓之滩师。即延放舟,才易时间取值,亦两许。其柁梢仍以旧工掌之,彼则独立船高处,扬手掷足,大声疾呼,若三军赴敌,惨恻动人。两岸小船无数,皆官设以救生者。一船将下,诸船皆张目远视,持篙伫立以候必败之舟,见之各惴惴不能出一语。桡夫则一上流各预以绳布缠桡桩,惧其颠入浪也。甫至滩门,又皆蹲踞板上,以桡尾支翻向上,待船身得尽下石门,方敢起立。岸人只见层波叠浪中,飘然一叶,已杳莫得其影响,少顷冲喷而出,余沫犹淋淋在人头,面观者皆为色喜。否则直淹没之,而无可如何矣"[①]。可惜这种险状今天在川江上已经不能见到了。

---

① (清)吴焘:《游蜀后记》,《小方壶斋舆地丛钞》本。

第三节 救生红船制

一、历史沿革

巴蜀地区江河自古滩多水险，舟行稍有不慎即遭覆没。早在唐代就有专门的"篙工"专司导航，明清时期也有专门的滩师专司过滩引导，但是仍免不了常常失吉成灾。明清时期中国政治经济重心东移南迁已成定局，四川东南部地区经济发展加快，巴蜀航运的地位更加重要，失吉之事更加频繁。为了减少失吉之事，一些地方官员开始着力于失吉船只及时抢救，便首先在长江上游江河险滩上设置木船专司对失吉船只的抢救，同时形成一整套的制度。因救生船系用红色涂刷为标志，故又习惯称为"救生红船"。①

救生红船

现在有的学者认为长江上游救生红船制最早设置于清康熙五年（1666），因为其时归州知州邱天英于归州吒滩设置救生红船，②但据笔者所接触的史料来看，救生红船制应起于明代末年的天启年间，最初是在归州设立。③而大规模设置救生红船确实是在清代康熙年间。当时康熙皇帝谕在当时宜昌与夔州间设立救生船，使"每年多所救济"，进而有"商民感激"之说。④

同治《归州志》卷八记载：

---

① 《清稗类钞》一三册记载："红船，长江有之，用以救生，故亦曰救生船。遇有客舟之阨于风潮者则拯之，迁其人物于红船中。"不知此处所指长江系何段江面。
② 熊树明主编：《长江上游航道史》，武汉出版社1991年版，第82页。
③ 蓝勇：《清代长江上游救生红船制初探》，《中国社会经济史研究》1995年第4期；蓝勇：《清代长江上游救生红船制续考》，《中国社会经济史研究》2005年第3期。
④ 《清高宗实录》卷三〇〇。

救生船，康熙丙辰年分巡道李会生、知州邱天英设立。叱滩、石门、上八斗、下八斗船只每处觅水手六名，每遇覆溺，全活甚多。后又添曳滩、新滩、黄平滩、崆岭四处，水手工价照给。

从以上记载来看，早在清代康熙五年（1666），川江已经大规模设立救生红船了。

到了雍正时，内阁学士凌如焕上奏称：

臣前奉差湖北学政，查楚属接壤长江，地名三峡，自湖北彝陵州起至四川夔州府，横亘数百里，峰峦插天，两岸对峙，中间水道一线，滩高石巨，罗布江心。商民往来，如遇风涛之险，每赖江边小船抢救，方得保全。以此知救生船只，所宜广设。访闻峡中木植颇贱，造一小船约计银二三十两。现在归州城外设有救生船三只，但地广难周。即如归州而上，有泄滩、巴峡、瞿塘峡、滟滪堆等处；归州以下，有新滩、獭洞、舵舻峡、黄牛峡等处，悉系著名奇险，每年为商旅之患。皇上轸念民生，实心实政，巨细毕举。请敕谕四川、湖广两省总督、抚，转饬地方官，将三峡中水道，遍加详勘，设立小船，守候救生，保全民命，亦推广皇仁之一端也。①

当时雍正帝在工部议复后行令四川巡抚鄂昌、湖广总督迈柱"饬查三峡等处应设船只数目，确估具题"②。在康雍时期夔州以上长江上游救生船还没设立，一些督抚不断有设立救生船之请，但一直没能如愿。

到了乾隆元年（1736），乾隆皇帝谕在长江上游彭山江口至巫山县间两千余里"照夔州府以下事例，设立救生船只，以防商民意外之虞"，并下令设立救生船的经费"准于正项内报销"③。

乾隆四年（1739），皇帝又谕令"应设立救生船只者，酌动存公银两，估计修造。每年给与水手工食若干，并交地方官载入交盘册内，永远遵行，毋许始勤终怠"④。由于乾隆时期的大规模设立救生船，故乾隆时谢鸣篁历行川江

---

① 《清世宗实录》卷一四四。
② 《清世宗实录》卷一四四。
③ 《清高宗实录》卷三〇。
④ 《清高宗实录》卷九〇。

后记载川江"两岸小船无数，皆官设以救生者"①，说明乾隆时期长江上游确实设立了大量救生船。以后在道光、光绪年间又多次增设删减，兴废不一。

救生红船专司对失吉木船的救护，一般要求救生红船本身要小而灵活，且易于被其他木船发现。清代重庆巴县一带的救生红船系用五板小船充当，合州嘉陵江一带则用平底快船充当，青神县则以大五板船为救生船，都是指一种小型平底船。具体讲清代救生红船有两种形制，一为武汉成式，适宜相对宽阔的水面，一为蜀中成式，适宜于相对狭窄的河道。为了醒目，一般在救生船上都涂上红色作为标志，故有救生红船之称。

二、发展规模

按惯例一般每滩设一至两只红船，最多如红石滩曾集中设有20只红船，以资循环救护；每只红船一般配有水手2名、桡夫4名，合计6名，有时也只设4名水手。据考证救生红船上水手从2名到7名不等，往往随季节和救护情况增减不一。②

对于清代救生红船设立的地点、船数、水手数，以往向无系统统计整理，因此笔者据有关资料整理出以下的清代长江上游救生红船设置考证表，以供大家参考。

表4-1 明清代长江上游救生船设置情况表

地区	滩险名称	红船数	水手数	备注
青神	哑婆滩	1	6	
乐山		2	12	
犍为	鱼叉子	1	?	乾隆三年（738）置。据《四川额设救生船只驿站水手等数目图说》（下简称《图》）犍为县有红船3只、水手18名
	罩鸡关			
	龙泉湾	1	?	
	老鸦漩			
宜宾		4	24	据《图》记载
南溪		2	12	据《图》记载

---

① （清）谢鸣篁：《川船记》，《赐砚堂丛书》本。
② 蓝勇：《清代长江上游救生红船制初探》，《中国社会经济史研究》1995年第4期；蓝勇：《清代长江上游救生红船制续考》，《中国社会经济史研究》2005年第3期。

续表一

地区	滩险名称	红船数	水手数	备注
江安	金盘滩	1	2	泸州首先于乾隆二年（1737）设置救生红船3只，每船6名水手，后红船、水手增减不一。据《图》记载江安设有2只、水手12名，纳溪有3只、水手18名，泸县有3只、水手18名，合江有2只、水手12名
纳溪	观音滩	1	8	
泸县	螃蟹滩	1	8	
	两条牛			
合江	灌口滩	1	2	
江津	黄石龙	1	6	江津最早奉文于康熙五十年（1711）在黄石龙峰窝子滩设置红船。此处统计的系乾隆三年（1738）设置的红船情况
	大矶腊			
	灭虎脊	1	6	
	观音背			
	石牛栏	1	6	
	峰窝子			
巴县	钻龟子	1	6	巴县为乾隆三年（1738）知县王知疆设。乾隆六年（1741）曾置上连石红船1只、水手6名；咸丰三年（1853）置神背嘴红1只。据《图》巴县有5只、水手30名
	青岩子			
	猪肠子	1	6	
	牛头溪			
	乌龟石			
	观音梁	1	6	
	峨嵋堆			
	巨梁滩	1	6	
	黑石滩			
	门堆（闩）子	1	6	
	虾蟆口			
	鲊鱼坑	1	6	
	马岭滩			
长寿	荞蚕堆	2	12	据《图》长寿有2只、水手12名
	台盘子			
	龙舌梁			
	张爷滩			

续表二

地区	滩险名称	红船数	水手数	备注
涪州	黄公岭（黄草峡）	1	4	据《图》涪州有5只、水手30名
涪州	蔺市（黄梁马伴）	1	4	据《图》涪州有5只、水手30名
涪州	和尚石（群猪滩）	1	4	据《图》涪州有5只、水手30名
涪州	白纤滩			
丰都	蚕背梁	2	12	
忠州	蜜珠背	1	6	忠州系道光时置
忠州	鱼洞子	1	6	忠州系道光时置
忠州	折尾子	2	12	忠州系道光时置
忠州	凤尾子	2	12	忠州系道光时置
万县	双鱼子	1	6	万县系乾隆二年（1737）置
万县	涪（狐）滩（大湖）	1	6	万县系乾隆二年（1737）置
万县	窄小子	1	6	万县系乾隆二年（1737）置
万县	媳妇面（席沸面）	1	6	万县系乾隆二年（1737）置
云阳	马岭	1	6	云阳系道光年间置。据《图》记载云阳有6只，水手36名
云阳	塔江	1	6	云阳系道光年间置。据《图》记载云阳有6只，水手36名
云阳	鸡扒子	1	6	云阳系道光年间置。据《图》记载云阳有6只，水手36名
云阳	宝塔	1	6	云阳系道光年间置。据《图》记载云阳有6只，水手36名
云阳	东阳（东洋）	1	6	云阳系道光年间置。据《图》记载云阳有6只，水手36名
云阳	庙基子（庙矶）	1	6	云阳系道光年间置。据《图》记载云阳有6只，水手36名
云阳	磁庄子	1	6	云阳系道光年间置。据《图》记载云阳有6只，水手36名
奉节	高桅滩	1	6	奉节系道光年间置。据《图》奉节有3只、水手18名
奉节	青岩子	1	6	奉节系道光年间置。据《图》奉节有3只、水手18名
奉节	三沱	1	6	奉节系道光年间置。据《图》奉节有3只、水手18名
奉节	滟预石	1	6	奉节系道光年间置。据《图》奉节有3只、水手18名
奉节	石板夹	1	6	奉节系道光年间置。据《图》奉节有3只、水手18名
奉节	小黑石	1	6	奉节系道光年间置。据《图》奉节有3只、水手18名
奉节	男女孔	1	6	奉节系道光年间置。据《图》奉节有3只、水手18名

续表三

地区	滩险名称	红船数	水手数	备注
巫山	大黑石	1	6	巫山系道光八年（1828）置。据《图》巫山有3只、水手18名
	龙宝滩	1	6	
	三缆子	1	6	
	跳石滩	1	6	
	库套子	1	6	
	香炉滩	1	6	
	黄金藏滩	1	6	
巴东		3		据《峡江救生船志》
归州	黄牛（牛口）	1	6	归州救生红船最早设于明代，见前所述。此处统计的主要是清康熙十五年（1676）以后所设的救生红船。据《峡江救生船志》归州为7只
	上八斗滩	1	6	
	下八斗滩	1	6	
	泄（曳）滩	1	6	
	石门（金盘磺）	1	6	
	叱滩	1	6	
	青滩（新滩）	2	12	
	庙河	1	6	
	崆岭	1	6	
东湖县	沾山珠	1	6	城河的救生船数仅是咸丰年间移到红石滩的红船数，城河具体红船多少无考。所据《峡江救生船志》东湖为5只
	獭洞	2	12	
	锅笼子	1	6	
	大峰珠（大红珠）	1	6	
	红石滩	7	42	
	严希沱（严许沱）	1	6	
	平善坝	1	6	
	白龙洞	1	6	
	城河	2	水甲1	

资料来源：刘树声、刘声元《峡江滩险志》（民国11年北京裕源公司石印本）、同治《宜昌府志》卷四《建置》、道光《夔州府志》卷七、道光《重庆府志·舆地志·山川》、同治《归州志》卷八和卷一〇、光绪《奉节县志》卷七、光绪《巫山县志》卷七、同治《增修万县志》卷四、道光《直隶忠州志》卷一、光绪《直隶泸州志》卷一和卷五、光绪《青神县志》卷五、道光《江北厅志》卷一、同治《嘉定府志》卷四、民国《长寿县志》卷三、贺筠臣《峡江救生船志》《四川额设救生船只驿站水手等数目图说》。

以上统计从四川青神县至宜昌东湖县共1000多公里水程，不完全统计前后曾设置了救生红船100只左右，设置的滩险之地达85处，共有水手577名左右。

以上统计的救生红船和水手数远非实际数字，如据《清高宗实录》记载乾隆元年（1736）置救生红船的河段是从彭山江口至巫山县，可能当时沿江都有设置，但现在彭山等地救生红船地点、数目无考。又如城河的救生红船数仅是咸丰年间移到红石滩的红船数，城河有多少红船具体无考。咸丰年间曾在红石滩设20只红船，水手数无考。① 乾隆二年（1737）在巫山县曾设置红船2只，同治十年（1871）又增设2只，具体地点不明，光绪时又多次增设救生红船，地点也不明。②

以上救生红船主要是设置在川江主流绝险的一等险滩上，也有个别设置在二等和三等险滩上。除此以外，在长江上游的一些支流上也曾设置过救生红船。如巴县至合州的嘉陵江河道上在乾隆时曾设有救生红船2只，一只大水时在石门滩救护，中水时移至铧头嘴救护，一只中水时在北碚梁救护，大小水时移至大洞口救护。③

长江上游除了设置救生红船外，还置有巡江船。如忠州在道光时从蓝竹坝至石鼓峡曾置水卡，置巡江船4只，每只有巡役4名，专司巡察和救护，兼有救生红船的性质，而其机动性还比救生红船更强。另外，巫山县在光绪时也曾设有巡江船1只。④

三、经费问题

清代救生红船设置和运转的经费主要是由民间捐资。早在明代救生红船设置时便是由周昌期"乃捐俸造救生船二只"⑤，开了救生红船设置之先河。道光时忠州知州吴友篪捐俸钱1200串添造巡江船2只⑥，咸丰时东湖县便是从商民中捐赀3500络设置红石滩红船，同治时巫山设红船也是官吏捐款。⑦ 光绪二年

---

① 同治《宜昌府志》卷四〇。
② 光绪《巫山县志》卷七。
③ 道光《重庆府志·舆地志·山川》。
④ 光绪《巫山县志》卷七。
⑤ 同治《归州志》卷一〇。
⑥ 道光《直隶忠州志》卷一。
⑦ 同治《宜昌府志》卷四。

（1876），四川总督丁宝桢往来于三峡多次，目睹舟覆人亡之惨状，乃捐养廉库平银10000两在川江设救生红船，其中6000两给四川、4000两给湖北，分别请两省设置。

同时政府也常在各种款项下拨出一点作为红船经费的补充。如乾隆时皇帝下诏置救生红船都要求动用正项开支，所谓"准于正项内报销"[①]"酌动存公银两"[②]。又如乾隆时巫山和万县红船的工食钱便是在地丁银内开销[③]，乾隆时巴县知县王知疆在嘉陵江置的红船便是在盐羡中请领。[④]特别是光绪二年（1876），丁宝桢的6000两库平银汇到四川后，除修造救生红船14艘用去1500两外，买红船管理局一地用了400两，只余下4000两，政府又从厘金中拨出36000两用于红船经费，共计40000两。东湖县救生红船最初"不敷者按季由藩库请领"[⑤]，也有此例。《峡江救生船志》还谈到用长沙平银、成绵道丁税、宜昌盐厘生息、盐务公项等项目中开支的。

维持红船运转的经费主要靠捐银的典贷生息。如同治十年（1871）巫山设置红船时便将捐银交夔关生息作为工食银的来源。[⑥]道光时忠州巡江船的工食银系用捐俸700000文贷给盐商周维新，每年生息112000文，另用500000文贷给盐商胡双兴、王发仁和李达生等，每年生息80000文。[⑦]光绪时四川的40000两红船经费便先后贷给成都典当商人和黔边盐局，每年可生息4000两，由夔州府百货厘金局转给红船管理局。[⑧]

维持红船运转的经费还用捐俸银置买田产以佃取田租，这便是所谓"置田纳租，以赡经费"[⑨]。

救生红船管理曾一度实行官民共同管理制，如咸丰年间宜昌东湖县曾设忠恕堂，请民间绅士负责管理红船。同时，实行分局管理制，在奉节、巫山和宜昌设立"经管局"，由省指州县官员一名专司其责，称为委员，委员任期满由

---

① 《清高宗实录》卷三〇。
② 《清高宗实录》卷九〇。
③ 同治《增修万州志》卷四。
④ 道光《重庆府志·舆地志·山川》。
⑤ 光绪《巫山县志》卷七。
⑥ 光绪《巫山县志》卷七。
⑦ 道光《忠州直隶州志》卷一。
⑧ 光绪《巫山县志》卷七。
⑨ 同治《宜昌府志》卷四。

知府负责更换。委员常乘巡江船负责巡视，也时常派巡视弹压官负责巡视，所谓"委员不时分途梭巡"①，便是指此。

对于水手和桡夫的报酬都有明确的规定：

表4-2 清代救生红船水手和桡夫报酬表

救生巡江船工种	地点	季节	报酬数
救生船水手	忠州	每季	1两8钱
巡江船巡役	忠州	每月	1000文
救生船水手	重庆	每月	6钱
巫山救生船水手	巫山	每月	6钱
嘉陵江红船水手	合州	每月	6钱
万县桡夫水手	万县	每月	6钱
东湖县红船水手	东湖	每月	6钱
救生板船水手	青神	每月	6钱
救生船水手	江北厅	每月	6钱

资料来源：道光《直隶忠州志》、道光《重庆府志》、光绪《巫山县志》、同治《万县志》、同治《宜昌府志》、民国《江北厅志》、光绪《青神县志》。

但在实际工作中，救生红船船工的报酬并不统一，如有的记载每月是100~120文，也有记载每天是8文，每月高达240文。②

清末对于具体救护也有明确的记载，如规定"每红船救生一名赏钱一千四百文，捞尸一具赏钱一千文"③。但有的记载是救一人800文或者1000文，捞尸一具赏钱400文或800文，不过，可能其中700文是买棺材，100文是刻石碑。清末甚至规定"若救活之人无行李者，给与路费，捞护尸身并给棺木石牌"④。救生红船还专门买有义地来安埋淹死过客，用裹布、棺材来埋尸，还要刻石碑，救起的人还发给盘缠，形成一整套救护、安葬、遣送制度。⑤

---

① 光绪《巫山县志》卷七。
② 蓝勇：《清代长江上游救生红船制续考》，《中国社会经济史研究》2005年第3期。
③ 光绪《巫山县志》卷七。
④ 光绪《巫山县志》卷七。
⑤ 蓝勇：《清代长江上游救生红船制续考》，《中国社会经济史研究》2005年第3期。

救生红船配置十分灵活，随河水的升降救生红船往来于各滩以利于及时救护。如巴县水小时在猪肠子设红船，水中时则移到牛头溪，大水时则又移于乌龟石。又如忠州鱼洞子救生红船春冬水涸时设于三滩，夏秋水涨时则移到蛮珠背。为了提高救护的水平，救生水手们还自编了《峡江救生船志》，图文并茂，标有河道曲折、滩险位置、纤夫数、炮台位置和救生船位置。

救生红船设置后，在一定程度上减少了损失，挽救了许多生命，如红石滩救生红船设立后据记载是"以此客舟绝少覆溺"①，即便是"每遇覆溺，全活其甚众"②。早在明代救生红船便有"一船五十余人尽行救活"③的记录。

应该看到的是，清代由于重视程度不同和经费短缺等问题，救生红船也时有衰落。清咸丰以前东湖县救生红船制便"岁久滋弊，名存实亡，并红船亦无有存者"④。经费问题使红船走向衰落，如巫山县"绩因经费不敷"⑤，只有在有闰之年短缺一定的经费。这样到清末光绪年间，失吉之木舟仍是十分多的。如光绪二十三年（1897），川江上的挂旗船上水便损失48只之多，下水损失2只；光绪三十二年（1906），则共损失78艘之多。⑥民国初期，战乱不已，救生红船更是名存实亡，失吉之舟更是增多，如从宣统三年（1911）至民国8年（1919）的7年间川江失吉木船达1513艘，平均每年达216艘。⑦到民国16年（1927）川鄂两省借口经费不支，不予维持救生红船，再加上川江上机动船大增，护航设备增加，危险系数相对降低，故川江上盛行了三百多年的救生红船制因此消失。

---

① 同治《宜昌府志》卷四。
② 同治《归州志》卷八。
③ 同治《归州志》卷一〇。
④ 同治《宜昌府志》卷四。
⑤ 光绪《巫山县志》卷四。
⑥ 邓少琴：《川江航运史》（7），《西南实业通讯》1943年8卷7期。
⑦ 邓少琴：《川江航运史》（7），《西南实业通讯》1943年8卷7期。

第四节　乌拉差和麻乡约

一、"乌拉"与乌拉差

"乌拉"一词，源于突厥语，是一种差役的称呼，在蒙古语、满语、藏语中都有。在汉文记载中最早出现于唐人慧立撰的《大慈恩寺三藏法师传》，写为"邬落"，元时译为"兀剌"。管理这种差役的人叫"兀剌赤"。"乌拉"原指驿站上供应往来使臣、客商乘骑的马匹，后来引申为多种差役的名称。在蒙古族地区还指支应马差，但已不限于驿站上；在东北地区，清代有一种专门负责为皇帝狩猎的人，叫作"打牲乌拉"；在藏族地区，则指农奴向农奴主支应的各种劳役，包括人役和畜役，无偿地为农奴主种地、负担驮运和做各项家务杂役，都称为支应乌拉。①

巴蜀地区的乌拉差徭制度主要分布在川边藏区，其最早产生于吐蕃王国初建时期，并随着吐蕃王朝的扩张而推行至川边藏区，以后历代沿袭，推行了一千四百多年。涉及交通的运输乌拉是其中重要的组成部分。

川边藏区有两种运输乌拉制度，同时实行。一种是藏族地区统治者无偿的运输乌拉制，也就是牛马差。承担牛马差的差户，都分区分村造有差簿，有村保、头人掌管，遇有差派，轮流支应，周而复始。另一种是中央政府官运给价的运输乌拉制，是从元朝在西藏建立驿站后发展起来的。元明两代中央政府在西藏建立驿站，无偿征调人、畜为驿站服役。但这种征调与经常性运输乌拉不同，它随着驿站的废置而停止。

明崇祯十六年（1643），青海蒙古族首领固始汗据有青康藏地区，曾在川边藏区征派运输乌拉，但时间较短。在川边藏区主要交通线上推行按站支应运输乌拉制度，是从雍正、乾隆年间开始的。雍正年间清政府在西藏设立驻藏大臣，并在南路进藏官道的理塘、巴塘、昌都、嘉黎设立粮台，转运粮饷和军用物资，接济驻藏官兵。乾隆年间平定大小金川和抗击廓尔喀入侵西藏的军事行动中，清政府将农奴制下的乌拉差徭转变为为官府服务的运输乌拉，利用藏族的民间骑驮来转运军需。具体由各个土司在自己辖境内负责派遣差民，运送往来官员和粮饷物资，使其成为一条连续不断的"乌拉"运输线，以适应军政运

---

① 《乌拉》，《中国民族》1963年第6期。

输任务的要求。官运乌拉差徭制度正式形成。

清政府建立的这条乌拉运输线，自打箭炉始，经西俄洛、理塘、莽里、黎树、阿拉塘、洛加宗、乍丫、昂地、王卡、包墩、察木多（昌都）、恩达寨、洛龙宗、巴里郎、丹达、郎吉宗（即浪金沟），再由大窝塘、甲贡两地碟巴供役至拉里（嘉黎），计有4000多华里。由拉里至拉萨还有1000多华里。

清末赵尔丰任川滇边务大臣时，在川边藏区实施改土归流，同时改革运输乌拉制度，革除了很多积弊。其一方面限制和禁止官兵在支应运输乌拉中的不法行为，一方面又适当地保护差民的利益，并对支差办法作了统一规定。改革的主要内容有：保证差民的乌拉脚价收入，杜绝通事、头人舞弊；维护差民的正当权益，禁止虐待差民、滥用人力畜力；限制部属官兵支差范围；扩大乌拉差户，消除苦乐不均。这些措施在一定程度上减轻了官运乌拉差民的痛苦，但因清末川边藏区军队调动频繁，官运乌拉差徭负担仍是很重的。

民国时期，川边藏区土司制度复立，政局动荡，军政运输任务比往常多数倍，运输乌拉差民任务繁重。刘文辉任西康省委员长期间，曾在康定主持召开西康差徭会议，筹建西康牧运公司，试办北线康定至甘孜运输业务，以减轻民间乌拉负担，并打算取得成效后再推广至南路巴塘。但经营半年后就因种种原因被迫停办，川边藏区的运输乌拉也一直持续到新中国成立才被废止。[①]

二、"麻乡约"与运输业

关于"麻乡约"一词的意义，《四川方言词典》和《汉语方言大词典》第四卷均认为有两种，一种是指旧时四川境内的湖北麻城移民每年推选办事公正、讲守信义的人做代表回老家探亲、送信，这种人被称为"麻城乡约"。一种是指清代四川民间的纠纷，往往诉诸乡里人评断，这些评断人排难解纷，公平周到，极具信誉，人称"麻乡约"。

"麻乡约"起源于明清"湖广填四川"，其移民多是来自湖北麻城孝感的乡人，或是冒籍麻城孝感乡的，均因思乡甚切，每年约集同乡，推出代表还乡一次，携带家乡产品回来，久之成为习俗。后建立固定组织，以运输货物和捎

---

① 以上有关乌拉差的论述主要参考四川省交通厅地方史志编纂委员会：《四川交通史志文稿·民间运输篇（三）》中的《川边藏区的运输乌拉》，内部印行，1985年。

带信件为主。①后清末綦江人陈洪义创办信轿行时，借助了民间对"麻乡约"负责运输货物、捎带信件的信任，为其创办的运输机构取名"麻乡约"，以图方便民众理解、增强影响力。

"麻乡约"创始人陈洪义，重庆綦江县号房乡陈家坝人，于1862年在重庆创办"麻乡约大帮信轿行"，主要经营客运、货运和送信三种业务。

客运是麻乡约最早经营的业务。同治初年，陈洪义以"麻乡约"为招牌，在重庆大梁子开设轿行，专营长途客运（长路轿子）。其后又在川滇黔交通沿线、成都至重庆的东大路等路线的主要途经城市开设分行或分铺。长路轿子有直接到达、一站接一站和转站打兑三种方式，种类有官轿、小轿、滑竿。轿子起行时，将起讫地点、路线、轿子数量、轿夫姓名、轿夫力资以及行李件数开列清单（红单）交给顾客。抵达目的地后，由轿夫带回，保证了旅客的行期和安全。另外，在旅途中，除因火烧、水淹等不可抗力外，如系轿行造成的损失，麻乡约负责赔偿。

以上的经营理念为麻乡约赢得了信誉，不仅在川滇黔三省业务发达，而且在一定时期内，在西南国际客运上也颇负盛名。光绪末年，麻乡约几乎包揽了缅甸、越南由云南经四川或贵州进入内地的全部长途客运。

除办理长途客运外，麻乡约还兼办城内和城郊的短途客运，称为"过街轿子"或"溜溜轿"。

麻乡约轿行的收入主要从轿夫的力资中抽取。民国初年，麻乡约租给轿夫的过街轿子，每人每天抽"底子钱"（租金）40文，当时轿夫一天的收入约为600文。对长路轿子，则不论路途远近，日期多久，每人每次一律从力资中抽取1元。另外，陈洪义还对轿夫有种种优待措施，使得更多轿夫乐意为他雇用。

陈洪义在交通沿线建立的轿行机构，为他后来事业的进一步发展打下了良好基础。

陈洪义在设立轿行时，即兼营送信业务，最早的信局业务开办在昆明。同治五年（1866），陈洪义在重庆设立总局，随后又在成都、嘉定、泸州、贵阳、昆明、打箭炉等处设立分局。随后又承办云南衙署公文的寄递和公、协饷的运送。

麻乡约民信局的业务主要有信件投递和银钱汇兑两种。信件投递分正站和快站两种，正站相当于现在的平信，快站相当于现在的快信。快站的日程一般

---

① 中国公路交通史编审委员会：《中国古代道路交通史》，人民交通出版社1994年版。

较正站提前二分之一到达，特殊情形提前三分之二到达。快站信中最出色的是"火烧信"和"幺帮信"，火烧信是烧去信封上的一角，幺帮信则是特派快跑夫头，专程递送。这两种信件，要求加急快跑，专程递送。另外，麻乡约民信局每月九次往各地寄送信件，比其他民信局都频繁。在经营方式上，通过上门收信、定期结算邮资等方式，给予寄信人很大的方便，受到普遍欢迎。

麻乡约民信局的汇兑方法主要有两种，一种是相互兑用，主要用于商业范围；另一种是将托运的银子直接送至目的地，多用于官方汇款。资费视路途远近而定，每千两银子抽取六两至十六两不等。同治末年至光绪初年，麻乡约民信局每年为票号、盐号、商号所寄递的汇票和现金数目，最高时曾达300万两银子，对川、滇、黔、西康等省商业的发展，起到了一定的作用。

光绪二十二年（1896）大清邮局设立，对民办信局采取允许其存在、相辅而行的政策，继而又改变为限制和逐步取缔，民办信局业务已无更多利益可逐。民国年间，西南三省战争频繁，邮路时常阻断。麻乡约民信局只得逐步缩小营业范围，直到1935年完全结束。

麻乡约承担货运，最初是作为轿行、民信局的附带业务来经营的。对顾客携带的成批物品，代雇驮马或代荐行帮运送，对小件少量物品，作为长路轿子的附带品派专人运送，并不抽取费用。

同治五年（1866），陈洪义在重庆设立民信局的同时，又以重庆为中心，各地民信局和轿铺为纲点，正式挂牌承揽货运业务，办理负责运输，实行损失赔偿制度，解除了货主担心货物损失无人赔偿的顾虑，同时又减轻了货主自雇保镖的费用，从而赢得了客商的信任。随后又在重庆、昆明、贵阳、成都、昭通、遵义、綦江、泸州、叙府（宜宾）等地设立总店和分店，运输渠道遍及西南川滇黔康等省境内各州县，即远至京、津、沪、汉的货物，亦办理承托代荐业务。

麻乡约承运的货物种类很多，光绪十三年（1887）以后，还承运了云南东川的铜和个旧的锡。同时，麻乡约还大力发展国际货运，将丝、茶、工艺品等从昆明经个旧、河口等地运至越南，或从昆明经楚雄、保山等递运至缅甸。此外，麻乡约还承运一些特殊业务，如代客运灵柩，称为"办黑差"，代运汽车轮渡等。

麻乡约经营货运业务时，除坚持客货损失赔偿制度外，还注重货物包装质量，并制定了快慢站运输日程。根据里程大小、运行难易，将每日行程分为大站和小站两种。在云南境内，大站每日约行一百华里，小站七十华里。在贵州、四川境内，大站八十华里，小站六十华里。为了不误快慢日期，还要求夫子"赶站，不赶伴"。当时麻乡约承运的货物，重庆至昆明快站48天，慢站60天；重庆至贵阳快站18天，慢站23天；重庆至成都快站12天，慢站15天；贵阳至昆明快站21天，慢站26天。

陈洪义死于清末民初，他所创办的麻乡约运输事业，在其死后历经波折，维持到1949年。从1862年陈洪义创办"麻乡约大帮信轿行"开始，持续了八十七年之久，是当时西南地区规模最大和最负盛名的民间运输行业，对当时西南地区客、货和信息的流通和传递起到了积极的作用。①

第五节 马帮

中国西南马帮的产生可能较早，但目前还无较早的直接史料。西汉时期的《博兰筑路歌》本是工匠筑路时留下的歌曲，不是马帮的史料。

唐代《河赕贡客谣》称："冬时欲归来，高黎共上雪。秋时欲归来，无那穿赕热。春时欲归来，囊中络赂绝。"这一首民谣是反映马帮生活的，但并不是十分直接。

宋代周去非《岭外代答》卷九记载："蛮人所自乘，谓之座马。经返万里，跬步必骑，驰负且重，未尝困乏。蛮人宁死，不以此马予人。"这一则史料是见于文献中比较早的和较直接的马帮史料。

明清以后关于马帮的资料记载比较丰富了。《徐霞客游记》中对此便有十分明确的记载，不过当时他称马帮为"驮队""驮骑"，马称"驼马"。历史上巴蜀地区筰马、蜀马都是以体小而善于行山路，耐力足而著称，是山区运输的好工具。

明清以来马帮逐渐形成较为完整的组织。

马帮按时间可分成长年马帮和季节性马帮；按隶属关系来分，可分成官帮和民帮。马帮的头号领导称为大锅头、二锅头、管事。

马帮名为马帮，但实际承担主要驮负任务的不是马，而是骡子。领头的骡子称为头骡，后依次为二骡等，最后一头称为掌尾。一般头骡要头戴红缨，顶一簇火红的牦牛尾巴，脖子上挂两颗大响铃，花笼套正中镶有一面圆形"照妖

---

① 以上有关麻乡约的论述主要参考四川省交通厅地方史志编纂委员会：《四川交通史志文稿·民间运输篇（三）》中的《西南民间运输巨擘"麻乡约"》，内部印行，1985年。

镜"，前胸两边挂一簇红缨叫"前超"，后脚两边也挂一簇红缨叫"坠脚"。鞍心架梁一般插有一面锦旗，绣有马帮代号。二骡也要打扮一下，不过临时性的马帮一般装扮要简单得多。川西马帮多要养一只猴子，取其学孙悟空"避马瘟"（弼马温）之吉利之意。一般来说官办马帮队伍庞大，有的骡马达四五百匹以上，最多达1500多匹，至于民办马帮则不一定了。

西南地区的马帮以民族来划分，可分成汉族马帮、彝族马帮、白族马帮、回族马帮、藏族马帮、纳西族马帮、普米族马帮。

清末民初西南地区的马帮从驮运路线来看，主要分成以下八大路，其中五路都是经过巴蜀地区：

迤东东路：以昭通为中心，从昆明起经昭通、盐津到宜宾，一共要24天。北上以运出沱茶、大烟、棉纱、匹头、药材、纺丝为主，而南下运人的以生丝、纺丝、川芋、丝绸、药材、桐油为主。据记载清末民国初年来往于此道上的驮马达8000多匹。同时在川南威远、自贡、荣县、富顺、资中、资阳、内江、隆昌、荣昌、江津、仁寿和泸县、宜宾等地，因运煤、盐、糖，驮马运输也十分发达。

关外二线：一线为南路，从雅州经康定、理塘到巴塘；一线为北路，从康定经道孚、炉霍、甘孜、玉龙到德格。这两条马帮通道，入藏一般以茶、烟、布匹、粮食和杂货为主，而运出以皮毛、药材为主。

关内川康线：一线为南路边引大道，从雅安经荥经、清溪越飞越岭到打箭炉；一线为明代茶马小道，即清代边引小路。

松灌驮运道：主要是灌县至松潘间，民国时期在构、理、懋一带常年有12000多头驮马往来运输，主要是运输山货、皮毛、药材、粮食、菜油、边茶、布料等。

川甘驮运大道：从四川江油经文县到武都。民国时期，这条通道上有2000多头驮马往来，主要是将中药、山货南运，而将布料、丝绸、纸张、竹器北运。

据统计，在1940年有时候，四川、西康两省区六十个县有专业的驮马4306头。[1]

---

[1] 四川省交通厅地方交通史志编纂委员会：《四川交通史志文稿·民间运输篇（二）》，内部发行，1984年，第114页。

表4-3 民国时期四川、西康地区专业驮马数量表

县别	头数	县别	头数	县别	头数	县别	头数	县别	头数
彭县	604	江津	486	南川	15	罗江	205	理番	8800
邛崃	70	大足	16	黔江	60	广元	500	雅安	500
简阳	172	永川	400	秀山	355	阆中	612	康定	2000
资中	500	泸县	630	石柱	39	开江	22	凉山	300
内江	800	古宋	16	奉节	528	宣汉	85	越巂	100
自贡	1000	丹巴	15	巫山	420	万源	300	会理	900
荣县	200	屏山	36	云阳	834	城口	300	盐源	700
威远	4000	峨边	67	犍为	275	巴县	400	冕宁	100
仁寿	500	雷波	53	岳池	8	綦江	200	西昌	1000
井研	186	峨眉	200	中江	52	灌县	1000	喜德	100
隆昌	500	宜宾	6000	三台	171	懋功	4500	宁南	100
荣昌	400	珙县	30	射洪	307	靖化	635	富林	300

第五章

巴蜀交通设施

巴蜀地区自古四向闭塞，交通发展受到诸多限制，但我们的先民因地制宜，创造了丰富多彩的巴蜀交通文明。这点在交通设施方面最为突出，如在桥梁方面除了有传统的梁式石木桥、吊索桥、悬砌砖石拱桥外，还形成了木伸臂桥、栈桥（编桥）、溜索等许多特殊形制的桥梁，而且有龙脑、廊式等特殊的桥面风格，形成龙脑桥、风雨桥等。近代在桥梁方面也有许多特殊的原创，巴蜀在桥梁建设方面创造了许多世界和全国之最。由于巴蜀地区特殊的地理环境，巴蜀地区的交通通道具有多隧道、桥梁的特点。重庆主城区因跨长江、嘉陵江，因此桥多、桥大且各有特色，故而有"桥都"和"桥梁博物馆"之称。同时，历史上巴蜀先民还发明了鸡公车、背篓、肩舆与陆纤、滑竿、高肩、溜子厢路、枧筒管道、缆车等。传统时代，巴蜀地区木船的形制与山川相合，因地制宜，种类繁多，丰富多彩，梯级水道的修建和运用较早，滚干箱的过船方式令人叫绝。这一切都使巴蜀地区的交通设施在中国交通文化中特色鲜明，地位突出。

第一节　陆上交通设施

一、栈道

栈道，是中国古代特有的交通设施，最早出现在战国时期。历史上栈道在巴蜀地区分布最广、使用最多，这是与其地理环境密不可分的。巴蜀地区山高水险，交通曲回不便，在现代交通方式产生以前，栈道无疑是平直近捷的一种交通设施，这使得栈道产生有其必要性。巴蜀地区河谷深切，岩石分布多而裸露，再加上历史上河谷地区森林众多，这些为栈道产生提供了必要的石基和栈木，使栈道的产生有了可能。

史书上记载春秋战国"栈道千里,通于蜀汉""栈道千里,无所不通"①。据研究,大宁河的栈道可能也早在西汉时期就出现②,显现了栈道很早就对巴蜀文化产生较大的影响。

(一)巴蜀栈道的分类和形式

栈道应分成木栈和石栈两大类。

1. 木栈

将木作用于石或土形成的栈道,共有五种形式,即标准式、悬崖斜柱式、无柱式、汀步式和木筏式。前三种形式民间也习惯称为编桥,加盖后人们又习惯称为阁道、阁。

标准式,即木栈最基本最原始的形式,系在陡险崖壁上凿孔安木梁,水中立木柱托,再在梁上铺木板成路。《诸葛亮与兄瑾书》所载"其阁梁一头入山腹,其一头立柱于水中"③就是指这种形式。这种栈道遗迹,壁孔与底孔相对④,底孔因水位变化时隐时露于水。标准式栈道可分为简易型和加固型,简易型一般只有底孔立柱托梁,梁的另一头不凿孔安梁,仅回崖取石凿成石级搁梁。

悬崖斜柱式,即在岩壁陡直、河水又深,无法垂直立柱托梁的地方,人们在壁孔下方凿孔立斜柱以托横梁,即悬崖斜柱式。悬崖斜柱式分成直接斜柱式和木杪斜柱式两种。直接斜柱式是直接在悬崖上将孔凿成倾斜状以立斜柱托梁。关于木杪斜柱式,清人有记载:"编桥之制,先凿穴石壁上,下二、三丈复凿穴以搭巨木,木斜出杪,与上面壁穴平举横木,上穴中复引其首,缀于木杪,势平后固以□或铁或竹索,两木之间则施骄木焉,实土布以版,如是始通人行。"⑤这种形式底柱(木杪)用榫卯方式结合在横出的短下梁上,斜托上梁。这种类型的遗迹一般留有两排相对斜孔而无底孔。另外,这种木杪型还有一种变易型,其形制:下面两孔安梁铺木板,木板正中立简易柱托上孔横梁,同时又在木板两边各立一柱托上面木板。

无柱式,俗称空木桥,即《水经注》称的"千梁无柱"式栈道。这类栈

---

① 《史记》卷七九和卷一二九。
② 重庆市文物局、重庆市移民局、西安文物保护中心:《三峡古栈道:大宁河栈道》,文物出版社2006年版,第199页。
③ (北魏)郦道元:《水经注》卷二七注。
④ 据实地考察,飞鹅峡底孔在修偏路时已毁。
⑤ (清)王昶:《雅州道中小记》。

道处悬崖，水又深急，无法立直柱，而路面近水面，难于立斜柱，故采取无柱式。这种形式人行其上十分危险，所谓"逞涉者，浮梁振动，无不摇心眩目也"。①为了安全起见，这种栈道多设以勾栏（栏杆）相护。唐代曾将金牛道险栈"限以勾栏"。②宋人文同《过朝天岭》诗称："且倚钩栏拥鼻吟"。有载："山峻水急，其中多岩壁立，难以凿路，募匠锤石成孔横贯巨木，上覆木板，外作栏杆绕之，如桥梁状，故名曰栈道。"③此类栈道遗迹一般只有一排栈孔，无底孔。另外，无柱式栈道也有一种加固型，即斜张拉型，刘禹锡《山南新修骚路记》载，把无柱式栈道"柄木□铁而广之"，即在栈道上方凿孔安木柄用铁索拉托横梁，类似今天斜张拉桥。

标准式和悬崖斜柱式栈道为了防流水和供行人休顿以避烈日雨淋，还加盖成阁，故又称栈道为阁道，古人计算栈道便是以间或阁为单位的。山西浑源悬空寺栈道和明代《名山图》栈道，加盖一般在壁孔上凿一横排阁孔装横栿梁，也可在上凿一排阁孔装斜栿梁以托缘板，阁梁与壁梁用木支撑相连，木与木用勾栏相接。

汀步式，即用木桩在沼泽和稀泥地带插入地下，人行木桩的一种栈道，有似于古代的鼋鼍梁（今俗称汀步桥）。这种形式在云南、四川等地有存，其区别于汀步桥之处有二：一是汀步桥用草、土、盐、石而不用木；二是汀步桥用于济河，而汀步式栈道为越一大片沼泽而设。

木筏式，多在原始林区，主要为滑木需要，人们将木扎钉成木筏状连接起来，铺于陡险泥泞之处以滑运木材和行人。以往有人将此称为土栈，以用木作用于土得名，但以此分类，前面的木栈则都要改称石栈了。实际上古人向无土栈之称，只有木栈和石栈之称。

2. 石栈

原仅特指凹槽式栈道，现总共有凹槽式、无柱式、标准式、堆砌式四种形式。

凹槽式栈道是将山崖剥成石槽，道从槽中通过，是石栈中最典型和最原始的形式，产生较早。李白《蜀道难》称"天梯石栈相勾连"之句，以往的解释者将"天梯"释为山势高峻如天梯，而将"石栈"释为木栈道。实际上这里的

---

① 《水经注》卷二七注。
② （唐）刘禹锡：《刘梦得文集》卷二六《山南新修骚路记》。
③ （唐）刘禹锡：《刘梦得文集》卷二七《山南西道新修骚路记》。

天梯应为木栈，而石栈应为凹槽式石栈。

标准式石栈形式与木栈标准式同，只是用石料做梁、柱和板。

无柱式石栈形式与木栈无柱式同，只是用石料做梁和板。

标准式与无柱式两种石栈不用榫卯，不加盖成阁道，是在明清以后木栈毁弃后在原址上设置的，历史一般不长。

堆砌式石栈是用1～2尺见方碎石在与水平面成100～110度左右陡峭石壁上按几何力学堆砌而成的悬空栈道（很少用合缝剂）。在今大宁河巫溪县城到大宁河盐厂间有存留，为咸丰时开凿，年代不长。

（二）巴蜀栈道的分布

川西栈道

栈道在中国许多地方都有分布，但典型的木栈主要分布在巴蜀地区及陕西、云南、贵州、西藏、甘肃等省，而其中以巴蜀地区和陕西南部分布最广，规模最大。《史记》称"栈道千里，通于蜀汉"，"栈道千里，无所不通"，主要就是指今巴蜀和陕南地区。

在巴蜀与陕甘交通的金牛道、米仓道、洋巴道、西山道、宁河道、陇东道、飞越岭道、牛头山道、川滇石门道、清溪道、川东峡路等都有大量栈道存在，连四川盆地的内江县历史上也有栈道存在。① 至于四川边远山区"凡木之道，越岗度岭，必有飞栈焉；岩砦嶔崟，必有偏栈焉"，甚至有"远近十里者皆浮功"之地。② 历史上巴蜀地区的栈道规模巨大，以宋代川陕金牛、故道、褒斜道为例：利州至大安军，共桥、栏、阁15316间③，兴州经大安军至利州，桥阁

---

① 蓝勇：《四川古代栈道研究》，《四川文物》1988年第1期。
② （清）毛起：《洪雅采木纪略》，《古今图书集成·方舆汇编》卷六三〇引。
③ （宋）王象之：《舆地纪胜》卷一八四《利州》。

19318间，编栏47134间。① 又凤州经剑门关至成都，桥阁90000间。② 又以褒斜道连云栈150里地段为例，宋有栈阁2898间，元有栈阁2892间，明有栈阁2275间。③

我国现存最大的古代栈道遗迹在今重庆大宁河。从巫山罗门峡口起至巫溪大宁盐厂近300里中，分布着6888多个栈孔，以无柱式栈孔为主，兼有悬崖斜柱式，另外还有凹槽式石栈和堆砌式石栈，规模庞大，种类较全。近考栈道孔还向北延伸到湖北竹溪、陕西镇坪、重庆城口县，规模则应更大了。除此以外，陕西南部、陇南、黔东、滇东北、滇西地区也有栈道分布。④ 但从分布上来看，也是以巴蜀地区为核心。

今巴蜀地区有许多旅游栈道，如大宁河栈道、峨眉山清音阁栈道、乐山凌云山栈道，青城山龙隐峡、明月峡栈道，北碚金刀峡栈道。20世纪80年代修复大宁河旅游栈道是大宁河盐运栈道在明末清初破坏后的第一次修复。20世纪80年代末广元市又在明月峡古栈道遗址上建成新的旅游栈道，这是明月峡栈道自北宋毁弃后的第一次修复。

（三）栈道的衰亡及其原因

从有关资料来看，中国栈道的兴盛时代是在汉唐及北宋时期。这段时期对栈道多有增设，如汉代杨母在大相岭造栈阁、李苞修褒斜阁道、隋唐修治石门关阁道、晋晖修故道栈阁、五代修斜谷栈阁道2800余间、宋修白水路栈阁2309间。但明清以来便很少有大规模增设栈阁之举，多为毁栈为碥路的事功。这种改栈为碥路早在汉代就有，如东汉李翕便在郙阁一带"减西滨高阁，就安宁之石道"⑤。王升《石门铭》也称："或解高阁，下就平易，行者欣然焉。"唐代商州刺史李西华便在武关道栈阁旁另开碥路以避水潦。今广元千佛岩，汉代为栈道，唐代韦皋改为碥路，但在宋代设阁道，到明洪武时曹震又将栈道改易为碥路，直到今天。⑥ 明人王士性认为："今之栈道非昔也，联舆并马，无复

---

① 《双溪醉隐集》卷二《述实录四十韵》。另李之勤《蜀道话古》中统计栈道时将桥、栏、阁总数误为栈阁总数，当以区分。
② （清）徐松辑：《宋会要辑稿·方舆一〇》，中华书局1957年版。
③ （明）顾祖禹：《读史方舆纪要》卷五六《陕西》。
④ 蓝勇：《西南历史文化地理》，西南师范大学出版社1997年版，第415～416页。
⑤ 《战国策·齐策》卷六。
⑥ 《留坝厅志》卷一〇。

昔日之架木，而栈道遂废。"①清人吴焘也称："国朝因用兵西陲，屡发帑金修栈，巉岩尽辟，旧路亦多改行，遂不见所谓阁道者矣……彼时架木为阁，故可烧也。若今之栈道，岂复能烧乎。"②

从明代开始，栈道数目急减，如前面所谈到的褒斜道150里区间从宋到明共减少714间。故道在唐代大散关以北多设栈道，但到宋元时仅从大散关开始入栈道③，到了明代则从草凉楼入栈道。④草凉楼以北的100多里栈道已毁坏，四川大部分栈道多毁于明末。

民国时期川西运木道

木栈道毁坏之后，除改为石栈外，多数改为碥路。改为碥路一则就近在原来栈道下开辟；一则是远距离栈道所处的峡谷，改为翻山岭垭口盘折而上，如明月峡栈道在北宋初年毁坏后，便改行朝天关。⑤宋代石门道栈道毁弃后便改走黎山顶。清代连云栈阁毁弃后，贾司马便改走岭上。

可以说栈道的衰亡有人为的因素，也有自然的因素。

汉唐时期，气候比今天要暖湿得多，森林覆盖面积比今天要广得多，这就为大规模设立栈道提供了方便的原材料。如北宋李虞卿在修白水路前便遣人"因山伐木，积于路处"⑥，后才作栈阁2309间。但是从南宋开始以来，气候日趋寒冷干燥，加上人为不断砍伐，森林资源受到极大破坏，设栈道而用的木料砍伐和运输日趋艰难。如唐代以前褒斜二谷林木茂盛，但北宋仁宗天圣二年（1043）剑阁县窦充上书认为凤州到剑门关一线士卒修葺桥阁多要到远处深山密林采伐，甚为艰辛，建议在古道两

---

① （明）王士性：《广志绎》卷五《西南诸省》。
② （清）吴焘：《游蜀日记》，《小方壶斋舆地丛钞》第七帙。
③ 《资治通鉴》卷二七二。
④ （明）顾祖禹：《读史方舆纪要》卷五六《陕西》。
⑤ 蓝勇：《四川古代栈道研究》，《四川文物》1988年第1期。
⑥ （清）徐松辑：《宋会要辑稿·方舆一〇》，中华书局1957年版。

旁栽种树木，以便随时修葺栈阁。^①南宋宁宗庆元三年（1197）剑阁县令何玫就在剑阁道沿路种松。^②在古道两旁不断种树，说明当时栈木已经十分短缺了。栈道毁弃后，一时无栈木修补，人们便以石代木，形成石栈，故今多留有石梁和石柱。

从有关航道史的研究来看，由于森林面积减少，造成水土流失、河床淤升、险滩复出。大水时水流湍急，木栈多被冲毁。如宋大中祥符九年（1016）利州大水一下就使12800间栈阁漂走。^③明清时期这种情况更是常见，有记载"沿江为路，于山腰凿孔横受木架板旁，立木以支，空其下，古云栈阁。夏秋

广元明月峡修复的标准式栈道

水涨，飘没不可寻，攀先谷，越超而已"^④。而大部分时期河床两边干涸，人们完全可以行走在干涸的河床上，不必取栈而行受惊险。我们在四川、云南、陕西等省考察时，有时正值汛期，但仍可沿栈道孔下河滩行走。这样，栈道便失去了存在的可能和必要。

栈道之优于碥路是在于可避盘折起伏之险，又可缩短路程，以利车舆行驶。但是，唐代以后，人们多以人力、马力代车，栈道便失去存在的必要性。另外，栈道易被水腐蚀，易为火焚，难以修葺，花费又大，如明代改千佛岩栈道为碥路就是因为栈道"连岁修葺，工费甚多"^⑤；再加上栈道只能承载一定量的负荷，人马行其上，十分危险，栈道下面常常是白骨累累，如汉代郁阁栈道"常车迎布，岁数千辆，遭遇馈纳，人物俱堕，沉没洪渊，酷烈为祸，自古

---

① （清）徐松辑：《宋会要辑稿·方舆一〇》，中华书局1957年版。
② （清）王士性：《陇蜀余闻》，《小方壶斋舆地丛钞》第七帙。
③ 《宋史》卷六一《五行志》。
④ （清）刘绍傲：《西征记》，《小方壶斋舆地丛钞》第七帙。
⑤ 《叙永文钞·开永宁河碑记》。

迄今，莫不创楚"①。广元明月峡栈道毁坏后，另开朝天岭碥路，有"人甚便之"之称。②这样看来，在古代生产力水平提高后，人们掌握了先进的筑路技术，自然要回山取途、逢岭盘折而过了。

战乱也是栈道受到极大破坏的原因。如赵云曾烧赤崖栈道；唐僖宗入蜀，李昌符、石君涉毁故道栈道；宋初王全斌伐蜀，蜀军烧绝栈道，退守葭萌；宋代吴玠为抵御蒙军曾烧毁栈道；元代罗罗斯土官曾烧拆毁栈道。据传说明末张献忠也曾烧毁金牛道、大宁河栈道。栈道人为毁坏后，由于一些客观的因素，往往得不到很好的修治，数量便日趋减少了。

二、索桥

索桥古代最早又称为笮桥，后又叫绳桥、篾桥、吊桥、緪桥、悬笮桥、悬度、悬桥，是在中国西南横断山新构造地带江流湍急、河谷深切、岩石壁立而竹木众多的地理环境下产生的一种特有的交通设施。虽然在历史上亚洲、南美洲、非洲等地区也有类似的设施，但往往种类单一、规模较小、时代较晚。中国古代早在秦汉时期便有了笮桥的记载，以后历代相沿，种类繁多，成为现代吊桥的雏形，对世界悬索桥形式的产生和发展产生了一定的影响。中国古代索桥主要分布在西南地区，而以西南西部横断山诸河流深谷分布最为集中、形式最为齐全。可以说，中国西南是世界索桥的主要起源地之一，而巴蜀地区也是索桥分布较多的地区。

川西竹索桥

（一）索桥的材料

笮，《太平御览》卷七七一引南朝刘宋时何承天《纂文》："竹索谓之笮，茅索谓之索。"可见公元五世纪笮桥的主要原料是竹索和茅索。关于绳桥的制作材

---

① （汉）仇靖：《郙阁颂》。
② （宋）王象之：《舆地纪胜》卷一八四《利州》。

料，唐代文献已有了较详细的记载。《元和郡县志》卷三二："凡言笮者，夷人于大江水上置藤桥谓之笮，其定笮、大笮，皆是近水置笮桥处。"《元和郡县志》卷三二《剑南道·汶川县》载："绳桥，在县西北三里，架大江上。篾笮四条，以葛藤纬络，布板其上，虽从风摇动而牢固有余，夷人驱牛马去来无惧。今按其桥双竹为索，阔六尺，长十步。"《蛮书》卷二《山川江源》也载："（澜沧江）两崖高险，水汛激，横亘大竹索为梁，上布等，箫上实板，仍通以竹屋盖桥。其穿索石孔，孔明所凿也。"从上面记载来看，绳桥最初是用竹索、茅索为之，以后才改用铁索、钢索为之。唐代的笮桥一般多用竹索为梁，有用葛藤缠系，布板其上；有的在梁上先铺床席（簧），再布板其上。云南地区由于藤资源十分丰富，笮桥则多用藤索来修造。

关于索的具体制法，宋代程大昌《演繁露》记载："蜀人云，水峻岩石又多廉棱，若用纤遇石辄断。故辟竹为大辬，以麻索连贯以为牵具，是名百丈。"《马可·波罗游记》在《九江市和大江》处谈道："他们有十五步长的竹子，他们把它整根辟成薄片，因这些薄片编在一起，可以做成长三百步的索。"对于清桥索的具体制法，《古今图书集成》有比较明确的记载："其法中用细竹为心，外裹以篾丝长四十八丈；索用三股为一股，一尺五寸为圆。"①综合以上记载，再参考昔日安澜桥竹绳的制法以及今天西南地区制竹篾索法，可知古代笮桥索是用篾黄编成竹股，作缆索内芯（或用麻芯），再将篾青编为外层。一般细的索仅以篾青绞辫而成，若制作较大的，则以数根竹竿整体绞成辫为芯，外裹篾青编成的竹丝，然后将三股绞成一股，直径可达1至1.5尺，整体拉力十分强。

由于竹索、藤索、茅索不耐风雨侵蚀，晃动较大，且易为火所焚烧，随着冶炼技术的发展，人们逐渐改用扁环相扣而成的铁索或锻铁棒两端锻环扣联的铁眼杆取代竹索等材料，出现了铁索桥（又称铁锁桥，藏族称为扎桑巴）和铁眼杆桥。清代赵翼《檐曝杂记》卷四对铁索桥作了具体的记载："铁索桥，多奔流急湍不可累石为柱，则以铁索大如臂者，贯于两岸之崖石。或十余条，或二十条，用木绞使直，而建屋其上，铺板作地平，翼以栏楯。桥长者或数十丈，望之如飞楼虚阁，往来者无不知行于空中也。"

有人认为西汉今陕西褒城樊河桥和东汉景东兰津桥为铁索桥，现在看来

---

① 《古今图书集成·方舆汇编·职方典》卷五八七《成都府部》。

泸定铁索桥

证据还欠充分，有待进一步的考究。唐代高宗调露二年（680），在今云南中甸县西北金沙江塔城关处修筑了一座铁索桥，为世界确知的最古老的铁索桥。据说到了明代此桥"穴石锢铁"遗址还在，冬季水清时还能看到铁环。① 铁索桥在西南地区盛行是在明代。如明代永乐初年今平武县永济桥由"篾缆"改为"铁索"。② 历史上的今澜沧江霁虹桥，在唐宋元时期均为竹索桥或木桥，到明代成化十一年（1475）才改建为铁索桥（崇祯二年重建）。③ 明代弘治八年（1495）又改建腾冲龙川江铁索桥。④ 明代崇祯四年（1631）在贵州盘江上建置盘江铁索桥。⑤ 在清代修建的铁索桥十分多，出现了许多著名的铁索桥。到了近代，人们又将铁索桥改为钢索。

（二）索桥的形制

古代西南索桥虽然种类繁多，但总的来看不外乎两大类型，即多索平铺型吊桥和多索非平铺型吊桥两大类型。前者可分为底索承载式和悬索承载式两种；后者可分为藤（麻）网索桥、V形多索桥和双向走行桥三种形式。

所谓多索平铺型吊桥是最典型的一类索桥，其基本形式一般是并列数根承缆索，上铺木板绞缠竹、葛、藤之类东西成为平面桥面，有时还在竹、葛、藤或木板上复压压索。简易的索桥一般没有扶栏索，较完备的索桥"两旁用巨索约身如栏楯"⑥，即左右各悬2至4根缆索作扶栏索，所谓"各四绳，木挂为栏

---

① 万历《云南通志》卷四〇。
② （明）顾祖禹：《读史方舆纪要》卷七〇。
③ （清）王昶：《滇行日录》，《小方壶斋舆地丛钞》第7帙。
④ 《古今图书集成·方舆汇编·职方典》卷一五〇九《永昌府》。
⑤ （明）徐宏祖：《徐霞客游记·黔游日记》卷二〇。
⑥ （清）李心衡：《金川琐记》卷五〇。

以翼之"①。有时为了安全起见或减轻底索承载的目的，还将左右各一根扶栏索连续牵挂底索，形成"逗两岸用小缆挂系如槽"②的形状，毁坏前的霁虹桥便是这种形制。有时在吊桥上还加盖了竹屋以避风雨，如唐代霁虹桥便是"仍通以竹屋盖桥"③。明代弘治十四年（1501）兵备使王槐又"构屋其上"④；另明代龙川江曲石铁索桥有"覆亭"在桥上，枯柯河铁索桥上"覆屋五六楹"⑤，也是加盖竹屋的。有时河流较宽阔，便"先立两柱于水中为桥柱，架梁于上，以竹为组，仍密布竹组于梁，系于两岸"⑥，形成多级索桥，如安澜桥便是如此。

从多索平铺型吊桥的承载方式来看可分成两种，即底索承载式和悬索承载式。悬索承载式又分成挂系悬吊式和织机悬吊式。

底索承载式，主要是以底索为索桥力的主要承载索，无高悬悬索存在，最多仅用扶栏索连续挂底索附带起一定的承载作用。明代徐宏祖在《徐霞客游记·滇游日记》谈到北盘江"横径之练，俱在板下"，便是指这种形式。古代西南著名的安澜桥、铃绳桥、康熙五十年前的北盘江索桥都是这种形式，这也是古代最常见、最典型的形式。

悬索承载式，主要以高悬在底索上的悬索作为索桥力的主要承载索，底索仅附带起力的承载作用。挂系悬吊式在底索上高悬两根承载索，用小索连续垂下吊下面底索起承载作用。古代这种形式不多见，历史上的北碚朝阳桥、汉源大渡河大桥是这种形式。织机悬吊式主要以底索上的高绷似织机式的索作承载索，底索仅附带起承载力的作用。《徐霞客游记·滇游日记》谈道："此则下既有承，复高绷，两崖中架两端之楹间，至桥中，又斜坠而下绷之，交织如机之织，综之提焉"，这种形式下有底索附带为承载索，上有织机的高绷斜拉索作为主要承载索。明代霁虹桥、龙川江铁索桥、康熙五十年（1712）后的北盘江桥和今天灵关铁眼杆桥都是这种形式。这种形式在现代交通中还被运用，为今天斜张拉悬索桥的雏形。

① 《古今图书集成·方舆汇编·职方典》卷五八七《成都府路》。
② 嘉庆《四川通志》卷三二《津梁》。
③ （唐）樊绰：《蛮书》卷二《山川江源》。
④ 《读史方舆纪要》卷一一八。
⑤ （明）徐宏祖：《徐霞客游记·滇游口记》卷一二。
⑥ （唐）樊绰：《蛮书》卷二《山川江源》。

所谓多索非平铺式索桥主要是指桥面一般为非平面的弧面或一线的索桥。这种索桥桥面一般仅可置足，十分险峻。其基本形式分成藤（麻）网索桥、V形多索桥、双向走行桥三种。

藤（麻）网索桥，又称"网袋桥"。其形制用数十至上百根粗细不同藤索从一岸迁到另一岸，再用粗藤绞成圆环，均匀套在藤索中间，把藤索撑成圆筒形，桥面再用细藤编成，人行在藤网中。

有时只用细藤铺成半圆式桥面，左或右设一扶栏索，人行半圆式藤网上，手扶扶栏索而行。这种形式除在西南三省有分布外，西藏、台湾等地也多有分布。今天云南独龙族的"当滇"也属这种类型。

V形多索桥。一般系用二绳并列悬挂为扶索，扶索之下正中有一根或三根、四根索作承重索供行走，并用坚竹或横竹连续挂到底索形成V形或U形。有时在底索下还承一独木梁供行走。明代云南龙川江东江界头藤桥"横阔十四五丈，以藤三四枝高络于两崖，从树杪中悬而反下，编竹于藤上，略可置足，两旁横竹为栏以夹之"[①]，即指这种藤桥。另西藏曲水三绳桥也是这种形式。清代杨睒《铁索桥诗》记载这种形式的桥"宛宛虹舒腰，落落蛇脱骨"。这种藤桥桥面很窄，一般仅"略可置足"。

双向走行桥，这种形式在四川江油市窦团山仍有存在，但已经不多见。其形制为上下各悬一索，下为承索，上为扶索。人脚踏底索手扶扶索移步而行，是索桥中最为惊险的一种。

在西南地区历史上有一些索桥十分有特色。范成大《吴船录》卷上称：

长百二十丈，分为五架。桥之广，十二绳排连之，上布竹笆。攒立大木数十于江沙中，辇石固其根，每数十木作一架，挂桥于半空，大风过之，掀举蟠蟠然。

这个岷江上的索桥跨柱特色鲜明。清代允礼谈到一种十分特殊的竹桥，其《西藏往返日记》记载：

竹桥法，以竹百余束横列河中，覆以篷除，实以石，分置四隅。复有大墩

---

① （明）徐宏祖：《徐霞客游记·滇游日记》。

二,对峙上流,用巨索系桥之肋,视水消长,以制缓急,人马行则动荡有声,随波升降,亦异观也。

允礼这里记载的竹桥形制还不十分明确,但可以肯定的是,那是一个十分有特色的索桥。

(三)索桥的锚碇

索桥的锚碇是稳定索桥的重要部分。古代西南各族人民利用不同的地势,因地而设,发明了各种各样的索桥锚锭方式。从整体上看,索桥锚碇方式不外乎两种,一是无柱式,一是有柱式。

所谓无柱式系指索桥的锚旋不是用木柱、石柱或铁柱系绳,而是直接将绳(包括竹索、藤索和铁索)缠系于石孔上,或垒石,或埋于石窟中甃以石块。其基本又可分成三种形式。

笼石式。关于这种形式,《蜀中名胜记》卷七《茂州》载:"或以大竹篮盛石系于上,又以竹绠布于绳。"其形制一般用竹笼包裹数块石块成锚垛,将索桥绳捆绑缠绞在锚垛上,故又称:"或以大竹篮盛石,系绳于上。"有时这种形式仍可植转柱以绞紧绳索,故有"夹岸以木为栈,绳缓则转机收之"①之举。这种形式因锚旋垛不固定,承载力十分有限,一般只适宜用于跨度较小的溪谷索桥。今西南地区仍多见。

石鼻式。这种形式在唐代樊绰所著《蛮书》卷二谈到霁虹桥时称:"其穿索石孔,孔明所凿也。"对于此石孔到底是否为孔明所凿,这里我们不必去考证,但是从中可知唐代霁虹桥是用石孔锚旋桥索。参霁虹桥两岸形势来看,岩石壁立,完全可能采取这种锚旋方式。明代此桥仍是"上覆以屋,下承以巨索而系于岩上"②。在喀斯特地貌的贵州地区,古代索桥多取这种方式。清代《重修盘江桥碑记》谈到当时盘江铁索桥便是"凿岩以为琢,亘两壁而贯之,纬以板"。清代许缵曾《滇行纪程》曾谈到"绠贯两岸石窟",清道光《安顺府志》则明确称"铁贯入两岸崖石间",《黔书》卷上称"贯两崖之石而悬之"。值得指出的是,至今贵州关岭花江铁索桥遗址仍留有这种石孔,说明当时花江桥是采取的这种锚碇方式。另清代王昶《雅州道中小记》谈到汉川"穴

---

① 嘉庆《四川通志》卷三一《津梁》。
② (明)张志淳:《永昌府霁虹桥记》。

山趾以贯首尾"的索桥锚碇方式,也是指这种石鼻式。再者,云南施甸县遂通桥便是将铁链在两岸崖间穿壁悬而成。许多溜索也是采取这种方式,如清代姚莹《康輶纪行》卷一五谈到"于两岸凿石鼻以索缠其中"。

落井甃石式。这种形式直接将索桥绳索放入挖出的落井或砌成石墩的落井中,再甃以石块压隐锚碇。这也是一种比较常用的锚碇方式,主要适用于小型铁索的锚碇。

所谓有柱式系用各种方式树立石柱、木柱、铁柱来锚旋索桥索,可分成垒石植柱式和甃石植柱式。

垒石植柱式。一般只适用于跨径小或多孔窄桥。明代《蜀中名胜记》卷六:"其制堑石为穴,键石为笼,夹植巨木。"即在两岸挖出石穴,用竹笼包裹垒石挤压巨木成为锚柱,再将索桥绳缠系于柱上。明代灌县珠浦索桥(安澜桥)便是采取这种形式。一般这种形式两岸可立二至四根锚桩,以木、石、铁等材料为柱。

甃石植柱式。也是两岸石穴落井中植柱绳,只是不是垒石植柱,而是用灰浆块石将锚柱胶固在石穴中,并且所植锚柱(又称桩、栈)较多,多者可上百个,又叫将军柱或万年柱。有时还在众多锚柱上覆以巨石镇压以加固承拉力;有时直接在落井中用石压稳横石柱以系绳索,如丽江金龙桥。锚桩分成两类,一类是立柱用于系绳,一类是转柱以绞紧绳。有时还用木绞车绞紧底索,如清代安澜桥。对于这种形制古籍记载较多,清嘉庆《四川通志》卷三二:"每洞树将军柱一百八十根,洞门外立井口大柱四根,上穿篾缆十八条,系于将军柱上。"清代李心衡《金川琐记》:"其制两岸桩千百,镇巨石于其上,组以长绳,络以板片。"《古今图书集成·方舆汇编·职方典》卷五八七载:"东西两头约五十步,平立两大柱为架,长可六丈,名将军柱,桥绳俱由架上铺过,使之下坠。东西建屋楼,楼之下各有立柱转柱。立柱以系绳,转柱以绞绳。"这种形式一般还要建立门楼,如铃绳桥"东西建层楼",打冲河铁索桥"两岸用大石堆砌,树洞门二座"[1],而霁虹桥"巩石为门"[2]。另有些索桥既植柱系绳和立转柱,也造落井以固锚旋,如大渡河铁索桥原是用"巨木"为之[3],现

---

[1] 嘉庆《四川通志》卷三二和三三《津梁》。
[2] (明)徐宏祖:《徐霞客游记·滇游日记》。
[3] 唐寰澄:《中国古代桥梁》,文物出版社1987年版,第191页。

在的锚碇方式则是在石砌桥中开4个宽2米、长5米、深6米的落井，下用一根直径0.29米、长4米的桩锚以系铁链，又用8根直径0.2米地龙桩横压落井以加固，上又有柱以系索绳和转索绳。

另外，还有一种简易的锚碇方式，即将桥绳系于两岸大树上，如明代龙川江东江界头索桥便是"从树杪中悬而反下"①。这种形式只适宜于跨度小和桥身轻的索桥，多用于V形多索桥锚碇。

（四）索桥的分布

古代西南各民族人民兴建了多少索桥是难以计数的，巴蜀地区也不例外。从中国西南古代索桥分布的规律来看，主要分布在西南两大片区。一是西南地区的横断山七江流域河谷地带，即岷江上游、大渡河、雅砻江、攀枝花以上金沙江、澜沧江上中游、怒江上游、龙川江上游地区。这个地区是中国西南索桥分布最集中的地区，也是中国西南索桥产生最早、形式最齐全的地区。可以说这个地区是中国乃至世界索桥的主要发源地，是世界索桥的博物馆。另一是川南、重庆东部和贵州喀斯特地区。这两大地区都有河谷深切、岩石发育好、气候温湿、竹木藤葛原料丰富的共同特征。这种特征为西南地区成为索桥发源地创造了必要的可能和条件。

川西地区是古代索桥分布最集中的地区，古代笮民族便是因为善造笮桥而得名。据《华阳国志》卷三记载，汉晋时成都检江上便有笮桥，唐代成都则有笮江水。②汉晋时期大笮（盐源）、定笮（盐边）便是因设笮桥而得名，以后又有笮州、绳州、笮通、笮秦、笮关等地名。唐代温江、皂江上有竹索桥，唐宋时严道县平羌江多功路上有一绳桥。③唐宋时西山道上有4座著名的绳桥，即珠浦桥（绳桥、评事桥）、白沙绳桥、桃关绳桥、汉川绳桥。清代《金川琐记》卷五记有"赴金川必渡汶川索桥，军兴时，建于两金川者不少，后皆撤去"，说明川西北绳桥是十分多的。清代川西茂州镇西桥，汉川戴家坪桥，松潘叠溪笮桥，洪雅瓦屋山索桥，平武垂虹桥，盐源打冲河索桥，荥经大通节桥，芦山龙门索桥，沫江铁索桥，天全龙安桥，思延、铜江、鱼喜河铁索桥，眉山六会桥，崇庆州文井江铁索桥，章谷屯得胜桥，甲楚、卡山牙桥等都是较

---

① （明）徐宏祖：《徐霞客游记·滇游日记》。
② （唐）李吉甫：《元和郡县志》卷三一《剑南道》。
③ （宋）王象之：《舆地纪胜》卷一四七《雅州》。

有名的索桥。其中以灌县安澜桥、汶川索桥和泸定大渡河索桥最为著名。

除此以外，四川川南、重庆也是绳桥分布比较集中的地区，如川南南广河、横江河谷上便有许多索桥，其中如兴文建武索桥、盐津新村索桥都负有盛名；川东达县左峡铁索桥、重庆忠州铁索桥、南川龙岩江铁索桥、垫江铁索桥也很有名。

三、溜索

川西溜索

溜索，又叫溜筒桥、溜筒江、溜索子、溜筤江、溜绳渡、溜渡、藤索渡。

（一）历史考察

古代史籍中的"悬度""撞""悬撞度索""度索寻撞之桥"，主要是指溜索。《汉书·西域传》："悬度者，石山也，溪谷不通，以绳索相引而度云。"也是指溜索。

中国西南是世界上溜索分布最集中的地区，巴蜀地区西部也是分布较多的地区。在历史时期溜索分布可能比索桥分布更广阔。据《汉书·西域传》记载，乌耗国西有一悬度国，位于今印度河上游，便是因境内多悬索而得名。

（二）溜索形制

溜索的索的原料与索桥一样，主要是用竹索、藤索和铁索，近代又有用钢索的。古代由于溜索承载力较索桥小，故一般竹索的制法同索桥小索一样，有的"裂竹绞焉"，有的"用篾丝以为绳"。

综合历史文献和西南地区现存的许多溜索来看，溜索的形制可分为双向陡索式和单向平索式。

1. 双向陡索形制

陡索形制是先于两岸各立一高柱和低柱相对，用竹索相连成为主索，主索拴系在两岸巨石凿成的石鼻、大树桩或木架上。对此，古代许多文献多有记载：

李心衡《金川琐记》卷六：

两岸高处，各植一巨柱，低处亦植一巨柱，凡四柱。柱皆深埋山石中，出地高数尺……此岸高处之柱遥遥相对，柱端相连铁索。

姚莹《康輶纪行》：

于两岸凿石鼻以索缠其中，往南者北绳稍高，往北者南绳稍高。

王昶《雅州道中小记》：

两岸植柱桩二，高卑各一，两岸系索于桩上……

溜索主索设立后，便是要置筩和屛。对置筩和屛，古代文献多有记载：

李心衡《金川琐记》卷四：

索外套一五六尺长之竹筩，用牛革及生漆护极坚。筩上系一细索，较铁索略短。其短紧系高处柱杪，人畜欲度者，抱缚竹索，高处役持索缓缓放之，乘势而直抵延续岸。解缚，即收回竹筩。彼岸欲来者，亦从高处溜下，法与前同。

姚莹《康輶纪行》卷一五：

手足循索处皆有木贫，缘之护手易达。

王昶《雅州道中小记》：

辫竹为瓦状，有渡者缚两瓦合于索上，又缚人于瓦上，推之瓦循索自高以迄于卑岸，侧则解其缚以行也。

《古今图书集成·方舆汇编·职方典》卷五八七：

渡者采坚木制削如半边竹筒，长可七寸，名曰溜毂，上有小孔。渡时合于篾绳，另用麻绳系腰穿溜毂小孔，缚紧两手，抱溜毂而渡。

陈祥裔《蜀都碎事》卷二：

西川汶川、保县一带，与番彝相通之路，曰溜索，以篾索一条，系于两岸树根，中跨大江，江水激石，吼声如雷，去江数切。欲渡者以竹筒一个，劈而为二，合于索上，以绳自缚于筒上，行李亦然，用力趁势溜而过之。索半岁一换，断此则来往隔绝矣。其险如此，栈道未足数也。

从以上文献记载和今残存在川西、滇西的部分溜索看，所谓箭，又叫溜毂、瓦溜，在古代系用牛革及生漆深深裹护的半圆形竹筒，故又称溜筒子。溜索系将一个或两个箭反扣在主索上，箭上小孔系的麻绳下吊一个竹编的尻兜，人坐其中。同时用一铁索或竹索系在箭或尻兜上，一头系在高边柱杪上成引索。高岸索夫可缓缓将引索由高而下乘势将尻兜滑到对岸，待人走出后索夫又可将箭和尻兜拉回高处再渡行人。有时也可不用尻兜，在箭上小孔下系交叉渡带、麻绳或横木，人正坐或仰坐在其上滑到对岸。有时"手足循索处皆有木箭，缘之护手易达"，则是仰面手足均各缚一箭滑下。有时陡索跨度较大，主索要弓弯，渡者需急速滑下趁惯性滑到对岸。即使这样，有时滑到主索中间，还必须缚主索或挂在主索藤圈上的引索而上，这便是"少停必自以两手逆援始登彼岸"①，"另得细绳系圈上，溜至中，恐或停阻，用力抽曳使动而易下，亦颇迅"②。双向陡索式也用于运送货物，"他若财货器用及婴儿皆可用以渡"，一般是将牲畜或器物缚于人后箭上，或将器物、婴儿背于背上，故有"渡物则人前物后"或"且有缚行李于背而过者"的记载。

2. 单向平索形制

单向平索形制比双向陡索简单。《古今图书集成·经济汇编·考工典》卷

---

① （清）张泓：《滇南新语》。
② （清）张泓：《滇南新语》。

三一引《四川通志》："牛栏江下游，江阔水急，彝人用木筒贯以藤索，人过则缚以筒，游筒往来，相牵以渡。"嘉庆《四川通志》卷三一："又有溜索笇桥在县西六十里，两岸石柱以竹绳横牵，木笇状似瓦，复系绳上，渡者以麻绳悬缚笇下，仰面缘绳而过。"这两则记载都是单向平索。单向平索溜索两岸系索点基本上是一样高低，正如庆远《维西见闻录》载："或止可系一缆，两岸高悬，中软而低，往来者皆渡于此。至低处则以手挽缆，递引而上。"单向平索由于两岸系索点一样高，一般渡者乘斧兜滑到中间下垂后，一可缚主索而上；也可"以手挽缆，递引而上"，即曹树翘《滇南杂志》载"人自以手沿大藤而进，行达彼岸，复自解之"，也可由岸上索夫迁引索而过。若渡者是坐在麻绳、皮革带、横木上滑到中间除坐姿缚主索而过外，还可仰面缚索而上。这样有时也设有两个笇，一个笇起承载渡者坐用，另一个笇供渡者套脚，仰面滑下。

清代在昭化县（今广元昭化区）有一个用于传送文书的哨楼式单向平索溜索，其以16丈的葛作为主索，主索上套铁圈一个，下设铁架内承木匣装文书，铁圈东西各设一引索。有的重要溜索两岸专门有索夫负责牵引，故载"柱旁建屋一区，各设夫役二三名，为往来人接应"。

（三）溜索的用材与锚定方式

溜索主索最初用篾竹，引索多用麻索，溜毂用竹筒制成。随着冶炼和机械技术的发展，主索多变成铁索或铜绳，溜毂（笇）多演变成近代的金属制成的滑轮。

关于溜索的锚碇方式比索桥简单，一是垒石植柱式，李心衡《金川琐记》："两岸高处，各植一巨柱，低处下植一巨柱，凡四柱。柱皆埋深山石中，出地高数尺。"王昶《雅州道中小记》记载："两岸植柱各二，高卑各一，两岸系索于桩上。"一是石鼻式，姚莹《康輶纪行》卷一五："于两岸凿石鼻以索綯其中。"至今在川西、滇西峡谷许多地区溜索仍采取这种简易的锚碇方式。

溜索这种交通设施在中国西南分布十分广泛，巴蜀地区的西部是一个重要的分布地区。李心衡《金川琐记》卷六："绥靖之噶尔丹寺，向有溜索桥，已久废，其址尚存……内地惟雅州府属之天全州独多。"姚莹《雅州道中小记》："又松潘杂谷有溜索。"《古今图书集成·方舆汇编·职方典》卷五八七："溜索、三店、彻底关与文坪皆设（溜索）。"从文献记载看，溜索主要分布在今川西、滇西、滇北和滇东北地区，而以川西北茂州分布最集中。从今天的实地考察来看，基本情况也是如此。历史时期溜索的分布与索桥的分布基本上是一致的。

四、廊桥

廊桥是中国南方地区特有的一种桥梁，由于其能躲避风雨，故民间又习惯称为"风雨桥"。在侗族地区因为风雨桥多有雕梁画栋、廊亭结合，故又称"花桥"。再因白龙传说又有"回龙桥"之称。因其以瓦盖顶，故又有"瓦桥"之名。就廊桥本身讲，古代宫殿庭院建筑中的长廊桥很早便出现了。在四川汉代画像砖中有一幅图，以往人们多认为是房屋，现在来看，其居屋中两边有栏杆，应是一种实际运用的长廊桥。这就是说西南地区的长廊桥至少在汉代便出现了，而且是在巴蜀地区。

（一）风雨桥基本构造形式

风雨桥一般由桥墩、桥塊、桥梁、桥廊、桥亭5部分组成。大型风雨桥桥墩多用石料砌成，有的小型风雨桥则多用组合木柱代替。桥塊多是用石料砌的，也有的用数根杉木并穿斗层层堆叠而成。

风雨桥就其基本构造形式可分成3种，即木悬臂式、木桥道梁式、石拱桥式。

木悬臂式是风雨桥中最具特色的一种，是用数根杉木并列穿斗铺于石桥墩上，上层短，下层逐渐出挑，双连构成悬臂式。大型的风雨桥往往要用2至5层悬木相叠而成，然后在其上铺上2层以上重叠的桥道梁，层与层之间横木相垫，桥道梁间及与桥塊间用裤头枋固定。如果这种木悬臂式桥为单跨式，就形成伸臂式桥，如明清贵州盘江桥，在铁索桥基础上改易为伸臂式风雨桥。云南地区的一种伸臂式风雨桥也十分有特色。

木桥道式多用于一些小型的风雨桥。这种风雨桥不用悬臂梁，直接用桥道梁铺于桥墩两端，在桥道梁上铺上横铺木板构成桥道。

石拱桥式是以悬砌式拱桥作为桥道梁，再在石梁上架长廊和亭的风雨桥。

以上三种风雨桥都用木料设立长廊、亭，前两种多利用桥上的立帖升高自然形成桥廊和桥亭，后者立地桩而设。有的风雨桥只有廊而无亭，有的则有亭而无廊，有的则廊、亭兼备。

（二）巴蜀地区风雨桥概况

今湘、黔、桂三省交界的侗族聚居地区的风雨桥形式最具特色，但历史上巴蜀地区的风雨桥也较多。

据笔者初步统计，仅巴蜀地区较有名的风雨桥就有10多个，如石柱县廊桥，丰都县包莺廊桥，江油市清林镇红军桥（道光时建），南川县廊桥，秀山县客寨桥，秀山县红军桥，秀山县柳档河桥，峨眉山清音阁廊桥，汉源县河南平西桥，汉源县八里铺廊桥，南川县金佛山廊桥，青川县东河桥、龙门桥、天乐桥，巫溪凤凰凉桥等。其中咸丰二年（1852）建的青川县东河桥又叫同仁桥，为5墩6孔桥，为19排排扇桥楼风雨桥。道光时建的江油青林古镇石拱式桥（后更名为红军桥）有3个楼亭，至今已经有一百多年的历史。秀山县客寨风雨桥最具特色，其始建于元代，清光绪年间始建亭廊，桥长58米，宽6.4米，贯通的三重檐式木架长廊，在西南地区风雨桥中独具特色。秀山县柳档河桥为木桥道梁式风雨桥，长18.9米，宽4.8米，高7.45米，也是贯通的二重檐中加一个二重檐亭楼式。丰都县包莺风雨桥始建年不明，为木桥道式风雨桥，其桥长18.9米，宽5.2米，高7米，廊为二重檐式。其最具特色之处为桥两头各起4根斜柱支撑，十分独特新颖。

从现存风雨桥分布来看，巴蜀地区主要分布在川西和重庆东部地区，贵州地区主要分布在黔东南地区，与湘西、桂北分布区连为一体。云南地区的分布基本上是沿横断山纵列河谷向东南方向延伸，从西畴、富民、元谋划一线，其东北少有分布。具体地讲，可分成4个大区，即四川青川、安县、江油一线，为川西北区；四川汉源、峨眉一线，为川西区；重庆东部的丰都、石柱、南川、秀山与贵州西部、湘西、桂北连成一片，为四省毗邻区；云南的西畴、玉溪、华宁、建水、富民、永仁、墨江、维西、宾川、云龙、巍山、景东正好处于云南的西南一半，为滇中区。

值得指出的是，这些地区正是中国西南年平均降雨相对值大的山地地区，对这一点我们将分布点与年均降雨图重叠在一起就十分明确了，这4个分布区都是西南地区最重要的降雨值大的地区。这种分布进一步证明了我们认为风雨桥是以南方民族为躲避风雨而修建为第一动机的结论的正确。这种结论再一次证明，文化传统的形成必须以生存和适应为首要原则。

五、蜀马

西南地区自古以来驯养马十分富有特色。据有关学者研究表明，至迟在春秋晚期，云南的养马业已经十分普遍了。①在战国时期的晋宁石寨山的西汉青铜器上便留下许多马的形象，可知当时人们普遍养着成群的马匹，骑马出行和狩猎成为十分寻常的事情。从晋宁青铜器上的图案来看，当时云南的马长有长鬃，身材较短，这与今天的云南马十分相像。

汉晋以来，西南地区的养马业仍富有特色，培育出了许多著名的马种。

筰马，据《史记·货殖列传》和《汉书·地理志》记载，当时便有"西近邛筰马牦牛"之称。《史记·西南夷列传》记载："巴蜀民或取其商贾，取其筰马、焚僮、髦牛，以此巴蜀殷富。"另《后汉书·南蛮西南夷列传》则记载有"汶山名马"，这里可能是指今川西北、甘南地区的河曲马。

从有关考古图像资料来看，当时巴蜀地区所用的马，既有体型小、耐力和脚力好的西南马，也有西域地区高大善驰的名马，这可能是针对不同的用途择其善而为之。关于西北地区的高大马的形象，四川画像石中的绵阳平杨府君阙牵马、乐山麻浩崖墓挽马，以及新都车马出行图、画像砖马车、收租图、骑吹二骑吏图中的马便是这种形象。成都精神病医院出土的东汉的大陶马也属于此种马。关于西南地区马的形象，其他乐山柿子湾崖墓乘马、重庆石棺马车出行图和荥经石棺车饮马图、宜宾石棺迎客图、彭山双河石棺双网图中的马相对矮小，可能是当时的本地马。

唐代西南的马仍以善行远和体型小闻名。四川地区的马当时称"蜀马"，据记载："成都府出小驷，以其便于难路，号为蜀马。"②在川西北地区还有河曲马，是西南地区较为高大善驰的名马。

宋代开始置川秦茶马司在西南地区进行茶马、绢马贸易，把西南地区的马称为"羁縻马"，把秦陇马称为"战马"。

明清时期在川陕设立了5个"茶马司"，与西北和西南地区的少数民族进行茶马贸易，同时西南各民族仍在不断进贡名马。明清时期西南地区有乌蒙马、水西马、河曲马、建昌马等名贵马。其中河曲马高大强壮，载重大，一般可载重160～240斤，善于行走河泽，主要产于川西北的阿坝、红原、若尔盖等地。而产于今西昌的建昌马，系典型的西南马，体质强健，善于爬山，耐力好，适于长途运输。彭遵泗《蜀故》卷八称："成都出小驷，以其便于山行号为蜀

---

① 汪宁生：《中国西南民族的历史与文化》，云南民族出版社1989年版，第134页。
② （唐）李匡乂：《资暇集》卷中。

马,即果下骝也。"这里的蜀马即西南马的一种。滇黔马也是典型的西南马,据刘㲄《南中杂说》:"滇中之马,质小而蹄健,上高山履危径,虽数十里而不知喘汗,以生长山谷也。"《黔囊》:"黔马小而习险,其行步收敛,不敢放蹄,故蹀峻驰危,稳骤不蹶。水西、乌蒙最良。"《黔书》卷下称水西马"体卑而力劲,质小而德全",而称乌蒙马"体貌不逮水西,而神骏过之"。

中国西南山高水险,道路险峻,传说的手推车、马车、牛、大象有的难以爬行山路,有的不能长途运输,这使西南地区的交通在传统上主要靠背子、担子和驮马。对于驮马而言,西北新疆马、河套马、蒙古马以擅长急驰为特点,但却怯于爬山和行远,耐力不足。中国西南马善爬山而耐力好的特点应是自然环境和人工驯养的结果,其本身的特点为西南马帮的产生创造了条件。

六、背篓

背篓,巴蜀又称为背筼,这种交通运输工具在历史时期的西南地区十分流行,是与西南地区山高水险、山路狭窄的自然环境相联系的。正是在这种环境下,道路不便行车和肩舆,而用背篓负重登山往往能使自己的两手得以解放出来,再加上其不怕路窄和岩石碰撞,故在西南地区有十分强的生命力。

清末茂县北四川背夫

(一)历史考察

背篓在巴蜀地区出现于何时文献阙如,但考古发掘表明,至少已经有两千多年的历史,四川新津县汉墓出土"背筼女俑"可资证明。新津县出土的这个背篓女俑高12.7厘米,身着右衽长裙,头梳高髻,所背背篓顶齐颈,底齐腰,重负已将其背压弯。其背篓呈椭圆形。这种形象还见于四川汉代盐井画像砖的背盐形象、云南昭通梁堆画像砖中。

清末巴蜀背夫

关于巴蜀地区历史时期背篓的文字记载首见于五代:

《太平广记》卷四八三引《玉堂闲话》：

（南）州多山险，路细不通乘骑，贵贱皆策杖而行，其囊橐悉皆差夫背负。夫役不到处，便遣县令主簿自荷而行。将至南州，州牧差人致书迓之，至则有一二人背笼而前，将隐入笼内，掉手而行。凡登山入谷，皆绝高绝深者，日至百所，皆用指爪攀缘，寸寸而进。在于笼内，必与负荷者相背而坐，此即彼中车马也。泊至近州，州牧亦坐笼而迓于郊……

这里谈到一种背人的背篓，只是无法知道其具体形状。据《新唐书》卷二四《车服志》记载"巴蜀妇人出入有兜笼"，此"兜笼"为何物？据《蜀中广记》卷六八引《事物纪源》称："兜笼，巴蜀妇人所用。乾元以来番将萧勋于朝多乘之，以易于担负。京师先用车辇，后亦以兜笼代之，即今之兜子，盖其制起于巴蜀而用于中朝，自唐乾元以来也。"这里没有言"兜笼"的具体形制，但从其可以代替担负来看，很有可能也是背篓一类的东西。

宋代朱辅《溪蛮丛笑》里"背笼"条记载："负物不以肩，用木为半枷之状，钳其项，以布或带系之额上，名背笼。"又《文献通考》卷三二八引《桂海虞衡志》记载当时的瑶人"岭蹬险厄，负戴者翻著背上，绳系于额"。陆游《入蜀记》卷四则记载三峡："妇人汲水，皆背负一全木盎，长二尺，下有三足，至泉旁，以杓挹水，及八分，即倒坐旁石，束盎背上而去。大抵峡中负物率背，又多妇人，不独水也。有妇人负酒卖，亦如负水状……"这种背负的全木盎下有三足，十分有特色，只可惜今三峡地区已经不复存在！

（二）背负形式

明清以来关于背篓的记载日多，由于地理环境和文化传统的不同，就是西南地区各民族在背负形式上也存在不少差异。

背负形式按其承受带索的地方不同可分成4种，即肩负式、额负式、肩额双负式（含木枷式和双索式）和绑扎式。肩负式又可分成肩负双索式、肩负独索式、肩负背架式；额负式简单，只有一种形式，木枷式和双索式是充分利用肩和额同时负重的一种形式；绑扎式又可分成活套式和死套式。

1. 肩负式

（1）肩负双索式。这种形式是巴蜀地区历史上和现在最常用的背负形式，以汉族、苗族使用这种形式最多。前面我们所谈的四川新津汉代女陶俑便是这种形象，可见这种形式出现在西南地区是比较早的。据严如熤《苗防备览》卷八记载："腰背负笼,出入必备。其笼以竹为之,旁有两绳贯于肩,秋成以获杂粮,平时以负柴薪。"其形式即是在背篓上左右各置一背索,套在人的双肩上。其索一般用布带、棕索、皮带、篾索和发丝等为之。

（2）肩负独索式。这种形式在西南一些少数民族地区仍在使用,其形式是在背篓上只置一根背索,套在双肩上。

（3）肩负背架式。在西南许多地区,利用背架来负重致远十分流行。背架子一般用木制成,循人的背形起伏制架,支出两横木承重。这种背架一般也在上置双索套肩,只是由于背架子紧贴肩和脊梁负重,负重面分散,可更多负重。用背架一般都要配上一个背杵子,又称丁字拐,便于休息、行走时支撑。这种背负形式在大巴山地区和滇东北地区流行。

2. 额负式

额负式是在背篓上置一根背索,套在额上负重的一种形式。这种形式在云南、贵州、川西少数民族地区十分流行。早在晋宁石寨山的民族背负形象便是这种典型背负式,可见其出现十分早。《文献通考》卷三二八引《桂海虞衡志》记载"岭蹬险厄,负戴者悉著背上,绳系于额,偻而趋",就是指这种形式。宋代周去非《岭外代答》卷三："地皆高山,而所产乃辎重,欲运致之,不可肩荷,则为大囊贮物,以皮为大带,挽之于额,而负之于背。虽大木石,亦负于背。"也是指这种形式,只是其不是用背篓,用的是大囊。据李心衡《金川琐记》卷二记载："尝见黔、楚、苗、瑶及西藏夷人,携带货物,或缠缚头顶,或系绊脊普,头不得转头,身不得屈伸,视肩挑手挽劳苦尤甚,然彼徒习以为常,乐此不疲。"这里的"或缠缚头顶"也是指此。清代张咏《云南风土记》对这种形式记载较详,其载："滇人载物,马骡外,往往以负。其法,以巨索缚物,索端以棕皮织数层如增,阔三寸许,戴额间,负手承物,伛偻行。少憩,即倚物而坐。虽大木巨石,亦用此法。岂其额多力,异于他处耶？"黄懋林《西游日记》记载剑川妇人"背负篾篓,系索于额"。这种形式一般要用双手撑握双索,以稳定负物,至今在西南少数民族中仍多有此形象。现代云南少数民族妇女多采用这种背负方式,其工具称背顶索,可套上篮子负重。

3. 肩额双负式

肩额双负式分成木枷式和双索式。

（1）木枷式。也称背杠式,这是西南少数民族地区十分独特的一种背负形式,其出现也十分早。宋代朱辅《溪蛮丛笑》记载："负物不以肩,用木为半枷之状，钳其顶，以布带或皮系之额上，名背笼。"就是反映这种形式。后来陆次云《峒溪纤志》卷中记载："诸苗负物不以肩，以木为半枷之状，钳其顶，系带于额，背笼经行。"严如熤《苗防备览》："负重致远，则先用背杠。背杠以木板为之，形如半枷。置于项后，着以肩，贯绳以系于首，然后背笼负物，肩与首并用其力。"又据释同撰《洱溪丛谈》载："滇黔苗、倮、獽、玀、么些之属，担柴负重，项戴半枷，即徒行亦不暂脱。"陈鼎《滇游记》也记载："滇中苗、倮、獽、玀、磨些之属，担负货物，顶戴半木枷，徒行亦不暂脱。相传诸葛武侯定南蛮，设此以号令群夷，使其不敢与汉人为伍，以别贵贱，殊不知非也。戴木枷者，殆可负重以便工作耳。"在清代《皇清职贡图》中有几幅明显是这种半枷式形象。现在云南少数民族使用这种背负形式也十分普遍。据南涧县商详细调查表明，今滇西南高寒山区的彝族、苗族多采用这种额负式。这种额负式背负工具被称为背板，由两部分组成。一部分是卡在脖子上的木板，长约50厘米，宽约15厘米，厚度约3～4厘米；另一部分是长约5～6厘米宽，厚约1厘米的背顶索（由布、棕、绳、发丝编织而成）。人们将它顶在头顶上，两头则通过背板穿出，用于拴所背的东西，也可拴套在篮子、背架上。

（2）双索式。在用索套在额上的同时，用索背在背上的背负形式。具体地讲，是用两条背带套在肩上，同时也用一根背带套在前脑勺。《中华全国风俗志》上编引《蒙自县志》记载："彝民善于肩挑，凡运薪米数十百斤，皆负之于背，束带于胸及额，伛偻而行，宛如服扼之状。"今天西藏墨脱地区门巴族的背运方式便是这样。

（3）绑扎式。这种形式在西南少数民族少见，是较为原始的一种背负形式。据李心衡《金川琐记》卷二记载："尝见黔楚苗瑶及西藏夷人，携带货物，或缠缚头顶，或系绊脊，头不得转动，身不得屈伸。视肩挑手挽，劳苦尤甚。然彼徒习以为常，乐此不疲。"绑扎式还有一种活套式，《金川琐记》卷二记载："至金

清末康定瓦斯沟茶夫

帮扎式背负

川夷人,辄用皮条长数尺,作活套束物系背,仍持其端。劳顿时,背就蹲石,手松其套,可小憩。"这种形式是绑扎式中较为灵活的一种。

从目前文献记载和实地考察来看,西南地区几乎所有民族都流行用背负形式进行交通运输。

(三)背篓形制及其产生的环境因素

四川新津县汉代陶俑和盐井画像砖的背负形象可说明四川汉族很早便用背篓,至今四川汉族也普遍用背篓,几乎都是肩负双索式,只是背篓的形制各地有所不同。川南苗族,据黄元治《黔中杂记》记载:"(苗人)肩乐能担,凡薪米之属悉背负。"前面我们引用的陆次云《峒溪纤志》、严如熤《苗防备览》及一些地方志中也有类似的记载。至今苗族也使用背篓。彝族,爱必达《黔南识略》卷二四:"(罗罗)凡薪米之属,悉背负。"藏族,也见于上面李心衡《金川琐记》的记载。今藏族仍是如此,特别是藏族额负式背水桶的形象十分具有特色。

背篓,也称背笼,在历史文献中也有竹筐、竹篼、篾笼、篓、篮子、筑笼、竹笼、背篮子、背儿、背袱等称呼,其形制十分复杂。从其外观来看,基本上可分为圆形、椭圆形、方形、喇叭形、半喇叭形、座椅形六种。背篓的底一般可分成圈底、圜底和平底。黔北一些

现代巴蜀背夫

地区背篓上为大圆盘,下则缩小为巴掌大的方形底面。四川广汉的背篓为方形,但上下都微缩,中间略凸。凉山地区彝族则流行喇叭和圆柱形敞口背篓。

从其编织方法来看,可分为丝篾背篓、夹层背篓、疏篾背篓。其中丝篾背篓、夹层背篓一般要用竹块和木块作为骨架或垫底;夹层背篓除有骨架外,一般要用竹篾或箦竹叶作为夹层,或专门织成一个外壳,套在夹层外。丝篾背篓最为美观和精细,适用于背负比较重要而干净的东西,而疏篾背篓一般用于生产中背负草料、肥料等。

前面我们谈到在历史上的三峡有背负三足全木盎的背具，也有背负人的竹背篓，只是具体形制不是太清楚了。至今在贵州六盘水的苗族中还用绳负大木桶运水。

背篓是自然环境的杰作，其产生首先有必要性。李心衡《金川琐记》卷二将背篓与横担作了比较：

盖金川跬步皆山，顽石犉伏，揩撑良便，夹道崎岖，又复盘旋曲折，若用横担，非持上下触碍，抑且转侧多阻。因地制宜，其法尽善。

李心衡的记载对背篓产生的环境因素已经说得十分明确了，即是山区陡险狭窄的道路不适于担子和车舆对路面高低和路宽度的要求，而背篓既无这些要求的限制，也能空出双手来做其他东西。《太平广记》卷四八三引《玉堂闲话》谈到当时背上背篓的人："凡登山入谷，皆绝高绝深者，日至百所，皆用爪攀缘，寸寸而进。"可见背篓空出手来的作用。如巴蜀地区许多山区农妇用背篓背上小孩还能同时从事其他劳作，此即所谓"黔中妇女作背筐，负儿于背"①。

背篓的产生也有可能性。西南地区总体来讲气候温暖湿润，有丰富的竹类资源，而竹类相对于木、藤、草来说更具有韧性、弹性，品种较多，也更易于采取。这为背篓的产生创造了必要的条件。据调查表明，大巴山区一般在高海拔地区，如海拔在700米至2900米的地区利用当地的金竹、木竹、斑竹、水竹等来编织背篓，而海拔在其下的地区则多用楠竹、斑竹、水竹来编织，这充分体现了就地取材的原则。

背篓的各种不同形制也与环境关系密切。如大巴山山区多为喇叭形和半喇叭形，这种形制一般上大下小，背负时重量均匀地移往背和肩上，重心前移和下降，又便于脚的上下活动，以利于加大步伐和抬脚登高，便于行走山路，还增加了行走的稳定性，故在山区这种形制最为流行。而在低一点的坝区，则以直圆式和直方式为多，这些地区可以用车、畜力、担子分担重物，没有必要负担太重的东西登高山。同时直圆式或直方式便于人们在平地直立行走和休息，编织又相对简单，故坝区更为流行。至于在一些藏区用皮囊替代背篓，则与当

---

① （清）李宗昉：《黔记》卷一。

地皮革资源十分丰富有关。在云南一些民族地区，高寒山区男性多取背板，女性多用背顶索；而平坝地区普遍多流行肩负式的背篓，这主要是背板、背顶索在山区取用更加方便的灵活特色所决定了的。

七、肩舆与陆纤

轿子又称舆轿，一般认为轿子发源于步辇，是将车去轮用人担负使成肩舆、篮舆、檐子、轿子。《汉书》卷六四《严助传》中就记载："舆轿而逾领。"《华阳国志》记载："汉献帝初平二年，益州牧刘焉造乘舆车服千余，僭拟至尊。"《旧唐书》卷四五《舆服志》："曾不乘车，别坐檐子，递相仿效，浸成风俗。"早期人们一般多乘马而行，轿子是病人、妇人所乘，唐代规定除为有病，为官不得随便坐轿子。宋代"世俗重檐子，轻軿车"，说明轿子在南方已经较为普及了。明代《五杂俎》记载："唐宋百官皆乘马，宰相亦然。政和间，以雨雪泥泞，特许乘轿。渡江以后又许乘轿，盖江南马少轿多故也。国朝京官，三品以上方许乘轿。三五十年来，郎官因皆乘马。后因乘马不便，始以小肩舆代之，近日遂无乘马者矣。"所以，明清时期南方轿子已经十分普遍，有关限制也成为一纸空文。

日本山川早水《巴蜀》一书中记载的陆纤（山轿）

清末民初成都的轿子

在巴蜀地区的一些高山地区，"肩舆上山，必用纤夫"，其"纤以色布为之，承应上司或有用金帛者，盖山路高，肩舆而上，须藉此得力也"①。笔者在四川青川县摩天岭曾看到陆纤拉肩舆的场面，十分有趣，只是现在已经少见这种场面了。

民国时期重庆的滑竿

清末民国以来巴蜀地区的轿子一般分成官轿、花轿和街轿。街轿即民间轿子，又分成大轿、凉轿和藤轿。轿子按大小，可分成四人抬、三人抬和二人抬。个别官轿也可八人抬，称为八人大轿。花轿是专门供婚嫁喜事而用的，因装饰华丽而称花轿。

巴蜀地区在轿子上的最大贡献是发明了滑竿。由于巴蜀地区山高水险，宽大的轿子载客和回程多有不便，巴蜀人民就地取材，用两根竹竿，中间架一个竹片和绳子绑成的躺椅，前边系上一个踏脚，夏天也可撑一个白布遮阳，可坐可卧，舒适轻便，一时在巴蜀地区推广。

清末民国时期巴蜀地区的轿子是一个十分重要的交通工具。据统计，20世纪20年代成都曾有轿子2310乘，30年代除成都、重庆的轿子外，其他区县的轿子有12206乘，滑竿有14190乘。当时肩舆业主要有运输行和轿行两种，前者主要承担货运，后者主要承担客运。轿子分成过街轿子和长途轿子，前者为城内短途接送客人，后者为长途承运客人。当时全省重要的驿道、街道、城镇大都有许多轿行、轿铺。②

省会成都的轿子业十分发达，20世纪20年代就有2000多乘。当时轿铺以升平街、暑袜街、康公庙、太平街等处最多。清末成都警察署就公布了街头轿子的价格，统一管理。不过，由于成都地势十分平坦，黄包车兴起以后，黄包车

---

① （清）赵翼：《檐曝杂记》卷四。
② 四川省交通厅地方交通史志编纂委员会：《四川交通史志文稿·民间运输篇（一）》，1982年，第63~66页。

快速、方便的特点使轿子的运输量大减，许多轿行铺倒闭，肩舆业逐渐被黄包车代替。

重庆地区由于特殊的地理环境，肩舆业的地位更为重要。民国初期，重庆城区已经发展到轿铺108家、轿子2200乘、工人4350多人，20年代初还专门成立了肩舆业苦力工会，归商会管理。到20世纪二三十年代，重庆城区共有轿铺389家，轿子31120家，肩舆业工人10多万人。其中以重庆来龙巷的成都藤轿公司规模最大，拥有藤轿960乘，设有48家轿铺。到30年代以后，由于黄包车的发展、重庆主要街道的拓展，轿子行业开始萎缩，到1940年城区只有轿铺167家、轿子19600多乘、工人40000多人。到1946年只有4500乘轿子、工人14800多人。到1949年，轿行只有132家、轿子605乘、工人1481人。①

八、鸡公车与黄包车

一般认为鸡公车源于汉代的木牛流马。《三国志》卷五《蜀志·诸葛亮传》："亮性长于巧思，损益连弩、木牛、流马。皆出其意。"后来宋代陈师道《陈后山集》卷二一："蜀中有小车，独推载八石，前如牛头。又

成都鸡公车与力夫们

有大车，用四人推，载十石，盖木牛、流马也。"《后山丛谈》卷四则认为："蜀中有小车，独推，载八石，前如牛头，今之土车，犹存有诸葛遗制。"《事物纪源》卷八也记载："蜀相诸葛亮之出征，始造木牛、流马以运饷，盖巴蜀道阻，便于登陟故耳。"

实际上独轮车古代称为鹿车，早在东汉时期就出现。《后汉书》中有许多地方都记载了鹿车，据考古材料证明东汉时期巴蜀地区的鹿车就十分多了，如成都羊子山东汉墓中出土的画像砖上的独轮鹿车、新都新农公社酿酒画像砖上、四川渠县蒲家湾汉墓的石阙上都有独轮车的图案。今天罗江县鹿头关至白马关之间的碥路上，仍有较长的历史上鸡公车轮迹，显现了鸡公车在运输历史

---

① 四川省交通厅地方交通史志编纂委员会：《四川交通史志文稿·民间运输篇（一）》，1982年，第67~68页。

上的重要影响。

独轮车有灵活方便的特点，特别是在道路狭窄的四川平原和浅丘地区尤为适宜。鸡公车分成宽架鸡公车和窄架鸡公车，前者适宜在较宽阔的地区，而后者适宜较为狭窄的地区。

成都平原地区在巴蜀地区道路相对宽敞，故鸡公车的使用量最大。

据《成都通览》记载：

> 省城之车，如鸡公车等，均自城外推入者，嗣因车辆损坏街石，街民令推车者出过街钱，或一文或二文不等，如无钱者，虽妇女亦勒令下车步行……或估令车夫将车抬走，不准推行。后经警局禁止，然鸡公车只准推行城边一带及城内之空地，如运石运米及警察局之渣滓车，亦尚通行。近两年街面中心，修有石漕，即为此等车设也。鸡公车能走灌县、汉州、郫县、龙泉驿、中兴场等处，价甚廉，乡下乘者极多。

其中广汉为北大路的重要城镇，四通八达，民国时期全县5万多农户，基本上家家都有鸡公车，有的甚至多达二三部。民国时期整个四川的鸡公车数量十分多。据1937年的统计表明，全省各地有鸡公车165956辆。抗日战争期间，四川省驿运管理处组织民间鸡公车运输军粮、盐、芒硝等物资，为抗战运输做出过贡献。

新中国成立后，鸡公车一度在交通运输中发挥了重要的作用，如城镇中的工业品下乡，农副产品进城，公粮征运，粮食调拨都大量使用以鸡公车。据统计，1956年全省专业和副业的鸡公车达50余万辆。至今在罗江白马关古道上独轮车印痕历历在目，成为独轮车风行巴蜀的见证。

人力黄包车又称为"东洋车"，是从国外传入的交通工具。据《成都通鉴》记载，光绪二十五年（1899）黄包车在四川成都出现了，光绪三十三年（1907）成都大约有100多辆。1924年成都利通橡轮公司经理胡浚泉拥有980辆黄包车。到1926年，成都共有黄包车公司54家、黄包车4530辆、工人9000多人。重庆市由于特殊的地理环境，街轿地位较高，故黄包车的发展相对较慢，1925年才开始有黄包车通行，到30年代黄包车才较为普及，当时的利通车行拥有黄包车119辆，就算规模较大的了。同时，四川泸州、万县、宜宾等地也开始有了黄包车。

表5-1 四川城市城内短途黄包车数量表①

地区	抗日战争（截至1937年）			抗日战争期间（截至1945年）		
	公司和车行	车辆数	工人	公司和车行	车辆数	工人
合计	400	10010	23000	1036	17653	46150
重庆	134	2454	7000	292	4714	12000
成都	221	6000	13000	700	11260	30000
泸州	7	327	700	8	400	1200
万县	21	767	1500	16	779	2000
宜宾	17	462	800	20	500	950

当时四川还有大量行驶在公路上的长途黄包车，1936年登记在册的就有6303辆，工人6500余人，其分布如下：

表5-2 四川省行驶公路长途黄包车数量表②

地点	车数	地点	车数	地点	车数
成都	2546	新津	230	广汉	440
简阳	200	邓市	50	绵阳	140
资中	121	眉山	121	三台	500
内江	300	乐山	200	海棠溪	80
樟木镇	79	名山	100	綦江	40
荣昌	150	郫县	235	万县	330
永川	50	温江	120	遂宁	28
重庆	150	新繁	33	南充	60

---

① 四川省交通厅地方交通史志编纂委员会：《四川交通史志文稿·民间运输篇（一）》，1982年，第83页。
② 四川省交通厅地方交通史志编纂委员会：《四川交通史志文稿·民间运输篇（一）》，1982年，第83页。

到1937年时四川省有长途黄包车9467辆，工人9800余人，其中川康线197辆、川陕线3126辆、川鄂线551辆、川滇线1733辆、川黔线2713辆、成灌线1143辆，合计长短途全省共有黄包车27120辆，工人55950人。[①]

新中国成立初期，四川诸多城市仍保留着大量的人力黄包车，到1953年全省仍有24328辆、工人24105人。后来随着现代交通的发展，黄包车的作用减小，有的被自行三轮车代替，人力黄包车逐渐退出历史舞台。

九、溜子厢路

巴蜀先民在古代林业开发时发明了用架厢搭架来运输巨大圆木的设施，古代一般称为溜子或厢路，溜子或厢路架桥梁部分又称为天车。按照明代巴蜀运输常例，转运木材需要"找厢"，即用木头铺设滑槽于路基和支架上，形成类似今天的铁路一样来拖运皇木。一般是将两根杉木平行铺设，每五根横置一木。因为顺滑的要求，所以遇有大石需开石，陡险处需用木架高或者垫高，所谓"架木飞挽""天车越涧""架桥搭厢"，所以会出现"远数十里，皆浮功"之状。[②]

清代这种转运工具又称为溜子或厢路。据严如熤《三省边防备览》卷九《山货》记载了溜子的情形：

盩厔之黄柏园、佛爷坪、太白河等处大木厂，所伐老林，已深入二百余里，必先作溜子。截小圆木长丈许，横垫枕木，铺成顺势，如铺楼板状，宽七八尺，圆木相接，后木之头即接前木之尾。沟内地势凹凸不齐，凸处砌石板，凹处下木桩，上承枕木，以平为度。沟长数十里，均作溜子，直至水次。作法同栈阁，望之如桥梁，此木厂费工本之最巨者……溜子外高中注，九十月后，浇以冷水，结在滑冰，则巨木千斤，可以一夫挽行。

严如熤《三省边防备览》卷九《山货》又记载了黑河山内的木厂搭厢状况：

---

① 四川省交通厅地方交通史志编纂委员会：《四川交通史志文稿·民间运输篇（一）》，1982年，第84页。
② 蓝勇：《明清时期的皇木采办研究》，《历史研究》1994年第6期。

厢用樟枋，以樟枋之长为度。每一度用樟枋四件，中二件平正，两旁二件微高数寸。每度下用横梁二根，梁下立有正柱，两旁栽有斜杆帮顶。若地势平坦，则就地铺成。若绝岩高坎，则找架成楼，上楼然后铺厢。岩坎有高低不一，而楼亦层次不等。每一里共铺厢一百八十度。路成然后用人拉放。每人拉皮绳一根，铁环钉于木上。或二三人或三四人，拉料一件。势平则人在木前，拖曳之而行，其行迟缓；势斜则人骑木上，使之自动，走如快马。

这种厢路在20世纪30年代川西林区仍在普遍使用。民国时孙明经在川西考察时就拍摄到这种场景，而80年代川西金口河林区有的地方也在使用这种方法运木。

十、陆驿与铺塘

《续古今考》卷一二引《风俗通》称："汉家因秦，大率十里一亭。亭，留也，盖行旅宿会之所也。"早在汉代就一般三十里设为一驿。到了唐代，据《新唐书》卷四六《百官志》记载："凡三十里有驿，驿有长。举天下四方之所达，为驿千六百三十九。"宋代驿传制度沿袭唐代，形成步递、马递、急递三种形式，其中在驿下设立铺，每十里或二十里设一铺。元代设立站赤，国内设有1496所，同时设立了急递铺以传递公文。明代继续广设驿传，《明会典》称："自京师达于四方，设有驿传，在京曰会同馆，在外曰水马驿、递运所。"同时，相沿前制，设立急递铺传递公文，一般十里一铺。清代同样设立驿站，保留急递铺，同时，设立传递军事信息的塘汛制度的武备系统，一般称为汛和塘，同时在一些边区这种武备系统称台、站。

在这些交通通信设施中，驿站的规模最大。驿站为官办官栈，是承担过往官员食宿、易换马骡之地，一般面积较大，功能较全。据考证，当时四川青川的驿站面积达3203平方米，两进，两侧有厢房，天井宏大。而一般的塘房、铺店、站房、尖站规模相对较小，其中台站分成宿站与尖房，前者可供住宿，后者仅供用膳小憩。

十一、枧筒管道

巴蜀地区山川险阻，对于交通运输来说十分不便。但我们的先民发明了枧管一类的来运输货物，特别是运输礸。我国最早用管道运输礸的枧道可能首见于汉代。从1959年四川出土的"东汉井盐砖"上看,竹制枧管至少汉代就有了。

在重庆巫山到巫溪的大宁河上,有几千个栈孔,有的学者认为这些栈孔是历史上运输鹾时搭建枧道的。据《方舆胜览》卷五八引《晏类要》记载:"山岭峭壁之中咸泉涌出,土人以竹引泉,置镬煮盐。"《太平寰宇记》卷一四八:"溪南山岭峭壁之中有咸泉涌出,土人以竹引泉,置镬煮盐。皇朝开宝六年置,监以收课利。"许多专家认为这可能就是为运输鹾所搭建的枧道,所以光绪《巫山县志》卷三〇《古迹志》认为是:"石孔,沿大宁河山峡俱有,唐刘晏所凿,经引盐泉。"如此,早在唐宋时期,大宁河运盐鹾就广泛使用枧道了。

自贡长途输鹾枧管,始于太平天国时期(1851~1864)。在此之前,可能多为短途运输。自贡历史上的输鹾枧管用直径为15厘米左右的楠竹,先去掉竹节,用篾丝箍好,打进竹楔,捆扎紧实;每根结头处缠紧麻筋,糊上油灰(石灰拌桐油加工而成),成为枧管。

清末民初,自流井场郭家坳地区的天然气旺盛,却不产鹾水,而大坟堡地区卤源丰富,却缺乏天然气。为此,枧商便在大坟堡的制高点马草山安装了几排长途枧管,将鹾水输送到郭家坳灶上熬盐。当时,大坟堡输送到郭家坳的鹾水每月达20万担以上。抗战期间,贡井场盐商刘瀛州等人在旭水河西岸韭菜嘴河坝设立大批炭灶熬盐,并在寨子岭架设了高空过河枧管,翻山越岭把鹾水输运到盐灶。20世纪40年代,自贡盐场架设的竹制卤枧密如蛛网,总长度达二三百公里。

十二、过江索道与缆车

现代索道实际上是中国传统溜索的继承和发展。历史上重庆的过江索道为往复式单线架空索道,在世界城市交通史上有其独特的地位。

重庆市的第一条过江索道是嘉陵江索道。1949年以后,江北地区与重庆市中区交通仅有嘉陵江桥相通,交通十分不便。为此,重庆市政府决定在江北城金沙街与临江门沧白路之间修建过江索道,并于1980年12月破土动工。1982年1月1日,中国第一条城市跨江客运索道——嘉陵江客运索道建成试通车。这条于1980年12月动工的索道,全长740米,车厢最大容量46人,最大牵引速度6.5米/秒,总投资378万元。2011年2月28日晚7点35分,嘉陵江索道江北城站迎走最后一批乘客,嘉陵江索道的通行史正式告一段落。重庆长江客运索道于1987年10

月建成并投入运行。该索道起于渝中区长安寺（新华路），横跨长江至南岸区的上新街（龙门浩），全长1166米，日运客1.05万人次，有"万里长江第一条空中走廊"之称。

缆车作为城市交通工具在世界上旧金山等城市已经有先例，但重庆先于国内任何地方有了这种客运缆车。由于重庆码头渡口繁忙，城市街道高差大，在民国就开始有计划在望龙门码头、嘉陵码头这些地方修缆车。1944年到1945年建成，由茅以升等名家主持修建了重庆第一条缆车——望龙门码头缆车，将望龙门码头与望龙门车站连接起来，缆车长178米，上下高差46.9米，每辆可载100余人。工程设计采取在码头石级上建设钢筋混凝土栈桥，桥上铺轨，轨上行车，车用缆车，缆由机挽，电力驱动，往复运行。1993年由于修建滨江路，望龙门缆车站被拆掉。

1954年，重庆市政府修建了连接菜园坝火车站与两路口之间的两路口缆车，全长146米，高差52米，每个车厢可装200人左右。1996年改造成两路口自动扶梯（皇冠大扶梯）而被完全取代。此后，又先后修建了储奇门、临江门、朝天门南侧、龙门浩和长寿西岩关、朝天门北侧等客运缆车。其中以1964年建成的长寿西岩关缆车线最长，坡度最陡，全长282米，上下高差110米。

第二节　水上交通设施

中国巴蜀地区自然环境独特，地貌多种多样，盆地内河川纵横，河流落差变化十分大，各河流之间的航道又显现各自的特点，加上历史上巴蜀地区民族众多，文化传统各异，外来移民文化影响也较大，这就使巴蜀地区的舟船文化十分富有特色。

一、独木舟

文化人类学研究表明，世界上许多古代民族都有制造独木舟的历史。以前世界上发现最早的独木舟是在荷兰，经碳14鉴定为公元前6250年。[1]近来在浙江杭州发现了距今八千多年的独木舟。以前，在青海乐都柳湾齐家文化墓葬中

---

[1] 世界上古史编写组：《世界上古史纲》上册，人民出版社1979年版，第105页。

发现了公元前2000多年的独木船棺。①巴蜀地区的独木舟发掘年代较晚，但巴蜀地区独木舟文化之丰富、历史之悠久、影响之深远，在世界文化史上是十分瞩目的。

我们在四川地区曾发现大量汉代以前的巴蜀式独木船棺和船棺，其出土地点有广元、巴县、奉节、新都、蒲江、绵竹、双流、成都、郫县、宝兴、巫溪、大邑、广汉、绵阳、彭县、什邡等地。特别是在成都商业街发现了17具船棺和独木棺，显现了巴蜀地区舟楫文化在社会各层面中的影响深刻。②现在看来，这些船棺可分成两种，一是完全独木型，一是木板船型。据对保存最完好的5具船棺进行测量表明，这些船棺一般长为5米左右，宽为1米左右。什邡县发现的独木船棺长达7.4米左右。木板型船棺一般是由6块木板拼成，两舷由4块木板穿榫连成，插入底板小槽内。这些船棺葬具很可能都是在实际生产和生活中使用过。即使没有在实际中使用，也透视出当时社会上独木舟使用十分普遍。

随着经济的发展，巴蜀民族的独木舟文化随着中原汉民族文化的传入而逐渐消失，但其独木舟文化在今广西、云南、贵州和四川西南等地区少数民族中历代相沿而延续至今。1964年曾在云南通海县杞麓湖发现古代的独木舟，长5米，宽0.6米，只是已经无法考证其具体年代了。③在广西贵县罗泊湾汉墓中曾

---

① 《青海乐都柳湾原始社会墓葬第一次发掘的初步收获》，《文物》1976年第11期。
② 四川省博物馆：《四川船棺发掘记》，文物出版社1960年版。童恩正：《记瞿塘峡甲洞中发—同的巴人文物》，《考古》1962年第5期；李莉：《四川奉节县风箱峡崖葬》，《文物》1978年第7期；四川省博物馆：《四川新都战国木椁墓》，《文物》1981年第6期；龙腾：《四川蒲江战国武士船棺》，《考古》1983年第12期；四川省文管会：《蒲江战国木椁墓》，《文物》1985年第5期；重庆市博物馆：《重庆市临江支路西汉墓》，《考古》1986年第3期；王有鹏：《四川绵竹县船棺葬》，《文物》1987年第10期；《双流机场基建工地发现战国船棺葬》，《成都晚报》1990年12月27日；四川省博物馆：《成都百花潭中学十号墓发掘记》，《文物》1976年第3期；郫县文化馆：《四川郫县发现战国船棺葬》，《考古》1980年第6期；四川省文管会：《四川宝兴县陇东东汉墓发掘记》，《文物》1987年第10期；赵殿增、高英民：《四川阿坝发现战国墓》，《文物》1976年第11期；四川大学历史系考古专业科研小组：《四川巫溪荆竹坝崖葬调查清理简报》，《考古与文物》1984年第6期；四川省文管会：《四川大邑县五龙战国巴蜀墓葬》，《文物》1985年第5期；四川省文管会：《四川彭县发现船棺葬》，《文物》1985年第5期；郑绪滔：《什邡发现新型船棺葬》，《四川文物》1991年第3期。
③ 戴开：《中国古代的独木舟和木船的起源问题》，《第三届国际中国科学技术讨论会论文集》，科学出版社1990年版；颜劲松：《成都商业街船棺独木棺墓葬初析》，《四川文物》2002年第3期。

发现双面饰有双身船纹的铜鼓，与今天太平洋中一些岛屿上的少数民族使用的"双独木舟"十分相似。到了宋代，广西的一些少数民族有所谓的"江行小舟，皆刳木为之"①。今川黔湘交界的古代少数民族也有"刳木为舟，名独木舟之称"②。直到明代，云南武定府一带少数民族仍用桐槽船（一种独木舟）在金沙江上航行③。据清代曹树翘《滇南杂志》和咸丰《荔波县志稿》记载，云南、贵州当时的一些少数民族也习惯用独木舟，特别是荔波县的瑶族"居近水者，幼童稚女，操渡如飞"。民国时，云南保山、龙陵、梁河、芒遮、板宁等地少数民族仍盛行用大楠木刳制独木舟。今云南傈僳族、怒族、藏族、傣族等民族仍用独木舟作为交通工具，有的独木舟由长20米和直径1米左右的树干刳成，每只可坐20人之多。又如在今云南新平县红河上游仍保存了几只独木舟，由长4米左右、直径1.2米至1.5米左右的大圆木挖成。这种独木舟因形似猪槽而又被称为猪槽船。今泸沽湖纳西族摩梭人的独木舟形式较为完整，基本上体现了西南地区独木舟发展的轨迹。其形制可分成三种，即简单独木舟式、舷侧加帮板或加木框式、木榫复合独木舟式，也基本上反映了世界独木舟向复合型木船发展的轨迹。

二、竹木筏与皮筏

筏子，与独木舟一样是巴蜀地区十分古老的交通工具，据其制作原料可分成竹筏、木筏和皮筏。据《华阳国志》卷四《南中志》记载："至世祖建武二十三年，王崋栗遣兵乘船南攻鹿茤……箄船沉没，溺死者数千人。"这里所说的"箄船"就是竹筏子，但《水经注》卷三七在记载这则史料时称为"革船"，则应为皮筏。据《后汉书》卷一六《邓训传》记载，章和二年（88）邓训被派到涅中（青海西宁一带）镇压羌人，曾"缝革为船，置于箄上"，或皮船与竹筏当时可通用。

巴蜀地区南北山地较多使用木竹筏。如宋代泸南夷人每年冬至后"自江门寨浮筏而下……诸蛮从而至者几千人，皆以筏载白椹、茶、麻、酒、米、鹿、豹皮、杂毡兰之属，博易于市"④。这里记载的是永宁河上的竹筏。宋末忽必

---

① （宋）周去非：《岭外代答·器用》。
② （明）朱辅：《溪蛮丛笑》，《说库》本。
③ 蓝勇：《四川古代交通路线史》，西南师范大学出版社1989年版，第157~158页。
④ 李昆声：《云南艺术史》，云南教育出版社1995年版，第94页。

烈征云南曾在金沙江上率兵乘"革囊"和"筏"以渡。明代金沙江中游有人仍用巨木扎成木筏子在安宁河和金沙江上漂行，直到叙州。①明清时期在采办皇木过程中，将采办好的皇木用扎木筏的形式来转运也是十分重要的一种方法。当时在四川通江县采办十筏楠木取南江、巴河、渠江、嘉陵江运到重庆，长江上汇集了西南地区各地运来的木筏，以至形成"巨筏蔽江"的局面。②《万历版画录》中所绘的《运木图》便有木筏的图像。清代末年嘉定府一带人们还多用一种叫扒杆船的竹筏来运载百货。至20世纪80年代，在四川地区的青衣江、长宁河、府河、南河、茫溪河、苏包河、茶坪河等河流上仍有竹筏航行，今天云南傣族也用竹筏来进行交通运输，而在二十多年前还偶尔可在金沙江下游看见木筏的踪影。

历史上皮筏曾是十分重要的水上交通工具，在巴蜀地区历史上起过十分重要的作用。简单地说，皮筏是用牛、羊的皮割下再充气而成的一种交通工具，历史上又被称为"皮筏""皮囊""革船""皮船""牛羊皮船"等。皮筏的使用在历史上主要集中在西北和西南地区，以黄河上游的甘青地区和长江上游的横断山纵列河谷地区最为普遍。这种分布可能与该区在历史时期经济文化相对落后，畜牧业较发达，而地理环境中深谷悬切，河流湍急有关。

《隋书》卷八三《西域》：

附国者，蜀郡西北二千余里，即汉之西南夷也。有嘉良夷，即其东部，所居种姓自相率领，土俗与附国同……嘉良有水，阔六七十丈，附国有水，阔百余丈，并南流，用皮为舟而济。

《旧唐书》卷一九七《西南蛮》：

（东女国）其王所居名康延川，中有弱水南流，用牛皮为船以渡。

附国与嘉良在今四川甘孜、西藏昌都一带，东女国在今四川马尔康一带。

---

① 蓝勇：《四川古代交通路线史》，西南师范大学出版社1989年版，第157~158页。
② 蓝勇：《明清时期的皇木采办》，《历史研究》1994年第6期。

又据《元和郡县志》卷三二《剑南道》记载：

泸水，在县西一百十二里，水峻急而多石，土人以牛皮作船而渡，一船乘七八人。

这里的皮筏子显然是一种用多个牛羊皮缝合成的皮筏。在《蛮书》卷一《云南界内途程》中记载当时清溪道上的泸水渡口（在今拉鲊渡口）[①]，便是"乘皮船"过渡之渡口。据《元史》卷四《世祖纪》记载："又行山谷二千余里，至金沙江，乘革囊及筏以渡。"这便是所谓"元跨革囊"的典故，也是中国历史上巴蜀地区使用皮筏较为典型的一个例证。由于蒙古军擅长使用皮船，所以在进攻四川的宋军中十分普遍地使用皮船。《元史》卷一五五《汪显臣传》和卷一二一《按竺迩传》载，汪显臣"夜从上游鼓革舟袭破"宋军，后按竺迩又"乘巨筏，浮革舟于其间"而攻破夔门。又据《元史》卷一五四《石抹按只传》记载，在攻叙州时，石抹按只"聚军中牛皮，作浑脱及皮船，乘之与战"。

直到清代纳西族仍用此法建造皮筏渡江河，称为"皮馄饨"。历史上金沙江边的普米族和傈僳族也用此法造皮筏。

历史上西南地区残存的皮筏可分成三种形式：

一是船式，即用一张或数张牛羊皮缝合而成，然后用木棍支撑成周边高中间低洼的盆形，一般只能载一二人至四五人。清代李心衡《金川琐记》卷二《金川皮船》指的便是这种类型，其载："用极坚树枝作骨，蒙以牛革，形圆如栲栳，一人持桨，中可从四五人，顺流而下疾于奔马，顷刻达百里，虽悬泉峻滩曾无触凝。船中人咸相戒不得动，动即颠覆，百无一生。船不能行逆流，辄舣岸负之而趋，轻若戴釜。蛮俗不知刳木之制，大江往来，赖此一物，秋冬潦尽潭清，奔流凝碧时，见皮船与渡波驶逸，正如一叶随风缪清泉。"藏族的"果哇"便是这种形式。

一是独筏式，又称"皮葫芦""皮馄饨"，即用一整张牛羊皮，将其四肢和头处缝合，充入空气后密封，渡者伏在其上用手划水而渡。余庆远《维西见闻录》具体记载了这种"皮馄饨"的制法，其称："馄饨即《元史》所载革囊

[①] 蓝勇：《四川古代交通路线史》，西南师范大学出版社1989年版，第83页。

也。不去毛而茇剥羖皮,扎三足,一足嘘气其中,令饱胀扎之骑以渡水,本蒙古渡水之法,曰'皮馄饨'。"

一是编筏式,即用数张牛羊皮分别缝成独筏式的筒状,然后数个或数十个编排扎在一起成筏,再于上搁置木板,以载客货。

在历史上这三种形式在巴蜀地区南部的民族地区都有存在。

三、木船

清末三峡木船

长江上游河流众多,由于地理条件复杂,环境差异十分大,各条河流的径流和河道状况千差万别,再加上民族众多,汉族移民成分复杂,使舟船文化纷繁多彩。中国交通史的研究表明,在上古时期马没被完全驯服和车没有广泛使用前,利用天然的河道使用独木舟进行交通最为省事;在热动力没有出现前,利用天然的水路操作复合木船顺水而下也是最省力的,故在中国古代社会里,水路交通在一定的时期内往往比陆路交通要发达一些,巴蜀地区也是这样,直到元代,四川地区的水驿还远比陆驿多。

巴蜀地区森林丰富,历史时期更是如此,这就为舟船的打造奠定了基础。特别是巴蜀地区楠木、柏木、杉木等资源丰富,使其造船业在古代中国造船史上有突出的地位。

巴蜀地区至少在春秋战国时期就开始大量打造舟船了。《太平御览》卷七六九引《蜀王本纪》:"秦为舶舡万艘欲攻楚。"又《华阳国志》卷三载:"(周赧王)七年,司马错率蜀众十万,大舶船万艘,米六百万斛,浮江伐楚,取商於之地。"这里的万艘的"舶舡"或"舶船",显然是在蜀地打造的。

又《战国策》卷一四《楚策》张仪游说楚国时说:"秦西有巴蜀,方船积粟,起于汶山,循江南而下,至郢二千余里。舫船载卒,一舫载五十人与三月之粮,下水而浮,一日行三百余里,里数虽多,不费汗马之劳,不至十日南距捍关。"这里"方船"即是"舫船"。《汉书·郦食其传》:"诸侯之兵四面而至,蜀汉之米方船而下"。显然这里"方船"是蜀中一种重要载重船只。《说文》认为舫为"并舟也",研究者据此绘出了其船形。又《战国策》卷三〇《燕策》苏代游说燕国称:"蜀地之甲,轻舟浮于汶,乘夏水而下江,五日而至郢。"这里言其"轻舟"显然是指航行十分方便的小舟。

到西汉末年,公孙述造十层赤帛楼阑船,只是这种"楼阑船"已经不知其形状了。汉代建武九年(33),公孙述曾派其将率万人乘"枋""单"下江关,而岑彭则用"直进楼船"和"冒突露桡"(又称"露桡船")千艘反攻。① 后来建武十八年(42)汉军曾"乘枰沿江下巴郡"。据贵州习水县蜀汉岩墓画中一只停泊在岸的船来看,已经有活动的雨篷、梭耳和高仓。②

西晋王濬在蜀准备伐吴,在益州打造舟船,其打造的船的规模十分大。据《晋书》卷四二《王濬传》记载:"武帝谋伐吴,诏濬修舟舰。濬乃作大船连舫,方百二十步,受二千余人,以木为二,起楼橹,开四出门,其上皆得驰马来往。又画鹢首怪兽于船首,以惧江神。舟楫之盛,自古未有。造船于蜀,其木柿蔽江而下。"据《华阳国志》卷八载,王濬除了在大山中伐木外,为了省事,还将蜀中陵墓上的松柏伐来造作舟船。"王濬楼船下益州"的典故影响甚大,不过当时长江上能航行这么大的船吗?宋代《邵氏闻见后录》卷八认为:"予谓古八尺为步,一百二十步为九十丈。江山无今昔之异,今蜀江曲折,山峡不一,虽盛夏水暴至,亦岂能回泊九十丈之船?及冬水浅,势若可涉,寻常之船,一经滩碛,尚累日不能进。而王浚以咸宁五年十一月自益州浮江而下,决不可信。"这里"连舫"的尺寸可能有所夸大,但这种"连舫"系将大船若干绑扎在一起,开了今天双体船的先声。

隋代杨素曾打造五牙楼船,据《隋书·杨素传》记载:"素居永安,造大舰名曰五牙,上起楼五层,高百余尺,左右前后置六拍竿,并高五十尺,容战士八百人,旗帜加于上。次曰黄龙,置兵五百人。自余平乘、舴艋等各有

---

① 《后汉书》卷一七《岑彭传》。
② 禹明先:《三岔河章武三年岩墓石刻》,《习水三年岩墓》,《习水文史资料》第4辑。

差……陈将戚欣以青龙百余艘……素亲率黄龙数千艘,衔枚而下……以柏墙碎贼十余艘。"这里的"拍竿"即"柏墙",是一种直接放倒触打敌船的武器。这种"五牙"和"黄龙"都是主要用于运兵的一种攻击性大型船只,而平乘、舴艋、青龙可能是一种小型的攻击性船只。

唐宋以来四川地区的造船业发展十分快,在成都、眉州、嘉州、叙州、泸州、黔州、夔州等地设有造船厂。① 如宋代在叙、泸、眉、嘉四州每年造的马船共有170只,另外还"收拾水流木,砍伐官地木"在泸、嘉、叙等州造米船,在长江中游的沙市专门有"蜀人修船处"。②

船的形制也更加多种多样,如宋代在眉州、嘉州、叙州、泸州、合州、利州、阆州和夔州打造的马船,特别是夔州造的500料至700料的马船可谓价廉物美。再如利州、阆州等地造有"黄龙""黑龙船",只是形状已经不可考了。五代前蜀时王衍在四川曾造战舰,称为"大楼船",形状也不可考了。王衍还造"龙舟画舸"在嘉陵江上航行,是什么样的船同样也无从考证。另外,在唐宋诗中多有谈及川江上有"万斛船""万斛舟"的,③有的人认为是一种长20余丈、载重500余吨的大货船。但据冯汉镛先生考证,川江最多只有"千斛船"。④ 在四川历史上还有槽船、马船、曾船、磴船、米船、砲船、内江船、万里船等称呼,只是具体形状也多不可识考了。宋蒙争取四川之战,在金沙江、川江、嘉陵江上激烈展开,使用了大量战舰,如有被称为"巨舰""艨艟"的战舰。这两种战舰和元末明玉珍的"斗船",都无法考证其形状了。

由于地理环境的影响,历史时期四川地区船的特点总的来说是多种多样,以灵巧为主要特征。早在《三国志》卷四八《吴书·三嗣主传》便称"蜀船皆小",《淮南子·真训》中称"蜀艇"是"一板之舟"。当然,这里的"一板之舟"可能是小的一种,即使在以后的长江支流中也多行有五板以上的船。如元代在长江支流八匡河(即今云南白水河)上仍可行"五板小舟",可载7人行驶。⑤ 明代商人王安用"桅梢五大板船"在金沙江上航行,马湖府安监生则用"杉板"在金沙江上航行。

---

① 四川省文史馆:《巴蜀科技史研究》,四川大学出版社1995年版,第111~116页。
② (南宋)陆游:《入蜀记》卷五〇。
③ 玄应:《一切经音义》,转引自《四川内河航运史》,四川人民出版社1989年版,第69页。
④ 四川省文史馆:《巴蜀科技史研究》,四川大学出版社1995年版。
⑤ 《圣朝混一方舆胜览》卷中。

对于三峡地区的船形，历史上记载相对较多。陆游在《入蜀记》中称："初得艨船，差小然底阔而轻，于上滩为便。"陆游《剑南诗稿》卷二称："峡中小船谓之艟艚。"再冯时可《滇行纪略》称："蜀船取轻，不能多载，其板甚薄，须齐力急济，纵有险处，一鼓而过，阳侯不能为也。"这里的记载与元微之"下峡舟船腹似鱼"的描述以及前面陆游"底阔"的记载相吻合，说明三峡地区的蜀船多是首尾相对窄小中间相对较宽的船形，这与《天工开物》中记载"腹圆而首尾尖狭"又相吻合。明代王士性《广志绎》卷五称："蜀舟甚轻薄，不轻又难为旋转。谚云：'纸船铁梢工。'"也说明了这个原理。又《峡江救生船志》记载了两种救生船，一是"武汉成式"，长为3丈8尺，宽为8尺3寸；一是"蜀中成式"，长为3丈，宽为5尺3寸。从这里的尺寸来看，蜀船是狭而短，总的来说仍是以小见长为主要特征。故历史上称峡船为"轻舟""艓子"。

唐代王周《峡船肯诗序》中对峡船作了十分具体的描述：

峡山之船与下游之船，大抵观浮叶而为之，其状一也。执而为用者，或状殊而用一，或状同而名异，皆有谓。下水船有墙，有五两，有帆，所以使风。尾有柂，傍有棚。上者，以其山曲水急，下有石，皆不可用。状直如橹，前后各一者谓之梢，船之斜正欹侧，为船之司命者。梢类柂，其状殊。船之便于事者，悉不如梢也。橹、桨、桡、棹，使其进而无退，利涉川泽，为船之陈力者。橹与桨类而名乃异，在船之有力者，悉不如橹……同戈与篙状殊而用一也，在船独出者，悉不如同戈也，崖石如齿，非麻枲纫绳可为前牵，取竹之筋者，破之而为枲，为纫，相续之，以备其牵者，谓之百丈……①

从当时的一些记载和近代三峡的木船来看，三峡船普遍用帆和橹，杜甫的《最能行》有"欹帆侧舵入波涛"之句，又有《三韵三首》称"起樯必推牛，挂席集众功"，《游子》则称"九江春草外，三峡暮帆前"。岑参《万里桥》也称："沧江东流急，帆去如鸟翅。"现在看来三峡的船的帆多用布作为原料。可能因为三峡风小，用帆反而多，如王十朋《三峡》称"秋风脱叶随风下，疑是十帆出峡船"，可以为证。

---

① 《蜀中广记》卷六八所引与《说郛》卷一〇八引有出入，此处主要以《蜀中广记》所引为本。

南宋夏圭《长江万里图》（《巴船出峡图》）对于宋代的川江船和三峡船作了十分形象的实录。《长江万里图》在川江段绘有三只船，其船式各异，应是当时川江上不同船型的真实记载。

《长江万里图》出高山的第一艘船应为岷江河段的船型。其船较狭长，有尾篷、后梢、后舵和前橹，无桅杆，中篷为两级，篷为活动篷，可移动露出窗户。由于岷江一带风力相对较小，船主要靠人力推动，故梢、橹齐全而无桅杆和帆。从文献记载来看，陆游《剑南诗稿》卷三《春晚书怀》"只欲东门觅短篷"，知成都府一带的东出船为一种短篷船。《长江万里图》中的岷江段船后篷极短，可能便是指此。王周《峡船具诗序》称中上游船与下游船有差异，可能是指在桅和帆方面的差异。第二艘船应为宜渝间的船型，其船为一上水船，有舵、桅杆和帆，前面有篙竿，无后篷，中为长方形木结构舱篷。此船上水所经地沿江地面平缓，只有3人拉纤。第三艘船为三峡船型，其船肚宽头略小，中舱有棚遮蔽客货，棚外两舷从头到尾有木板通道，以利撑篙。船上有桡、舵、篙等用具。在第三艘船的下面停泊着许多三峡船，与第三艘船有点差异，有两个仓篷，后篷为舵首所在处，前篷有半圆竹篷和方形木篷两种，桅杆和帆齐全。这种船型一直发展到了明代可能变化还不是太大。

宋应星《天工开物》记载：

四川八橹等船。凡川水源通江、汉，然川船达荆州而上，此下由更舟矣。逆行而上，自夷陵入峡，挽缆者以巨竹为四片或六片，麻绳绚接，名曰火杖。舟中鸣鼓若竞渡，挽人从山石间闻鼓声而咸力。中夏至中秋，川水封峡，则断绝行舟数月。过此消退，方通往来。其新滩等数滩极险处，人与货尽盘岸行半里许，只余空舟上下。其舟制，腹圆而首尾尖狭，所以避滩浪云。

这种首尾尖狭的八橹船正如《长江万里图》三峡东口泊船处停的许多船型，首尾尖狭，中间圆大，十分形象。这种船可能像清代《峡江救生船志》中的"武汉成式"，相对圆大。《峡江救生船志》中的"蜀中成式"相对短小，可能是《长江万里图》中岷江段和川江段的船型，故明代王士性称"蜀舟甚轻薄"。不过这里称四川有8个橹的船，到了清代则十分少见。

清代由于大量外省移民的进入，四川的船型变得更加丰富多彩了。

表5-3　陈明申《夔行纪程》所载清前期的川江船表

名称	特征
板跨子	内装门窗，安放桌椅，盖顶板为官船
麻阳船	有门窗
厂船	船最大
螳螂头、柏木船	船之大者，身长舱深，可装重载
吊钩子、爬纲子、板头船	俱篾篷。船头至中仓两旁安长木桡十余把，至六七十把不等。船大载重，桡不胜水，则用大桦，以五六人推摇。板头船其桡上卷而歪。下水只推桡桦，船头大小梢与舵相应；上水则竖桡张帆。大船用纤五六十人，小亦二三十人。船头仍用桡桦，上拉下推，逆流而上。遇滩则合三四船之纤夫百余人，共拉一船，上滩又拉一船，名为并纤
五板船	无篷，即划子，其厂船、螳螂头、柏木船均带五板船，供接纤上下渡人之用

对于清代前期的川江船型，清代谢鸣篁《川船记》记载得十分详细：

川船大都以柏木为之，质量脆而制又不甚坚。船身长若干丈，尾高耸，头方平，中直。大者受千百石，小者五六百石。船仓深若干，底面隘，中宽，纳货于内，上覆以板。每板合缝处，盛以木沟，使雨不得入。桡夫即以次旁立板上。夜则露宿其处，薄以箬篷支盖，使稍避风露。

日则揭去务尽，虽盛暑雨不顾也。客居仓一，上下四旁以板围之，可容三人卧。后有柁仓，长丈余，日为捩柁之所，夜则船主人与柁工寝其中，旁有木板如槛。稍后有篷不去，留以祀船神及客子炊爨之所。下水，则并客仓而去之，客亦楼息柁仓矣。

从《夔行纪程》和《川船记》中关于川江船的记载来看，清代前期的川船主要有以下特点，即船多用柏木为料，头方平，尾高耸，船舱深，平隘而中宽。除官船外一般以竹篾、草篾为篷。大船上一般有客舱和柁舱，后有供进行炊爨、祀神等活动的篷。这种船与明代的川江船相比可能已经有了变化。明代川江船是"腹圆而首尾尖狭"，可清代船"头方平""尾高耸"。但清代川江船船舱"面隘中宽"的特点仍与明代"腹圆"相统一。

元明清以来五板小船一直是四川支流河道航行和川江主流大船的附属船只。早在元代，在土獠蛮江上（川滇黔交界白水江）便有五板小舟载7人航行，到了明代依然。①在川江上这种小船被称为五板子船，谢篁鸣《川船记》称：

五板子，小船之别名也，大船至宜昌时始备。船用三人，尾用一梢，前置二桨，势轻快，能随波上下环绕，前后左右以济大船之来便者。大船将泊，即遣水手先登，安置系缆椿木，次渡诸桡夫，牵夥掌上岸。次以船移站大船前二三丈许，船头架木马，一人旁立扶夥掌置马上，使不拖水，而已之船因随以进。又使一人沿岸行巡夥掌起落，遇有乱石凸凹之处，即超前引脱使无缺。收夥掌时仍渡，诸桡夫返而已之船，复荡桨前去。

按《夔行纪程》记载，五板小船民间俗称"划子"，也主要是"接纤上下度人之用"，民间五板小船只是小船的一个代称，实际上川江小船大小并不一定局限在五板之数。

对于川船的船具，谢鸣篁《川船记》也有十分详细的记载：

船中所需之物，柁一、梢一、桅一、帆一、夥掌一五、板子一、同戈竿二、鼓一、锣一，桡则视船之大小以定其数，有六十人者，有四三十人者。

柁柱围广若干，长若干，下镶以板状如鱼尾，柄长亦丈许，穿贯柱内外，更以两木夹左右柄，首凿孔一，用巨索系定，柁之收纵，悉听所牵制，使无急浪冲激动摇之患。至下滩之花，迅如电，非一人所能操作，旁助者尤宜敏捷，稍一退钝，腰肢鲜不断折。

梢以极长大木为之，三分置船头，系以绳，余悬水面。用则解系以梢陷入江波心，船欲左则拗之使右，欲右则拗之使左，不用则仍系而悬之。船长水急，首尾惟主相统摄，故用梢以补柁之所不及，两者各得一谙练之人持之，其照应趋避悉在彼此手挥目送中。

桅有单者，有双者。帆则皆以布为之，双者呼为巴竿，使风平正。然遇厌风，其帆腹受满不能即落，每致失事。单桅使风，虽偏斜而易于落，颇称稳便。

---

① 《圣朝混一方舆胜览》卷中、正德《四川志》卷二三○。

夥掌，以竹片为之，古称百丈是也。大二三指许，用麻绳缠接，使相联贯，绵长百丈至数十丈，束以木轮，收放则听旋转于船中。缠接之处稍不坚固易于脱落，谓之抽筒。船亦顺流而下，谓之打张。能者随以同戈竿，撑定使渐接岸，庶不为石所败。

清代吴焘《游蜀后记》中对于清代前期的川江船具也作了记载，其记载称："川江之船惟上水使帆，下水不竖桅，不张帆。舟子用长桡十八击水而行，长年一人高坐船头谓之太公，挼舵一人，或左或右悉听太公指使，每至一滩，太公桡夫无不大声疾呼……（入峡船）用巨木作长棹两柄，其名曰尺。每用时以十人推之，又以巨木为招置船首，皆入峡所用。"综合以上记载来看，清代川江船一般柁、桅、梢（长棹）、桡、篙竿并用，唯没有用橹的记载，这可能是川江水流湍急的缘故。唐代王周《峡船具诗序》记载当时船有相当于橹的后梢，宋代《入蜀记》中记载有六支橹的木帆船，明代《天工开物》也记载当时有八橹船，看来清代的川江船在这一点上有一定的变化。《夔行纪程》称当时川江船用桡一般在十余把至六七十把不等，不过从《游蜀后记》记载来看，可能以18把桡为常数。

由于近代经济的发展，川江上木船的发展十分快，形制特别多。从造船所用木料来看，川江上的岷江、沱江和泸州以上的长江多用楠木为原料，而其他河流则多用柏木，但所有船的船底和首舷、尾舷因易与河底及岩边摩擦碰撞，故多用青冈木或其他硬杂木为原料。

四川地区的船由于地理环境和水流的不同，各地船型在差异上日益明显。1949年以后曾对川江木船进行过系统调查，发现有32种不同的船型，其分布的地域如下表5-4。

在表5-5中的72种船型中，中元棒、南河船、舵笼子、滚筒子、安岳船、敞口、厚板、三板等八种在川江上最为普遍，故将其航行分布地域再列表5-6。

其中东河扒船，身短体宽，船头与中宽相近，尾部又收成尖状并向上翘起，十分像一个撮箕，主要是靠撑篙前行，故有"行马走道"之称。这种扒船尾部斜挂一桨操纵方向，无篷无舱板，载重一般仅有6吨左右，主要用于运输煤。綦江软板型形与东河的扒船相似，但它的载重量相对较大。

釜溪河橹船，又称歪尾船，船舱高翘由右边扭向左边，船头也向上翘起由左边扭向右边，像被人扭拧而成似的。舱面两边的马道用撑篙，无舵，用橹架在船尾掌握方向。一般船长4丈左右，底宽在6至7尺左右，载重10至12吨，主要用于运盐。这种船之所以造成歪尾，主要是为提高扭曲能力，增大扭矩，适应弯道多且窄的河道环境，而高翘的歪船头也起压浪的作用。据樵斧《自流井》记载"盐船甚小，专走井河，头尾歪斜，名曰歪屁股"。

大宁河辰驳子（即柳叶舟）、梅溪河铁船、汤溪河鳅船、都江乌棒船，均为船身细长。

其他渠江、沱江金银锭、黄豆角以肚大身短两头尖为特点。降灾温以尾宽头小为特点。半头船以无尾舱为特点。扒窝船以官舱无固定拱架，篾篷做成半圆拱形，直接放在官舱两舷上，可以随时移动为特点。

总的来看，近代四川地区的木船除乌江厚板船和一两吨的梢船外，一般都在船尾设舵，由后架长扳动。后梢（橹）的船主要适用于滩多水浅而急的支流河道，如小江、大宁河、凯江、梓江、威远河、东河、恩阳河、乌江等地区。而前梢主要适用于川江及大宁河、小江等地顺水航行时以对付水急弯急，能迅速拨正船头以不至于碰撞。四川的木船主要是用桡（桨）作为推动工具，用橹作为推动工具的十分少，只见于少数大船，重庆以上各河更是少见。从唐宋元明时期来看，当时四川木船用橹的可能性相对较大，大约是在清代四川木船才逐渐少用橹作为推动工具。

四川用于拉纤的绳以竹为原料制成，唐宋时称"百丈"，明代称为"夥掌""火丈"，清代多称"纤绳"。纤绳粗大者称为"坐藤"，次者为"二行"，再次者为"飞子"。帆在四川被称为"风"或"布条"，主要是用布来制作，有别于下江船多用席或蒲来制作。四川的帆分成"硬风""硬布条"和"软风"或"软布条"两种。前者用多根竹竿为肋，打风时可全张或部分卷折，主要用于重庆以下长江及嘉陵江下游；后者只有两根大竹竿绷拉帆面，只能全面张开，不能收折。四川绝大多数船无锚，只有船桩（有木和竹篙两种）和掏绳锚碇船。近代四川的木船一般多有篾篷，只是"川省之船，舱深而篷矮"①。

从地理环境上来分析，四川地区的舟船文化显现出十分强烈的地域性。四川地区长江主流从西向东流去，河道日宽且水的径流量越来越大，长江支流沱江、岷江、嘉陵江、渠江、涪江长且相对宽大，故总的来看，其木船的形制

---

① 徐心余：《蜀游闻见录》，四川人民出版社1985年版。

是从西北向东南逐渐变大。船型上深急的大河船一般船大，船身狭长且吃水深，如中元棒；浅急的大河船一般短而宽，吃水浅，如南河船；浅急的小河船一般细长而轻薄，如辰驳子。但是由于地理环境的复合影响，在长江三峡地区和长江南部支流上的船型又有其特别之处。长江三峡地区是深谷地区，支流河道相对窄小，而水流湍急，峡船自古以来受到人们的关注，形制也相对较多而特别，如辰驳子等。而长江主流的南部支流，受地形的影响往往短而陡险，水急，河道落差相对更大，船的形制也多且特别，如厚板船等。广元一带的木船全船不用铁钉，全用毛竹钉，船上也不摆一件铁器，因为其河中多磁石，怕滞航不畅，这更是体现了对地理环境的依附。

在船具的使用上，也带有十分强烈的地域色彩。如前面谈到前梢与后梢的使用分布上便显现出了十分明显的地域特色。由于四川河道特有的狭窄而浅的特点，多用桡作为推动工具，少有用橹作为推动工具的。也正是因为这个环境特点，四川的船一般都不用锚作为锚碇工具，而多用船桩和竹篙作为锚碇工具。①

表5-4　民国时期川江主要木船统计表

中元棒	首尾小，中间腹或一样宽大，航行于沱江和泸万间
黄爪皮	船尾宽而吃水浅，航行于沱江和长江
五板	船形似捅，与黄爪皮恰相反，航行于沱江上
三板	尾宽大，且向上为钩状，航行于綦江和沱江上
毛叶轮	似南河船，头有牙子，航行于沱江
麻秧	又名敞口船，宽头窄尾，航行于岷江
半头船	又名小南河船、没勾子船，头尖尾齐，航行于岷江及叙渝间
艄船	头尾拖长梢，各河均有
挂子船	船体高，工精细
广船	又名麻雀尾，腰大口窄，体高，各有三根外框
敞口	又名山麻秧，宽口，左右腰上各有外钉一根，航行于渝万间
厚板	又名歪尾，航行于乌江上
蛇船	与厚板式的样式和航线相同

---

① 四川省交通厅地方交通史志编纂委员会：《四川内河航运史料汇集》第1辑，1984年。

续表

辰爻子	又称高勾子船，尾小而翻，航行于宜万间
小江船	又名橹船，尾微污，拖一长梢，航行于云阳县巫河
扒窝	船条长，有篷无梁，航行于御林河、涪江
老鸦秋	底口窄，腹宽，长条形，航行于涪江
千担船	头宽三四尺，尾只三数尺，航行于涪江
安岳船	形状如老鸦秋，尾上篷未满，航行于涪江
合渝敞口	只宽一丈五六，深稍宽，航行于渝万及渠江
倒栽葱	又名降灾温，头低小，尾高大，航行于渝万及渠江
黄豆角	两头小，腹部最大，航行于渝万及渠江
巴河船	头宽四五尺，尾宽一尺余，航行于渠江及重庆附近
金银锭	头尾尖锐，形如金银锭，航行于渠江及重庆附近
十八包	又名四脚蛇，亦保赶叫，头尾梢同宽拉过水线，航行于渠江及重庆附近
渠河老穆秋	似南河船，但头尾腹小，无梁子，航行于渠江及重庆附近
当归船	全身用竹钉，两头向上翻，板子搭篷，航行于碧口至重庆和嘉陵江上
毛板	尾有梢子篷，腹部宽，航行于嘉陵江上
滚筒子	无领户，尾无篷，航行于嘉陵江上
舵笼子	有梢子篷，头上苏头领状，航行于万县
东河船	像巴河船，惟无篷，航行于保宁、顺庆一带

资料来源：四川省交通厅地方交通史志编纂委员会编纂《四川内河航运史料汇集》第1辑，1984年。此处编印成表略加增补。

表5-5 新中国成立后川江木船船型分布表

船型名称	行驶区域	船型名称	行驶区域
中元棒	长江、沱江	北河船	沱江
黄爪皮	长江	舵舵船	沱江
麻秧子	长江、岷江	梢梢船	沱江
敞口	长江	滚筒子	嘉陵江
赶架子	长江	毛板船	嘉陵江
椿尾	长江	划子船	嘉陵江

续表一

船型名称	行驶区域	船型名称	行驶区域
舵笼子	长、乌、渠、嘉陵江	安岳船	涪江
辰驳子	长江	老鸦秋	涪江
金鸭子	长江	千挂船	涪江
桡拐子	长江	半截船	涪江
特性五板	长江	舵三板	嘉陵江
南河船	长江、岷江	沙鱼鳅	涪江、渠江
牛头船	长江、岷江	金银三板	涪江
半头船	岷江	横辅干	涪江
麻糖啄	岷江	千担竿	涪江
五板船	沱江	灌牛童儿	涪江
毛叶鳅	沱江	三板	涪江、渠江
炭花船	沱江	高架子	渠江
倒栽葱	嘉陵、渠、岷江	小江橹船	小江
黄豆角	渠江	凯江橹船	凯江、梓江
四脚蛇	渠江	釜溪河橹船	釜溪河
老木鳅	渠江	威远河橹船	威远河
巴河船	渠江	千担壳船	威远河
金银锭	渠江	鹅儿子	汤溪河
巴河扒船	渠江	鳅船	汤溪河
厚板（歪屁股）	乌江	乌棒船	鄨江
蛇船	乌江	石头船	鄨江
綦江三板	綦江	铜河船	大渡河
软板	綦江	雅河船	青衣江
冬爪船	永宁河	三河船	马边河
大肚子	永宁河	爻煤船	茫溪河
毛鸡船	永宁河	当归船	白龙江
齐头船	南广河	草篷船	白龙江
牯牛船	赤水河	铁船	梅溪河

续表二

船型名称	行驶区域	船型名称	行驶区域
东河扒船	东河	双飞燕	各河
御林河扒船	御林河	梢船	各河

资料来源：四川省交通厅地方交通史志编纂委员会《四川省内河航运史料汇集》第1辑，1984年。

表5-6　川江主要木船船型特点及分布表

名称	航行地段	船型特点	一般载重
中元棒	沱江、长江叙宜段	船身狭长，两舷向外凸出如凹状，舵与船本身均比其船吃水深，航行灵活	10至150吨左右
南河船	岷江、大渡河、宜宾一带	形态与中元棒相似，唯船身相对较宽短，两舷凸出处系棱形转折，吃水较浅	多在10至20吨，也有上百吨的
舵笼子	长江重庆宜昌间及嘉陵江	船较宽浅，两舷不向外凸出，枘条在舷外可见，前敫系用横木板拼成，较顺敫坚固，船身比中元棒、南河船更粗壮	多在20吨左右，也可上百吨
滚筒子	嘉陵江	体长舱宽，吃水浅，两舷加上船篷如圆形浮木，故称	多为30至40吨，也有上60至70吨的
安岳船	涪江	身长、舱宽、底窄，吃水浅，两舷向外凸出很大，舱可宽为底舱的一倍，舱隔较多，适于河宽而水浅的涪江	多为20至30吨，也有只有10多吨的
敞口船（麻秧子）	长江重庆至宜昌段	船舱宽浅，两舷有一根以上外枘，后舱面是敞开状，故称	一般10余吨，多者20至30吨
厚板船（歪屁股）	乌江	头尾高翘尾部向左方歪斜，顶高距船底4至5米；干舷也较高，两舷各有两柏三根。以梢代舵可适用于乌江的滩多急流河道	30吨左右
三板船	渠江及其他川江	船身短而体宽，吃水浅，灵活	多为几吨至10多吨

资料来源：四川省交通厅地方交通史志编纂委员会《四川内河航运史料汇集》第1辑，1984年。

四、水驿与码头

历史上许多水道都设立了水驿，唐代全国的1639所驿站中，水驿就有260个，水陆相间的驿站有86个。元代的站赤中就有专门的水站。据《经世大典》记载，四川行中书省所辖陆站48个，水站84个，水站远比陆站多。据统计，明代四川有水陆驿200个左右，清代康熙年间四川共有水马驿85个，其中水驿34个。[①]与陆驿不同的是，陆驿配备马骡，而水驿一般配备船只，只是水驿的建筑情况已经不是太清楚了。

清末成都码头

清以来巴蜀地区的沿江码头保留还较多，一般与城门相连，城门以下多以石梯相接，直入江中。其为锚系舟楫，除利用天然大石、沙岸沙滩锚碇外，还设有专门的拴船柱、牛鼻孔之类的拴船设施。大一点码头还有专门的趸船来停靠舟楫。码头上往往形成桅杆林立、舟船如鳞依岸的景观。

五、梯级运输水道

巴蜀先民为了发展水运交通，较早就利用筑堰坝提高水位，来形成平缓的水道，以利于交通。清代贡井地区因为盐运的旭水河水少，河浅而滩多，船行十分困难。到清康熙三十五年（1696），人们开始在旭水河、釜溪河上的艾叶、平桥、五皇洞石滩开凿了船槽。宣统元年（1909）又开始重新修筑重滩、艾叶、平桥、中桥、五皇洞、雷公滩到自流井老新桥、金子凼、沿滩、邓井关的一系列堰闸，行船由此畅达，自贡盐场生产所需的原料和生活用品、成品盐主要依赖这条水系，对自贡井业的发展起了重要的作用。另外，威远河为了满足运输煤炭的需要，也在威远河上修建了堰闸。

[①] 蓝勇：《四川古代交通路线史》，西南师范大学出版社1989年版，第2~5页。

自贡市文物部门第三次全国文物普查在旭水河、釜溪河沿岸发现了10座古闸，如今贡井内的艾叶、平桥、中桥、五皇洞、雷公滩的5个堰闸保存较好，仍在继续使用中。这些船槽一般宽2至3米，比运盐船略宽，深1.5米左右，正好容一只橹船通过。码头上使用的绞盘、只有闸没有堰的双船闸、锁式船闸、双堰船闸、堰桥闸合等一系列工程，大大方便了盐业运输。我们知道，巴拿马运河全长81.3公里，落差26米，而这段河道长84.83公里，落差34.1米。巴拿马运河开通于1914年，而这条梯级航运线首通于清康熙三十五年（1696），比巴拿马运河还早二百余年。

六、滚干箱与吊神船

清代《张允随奏稿》中曾谈到"以前运送兵米船只过此，或用旱厢，或架台杆，仍多用竹缆将船捆定拉过，时有磕损"。后来邓少琴编的《四川省内河航运史志》上册卷三二记载："昔在会泽以下，曾有运铜航行宜宾之事，但须经过'滚干箱''吊神船'种种方法，辗转盘驳。"估计这是邓先生于民国时期在金沙江做田野调查得到前人口传下来的方法，但以前学界并不知道这里的"滚干箱""吊神船"是何种方法。但我们从乾隆《金沙江图》就知道具体方法了，因为《金沙江图》有多处描绘在滩险边用木搭成的船路，纤夫有的从岩边用绳索强抬升木船，有的在前面拉船前进。这是一种特殊、罕见的盘滩场面，这种过滩的方式与川江上盘滩不需用木修船路而仅在船前方用纤夫拉是不同的。这种场景不仅使我们相信历史上金沙江通航的事实，而且也使我们感叹古人的聪明与艰辛。原来，用木材在水中滩险处搭成旱厢船路，让空船从中滑过就是"滚干箱"，而纤夫从岩边用绳索强抬升木船以减少摩擦来配合前面拉船的纤夫就是"吊神船"。

第六章 巴蜀交通物流运输

第一节　丝绸贸易运输

一、巴蜀丝绸生产概况

巴蜀丝业生产源远流长，已有6000多年的历史，是中国蚕丝业发祥地之一。[①]据《华阳国志》记载，早在夏代，巴、蜀就已经生产帛了，并被作为朝觐大禹的贡品。四川古称"蜀"，而"蜀"字最早见于殷代的甲骨文，有的专家认为甲骨文中的"蜀"字，是蠋（野蚕）的象形字，故《诗经》称"蜎蜎者蜀"。1975年7月，成都交通巷出土的一件殷周风格的戈，戈柄两面正中装饰有"蚕"形图案，根据其图案风格判断，它是西周时期蜀国本土制造的兵器。这件珍贵的铜戈的发现，证明了周代四川成都平原养蚕产丝业已经与生活联系较紧密。春秋战国时期，四川地区的丝织业有了较大的发展，1965年，成都百花潭出土了一件蜀国制造的铜壶，壶上有一幅繁忙的采桑图。[②]到了汉代，四川地区丝织业有了一定发展，已有线、须、缨、维等织品名称，成都、德阳曾出土汉代"桑园图"砖和大型浮雕石刻织机。至西汉晚期，蜀中官吏、百姓环庐树桑，使各地"栋宇相望，桑梓接连"[③]，巴蜀已有"丝绵布帛之饶，衣覆天下"[④]之称。

自夏商周至两汉，巴蜀地区的丝织业生产规模不断扩大，生产技术不断提高，丝织业在经济生活中的地位也不断提高，当时巴蜀地区的丝织业在全国的地位并不重要。

东汉末期，中原战乱频仍，临淄、襄邑等丝织业中心迭遭破坏，丝织业中心逐渐西移巴蜀，四川丝织业有了很大发展。蜀锦成为蜀汉政权主要财政来

---

① 四川省地方志编纂委员会：《四川省志·丝绸志》，四川科学技术出版社1998年版，第1页。
② 四川省博物馆：《成都百花潭中学十号墓发掘记》，《文物》1976年第3期。
③ （晋）左思：《蜀都赋》，《全蜀艺文志》卷一。
④ 《后汉书》卷一三《隗嚣公孙述列传》。

源，产量巨大。至蜀亡，国库中尚余"锦、绮、彩、绢各二十万匹"①。

到了晋代，四川丝织业在全国重要地位已完全确立。蚕桑产地广阔，仍然是"夹江傍江，栋宇相望，桑梓接连"②，连当时偏僻的安宁河流域已有"特好蚕桑"③之称了。

西晋晚期至东晋南北朝时期，巴蜀地区战乱频繁，社会动荡不安，蚕桑丝绸生产急剧下降，直到南朝梁才开始慢慢好转。南朝宋时，丹阳郡守山谦之从巴蜀招募织锦工百人，在宛城斗场建立官营的织锦工场"斗场锦署"（管理织锦机构），蜀锦技术由此远传江南。

隋朝在蜀中推行均田制时，每人另给20亩永业田作桑田，对发展蚕桑生产起到了积极作用。此时，蜀地丝织品主要分布在蜀郡、广汉郡、犍为郡、梓潼郡，其生产规模、制造技术、产品质地和风格保持着秦汉三国时期的水平，平稳发展。

唐代巴蜀地区经济空前繁荣，带来了历史上蚕丝业的鼎盛时期。唐初，蜀锦技艺从织文、图案到色彩已有重大改革。"至中唐时期，织锦从经线提花到纬线起花，从经锦到纬锦，是中国古代丝织工艺的一个重大突破。"④蜀锦的纹样趋向华丽，印染技术也有很大发展，"蜀锦染色达20余色，以红为主，使蜀锦纹饰繁茂，色彩鲜艳，独具特色"⑤。唐代巴蜀地区丝绸产地分布很广，产绢州达28个，占当时全国87个产绢州的近三分之一。随着丝织业的发展，巴蜀地区成为唐王朝丝织品的重要供应地，行销全国，远销海外。

宋代丝织业和蚕桑生产，继承了唐代的基础，巴蜀地区与江、浙同为全国三大丝织业中心。特别是丝纺织区域较前代扩大，土贡丝织品的府州由唐代的21个扩展到29个⑥，川东地区的丝织业发展尤其明显，蚕丝业真正开始遍布巴蜀地区。蜀锦品类甚多。在黎州和叙州兴起的绢马贸易，促进了丝织业的发展。与丝织业发展的同时，染色工艺水平也有了很大的提高。农村都已普遍种植植物染料，城市里已经出现专门出售染料的染铺。在长期实践的基础上，巴

---

① （晋）陈寿：《三国志》卷三三《蜀书·后主传》，中华书局1974年版。
② （晋）左思：《蜀都赋》，《全蜀艺文志》卷一。
③ 《三国志》卷三五《蜀书·诸葛亮传》，中华书局1974年版。
④ 四川省地方志编纂委员会：《四川省志·丝绸志》，四川科学技术出版社1998年版，第4页。
⑤ 四川省地方志编纂委员会：《四川省志·丝绸志》，四川科学技术出版社1998年版，第4页。
⑥ 贾大泉：《宋代四川经济述论》，四川省社会科学院出版社1985年版，第67页。

蜀人民还创造出一整套从改良蚕丝性能以适应本地染料的染色工艺技术。

宋末元初的长期战争严重摧残了巴蜀的经济，巴蜀丝织业的地位大大降低。由于元代统治者在四川实行火禁，严重干扰了丝绸生产，四川丝绸业处于徘徊不前的状态中。

明初，政府实行劝课农桑和发展丝织业的政策，使巴蜀蚕桑丝绸业有一定恢复和发展。据嘉靖《四川总志》记载，嘉靖年间四川产丝州县已达46个[①]，但实际数量远多于此。当时有名的山西潞绸、福建倭缎和改机绫绢多以产自阆中的茧丝作原料。不过，明代由于江南丝织业的发展，巴蜀丝织业在全国地位大降。

明末巴蜀战争不断，十室九空，巴蜀的丝织业遭到毁灭性打击。经清政府的大力发展，乾嘉之后，巴蜀蚕丝业才基本恢复。但终因兵祸惨烈，元气大伤，其地位远不能与江浙地区相比。

清代巴蜀蚕桑分布较广，丝织名品除蜀锦外，南充的花素绸、乐山嘉定大绸、湖绉和阆中大绸等都是当时名品。清代丝织业以官营为主，晚清时期制造的"方方""雨丝""月华三闪"三种锦缎，在织锦传统工艺、装饰、构思、风格上均达到了炉火纯青的境地，在蜀锦史上称为"晚清三绝"。1908年，蜀锦在巴拿马博览会上获得金奖。[②]

晚清民国时期，巴蜀丝织业开始走上近代化改良的新历程。1845年开始，巴蜀缫丝业进入手工工场化时期，19世纪末，又向近代机器工业化转化，并不断改良桑蚕种。[③]19世纪70年代，以1871年6000包川丝经上海转口运往国外为标志，川丝开始大量出口，川丝的生产和销售与国际市场开始紧密结合。

抗战时期，巴蜀成为全国唯一生产蚕丝的地区，蚕丝成为国民政府换取外汇、军需的重要物资，受到政府大力扶持。1939年开始，四川省政府对蚕茧、生丝实行统购统销。1942年以后，受东南亚沦陷的影响，中国生丝外贸通道断绝，加之抗战后期美国丝织品大量涌进中国和化学纤维的兴起，严重冲击了川丝的市场。1945~1949年美国大量进口日本生丝，占其进口总量的80%，华丝基本上被排挤出美国市场，巴蜀蚕丝业遭受灾难性打击，到1949年巴蜀蚕丝产量达到历史最低点。

---

① 嘉靖《四川总志》，明嘉靖刻本。
② 四川省地方志编纂委员会：《四川省志·丝绸志》，四川科学技术出版社1998年版，第7页。
③ （民国）张森楷纂修：《合川县志》卷二〇《蚕业下》，（台湾）学生书局1968年版。

表6-1 晚清民国时期巴蜀地区蚕丝产区表①

产丝府	府属产丝县（共46县）
成都府	成都县、华阳县、双流县、温江县、新繁县、新都县、金堂县、仁寿县、井研县、郫县、简州、资县、内江县、灌县、崇宁县、石泉县、安县、崇庆州、新津县、汉州、什邡县、绵竹县、德阳县、绵州、彰明县、罗江县、汶川县、威州、保县、茂州、资阳县、彭县——"丝，州县俱有，惟德阳为甚。"
保宁府	阆中县、苍溪县、南部县、广元县、巴州、昭化县、通江县、剑州、梓潼县、南江县——"丝，各州县出。"
顺庆府	"丝，南充、渠县、广安、蓬州俱出。"

三大产区	蚕丝生产亚区	产丝县（65县，其中黑体字县为产丝发达之县）
川北产区	潼绵区	**三台**、**盐亭**、**射洪**、中江、**绵阳**、梓潼等6县
	顺保区	**南充**、**西充**、蓬州、蓬安、仪陇、营山、岳池、广安、渠县、达县、**南部**、**阆中**、苍溪、剑阁、昭化、广元等16县
川西南区	嘉定区	**乐山**、峨眉、洪雅、夹江、丹棱、犍为、荣县、**青神**、彭山、**仁寿**、井研、雷波、马边、峨边、眉山等15县
	叙府区	宜宾、庆符、**高县**、长宁、珙县、兴文、**筠连**、屏山、富顺等9县
	成都平原区	成都、华阳、双流、新都、温江、新津等6县
川东区	重庆区	**巴县**、**江北**、璧山、合川、铜梁、永川等6县
	万县区	万县、云阳、奉节、忠县、**开江**、开县、梁山等7县

二、巴蜀丝绸贸易运输

（一）古代巴蜀丝绸贸易运输（1840年以前）

四川丝绸很早就成为商品流通于国内外。《华阳国志·巴志》记载"禹会诸侯于会稽，执玉帛者万国，巴蜀往焉"，说明早在夏代，蜀地的帛就已经作为贡品运销至江南。据《史记·货殖列传》载，战国时期，丝绸产品逐渐成为互市贸易交换物品。公元前4世纪末，已经形成了以成都为中心的工商业区，其

---

① 钟崇敏、朱寿仁：《四川蚕丝产销调查报告》，第9～10页。

中成都、郫县、雒县主要生产生丝、麻等纺织品。丝织品集中于以成都为代表的地区性工商业中心，运销全国各地。如汉建元六年（前135），唐蒙从符关入夜郎，"夜郎旁小邑皆贪汉缯帛，乃为汉道险，终不能有也，乃且听蒙约"，说明西汉时期四川丝绸就已经运销至贵州。当时通往贵州的丝绸贸易运输主要路线是南夷牂柯道，这条道路早在战国时期就已经形成。汉武帝为收服夜郎，曾派唐蒙疏通此道。巴蜀与南越之间的交往，牂柯江一线是最便捷的通道。近年来长沙马王堆、湖北云梦等地西汉墓葬中出土的古锦实物，考古界普遍认为系蜀地所产。这些丝绸当是经长江水路运输，自成都沿岷江进入长江，顺水而下，可直达江南。在古代巴蜀运输方式中，水运是最快捷的方式，尤其在出川时，顺流而下，有"朝发白帝，暮至江陵""千里江陵一日还"之称。正是因为水路的快捷，所以历代出川多走长江水路。

蜀地丝绸还是最早运销国外的中国丝织品。公元前4世纪前后，印度旃陀罗笈多王朝的考第亚所著的《政事论》中提到的产在中国的"成捆的丝"，即是指成都出产的丝和丝织品。季羡林先生指出："古代西南，特别是成都，丝业的茂盛，这一带与缅甸接壤，一向有交通，中国输入缅甸，通过缅甸又输入印度的丝的来源地不是别的地方，就正是这一带。"①公元前4世纪中国丝绸已经在欧洲大陆流行，当时欧洲人称中国为赛里斯（seres）——产丝的地方。杨宪益先生认为赛里斯是"蜀地"译音，这种说法得到国内许多学者的认同。这说明当时巴蜀丝绸已经远销欧洲。当时中国西北的丝绸之路尚未开通，商人通过南方丝绸之路，从蜀地贩运丝绸销往印度和欧洲。南方丝绸之路即汉晋之"蜀身毒道"，此道可分成灵关道（牦牛道）、五尺道、滇缅永昌道、南夷牂柯道、滇越进桑道。②这些陆上交通线以四川成都平原为中心，向南辐射，连接今东南亚的泰国、越南、缅甸和南亚印度诸国，甚至可以达到今阿富汗北部及西亚地区，往南可到达南海。

三国时期，蜀国曾将丝绸贸易作为国家的支柱产业，运销吴国和魏国。魏国经常派人到蜀国购买上等的蜀锦，曹操和魏文帝多次谈论蜀锦，孙权也曾多次称赞蜀锦之妙。《魏书》记载公元320年前后，古日本邪马公国卑弥呼女王，多次派使者向东晋明帝献奴隶及物品，明帝回赠礼物中有蜀地所产"降地龙

---

① 季羡林：《中国蚕丝输入印度问题的初步研究》，第75页。
② 蓝勇：《南方丝绸之路》，重庆大学出版社1992年版。

锦""绀地勾纹锦"等,并授她"亲魏倭王"称号和紫绶带,此乃蜀锦流传东瀛之始。① 当时吴蜀之间的丝绸贸易运输多走长江水路,诸葛亮就曾专门派遣使节经长江水路送给吴国"重锦千端",用以表示和吴国的友好。蜀魏之间的丝绸贸易运输则主要沿川陕间的金牛道(南起剑阁,经阆中、沔阳至南郑)、子午道(由南郑经洋县、石泉、河池至关中子午镇)、褒斜道(南起汉中,经武兴,绕太白山入褒斜谷至眉县)、陈仓道(南起阳平关,经略阳至宝鸡)等运入咸阳、长安。

南北朝时期,虽然战乱频繁,但是商品经济和手工业都有所发展。北周河西诸郡成为北方丝绸之路的贸易枢纽,主要交易包括蜀锦在内的轻便高档的丝织品和其他手工业制品,交易规模很大,受到统治者的重视。隋炀帝曾亲临张掖主持国际贸易。

唐代是巴蜀丝绸产销的第一个黄金时期,蜀锦作为大宗商品行销全国。唐天宝年间(742~756),在西北交河郡(今吐鲁番)市场上就有"益州半臂""梓州小练"和"维州布"(维州即今茂汶)等出售,胡商也常常由大夏到中国西北地区购买丝绸。直到现在西北丝绸之路沿线还不时出土蜀中丝绸遗物。巴蜀与西南少数民族之间的丝绸贸易也比较频繁。唐代川滇丝绸贸易多以赏赐形式出现,巴蜀地方政权每年赐黎州浅蛮衣,使其观察南诏。唐人吴保安在嶲州经营十年,得绢700匹,可见当时川滇民间丝绸贸易也已经有一定规模。巴缎,果、阆二州的"重绢"行销长安等地,同时,蜀锦还辗转销往日本,至今在日本正仓院、法隆寺、东大寺等处还保存着不少唐代蜀锦锦样,日本人将"蜀红锦"称之为中国最名贵的丝织品。与此同时,随着蚕业的发展,蜀中各州县还出现了以出售蚕种、桑苗为主的蚕市。这种蚕市,集市地点往往以宫观寺庙为主,市期在每年春季正、二、三月。据唐剑南道节度使韦皋的《蚕市记》记载,当时的蚕市已经形成固定的场所,规模巨大。

唐代巴蜀对吐蕃的丝绸贸易主要走由灌县通往茂汶羌、藏地区的道路,唐代时这条路线被称为"西山路"。唐代四川与东南地区的丝绸贸易运输主要沿长江水路,与陕西的贸易运输主要走金牛道。当时的大批量丝绸很多都是沿金牛道运往西安等地,玄宗入蜀途中即遇到由蜀地运往西安的春彩10万匹。同时,褒斜道(南起汉中,经武兴,绕太白山入褒斜谷北至眉县,长235华里)、

---

① 袁杰明:《古代四川丝绸贸易史话(续)》,《四川丝绸》1997年第3期,第51页。

陈仓道（嘉陵道，南起阳平关，经略阳北至宝鸡，长1223华里）、子午道（由南郑经洋县、石泉、河池北至关中子午镇，长1040华里）也是蜀地丝绸运入长安、洛阳的重要通道。①巴蜀与云南之间的运输路线则集中在清溪道（成都经雅安、邛崃关、黎州，出清溪关一线至大理）和石门道（成都经宜宾、水富、曲靖一线入大理）。牂牁道是川黔交通要道，沿线也不乏丝绸贸易。

宋代，巴蜀蚕市更加兴旺。据赵抃《成都古今记》载，在三月蚕市过后还有四月锦市。丝绸已不禁民用，民间贸易盛行。在西北地区，有着广阔的布帛销售市场。首先，民间对它的需求很大。熙宁年间（1068~1077），在巴蜀地区，一匹绢约值一贯四五百文，一经运入陕西，每匹就值两千文，两地价格之差为五六百文。其次，陕西缘边的少数民族部落对布帛的需求也很强烈。为了满足西夏王室的丝绸需求，宋朝还特地"留蜀道缣帛于关中，转致给之"②。据苏轼说，绢一匹在西夏一般时值五千文钱，每当缺乏之时，价值竟至五十余千。商人逐利，大量贩运巴蜀丝织品至陕西。再其次，宋制"军官，春冬各小绫三匹，绢十五匹，春罗一匹"③，这是神宗时的规定，陕西保宁等诸军普通士兵"春衣绢二匹、布半匹、钱一千；冬衣绢二匹、绸半匹、针钱一千、绵十二两"。川峡四路克宁以上诸军"春衣绢一匹、小铁钱十千；冬衣绢一匹、绸一匹、绵八两、小铁钱五千"④。川陕屯驻的大批军队需要大量的衣装布帛，这促进了川丝的跨区域流通。天圣年间（1023~1032），程琳知益州，岁市布织缣数千万以给秦陇军用。⑤嘉祐年间（1056~1063），"两川和买绢以给陕西戍兵"⑥。

在西南地区，宋朝蜀商人、钦州商人运送蜀锦至钦州江东驿交易，然后又从钦州贩运海外香药到蜀，一年一往返。⑦官府也在巴蜀大量收买丝绸，从事帛匹边贸。南宋时，西北地区被西夏占领，原设于甘肃一带的与少数民族换战马的"茶马司"废弃，战马来源枯竭。宋高宗建炎元年（1127），在四川的黎州（今汉源）、叙州（今宜宾）、南平军（今綦江）、长宁军（今长宁）设茶

---

① 袁杰明：《古代四川丝绸贸易史话（续）》，《四川丝绸》1997年第3期，第50页。
② 《宋史》卷二八六《薛奎传》。
③ （清）周克堃：《广安州新志·职官志》卷一四引《宋史杂记》，宣统三年修。
④ 《宋史》卷一七一、卷一九四；《乐全集》卷二三。
⑤ （南宋）李焘：《续资治通鉴长编》卷一〇六，"天圣六年三月"条。
⑥ （南宋）李焘：《续资治通鉴长编》卷一八八，"嘉祐三年十二月"条。
⑦ （宋）周去非：《岭外代答》卷五。

马司四处，以盐、茶、锦、帛与少数民族折换战马，进行易货贸易。因丝绸供不应求，建炎三年（1129），茶马司在成都自办锦院，设"织锦工坊"，其产量和品种视少数民族换马多少和需要而定。各茶马司的主要交易品种黎州有皂大被、绯大被、皂中被、四色中被、十八行锦、玛瑙锦，叙州有真红大被褥、真红双连椅被和单连椅被，南平军有真红大被褥、真红双窠被、皂大被、青大被等。茶马司的易货贸易，促进了宋政权与西南少数民族在政治经济上的合作和边贸活动的开展，摆脱了当时宋朝两面受敌的威胁，使当时巴蜀境内民族关系较为融洽。

宋廷南迁之后，东南地区对蜀锦等高级丝织品需求量比以前更大，丝织品成为输往东南地区最为大宗的商品，还通过东南贸易口岸输往国外，如宋高宗绍兴二十六年（1156），宋廷以蜀锦回赐三佛齐国贡使。[1]

宋代巴蜀对北方的丝绸贸易运输路线主要有两条，一条走陆路，由成都北上，经剑阁道、金牛道、陈仓道越秦岭，进入陕西或改道从利州葭萌沿嘉陵江到阆州出成都，再北上进入陕西，或从阆州沿米仓道通往汉中。人背肩扛是宋代巴蜀锦帛输往陕西的主要运输方式之一，"自剑门列置递夫，负担车辇，以至京师"[2]。一条走水路，由四川顺长江东下，到达荆南后，再沿汉水北上转运至襄阳，然后分为两道，一道由淮河入汴河，运至汴京；一道经唐州、颍昌府等地转运至汴京。

宋代巴蜀对东部和东南地区贸易运输线主要走长江水路，自成都沿岷江进入长江，沿江泸州等地的丝绸也顺江东下，直达东南沿海。对两广地区的贸易主要走两条路线：一条经牂牁江水道，一条经重庆至贵州贞丰进入广西。[3]

对西南少数民族地区的绢马贸易主要路线为南方丝绸之路，北宋时期主要取道黎州西川道（从今成都经雅安、名山到云南大理的路线），南宋时期主道邕州道。《岭外代答》卷五记载，宋朝蜀商人、钦州商人运送蜀锦至钦州江东驿交易，然后又从钦州贩运海外香药到蜀，一年一往返，即是取道邕州道。[4]

巴蜀与西南民族地区的丝绸贸易也尽可能走水路，如与贵州的贸易中多走牂牁水道，横江和南广河是川东与云南贸易的重要通道，川西入滇道也有不少

---

[1] （南宋）李心传：《建炎以来系年要录》卷一七五，"绍兴二十六年十二月"条。
[2] 《宋会要·食货》卷六〇。
[3] 林文勋：《宋代四川商品经济史研究》，云南大学出版社1994年版，第110页。
[4] 蓝勇：《南方丝绸之路》，重庆大学出版社1992年版，第95页。

路段为水路，故而宋政权太平兴国七年（982）便"诏黎州造大船于大渡河，以济西南蛮之朝贡者"①。

元代，朝廷对丝织品产销实行垄断经营，禁止私贩，加之巴蜀丝织业的衰退，故而真正贸易层面的丝绸运输很少，文献记载也多语焉不详。

明代，由于自元至明中期的几百年间巴蜀社会没有出现大的战乱，加之明朝统治者劝课农桑的政策，巴蜀丝织业生产逐渐恢复，巴蜀蚕茧和丝闻名全国，遍销宇内，远销海外。当时的巴蜀蚕丝，尤其保宁所产水丝是市场上的紧俏商品，"每岁夏季，蚕丝上市，巴、剑、阆、通、南等地丝商，云集于苍溪，贸易成交，随即装载上船，连州载运南去。丝船自嘉陵江顺流直下，再由长江出峡，运往江南各地销售"②。至江南后，又转销漳州、泉州等地，织成倭缎，远销日本。藏传佛教寺院需要大量丝绸。丝绸用于制佛像和经幡，因依照藏传佛教的习惯，寺院内佛衣，以及天花、伞盖、挂幔、仪仗等其他陈设也要大量用丝绸制作。藏区各地寺院所用丝绸数量加在一起，数字惊人。这样的消耗，当是以内地输入丝绸的庞大数量为前提的。③因此，明代四川丝绸大量输往西藏，岩州（今雅安西部）为当时川藏贸易中心。蜀锦、蜀扇、蜀杉成为成都市场上的特色商品，蜀锦通过南方丝绸之路转运到缅印。

明末清初，巴蜀地区由于战乱影响，丝绸产销运都受到很大的影响；至乾嘉以后，巴蜀地区丝织业在吸收江浙地区先进丝织工艺的基础上，有了较大的发展，产销两旺。清代前期，川藏丝绸贸易以打箭炉（四川康定）为中心，经理塘、巴塘、江卡、乍丫、昌都、洛龙宗、硕般多、边坝、拉里、江达、墨竹工卡、德庆，更西延伸到拉萨，将巴蜀地区丝绸源源不断地运往藏区。清代巴蜀地区对西南地区的丝绸贸易兴盛起来，大量巴蜀丝绸、生丝运销云贵，并转销东南亚。西南地区许多大的商号，如云南鹤庆"兴盛和"、大理"三元"、"裕和"等商号都大量转运巴蜀丝织品销往云南、缅甸。史载17世纪中叶时中国丝绸及其他商品大量沿中缅陆路输往缅甸，有时商队牛车达三四百辆，驮驴可达2000只④，四川"省城所织绸缎除供本地服用外，且销至陕甘云贵等省及

---

① （南宋）李焘：《续资治通鉴长编》卷二三。
② 王绍荃主编：《四川内河航运史》，四川人民出版社1989年版，第99页。
③ 吴明娣：《明代丝绸对藏区的输入及其影响》，《中国藏学》2007年第1期，第60页。
④ 布赛尔：《东南亚的中国人》卷二《在缅甸的中国人》，见《南洋问题资料译丛》1958年第1期。

西藏、暹罗、安南等地"①,"前清盛时（华阳锦）供全省之用,并销陕甘云贵"②,"省治所产绸缎栏竹线维各则销滇黔两省者多"③,各地商人云集顺庆、保宁,转运川丝。川滇石门旧道（自宜宾经盐津、昭通、曲靖至昆明）、建昌旧道、乌撒入蜀旧路（自泸州,经叙永、毕节,至今沾溢北松林与普安东路会合,是明清时期最重要的川滇通道）和普安东路（由今玉屏县经贵阳、普安县、曲靖、昆明、楚雄、大理至腾冲）经过清政府大力整顿之后,成为川丝运销西南的主要商道。同时,巴蜀的货物可以沿融江、柳江、洛青江经相思埭到达桂林,销往广西市场。

清代巴蜀丝绸还被大量贩运至陕西,并由陕西转销至西北各少数民族地区。《綦江县志》称:"每年三四月份,新丝上市,川陕之客商云集,马驮舟载,本钱有百余万元之多。"同时,南京商帮也来巴蜀大量采购生丝,沿长江水路,贩运至江浙地区销售。

（二）近现代巴蜀丝绸贸易运输（1840年以后）

鸦片战争以后至民国期间,中国丝织品的产销逐渐与世界市场紧密联系起来,巴蜀蚕丝贸易日渐活跃,逐渐形成了一批生丝市场。这些市场可以分为三个等级——初级市场、中级市场、消费市场。初级市场即原始市场,遍及产丝各地的乡镇,数量众多,是蚕农将所产之蚕茧、蚕丝投放市场的主要地点。中级市场是蚕丝的来源区域比较广阔、集散数量很大的市场,其中以川北三台县蚕市为最大,阆中、合川与宜宾等地次之。消费市场,也叫作终点市场,是集中各地蚕丝,供给本市场织造绸缎之用的市场,主要有成都、南充、乐山等地。各级大小丝贩往来于各级市场之间,将生丝、绸缎贩运至省内外,以至于国外。

川丝的主要消费市场在省外,鸦片战争以后,巴蜀的生丝及丝织品主要集中销往上海和缅甸,并经上海和缅甸销往欧美。1842年上海开为通商口岸后,巴蜀生丝运往上海的销售量增加。清咸丰、同治年间（1851~1874）,年平均输出量约为5000~6000担。同期售往缅甸的巴蜀黄丝也大增。《东华录》记载1868年云南的奏报中便谈到中国输入缅甸物资以巴蜀黄丝为大宗。据统计,

---

① （清）周询:《芙蓉话旧录》卷二。
② （民国）《华阳县志》卷七《物产》。
③ （清）傅崇矩:《成都通览》第六册,成都通俗报社刊印。

在晚清时，从腾越关输入缅甸的中国货中，黄丝总值占其总值的70%～80%之多[①]，这些黄丝主要来自巴蜀。输往缅甸之丝，主要通过西南丝绸之路转输，主线是由川南宜宾运至云南老鸦滩（今盐津县），改用驮力运至昆明，再用人力、畜力、船辗转运至缅甸雁瓦。

重庆是近代巴蜀地区的对外市场门户。1891年重庆开埠后封闭的巴蜀市场逐步走向开放，并呈现出前所未有的活力。晚清至民国十六七年间（1927～1928）是巴蜀蚕丝业的繁盛时期，这一时期丝价高昂，每担丝值银达1600两，有"一两生丝一两金"之称。1891年5月21日，英国太古洋行挂旗木船首次载运巴蜀黄丝，由重庆沿长江运至上海，转销国外，当年输出生丝13154担，值银70万海关两，从此开始巴蜀历史上有了系统统计资料的丝绸对外转口贸易。1892年，又开始输出绸缎和蚕茧。据重庆海关统计，1891～1911年二十一年间，巴蜀共输出蚕茧和生丝37328担（其中蚕茧65853担），值银3270万关平两，平均每年输出17785担，年输出最高的1900年为31104担。1892～1911年，共输出绸缎8424.27担，约合772万米，平均每年输出38.6万米。1918年重庆海关万县分关设立之后，巴蜀丝绸出口量进一步扩大。当年全省蚕丝出口达到36733担，值银5282313关平两，是历史最高年份。20世纪20年代，巴蜀蚕丝在国际市场上十分畅销，出口稳定，年均2万担以上。（参见表6-2、表6-3数据）

这一时期川丝内销状况也较好，《道路月刊》（民国元年六卷一号）记载巴蜀对藏区贸易时说："本地商务巨大，由边入藏，则以茶叶、布匹、丝绸为大宗。"民国19年至民国22年（1930～1933）巴蜀输往西康省的绸缎分别为4500件、4000件、5000件、4100件。当时川藏丝绸运输线有巴塘康定线（自巴塘经理塘、雅江至康定，旧称南路，为上京进贡必经之路）、康定甘孜线（旧称北路，在清代改土归流前多为商人通行，自康定经道孚、炉霍至甘孜，再经德格可至昌都和拉萨）、松潘甘南线（自松潘出黄胜关经墨洼至甘肃南部的玛曲、碌曲再到夏河、临夏等地）、松潘青海线（自松潘经墨洼、瓦切、红原、迈尔玛、阿坝至青海果洛州等地）等线路。省内主要的蚕丝运销集散地是川西

[①] 夏光南：《中印缅道交通史》，中华书局1948年版；杨毓才：《云南各民族经济发展史》，云南民族出版社1989年版，第366页。

成都。川南乐山丝绸内销成嘉叙渝各地，外销缅甸、欧美，以缅甸为大宗。①川北南充、三台的粗丝销成都，细丝经渝运上海销外洋。②阆中收本地之丝，载至湖北沙市、汉口变卖③，川东重庆主要收购三台蚕茧来缫丝。合川的土丝售本县、渝城、成都等处机织家是也，年约三百余箱，出口时将土丝另行捻造、括造、荷造而输于上海是也，年余五百余箱。④其中以成都、乐山、南充为省内主要消费市场。⑤

由于这一时期的蚕丝业产销两旺，生丝和丝织品一度成为四川部分地区的出口支柱产品。如西充县清末出口货物中，"以丝、盐为大宗，绸、绉、丝绵、罗底、棉布、半夏次之"⑥，生丝主要外销，运至成都、上海，再部分转运海外；花绸、素绸、湖绉输往潼川、汉中、酉阳、重庆、绥定、忠州；罗底输往绥定、酉阳、忠州。

1931～1936年，因世界性的金融危机导致世界市场生丝需求减少和日本生丝的激烈竞争，加上巴蜀生丝和丝织品本身成本过高、品质不良的原因，巴蜀蚕丝业渐趋衰落。1935年巴蜀生丝出口量仅2901担，由全国生丝贸易总量最高比重时的30%（1914年输出19495担）降至6%⑦，1936年以后，川丝输出都在2000担以下。⑧这一时期，除出口锐减外，国内丝绸市场也不景气，成都销往沙市各庄绸缎货值由原值150万元减少到20万元，销往陕、甘、冀、鲁、晋的货值由100万元减少到10万元，销往云南的货值由80万元减少到30万元。但同时期巴蜀粗丝从云南蒙自、腾越海关出口仍较顺畅。1934～1940年，两海关共出口蚕丝2577597公斤（51552担），其中川丝占绝大部分。⑨

1936～1942年，由于川政统一、改良蚕种、运输条件改善（1935年至1936

---

① （民国）《乐山县志》卷七《经制志·附工矿》。
② （民国）谢勤等撰：《三台县志》卷一三《食货志二·物产》，（台湾）学生书局1967年版。
③ （清）徐继庸等修：《咸丰阆中县志》卷八《风俗志》。
④ （民国）张森楷纂修：《合川县志》卷二三《商业》，（台湾）学生书局1968年版。
⑤ （民国）钟崇敏、朱寿仁：《四川蚕丝产销调查报告》，农民银行经济研究处，1944年，第76页。
⑥ （清）李琪章：《西充县乡土志》，宣统元年修。
⑦ （民国）钟崇敏、朱寿仁：《四川蚕丝产销调查报告》，农民银行经济研究处，1944年。
⑧ 以上数字都采用重庆及万县海关统计数据，没有包括经缅甸所出口之丝绸。
⑨ 四川省地方志编纂委员会：《四川省志·丝绸志》，四川科学技术出版社1998年版，第220页。

年修通川陕、川鄂、川黔、川滇、川康、黔湘、黔滇等公路6000余公里)、盟国对日宣战导致国际市场丝源锐减等因素的影响，巴蜀丝业复又振兴。国内丝市交易量逐步恢复，南充鸡市口丝市旺月每日交易量由3000～4000两增至18000两，年销往成都、重庆、云南及本地机房的生丝有180吨。1941年以前，巴蜀蚕丝出口量逐渐有所回升，但仍无多大起色。抗战爆发之后，川丝经上海出口路线受阻，转向经云南、缅甸、印度输出为主。[1]缅甸失守之后，输往英美之丝先运至昆明，再空运至印度交货。美国对日宣战后，盟国丝源减少，主要仰仗中国的生丝供给，巴蜀丝业有了巨大的出口机遇。但是，对英美出口生丝，仅能通过航空运输，成本高昂，运量不大。对苏联出口也转输困难，需要用汽车沿川陕公路，或溯嘉陵江船运至广元，之后又经陕甘、甘新公路过天水、兰州、武威、酒泉等地运抵哈密、星星峡交货，运输成本高，故而巴蜀蚕丝出口并没有出现好转的迹象。

1942～1949年为萧条期，由于国民政府在1942～1945年间对蚕丝业采取统购统销，压价购买，导致商农无利可图。另外，川丝运输（主要指外运）完全处于在1940年3月召开的全国运输会议后成立的军事委员会运输统制局（1940年3月～1942年12月）管理之下，该局对所有军、公、商的车、船、驮马一切运输工具，均有统一指挥调度和使用之权，必要时可以用军事委员会或蒋介石名义发号施令。任何机关的物资运输、车辆的调配，都要由运输统制局处理，由该局每月制定配运计划发给各物资和运输单位按计划交运和承运。凡不在配运计划内的物资和车辆一律不准运输和行驶，违者即由监察处各检查站予以查扣。[2]至抗战结束前，包括川丝出口在内的中国外贸运输都处于国民政府的统制之下。这些都对川丝的生产流通造成了十分消极的影响，导致川丝市场一片萧条。1946年以后，内战连年，国内经济走向崩溃，作为半奢侈品的丝绸销售更加乏力，巴蜀丝业一蹶不振。

巴蜀地区蚕丝产业从夏代至民国末期，经历了由小到大、又由盛而衰的演变过程。在近五千年的发展过程中，巴蜀地区蚕丝贸易物流中心的格局和主要运输路线都发生了较大的变化。

---

[1] 四川省地方志编纂委员会：《四川省志·丝绸志》，四川科学技术出版社1998年版，第220～221页。

[2] 中国政协西南地区文史资料协作会：《抗战时期西南的交通》，云南人民出版社1992年版，第59页。

在重庆开埠以前，成都一直是巴蜀地区蚕丝贸易最大的综合性物流中心，汇聚全川蚕丝制品，除供应本地消费外，还大批运销省内外。成都成为巴蜀地区物流中心的条件得天独厚，其一，成都自古就是丝织业重镇，丝制品产量巨大。其二，成都作为巴蜀地区行政中心，是全区供赋租税汇聚之地，丝制品的仓储业必然较省内其他城市完备，且储量巨大。如263年，蜀国政府拨给军队统帅姜维锦、绮、彩各20万匹作为军资，至蜀亡，国库中尚余"锦、绮、彩、绢各二十万匹"①，可见当时蜀国丝绸产量和储量之巨，同时体现了成都仓储业的发达。唐代安史之乱以前，巴蜀地区的高级丝织品的生产、流通通常为官府所控制，产品全部上交，民间不得自由买卖，作为巴蜀地区行政中心的成都，其物流中心地位不可撼动。其三，以成都为中心的水陆交通网络四通八达，有利于蚕丝制品的运输。最后，成都作为区域性政治中心，聚集了大量达官显贵、巨商富贾，自身消费大，具有以丝绸为代表的奢侈品集聚效应。

宋代兴起绢马贸易后，宋高宗在黎州（今汉源）、叙州（今宜宾）、南平军（今綦江）、长宁军（今长宁）设茶马司四处，以盐、茶、锦、帛与少数民族折换战马，进行易货贸易。此四处茶马司即成为南宋时期新的丝绸贸易运销集散地，将运自成都和四川其他地方的丝织品运销西南少数民族地区。

明代巴蜀地区丝制品贸易形成以成都、苍溪为物流中心，以岩州、泸州、重庆三地为重要集散地的物流网络。岩州（今雅安附近）是明代对藏丝绸贸易集散中心，对云贵和缅甸地区的丝绸贸易则主要集中于泸州。由于保宁水丝是当时全国市场上的紧俏商品，苍溪成为当时面向东南部地区生丝贸易的中心，"每岁夏季，蚕丝上市，巴、剑、阆、通、南等地丝商，云集于苍溪，贸易成交，随即装载上船，连州载运南去。丝船自嘉陵江顺流直下，再由长江出峡，运往江南各地销售"②。而重庆由于转运川北生丝和成都丝制品而成为当时四川重要丝制品集散中心。

清代民国时期由于交通状况的改善和经济的恢复与发展，清代中期开始形成了川西成都、川东重庆、川南乐山、川北南充四大丝业物流中心，其中以成都和重庆物流规模最大。重庆开埠以后，逐步取代成都，成为川丝最大的集散中心。同时，从清代开始，打箭炉成为对藏丝绸贸易集散中心，泸州、宜宾、

---

① （晋）陈寿：《三国志》卷三三《蜀书·后主传》，中华书局1974年版。
② 王绍荃主编：《四川内河航运史》，四川人民出版社1989年版，第99页。

黎州是川丝销往云贵和东南亚的集散地；在抗战期间，它们在生丝外贸中的地位，高于任何一个时期。万县则由于港口优势，成为丝制品转运东南地区的集散地，三台县则成为周边州县蚕丝重要集散地。

各时期巴蜀地区蚕丝贸易主要运输线路发生了较大的变迁。明以前由于西南丝绸之路上的丝绸贸易比重很小，四川丝绸除本地消费外，主要运往东部经济发达地区和北方政治中心，故而长江水道和川陕陆路运输成为川丝外运的主要通道。各时期虽在具体路线上稍有变化，但水路多是自成都启程，经岷江、川江运往东部，陆路则主要走金牛道，进入汉中、关中。

明代川丝外运主要走长江水道，岷江川江水道和嘉陵江川江水道成为川丝外运最重要的两条通道。川丝北运通道仍然走金牛道；对藏丝绸贸易在明代以岩州为中心，分为南北两道，进入藏区；往云南转运主要取西南丝绸之路乌撒入蜀西路。巴蜀地区区内丝制品的运输，主要有金牛道成都至苍溪段，是川北地区与成都之间丝制品流通干道；成渝东大路则是成都和重庆两大物流中心的陆路通道。

清代及民国时期巴蜀丝绸外运通道与明代相比，只在西南丝绸之路主线和入藏运输线有所变化，清代西南丝绸之路主道是石门道，乌撒入蜀西路和川滇清溪旧道也在使用，但其在川丝南运中的地位却不及石门道。清代对藏丝制品贸易以打箭炉为中心，南线经理塘、巴塘、江卡通往拉萨，北线则经炉霍、甘孜、德格、昌都，运至拉萨。

表6-2 1912～1945年巴蜀生丝出口统计[①]

年度	数量（担）	金额（关平两）	占全国份额%		占全省出口金额%	年度	数量（关担）	金额（法币万元）	占全国份额%		占全省出口金额%
			数量	金额					数量	金额	
1912	12888	3956374	8.7	6.52	35.7	1931	10226	8690058	16.58	11.55	25
1913	28824	3378138	19.9	5.09	27.8	1932	14208	5611761	17.78	18.95	22.8
1914	32242	4458337	30.4	8.66	32.2	1933	677.6	358.79	12.2	7.78	16.8
1915	26224	4098762	19.8	6.54	24.8	1934	7148	170.1	13.8	7.55	7.4
1916	29855	4938155	23.8	6.77	27.7	1935	2901	54.39	5.5	1.6	2.3
1917	27462	5282313	21.1	7.22	33.4	1936	4291	140.6	11.29	4.47	2.5
1918	36733	5275914	31.5	8.02	32.5	1937	2416	158.99	6.7	3.55	3
1919	30080	3904967	18.9	19.34	22.3	1938	766	12.19	2.47	0.37	0.5
1920	18894	3018290	18.9	4.97	27.7	1939	2000	476	4.34		
1921	19828	7627724	14.38	8.14	32.7	1940	2096	1260	5.57		
1922	23454	5938691	16.2	7.26	24.7	1941	1654	15167.5	6.13		
1923	23949	9195982	18.46	7.47	32.3	1942	1200	6610	25.3		
1924	24302	6578846	18.46	5.61	21.7	1943	970	13578	73.5		
1925	22482	6578625	14	5.25	21.8	1944	950	38450	57.8		
1926	28648	9936531	17.47	7.64	40.7	1945	600	10654	26		
1927	16648	7194964	10.37	6.2	22.9	1946	503	176050	5.75		
1928	20573	8095916	11.5	5.74	23.1	1947	980	556200	9.38		
1929	26379	10787840	14.5	8.05	25.3	1948	720		9.37		
1930	22578	11875568	15.47	12.11	27	1949	305	5			

资料来源：《四十五年来四川进出口贸易统计》（1912～1932）；《中国海关贸易册》（1933～1937）；四川丝业公司（1938～1949）。

注：1.上表不包括1934～1940年经云南输缅甸等国的数量和金额。
　　2.1担=50公斤，1关担=60.48公斤。

[①] 袁杰铭：《近代四川丝绸贸易》，《四川丝绸》1998年第2期，第55页。

表6-3 1892~1935年巴蜀绸缎出口统计（14997.39担）①

年度	数量（担）	全国出口量（吨）	金额（关平两）	占全国%	年度	数量（担）	全国出口量（吨）	金额（关平两）	占全国%
1892	4		1755		1914	333.64	821	260009	2
1893	90		4765		1915	408.82	791	32382	2.58
1894	208		113067		1916	238.35	898	163396	1.32
1895	378		20766		1917	376.66	758	270779	2.48
1896	390		227090		1918	141	894	107548	0.78
1897	448		272716		1919	222.13	1071	243677	1.5
1898	412		262277		1920	218.92	1091	174139	1
1899	302		191015		1921	272.96	973	219776	1.4
1900	414		258097		1922	304	805	279984	1.69
1901	687		415671		1923	172.29	881	167866	0.97
1902	624	976	409601	2.2	1924	224	799	192125	1.4
1903	258	889	170280	1.4	1925	305.95	855	299583	1.79
1904	569	858		3.3	1926	359	1129	283969	1.59
1905	439	753		2.9	1927	694.7	1017	778580	3.4
1906	368	719		3	1928	674	947	1005783	3.55
1907	479	1909		2.7	1929	273	739	353353	1.84
1908	815	1002		4.1	1930	128	649	143804	0.98
1909	486.46	1703	1701	2.2	1931	129	662	152349	0.97
1910	506.01	1167	7059	2.1	1932	89	539	93000	0.82
1911	546	1014	17725	2.7	1933	228.4	668	173546	1.71
1912	187.5	958	144755	0.97	1934	8.17	566	4632	0.07
1913	362.59	1038	259648	1.74	1935	122.03	450	57510	1.35

资料来源：《四十五年来四川进出口贸易统计》与《1902—1949年中国丝绸出口统计资料汇编》。

① 袁杰铭：《近代四川丝绸贸易》，《四川丝绸》1998年第2期，第55页。

明代巴蜀丝绸物流图

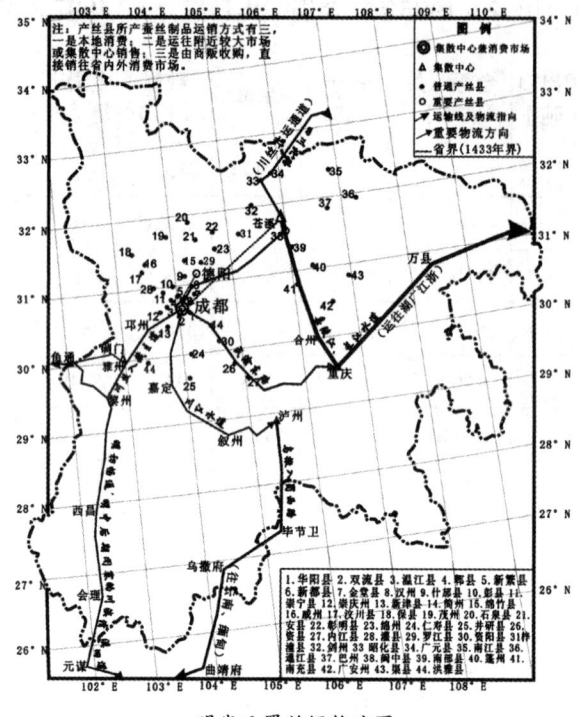

清代民国时期（1644~1937）巴蜀丝绸物流图

第二节　茶马贸易运输

一、巴蜀茶叶生产概况

巴蜀地区自然条件优越，是茶树原产地之一，也是茶文化的发祥地之一。早在西周时期，巴国生产的茶叶就作为西周王朝的贡品运销至西北。秦汉时期，巴蜀地区种茶渐多，饮茶制茶已经开始普及。西汉后期成都人扬雄在《蜀都赋》中就用"漫茗荼郁，翠紫青黄"赞美蜀茶。汉宣帝时蜀郡资中人王褒《僮约》写道"转出旁蹉，牵犬贩鹅，武阳买茶，杨氏池中担荷"[①]。

到了唐代，巴蜀地区的茶叶生产和贸易迅速发展，据陆羽《茶经》统计，在今巴蜀地区，有彭州（北宋时候曾在堋口设立买茶场）、绵州、蜀州、邛州、雅州、泸州、眉州、汉州、益州、资州、渝州、涪州、忠州、开州、嘉州、利州、夔州、黔州、茂州等18个州郡产茶，占全国78个产茶州郡的23%，可见唐代巴蜀地区就是最重要的产茶地区。《拾遗记》称《尚书》所谓"蔡蒙旅平"有"蒙山也，在雅州，凡蜀茶尽出此"[②]，白居易诗有"琴里知闻唯渌水，茶中故旧是蒙山"。《元和郡县志》载"蒙山在县西十里，今每岁贡茶，为蜀之最"，《膳夫经手录》记"蜀茶得名蒙顶，于元和以前束帛不能易一斤先春蒙顶"[③]。由此可知，在唐代蒙顶茶发展成为名满天下的贡茶。

在两宋时期，由于北方辽、西夏、金的频繁南下入侵，两宋政府为应对北方游牧民族入侵消耗了大量财力物力，利用榷茶税利解决财政困难为一种有效的手段，并实行以茶易马羁縻边疆地区少数民族的政策。因此，赵宋王朝对茶叶生产、贸易更为重视，巴蜀地区的茶叶生产进一步发展，茶区分布更加广泛，有20个州军产茶，其中著名的产地有雅州之蒙顶、蜀州之味江、邛州之火井、嘉州之中峰、彭州之堋口、汉州之杨村、绵州之兽目、利州之罗村[④]，其中除利州外，均在成都府路辖区之内。这一府路是宋代四川和全国各路出产茶叶最多的地区，年产量过万吨。

北宋神宗元丰七年（1084）巴蜀地区产茶2914.7万斤，元丰八年（1088）产

---

① （宋）章樵：《古文苑》卷一七四库全书本。
② 《太平御览》卷八六七。
③ （唐）杨晔撰：《膳夫经手录》。
④ （宋）范镇：《东斋记事》卷四。

茶2954.8万斤。①北宋全国茶叶产量总计大约5200万斤，巴蜀地区约占全国总产量的58%。

据李心传《建炎以来朝野杂记》卷一四记载南宋巴蜀地区绍兴十五年（1145），成都府路20处茶场收茶1617万斤，利州路3处茶场收茶484万斤，合计2102万斤。夔州、梓州二路无茶叶收购量记载，根据《宋会要辑稿·食货》所载各路茶税收入推算，夔、梓二路茶叶产量大约在八九百万斤。因此，估计南宋巴蜀地区的茶叶产量仍是3000万斤左右。南宋全国茶叶产量总计大约4800万斤，巴蜀地区约占全国总产量的62.5%。②

由此可见在两宋时期巴蜀地区的茶叶占全国年总产量的一半以上，茶叶成为"茶马互市"和"以茶治边"的重要物资。

元朝蒙古族由于来自蒙古草原，兵强马壮，以骑兵著称，马源丰富，故元代茶马贸易萎缩，导致巴蜀地区的茶叶生产有所下降。到了明朝初年，因明太祖、明成祖为防止蒙元的再次崛起加强对北部边防用兵，需要大量战马的补充，所以明太祖朱元璋恢复茶马贸易，使巴蜀地区的茶叶生产又有了一定的发展。但巴蜀地区因地处西南内地，茶叶以内销为主，生产方式相对单一，产量停滞不前，有明一代四川茶叶产量约在5000~10000吨之间。经过明末清初巴蜀地区长期的战乱，人口及社会经济遭到严重摧残，茶叶生产破坏殆尽，陷于停顿。后来随着康熙、雍正、乾隆三朝实行外省移民农垦，以及一系列恢复农业生产的努力，巴蜀地区的人口逐渐增长，农村经济逐渐繁荣，茶叶生产也随之得到恢复和发展。特别是清朝大力经营蒙古和西藏地区，扩大了四川边茶的市场，加以在茶法上鼓励商人营运、保证其专利权益，客观上刺激了巴蜀地区茶叶生产的恢复和发展。

清朝初期国内动荡，中央政权很不稳定，由于战事需要，沿袭明制恢复茶马互市。清政府积极推行茶马互市贸易，继续实行明朝"以茶治边"的政策，茶叶边销使茶叶的产量迅速回升。在1796~1820年间，茶叶产量恢复到10000吨以上，以后在较长时期里保持这个水平。到了清末，四川茶叶边销市场因为印茶倾销而逐渐衰落。印茶续销西藏之后，又逐渐进入青海和四川的甘孜、阿

---

① （宋）吕陶：《净德集》之《奏乞罢榷名山三处茶以广德泽亦不阙边备之事状》，四库全书本。
② 杜长烜、闵未儒：《四川茶叶》（修订本），四川科学技术出版社1991年版，第39~40页。

坝，使四川边茶生产受到沉重打击。但因这段时间四川腹茶（内销茶）生产有所发展，故清末民初全省茶叶产量仍维持在1万吨左右。①

1911年辛亥革命推翻清王朝以后，当时四川省的茶叶生产以1937年抗战为界限，在抗战前，四川地区军阀混战，争夺地盘，致使茶叶生产停滞不前。

1937年抗战爆发后，国民党政府迁都重庆，地方军阀势力受到削弱，沿海资本主义工商业陆续迁川，开始冲破了四川封闭式的社会经济，外省茶商纷纷来川经营茶叶生意，活跃了四川的茶叶市场，对茶叶生产起了一定的促进作用。但由于受当时的经济政治环境局限，茶叶生产未能有很大的起色，抗战期间仍维持在1万吨左右。抗战胜利后，由于粮贵茶贱，不少茶园茶区荒芜或改种粮食作物，茶叶生产直线下降。到1949年时，当时四川省茶叶总产量只有4950吨，是晚清以来的最低点。

二、茶马贸易与转运的缘由

青藏高原平均海拔在4000米以上，生活在高寒、缺氧、干燥的青藏高原上的少数民族过着游牧生活，以肉食、奶酪为主。由于在青藏高原，人类面临缺氧、缺蔬菜水果，食物单一，为解决"三高"食物所产生的对身体的不适和副作用，在未发现用茶之前，人们多以野生植物果实、茎叶为原料，熬为饮料，补充生活需要，帮助消化，如藏族用马板树叶、山海棠叶，维吾尔族用马齿苋、醋栗，蒙古族用暖木条、蒙古柞等。后来为了生存，当地人必须向外寻找更好的茶。在文成公主入藏之前，已经有不少的汉藏使者来往，在外地茶叶入藏之前，吐蕃人也会采摘本地野生的土茶饮用。在唐德宗建中二年（781），唐代李肇《唐国史补》卷下记载："常鲁公使西蕃，烹茶帐中，赞普问曰：'此为何物？'鲁公曰：'涤烦疗渴，所谓茶也。'赞普曰：'我此亦有。'遂命出之。以指曰：'此寿州者，此舒州者，此顾渚者，此昌明者，此淝湖者。'"②从唐太宗贞观八年（634）至唐武宗会昌二年（842）的209年间，吐蕃入唐使团达百余次之多，而唐入吐蕃的使团也有52次，平均16个月唐和吐蕃之间就有一次使团来往，有的年份往来使团多达4次之多。当时唐和吐蕃之

---

① 四川省地方志编纂委员会：《四川省志·农业志》，四川辞书出版社1996年版，第291页。
② （唐）李肇：《唐国史补》卷下。

间"金玉绮绣,问遣往来,道路相望,欢好不绝"①。几乎所有的产茶区都有产品随着吐蕃和唐的交流流入吐蕃。②可见唐时就有茶叶传入。③贞观十五年(641)文成公主入藏,把巴蜀地区的茶叶带到吐蕃,《西藏政教签附录》中有"茶叶亦自文成公主入藏土也"的记载,从此巴蜀茶区一直担负着对藏区茶叶的生产供应任务。

自茶叶传入藏区后,逐渐成为牧民生活中最大的依赖。顾炎武在《天下郡国利弊书》中记载"茶之为物,西戎、吐蕃古今皆仰之,以其腥肉之物,非茶不消,青稞之热,非茶不解"④。两千多年来,四川和云南就成为藏区用茶的主要供应地。与此同时,藏区的马、牦牛、虫草、麝香等珍贵药材是内地奇缺急需之物,需要通过四川、云南和青海等地输入内地,形成了茶马贸易。早期茶叶输入以边贸民间往来开始,后来官方介入,物资交换较为专一,茶马贸易是其中最为重要的一项。茶马贸易因此最先从川藏、滇藏和青藏之间开始。陈崇凯先生提出:"亦玛类开通了唐蕃之间茶马互市……景天二年(712)后双方决定开展以茶丝换马贸易,并以赤岭为交马之地,甘松岭为互市之地,年交易量4.8万匹。"⑤上述赤岭即青海湟源的日月山,文成公主入藏之道、唐蕃结盟之碑立于此;甘松岭即松潘境内。

自唐时茶叶传入青藏高原后,由于茶的作用不断地被神化,茶的地位不断地提升。茶在藏族人民的生活中很快成为不可或缺的一种饮品,藏族谚语中有"宁可三日无油盐,不可一日不喝茶""汉家饭饱腹,藏家茶饱肚"之说,茶对藏族人来说,犹如阳光、空气一样,"一日不可或缺",足见茶在藏族日常

---

① (唐)独孤及:《敕与吐蕃赞普书》,收录于《全唐文》卷三八四。
② 李朝贵、李耕冬:《藏茶的起源和进化》;刘勤晋主编:《古道新风——2006年茶马古道文化国际学术研讨会论文集》,西南师范大学出版社2006年版。
③ 历史上以茶易马的贸易活动何时开始,由于史料缺乏而意见有分歧。主要有三种不同的说法。大多数学者认为始于唐代,一般都以封演的《封氏闻见记》所载的"往年回鹘入朝,大驱名马,市茶而归"为依据,以《新唐书·隐逸·陆羽传》所载的"时,回纥入朝,始驱马市茶"为佐证,认为茶马互市起始于中唐,唐以茶折马价市回纥之马。但赵云田先生的《中国边疆民族管理机构沿革史·绪论》以陆游《南唐书》卷一八《浮屠契丹高丽列传第十五》为依据,认为茶马贸易始于五代十国时期;方健先生在《茶马贸易之始考》一文中认为茶马贸易始于宋初。本文取茶马贸易始于唐代一说。
④ (清)顾炎武:《天下郡国利病书》,四部丛刊本。
⑤ 陈崇凯:《吐蕃女政治家赤玛类事迹考略》,《法门寺研究通讯》1998年第12期"98法门寺唐文化国际学术讨论会专号"。

生活中的重要。同时茶还在请客迎宾、走亲送礼、婚丧嫁娶、宗教活动、节日庆典中起到了重要的作用。

由于青藏高原和内地之间巨大的自然地理生态环境差异，造成了两地之间生产方式的巨大的差异性和互补性，一为农耕地区，注重对土地的依赖，一为游牧地区，使得"各民族经济的发展为茶马互市的开展奠定了物质基础"[①]。在藏区，海拔高，气候寒冷，种不出茶叶，也难以生产其他的大宗农副产品，除少量的工艺品外，也没有其他工业品。历史上藏区产量大、价值高的物产便是马，"西番无他产，惟以马易茶"。于是，藏区用马来换取茶叶，而内地则用茶来换取藏马，以物易物，逐渐形成茶马互市。

茶马互市在唐代和吐蕃时代已经存在；唐、宋、元、明时期通过官方和民间贸易多种渠道同时进行；到了明代中期以后至民国时期，主要又是民间管道，交易物品已经从马和茶、绢扩大到各类特产及生活用品，滇川及内地的茶叶、铁器、丝绸、布匹、僧服、纸张、金银、铜器、酒类、烟草、腊肉、火腿、粉丝、红糖、木碗等，源源不断地运入西藏，运入印度、不丹、尼泊尔、缅甸等几个国家，又将西藏的马皮、氆氇、皮张、药材等，以及印度等国的物产包括舶入印度的西方物品运到川滇及内地。[②]总的看来，茶马贸易首先从川藏、滇藏和青藏之间开始，主要在汉、藏、羌、蒙古等民族之间进行。

三、历代茶马贸易与运输

（一）宋代茶马贸易与转运

随着唐朝中原地区饮茶之风传播到边疆少数民族地区，特别是在吐蕃受到当地人喜爱、饮茶成为嗜好后，便在唐代中期开始了茶马贸易的商品交换。西北、西南逐渐出现了少数民族到内地用马匹、皮毛等向汉族换取茶叶的交往形式。《新唐书·食货志》记载："回纥有助收西京功，代宗厚遇之，与中国婚姻，岁送马十万匹，酬以缣帛百余万匹。"[③]可见当时易马之物，尚有丝帛等。后来唐王朝受到输出大量丝、帛等物的经济压力，发现茶叶特别受到少数民族的喜爱，才开始用茶叶替代丝帛等昂贵之物。《新唐书》卷一九六《隐逸

---

① 晓舟：《茶马互市与边疆内地的一体化》，《中国边疆史地研究》1992年第2期。
② 孙官生：《茶马古道与鹤庆商帮》，收录于刘勤晋主编的《古道新风——2006年茶马古道文化国际学术研讨会论文集》，西南师范大学出版社2006年版。
③ 《新唐书》卷五一《食货志》。

列传》之《陆羽传》载:"时回纥入朝,始驱马市茶。"唐封演《封氏闻见记》卷六也载:"按古人亦饮茶耳,但不如今人溺之盛,穷日尽夜,殆成风俗,始自中地,流于塞外。往年回鹘入朝,大驱名马,市茶而归。"唐代始为饮茶之风的传播和汉藏茶马贸易开始。

"茶马互市"作为一种有目的、有组织、在很大程度上代表了朝廷政治态度的贸易形式,很快被历代官方认可,传袭下来。为了加强对茶叶的管理,唐朝制定了专门的茶叶贸易政策和相关机构,在安多地区设置"茶马交换所"作为市场管理机构。首先是实行专门的"茶马互市",唐朝允许交马、互市在赤岭进行,吐蕃也派专人负责经营汉藏茶叶贸易。这种互惠互利的茶马互市得到了唐蕃双方的支持。[①]但总的来看,唐和吐蕃、回纥之间的茶马贸易处于形成和开拓阶段,贸易的形式主要是"贡""赐"的形式,这往往是与少数民族来中原王朝朝贡联系到一起的。

到了北宋王朝建立时,由于失去对西北的控制,北方的契丹、女真、党项等少数民族纷纷建立政权,严重威胁了宋王朝的统治,导致宋王朝对北部边疆频频用兵备战,但是战马奇缺、军队战斗力低下,常年军费开支浩大。而宋代边疆牧民饮茶之风已经是很普遍的了,上至达官贵族,下至平民百姓无不饮者,"夷人不可一日无茶"[②]。于是一方面,中原地区以茶叶为代表的农业经济有了较大发展,同时周边少数民族尤其是北方和西北地区的少数民族地区已把茶叶作为自己重要的生活资料;另一方面,受制于自身条件,宋王朝需要从周边地区进口大量的军马,而上述少数民族地区是战马资源的最主要的生产基地。这种因生产条件不同形成的地域分工,是宋代茶马贸易兴起和发展的前提和基础。[③]另外,北宋王朝初期实行于东南茶场的交引法、贴射法、三说法、茶引法等具体的榷禁专卖办法并未在巴蜀地区实行,使得巴蜀地区的茶叶生产能够良好地发展,在熙宁以后的茶马贸易时期茶叶能够广泛畅销。这样宋代巴蜀地区与周边少数民族之间的以茶马贸易为主的多种物流有利于促进赵宋王朝的稳定,使宋王朝在对外战争中占据了积极的主动地位。

北宋王朝失去西北的天然大牧场,特别是在与西北党项族和北方的契丹

---

① 况腊生:《古代茶马贸易制度》,《理论界》2008年第4期。
② (明)王圻:《续文献通考》卷二二《征榷》。
③ 王晓燕:《宋代官营茶马贸易兴起的原因分析》,《中国藏学》2008年第3期。

的战争中常出现"陕西用兵骑不足"的现象，因此迫切需要战马的补充。而契丹、党项等族又禁止将战马输入宋境，偶有走私的马匹入境，但极少，不敷战备之用，故宋代战马主要还是来自西南地区。

宋代大量买马以"布、帛、茶、他物充其值"。如《宋会要》载"北宋初年多以铜钱、绢、茶等物资易马"，这样以钱易马导致大量铜钱流入塞外，耗资巨大。而以绢易马，据研究表明，中央财政绢的支出几乎占全年二税收入的三分之一多，这也是赵宋政府财力无法承受的。只有茶——货源充足，牧民又喜爱，故以茶易马是中央财政最佳方案①，因此宋太宗在太平兴国八年（983）设买马司，禁以铜钱买马，改用茶货易马。

北宋最早于宋太祖乾德二年（964）八月在东南各路实行榷茶，"从中央到地方都设有专管茶叶经营、运销和税收的机构，严加控制，制定的茶证、茶法也极其复杂，而且时常改变"。而四川地处西南边疆，交通不便，如由官府经营茶叶专卖，则长途贩运，得不偿失；同时，由于淳化四年（993）青城县茶农王小波、李顺因贩茶失职而起义，爆发了大规模的农民战争，官府不敢贸然在四川实行榷茶。所以在北宋熙宁七年（1074）以前，四川四路所产茶叶，准许自由买卖，官府只征收茶园户赋税和商人商税，但规定不得将茶叶贩运出境，以防止川茶流入榷茶地区影响官府对茶叶贸易的垄断。直到熙宁年间，北宋王朝在熙河（今甘肃临洮、临夏一带）用兵打仗，需要大量军费和战马，而熙河离四川较近，所以决定在四川地区推行榷茶，借以筹集军饷和以茶博马。四川实行榷茶，比东南地区晚了一百一十年，直到南宋灭亡以前，始终没有废止。②

北宋熙宁七年（1074），王韶收复河州后，给神宗上奏曰："西人多以善马至边，其所市唯茶。"神宗则派李杞"入蜀经划买茶，于秦（今甘肃天水）、凤（今陕西凤翔）、熙（今甘肃临挑）、河（今甘肃临夏）博马"③，以置榷茶、买马司掌管茶叶贸易。其后，"置群牧行司，以往来督察市马者"④。李杞到达四川后，在成都府路雅州（今名山新店）设置"提举茶场司"（简称茶事司），后改为"提举茶马司"（简称茶马司），在产茶州、

---

① 吕维新：《宋代茶马贸易》，《农业考古》1998年第2期。
② 杜长烨、闵未儒：《四川茶叶》（修订本），四川科学技术出版社1991年版，第43页。
③ 《宋史》卷一八四《食货志》下。
④ 《宋史》卷一九八《兵志》。

军设置官办买茶场，"下令川陕民茶尽卖入官，严禁私行交易，全蜀茶尽榷"①。在成都府路下8个州设立24个买茶场，到元丰八年（1085）四川已设买茶场41个，另外在陕西设立50个卖茶场，同时在秦州设置买马司。熙宁八年（1075）在熙河路设6个买马场，后又在秦州、凤州以及四川的黎州、雅州、泸州设立买马场。沿边少数民族只准于官场买茶易马，不得私相交易。因榷茶买马本属一回事，后两司合并，更名为都大举茶马司。茶马比价"随市增减，价例不定"。马价分九等，各等按马骏驾折茶不一。"马来既众，则售茶亦多"，薄利多销；又规定质量好的名山茶专用于博马，进而促进了川藏之间的贸易交换。史料记载少数民族"部落入城，博易买卖，其蕃部别无现钱交易，只将椒、腊、草药之类，于铺户处交易茶货，归去吃用，谓之茶米，或有疾病，用此疗治，旦暮不可暂阙"②。这样以内地雅州、名山等茶，换取番人之良马，调剂余缺，两厢情愿，互惠互利，茶马互市贸易顺应形势的发展需要而蓬勃开展，成为内地与西部边疆最重要的经济交流形式。这种贸易形式，对北宋来说，完全是出于政治与军事的需要。从西北买马主要是用于战争，在西南所买之马大多不堪作战，主要为羁縻马，为安抚西南少数民族。

到宋室南渡，淮河以北及陕西大部地区被金兵侵占，中央财政陷于破产境地，西北的抗金主要靠巴蜀地区支持，战马来源只有巴蜀地区。其买马所需的物资和经费，主要依赖巴蜀的茶叶和茶利收入。为了开辟财源、筹集军费，建炎二年（1128）主管成都府路财政的赵开，奏请废止茶叶官卖官买办法，改行"茶引法"，即由茶商向官府缴纳款后，官府按茶商认自变量额发给引票，茶商则凭票方可上市交易。引票相当于一种许可证，非有茶引不能经营茶叶，对销售地方进行限制，不准运往他地，仅抽税钱。茶引制度的出台，促使茶马贸易进入了较成熟的发展时期，对促进茶马互市起到积极作用。建炎四年（1130）仅茶商纳款就达"一百七十余万缗"③。所以在绍兴初（1131～1149），并川秦茶马四司为"都大提举茶马司"（简称茶马司），专门制定"茶马法"，掌川茶与少数民族贸易马匹，设置买茶场，将茶农生产的茶叶按官价出卖，筹集买马经费；又置买马场，进行以茶易马，收购战马。自

---

① 《宋史》卷一八四《食货志》下。
② （宋）吕陶：《净德集》卷一。
③ 况腊生：《古代茶马贸易制度》，《理论界》2008年第4期。

此茶马贸易成为宋朝战马的主要来源，茶马司便成为宋和明清专理茶马贸易的一个固定机构。相对来说，"茶引法"比"专卖法"具有一定的优越性，为元明清各朝所继承，榷茶制度也就一直延续下来。雅安、名山一带的茶最为少数民族所喜爱，所以规定专用以博马，不得他用，所以宋人黄庭坚有诗云："蜀茶总入诸蕃市，胡马常从万里来。"①具体讲南宋在巴蜀地区设置买茶场有二十四处②，买马场有十六处③，计有威州、雅州、文州、龙州、嘉州、泸州、戎州、茂州等与少数民族接壤之地。同时茶马贸易以互市、贡赐方式进行。宋与回鹘、吐蕃、契丹、党项等族的贸易量十分可观。据统计，孝宗乾道九年（1173），四川成都府榷茶2100万斤。榷茶贸易量虽然很大，但仍然不能满足周边各族人民的需要，于是除了官方严格管理的榷场外，各族人民在边境私贩茶叶，彼此进行跨境贸易。南宋失去西北马场，马源路断，朝廷只能依靠雅州等地的马场同藏族继续交易。由于马少茶多，再者后继者不断增加茶引率，逐渐出现茶价大贱，茶马交易日渐萎缩的局面。南宋宁宗嘉定三年（1210），皇帝颁诏"文臣主茶，武臣主马"，力图恢复昔日茶马交易元气。南宋末年，由于与元军战火不断，茶政荒废，"茶马互市"已名存实亡。④

（二）茶马互市新发展的元明时期

元朝统治者来自漠北蒙古草原，在它统治的近百年间，建立了自己齐备的马政制度，使战马的生产得到了保证。因不乏战马，统治者废除了茶马贸易，故不再将川茶运往西北藏区交换战马。但元朝初年对茶继续沿袭宋朝的禁榷垄断制度，视私贩茶者与私盐同罪，改为就地销售。这样马便在元朝淡出了原来的角色。但是元朝仍然重视茶叶向藏区的销售，主要是因为茶马贸易带来的巨额赋税。⑤据《元史·食货志》载，元世祖至元六年（1270）茶税年纳银达一千五百万锭。政府专门设立"西番茶提举司"，由官府统购茶叶，在碉门（今四川天全县）等地互市。虽然元朝对茶马互市并不重视，但大力开辟驿路，设置驿站，使川西、滇西北和西藏的茶马古道大大延伸。

---

① （宋）黄庭坚著，刘琳、李勇先、王蓉贵等整理点校：《黄庭坚全集》，四川大学出版社2001年版。
② 贾大泉主编：《四川通史》卷四《表11-1北宋时期四川买茶场分布表》统计，第244页。
③ 据贾大泉、陈一石著《四川茶叶史·四川地区买马场分布表》统计，第80页。
④ 贾大泉、陈一石著：《四川茶叶史》，巴蜀书社1989年版，第79页。
⑤ 况腊生：《古代茶马贸易制度》，《理论界》2008年第4期。

朱元璋于1368年正月建立明朝，定都南京。但是直到明朝中叶英宗正统（1436～1449）年间，仍有蒙古瓦剌部大举南侵。因此面对统一国家，稳定政局严峻的军事形势，兵力有余而战马不足，故朱元璋更感到战马的重要性，他在告谕蜀王朱椿时说："国家榷茶，本资易马，边吏失讥，私贩出境，惟易红缨杂物，使番人坐收其利，而入中国者少，其所以制戎狄哉？"①"番人嗜奶酪，不得茶，则困以病。故唐宋以来，行以茶易马，用制羌、戎，而明制尤密。有官茶，有商茶，皆贮边易马。官茶兼征课钞，商茶输课略如盐制。"②这就是"以制戎狄"或曰"以茶治边"观点的由来。明代与宋代一样，把茶法马政视为军国要政，实行以茶博马的茶引制度，由商人向官府纳钱请引，每引配茶百斤，商人持有引票方可经营茶叶。对周边少数民族始终强调通好而实行羁縻政策，目的是用以系番人归向之心。贯彻这项政策的具体措施就是沿袭唐宋旧制，积极开展茶马互市。而当时少数民族地区社会生产力已有所提高，有大量的牛、马和其他农副产品如毛皮、药材等，需要以其所有易其所无，以提高畜牧民族人民的生活，促进经济的繁荣。他们急需的物资是盐、茶、粮食、布匹、丝绸、铁器、瓷器等。特别是由于"番人嗜奶酪，不得茶，则困以病"，对茶有着特殊的爱好和要求，因此双方都有一定的思想基础和强烈的愿望，这是明朝茶马互市得以顺利开展的前提。③

明洪武五年（1372）开始恢复宋制，推行茶马互市贸易制度，大量设置茶马司和茶课司，加强"茶法""马政"建设，制定一整套严密的茶马贸易制度，茶马贸易获得空前繁荣。通过茶马贸易，明朝全面巩固了对藏区的统治，明廷通过"差发马"外，还通过与藏区的朝贡与赏赐加强对藏区各部的联系和控制，藏区不少僧俗在贡毕返藏之际，沿途采购他们最需要的茶叶。

洪武年间设置四川茶盐都转运司，掌管茶政。产茶的府州县均派专人掌管征收茶税和发放茶引事宜，交通要道设批验茶引所，西北边区设西宁（今青海西宁）、洮州（今甘肃岷县）、河州（今甘肃临夏县）、甘州（今兰州市）4个茶马司，四川设雅州碉门（今天全县）茶马司。洪武五年（1372）设置永宁、雅州茶局。洪武十六年（1383）设永宁茶马司，拟与川南夷、獠等少数民族进

---

① 《明史》卷八〇《食货四》。
② 《明史》卷八〇《食货四》。
③ 吕维新：《明代茶马贸易研究》，《茶叶机械杂志》1995年第4期。

行茶马互市，还设有巡视茶马御史等官职，负责监督"茶马法""茶引法"的贯彻执行。

明初为规范茶马贸易，防止边防官吏假借朝廷名义，滥向吐蕃索取马匹以肥私，洪武二十六年（1393），朱元璋正式确立"差发马"制度，特制"金牌信符"，将41面金牌发放到藏边等少数民族部落中，作为进行合法茶马贸易的官方凭证。洪武三十年（1397），朱元璋为保证政府对茶叶储运，特在成都、保宁、重庆、播州设置四大茶仓，以备易马换粮之用，这是明朝茶马贸易中一个不同于前代的显著特点。

这种强制性的征纳茶、马保证了军马供应，加强了对藏区的控制，也为茶马贸易带来了一定的繁荣气象。但宣德、正统时期，金牌易马制渐趋废止。到正德时期，"后因边方多事，陕西军民转输军饷，无暇运茶。腹里官军，又各调去甘、凉、宁夏等处征操，别无官军可调，茶马因是停止"[①]。金牌易马制成为历史陈迹。嘉靖三十年（1551），朝廷又颁发勘合制（对号凭证），以代替金牌制。其性质与内容并未有变更，只是改三年一核对为一年一核对而已。后因为政权日趋腐败衰落，国力下降，最终民营茶马贸易取代官营茶马贸易，其官营茶马贸易经管体系也随之逐渐退出历史舞台。但是明王朝对朝贡京师的藏族僧俗上层，均例给茶叶、绢、缎等厚赏，其中以赏茶为大宗，而茶叶亦主要用巴蜀地区的茶来支付，如成化十九年"诏四川岁运茶十万斤，分储陕西茶马司，以给番僧"[②]。

明代四川边茶贸易，采取"专卖法"与"茶引法"两制并行。明初规定陕南汉中府和川北保宁府所属州县的茶叶，全部实行专卖，运到西北边区的茶马司，用来买马，故称"马茶"，其他茶区则实行茶引制，由商人交纳茶引税，凭引购销茶叶。川北马茶产区包括现在的巴中、通江、南江、宣汉、万源、开江等大巴山地区，所以又称为"巴茶"。除巴茶外，雅州碉门、筠连、永宁（今叙永一带）等地所产"剪刀粗茶"也作为边茶，用来交换少数民族的红缨、毡衫、毛布、米、椒、蜡等货物。

除川北的边茶实行专卖外，其他茶区不论腹茶还是边茶均实行茶引制，

[①] （明）杨一清：《为修复茶马旧制以抚慰番夷安靖地方疏》，收录于《明经世文编》，上海古籍出版社1996版。
[②] 《明宪宗实录》卷二三六。

由商人自买、自运、自销，官府只处于征收引税和检查监督的地位。川北所产的边茶，实行官买、官运、官销。但这种纯粹由官府统购统销的制度，只维持了一百来年。后来由于陕西连年发生饥荒，政府财政困难，无力赈济，不得不招商人向缺粮的地区输纳米粮，官府给以定额茶引，令其到茶区凭引买茶，运到西北边区自行销售或交易货物。有时又令商人将贩运到边区的茶叶以三分之一、十分之四乃至半数交茶马司买卖，其余由商人自销，于是形成一种官商合营的边茶运销方式。①

明朝对茶叶的控制逐渐放宽，特别是到后期茶马制度废除以后，私茶贸易更是如雨后的春笋一样发展起来。正所谓"茶马互市，利之所在，人皆趋之，禁令越多，走私之风越盛"②。嘉靖元年（1522），明廷以金牌易马制停止以后，私商十分活跃。各地军政当局仍自行征税，"私委所属抽税焉"不利于统一管理，不久确立茶叶引岸制，对茶商的经营数量、质量、购销地点均做明确的规定，违者予以重罚。按其不同的销售对象、范围以及茶叶的质量、制法和传统的产销关系，形成黎、雅、松潘边引和腹引，两"边"一"腹"，各据优势是川茶引岸制的特点。③

黎、雅、碉门是边茶的最大的市场，其销售范围远达朵甘、乌斯藏全境（今四川省甘孜藏族自治州、西藏地区）。松潘是第二个边茶市场，主要销售于若尔盖草原（今阿坝藏族羌族自治州）及青海果洛地区。腹茶主要指省内汉族地区销售的茶叶。腹茶与边茶不仅销售范围、对象有别，而且在采摘季节、制作方法、包装均不相同。腹茶又称"细茶""芽茶"，边茶又称"剪刀粗叶""刀子茶"。最初，河西等地少数民族商人以马入雅州易茶，由四川岩州卫入黎州始达，"茶马司定价，马一匹，茶一千八百斤，放碉门茶课司给之"。后来，明政府又规定分验马匹的高下而定茶数，定上马一匹，给茶百二十斤，中七十斤，驹五十斤。

到了明代中后期，国力式微，茶马价格失调，茶法马政日益衰败，巴蜀地区的茶叶生产及销售不景气，而两湖地区的茶叶生产却是一片大好，价廉茶浓，"奸商利湖南之贱，逾境私贩。番族享私茶之利，无意纳马"④，巴蜀地

---

① 杜长烨、闵未儒：《四川茶叶》（修订本），四川科学技术出版社1991年版，第48页。
② 陈光国：《青海藏族史》，青海民族出版社1997版。
③ 贾大泉、陈一石：《四川茶叶史》，巴蜀书社1988年版，第140页。
④ 《明神宗实录》卷二八二。

区的茶输入陕西的数量日益减少。

（三）清朝茶马贸易与转运

巴蜀地区经过明末清初长期的战乱，茶叶生产受到较大的影响。经过康熙、雍正、乾隆三朝实行外省移民农垦，以及一系列恢复农业生产的努力，人口的逐渐增长，农村经济逐渐繁荣，茶叶生产也随之得到恢复和发展。清政府沿袭明制，继续实行官府专卖和茶马贸易，制定一系列严格的茶法、马政，建立一整套课茶、中茶、易马制度，陆续在各地设立茶马司。顺治三年（1646），清政府宣布恢复茶马互市，在西北地区先后设立巡视茶马御史，辖洮州（驻岷县）、河州（今临夏）、甘州（今兰州）、庄浪（驻平番，今静宁县东南）、西宁五茶马司，茶马交易频繁。同时以茶叶赏赐归附的少数民族上层"以鼓远人之心，以示怀柔之意"。

到了顺治末年，全国大统一的局面已经形成，政权日趋巩固，西部和北部大规模牧场的建立，清廷无须易马给军。康熙三十六年（1697）蒙古平定，康熙五十六年（1717）西藏平定，此时已不存在战马来源难的问题，也取消了茶禁，允许民间贸易，于是茶马贸易失去了存在的前提，开始走下坡路。再说少数民族，由于民族地区经济的发展和生活水平的提高，需要的商品种类也日渐增多，单纯的茶马互市已不能满足他们的生活需求，同时也不利于各民族地区经济的发展。正因为如此，清朝对茶马互市贸易已逐渐失去兴趣。[①]康熙七年（1668），裁苑马监及巡茶御史，此后，茶马司"招中无几"[②]，贮茶或充饷或变价。雍正九年（1731）也曾一度恢复，到雍正十三年（1735）又以"军需告竣，番民以马为累"，停止中马。乾隆元年（1736），令官茶改征银，商人纳银可于西北销贩茶叶，由兰州道理其事；并开始处理积茶，为善后计。乾隆二十五年（1760）、乾隆二十七年（1762）先后裁汰洮州、河州茶马司，余下的三司只负责"须引征课"。茶马司变成汉藏贸易的管理机构，将宋、明两代的以茶易马改为"设引招商"的"引岸制度"，四川的边茶基本全由民间商人经营，政府只收取税课。这样一来，民间的茶叶贸易兴起，进入了四川茶叶入藏的最繁盛的时代。

清代茶马互市时兴时停，先后延续了近百余年。至此古代茶马贸易完全

---

① 吕维新：《清代的茶马贸易》，《茶叶机械杂志》1997年第3期。
② 《清朝文献通考·征榷考·榷茶》卷三〇，（台北）新兴书局1963年版。

废除,"清代废止茶马贸易后,就变为内地和边疆、汉族和藏族之间全面的物资交流和经济活动,因此汉藏民族之间的商业贸易更为发展和繁荣"①,在这些交流物资中也以对藏输入的边茶最多。但是在光绪十四年(1888),英国入侵西藏,清政府被迫于1890年签订了《中英藏印条约》,1893年又签订《藏印续约》,将西藏亚东开为商埠,藏印贸易于此互不收税,英国对藏低价倾销印茶,使得四川边茶的产销量大大下降。为此,赵尔丰等清政府官员采取措施努力抵制,在雅州设立边茶公司,整顿茶政;继而又在藏区设立分公司,直接对藏销售。

明、清至民国时期,巴蜀地区一直是我国主要的边茶生产的基地,边茶的生产占四川省茶叶总产量的二分之一至三分之二以上。边茶产销的发展,对促进巴蜀地区城乡经济的繁荣和边疆少数民族地区的安定发挥了一定的作用。

四、历代茶马贸易运输路线②

"茶马古道"是历史上因藏区与内地的以"茶马互市"为主的贸易兴起而形成的一些交通道路,故称之。茶马古道是一个庞大的交通网络,它是以川藏、滇藏、青藏等三条茶马古道为主线,辅以众多的支线构成的道路系统,地跨川、滇、青、藏四区,外延达南亚、西亚、中亚和东南亚。这三条茶马古道主干线的商旅交通方式并不完全相同。在川藏茶马古道上,驮茶的并非马帮,而是以背夫和牦牛驮队为主。历史上由雅州(今雅安)、黎州(今汉源)运往藏区的茶,在打箭炉(今康定)以东主要靠内地的背夫人力背运;在打箭炉以西,则由藏族的牦牛驮队驮运到藏区各地。在青藏茶马古道上,青海西宁以东,主要以骡车和马驴驮运;在西宁以西,主要靠牦牛驮队运输。只有在滇藏线上,才是以马帮驮运为主。因为滇西北和川西高山峡谷地带山路崎岖、林棘众多,在陡峭狭窄的羊肠小道上,只能靠人与马负运。茶运到昌都后,大多数改成牦牛驮运。在三条茶马古道中,最有影响的是在四川的茶马古道,其中有四川西北的川甘、川青和川西南的川藏茶马古道,前者始于唐,盛于宋,是我国最早的茶马古道,后者偏迟,盛于明清。

---

① [韩]朴文焕:《清代茶马贸易衰落及其原因探析》,《西南民族学院学报》2003年第2期。
② 蓝勇:《四川古代交通路线史》,西南师范大学出版社1989年版;任新建:《茶马古道与茶马古道文化》,收录于刘勤晋主编的《古道新风——2006年茶马古道文化国际学术研讨会论文集》,西南师范大学出版社2006年版。

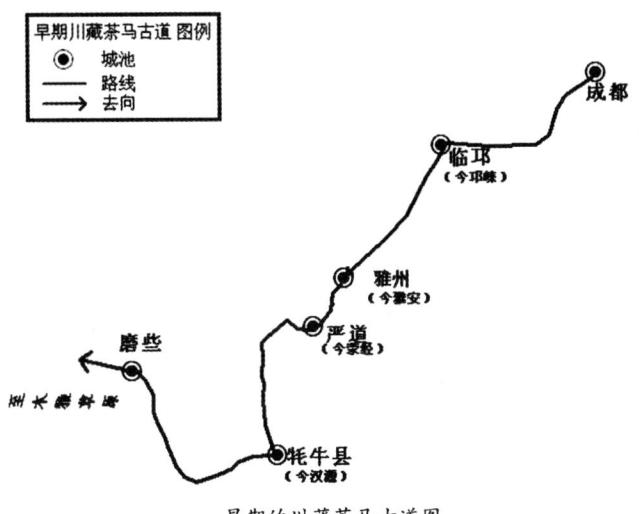

早期的川藏茶马古道图

青藏茶马古道是唐宋时期茶马互市的主道。由于当时所易之马主要来自青海和西藏，故茶马贸易主要经由此道。其主线即唐代开辟的"唐蕃古道"，路线东起关中地区，沿河西走廊，经过兰州、西宁、玉树，过金沙江，经昌都、那曲地区到达逻些（拉萨）。

滇藏茶马古道，也早在唐代就出现了。历史上川藏纠纷连绵，川藏道时有梗阻，故原先依靠川藏运输改由滇藏道运输。抗战爆发后，滇藏道更成为中国对外交通的主要通道，穿越云贵高原和青藏高原，延伸至印度、缅甸等国。滇藏道的主线是从思茅经大理、丽江、德钦、芒康、左贡、昌都到拉萨，支线甚为繁多。

巴蜀是中国边茶的生产地，又毗邻西藏，故川藏茶马古道开辟得最早，其间几经演变，特着重考辨：

（一）早期的川藏茶马古道

巴蜀地区是较早将茶叶作为商品进行贸易的地方，西汉时期王褒所著的《僮约》中就有"武阳（今四川彭山县）买茶，杨氏担荷"的记载，说明茶市最迟于两千年前在成都附近出现。

据《史记》记载，西汉时期蜀郡的商人们常以本地特产与大渡河外的牦（旄）牛夷、邛、筰等部交换牦牛、筰、马等物。茶作为蜀之特产也应在交换物品之中。旄牛道路线从成都出发，经临邛（邛崃）、雅安、严道（荥经），逾邛崃山的大相岭，经旄牛县（汉源），过飞越岭、化林坪至沈村，渡大渡河，经磨西至木雅草原，应该是最早的"茶马古道"。

（二）唐宋时期的川藏茶马古道

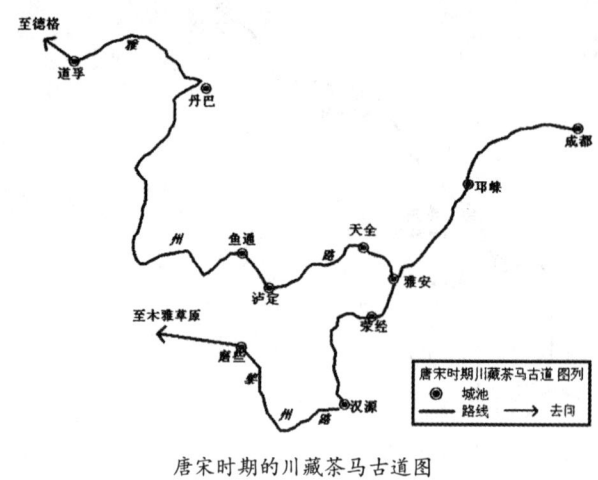

唐宋时期的川藏茶马古道图

唐宋王朝均在大渡河以西的藏区设立了100多个羁縻州，为与这些州的部落进行茶马互市，专门在黎（今汉源）、雅（今雅安）二州设立互市口岸。其路线分为两路：一路为黎州路，即始阳道，路线即上述的汉代"旄牛道"；一路为雅州路，即夔松道（碉门道），路线从雅州经天全、泸定岩州、鱼通、丹巴、道孚到德格。由于此时青藏路是易马的主区，故此时川藏道的茶叶交易量相对较小。四川出产的茶，大部分调配到熙和等地换马。①

（三）明清时的川藏茶马古道②

明代巴蜀地区有保宁、夔州、邛雅、叙州四大产茶区，其所产茶叶多调运西北藏区互市，保宁和夔州所产茶叶多调运陕西，而叙州和邛雅地区的茶叶多经过雅州、碉门运至康藏地区。明代西北不靖，"茶马互市"的重点从青藏道转移到川藏道。为了缩短运输距离，明太祖下令在唐宋碉门基础上整修了从碉门（今天全）经岩州（今泸定岚安镇）至长河西（康定）的通道，并于岩州设卫，驻军以保护茶道畅通。成化六年（1470），又规定乌斯藏（即卫藏）、朵甘思（即康巴藏区）各部朝贡必须从"四川路"来京，而当时朝贡运队伍的一个重要任务就是买茶。这样，四川不仅是边茶的主要生产地，而且成为"茶马互市"的最主要贸易区，建立有黎州、雅州、碉门、岩州、松潘五大茶市口岸，在川藏茶马古道上形成"茶驮成群，络绎于道"的繁盛景象。川藏茶马古道十分险阻，边茶由雅安起运，经过泸定，横渡大渡河，茶叶由人力背运，骡马驮，由康定至拉萨，其间驿站56个，塘铺81个，全程2450公里，要走一年左右。

---

① 蓝勇：《四川古代交通路线史》，西南师范大学出版社1989年版，第250～255页。
② 阮逸明：《塞北茶马驮道在华茶经济中的地位》，收录于刘勤晋主编的《古道新风——2006年茶马古道文化国际学术研讨会论文集》，西南师范大学出版社2006年版。

其入藏北路由雅安经泸定、打箭炉（康定）、道坞（道孚）、炉霍屯（炉霍）、甘孜、德格渡金沙江入藏，再经江达、茶木多（昌都）、拉萨、日喀则到印度。川藏官道

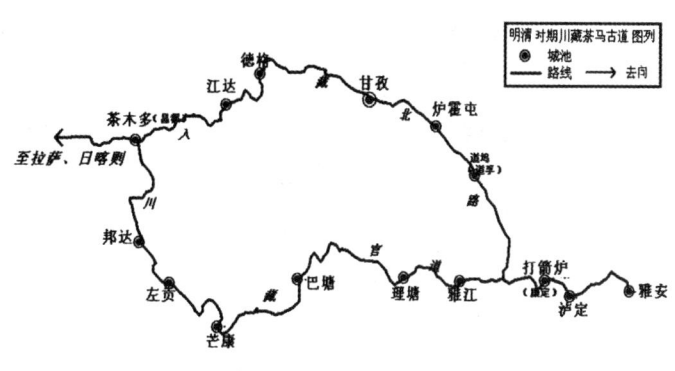

明清时期的川藏茶马古道图

（差贡大路）由雅安经泸定、打箭炉（康定）、雅江、理塘、巴塘渡金沙江入藏，经芒康、左贡、邦达、昌都、拉萨、日喀则到印度。从嘉州出北门，经临江关白岩铺、九溪铺、棉竹铺、夹江门坎铺到夹江、洪雅，是古嘉州茶叶西连川藏线的支线。

清代，四川在治藏中的作用大大提高，进一步推动了川藏"茶马贸易"。康熙四十一年（1702），在打箭炉设立茶关。之后，又于大渡河上建泸定桥，原由碉门经两河口、昂州河、岩州、烹坝的道路改为从天全两路口、门坎河翻马鞍山到泸定过泸定桥到打箭炉。昌都则成为川藏、青藏、滇藏三道交会的茶马贸易枢纽重镇。清代打箭炉至昌都分为南北两条大道。北路大道由打箭炉经道孚、甘孜、德格、江达至昌都。此道明代一开，由于道路较平坦，沿途多有草原，适合牦牛驮队行走，且路程较快捷，故明清以来运茶商队绝大多数都是行经此路，清廷赏给达赖喇嘛的茶也是由打箭炉起运，经此道运到拉萨，历史上称之为"川藏商道"。南路大道由打箭炉经理塘、巴塘、江卡（芒康）、察雅至昌都。由于这条路主要供驻藏官兵和输藏粮饷来往使用，故习惯上称之为"川藏官道"。此道虽也有茶商驮队行走，不过主要是供应康南一带地区，输入西藏的茶主要仍走北路商道。两道会合于昌都后，由昌都起又分为"草地路"和"硕大洛松大道"两路，至拉萨会合。硕大洛松大道由昌都经洛隆宗、边坝、工布江达、墨竹工卡至拉萨；草地路即上述的由昌都经三十九族至拉萨的古代茶道。据文献记载，清代每年输入西藏的茶80%以上来自巴蜀地区，其中主要为雅州所产边茶。

清末民国时期，由于英帝国主义插手西藏，签订《藏印条约》，大量印茶仿制雅安边茶，以低价倾销西藏以及甘肃、青海、四川等藏区，湖南茶和云南

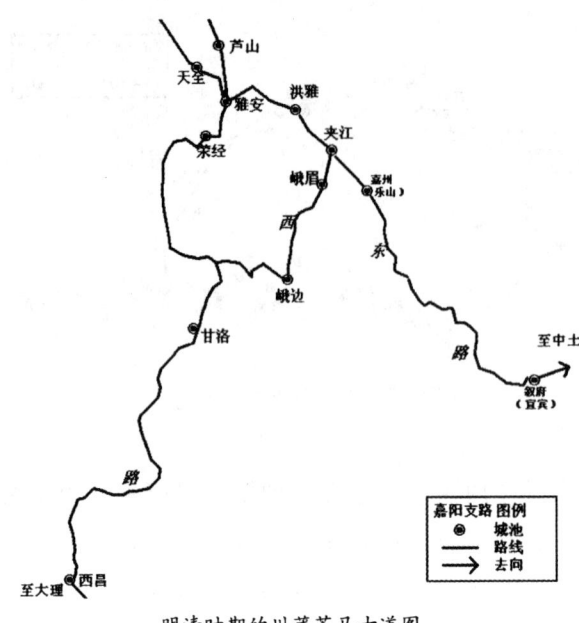

明清时期的川藏茶马古道图

茶开始绕道进入西藏,而四川连年军阀混战,导致巴蜀地区的边茶入藏路线受阻,边茶的销售市场衰落萎缩。但经过赵尔丰等人以及民国政府的努力组织茶号和公司,仍然保持着对藏边茶的输出,边茶入藏路线大致沿明清时的川藏路线。

民国时期川藏边茶运输线分为"南路"(黎碉道,即唐宋始阳和夔松道)和"西路"(松茂道,即唐宋西山道)两条。南路由雅州至打箭炉又分为两路:一条为黎雅道,即唐宋始阳道,从雅安经荥经、黎州(汉源)翻飞越岭到泸定,经磨西到打箭炉(康定),是秦汉以来就已存在的大道,故名为"大路";另一条为碉门道,即唐宋夔松道,从雅安经天全两路口、马鞍山(二郎山以北)到泸定,渡泸定桥北上烹坝,经大冈、头道水到打箭炉(康定),故又称为"小路"。自打箭炉至西藏的路线由打箭炉北行,经道孚、章古(炉霍)、甘孜,由中扎科、浪多、柯洛洞、林葱(原邓柯县)至

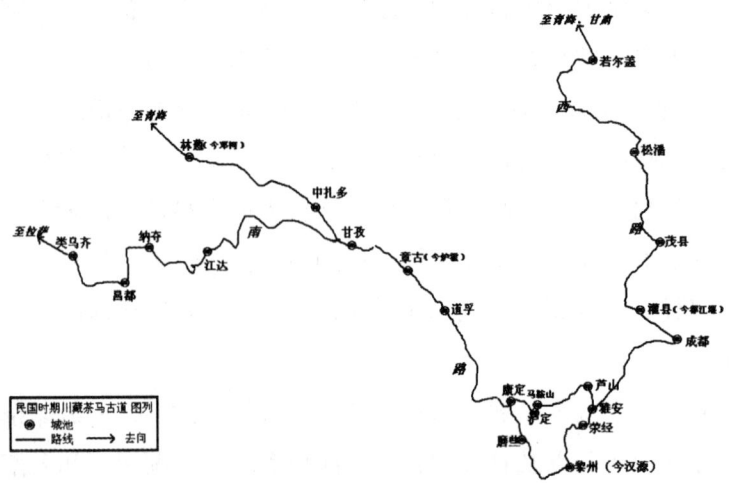

民国时期川藏茶马古道图

卡松渡过金沙江，经纳夺、江达至昌都，然后经类乌齐、三十九族地区（丁青、巴青、索县等地）至拉萨。西路由灌县沿岷江上行，过茂县、松潘、若尔盖，经甘南至河州、岷州，转入青海。

茶马互市的开展促使边疆地区兴起了许多重要城镇，特别是许多沿川藏茶马古道交通干线的城镇，如四川康定、泸定、松潘、西藏昌都等。林隽在《西藏归程记》中记"述理塘、巴塘、道孚、炉霍等集镇也都因茶叶集市和转运而迅速兴起和繁荣。特别是察木多（今昌都）因其为川藏茶路与滇藏茶路的交会处，又是川藏南、北两路入拉萨汇经之地，各地茶商云集，也迅速成为'口外一大都会也'"[①]。这些城镇的兴盛带动了周边地区的经济发展，促进了农业、手工业技术的进步，繁荣了地区经济，有利于边疆与内地的一体化发展。[②]茶马贸易的兴盛也给巴蜀地区与康藏地区交通通道的展拓、修治都带来积极的影响，客观上促进了巴蜀地区与康藏地区各族人民的交通和交流。

第三节　川盐贸易运输

一、川盐发展概述

早在两千多年前，巴蜀地区人民就学会了利用自然盐泉或裸露于地表的各种盐资源。战国时期，巴蜀地区开始人工凿井取盐，《华阳国志》卷三记载："周灭后，秦孝文王（今考为秦昭襄王）以李冰为蜀守，冰能知天文地理……又识齐水脉，穿广都盐井诸破池，蜀于是盛有养生之饶焉。"汉代，川渝盐井开凿区域已扩大到17个县，巫溪大宁盐场、云阳盐场等大型盐场纷纷出现，在很多地区设专门的盐官进行管理。唐代巴蜀地区盐业进一步发展，表现为产盐区域进一步扩大，井深增加，单井产量提高。宋代巴蜀地区井盐业发展得较快，特别是北宋庆历年间出现的卓筒井技术大大促进了盐业生产。宋代巴蜀地区盐产地多集中在川东、川北地区。南宋末年巴蜀地区战乱数十年，井盐生产遭到严重破坏。忽必烈统一全国建立大元后，开始注重经济的恢复，巴蜀井盐

---

① 林隽：《西藏归程记》，收于吴丰培辑：《川藏游踪汇编》，四川民族出版社1985年版，第106页。
② 晓舟：《茶马互市与边疆内地的一体化》，《中国边疆史地研究》1992年第2期。

生产也开始恢复。此时川盐除了满足本省需要外，已开始行销外省。例如大元至顺元年（1330），已经有了川盐销黔的最早记载。明代川盐继续得以发展，钻井技术得到进一步提高，凿井的程序化、固井技术的提高、治井技术的初步发展，使得卓筒井技术得到进一步完善。明朝官府还同乌撒、乌蒙、芒部等少数民族进行定期的茶马互市，其中就包括了大量的盐马互市。

明末清初的战乱使巴蜀地区受祸尤惨，井盐业的发展遭到严重的破坏，各盐产区"井圮灶废"，"百不存一"①，盐井填塞，灶户大量逃亡。清朝在巴蜀地区的统治稳定后，为了发展盐业，充裕国库，先后颁布和采取了一系列有利于盐业恢复发展的政策和措施。这些政策的推行，调动了盐业生产与经营者的积极性，使巴蜀盐业得以迅速恢复，川盐又再度兴旺起来，各地盐场"逃徙者渐归，凿井者益众"。到了雍正年间，巴蜀地区经济基本恢复，川盐生产也进入了发展时期。雍正时期实行"计岸制"，规定川盐运销区为本省计岸、黔边岸、滇边岸，到乾隆时期，又增加了湖北八县作为川盐销区，即"楚八计"。太平天国运动爆发后，长江中下游一带为太平军所控制，淮盐不能上运，原属于淮盐销区的两湖一带素不产盐，因此陷入了盐荒，政府准许川盐济楚。广阔的市场极大地刺激了川盐生产的规模扩大，特别是富荣盐场的盐业生产发展尤为迅猛。光绪三年（1877），自贡井盐产量几乎与道光年间川盐总量相等，不仅跃居全川之首，并成为全国最大的井矿盐产地。太平天国运动失败后，淮盐重返两湖市场，但一直无法挤掉川盐，形成川淮盐并销的局面，而原属于淮盐销区的贵州东部却被川盐占据，淮盐基本被挤出贵州市场。

民国时期，在运销方面废除了计岸制和官营制，实行就场征税、自由贸易。在生产方面，较多使用现代化机器生产，蒸汽汲卤机车开始在各大盐场推广。但是，20世纪20年代军阀混战，苛捐杂税繁多，对川盐产销的破坏明显，川盐生产呈萧条之势。1933年刘湘统一四川后，川盐生产才得到一定程度恢复。抗日战争爆发后，日军迅速占领了沿海各大盐场，切断沿海地区向内陆的食盐供应，作为抗战大后方的巴蜀地区承担了沦陷区外各地区的主要食盐供应。因此，国民政府非常重视川盐的发展，实行一系列有利于盐业生产和运输的办法，积极鼓励食盐增加产量，在重要盐运路线上派军队保障其运输，巴蜀

---

① 清代档案：《顺治六年六月初二日巡按四川兼节盐法监察御史赵班玺题》，转引自罗曼的《清初川盐销黔与四川盐业的发展》，《盐业史研究》1992年第1期。

盐业形成了继太平天国运动后又一个高速发展的时期。

二、清代民国川盐运销概况及运输路线

（一）川盐运销本省计岸

巴蜀地区产盐之地遍及四川盆地，在重庆有巫溪县之大宁盐场、云阳县云安镇之云阳盐场以及垫江、长寿、城口、开县、彭水等地盐场。川北盐场最主要的是射洪县以及蓬溪县盐场，此外三台、中江、乐至、盐亭、南充、大邑等地也产盐。川南产盐量是巴蜀地区最高的，仅自贡市富县、荣县所产之盐就占巴蜀地区大半，此外还有乐山、犍为、资中、长宁等地盐场。

川盐行销本省计岸分水运和陆运。

水运主要有以下运线：长江运线[①]，由宜宾沿长江经泸州、合江、重庆、涪陵、忠县、万县、巫山直至湖北之巴东、秭归、宜昌等地；渠河线，由重庆换小船溯嘉陵江至合川，再换船入渠河，分运广安、达县、岳池、大竹、渠县、宣汉、万源等地；岷江线：犍为、乐山盐溯岷江至彭山县入府河运至成都等地，若运南河则转新津河至新津，若运雅岸则入雅河至雅安。此外还有涪江线（三台至绵阳）、沱江线（自贡盐运泸州）、泸南线（泸州、江津、南川等八县水运泸州后陆运古宋、纳溪等县）。

川盐行票之盐有20场，富荣、犍为、云阳、大宁等盐场运销地域广，多是水陆联运，川北等地多是短途运输，主要是陆运，部分盐场的运销路线如下：富荣场。富荣场陆运路线经大山铺120里至内江，经牛佛渡至隆昌、荣昌（今属重庆市），480里至璧山。富荣场水运路线：公仓放盐后用人力、马驮运至釜溪河，用小驳船（可载一二十包）运至关外装橹船（可载100包），水运67公里至邓井关入沱江装大船（两船装一载）行93公里至泸州入长江，船加载至一载至一载半直达重庆，分运各地。犍为场。由五通桥下岷江装船（分为三板或五板船，可载200～800担，每担100斤）水运360里至宜宾，水运分销南溪、江安、长宁、庆符、高县，陆运分销兴文、珙县、筠连县。乐山场。牛华溪公仓放盐运至岷江装船（半头船，可载50包）溯流经青神、眉山入彭山江口，直运成都，枯水期时须换驳船运至中兴场，再由板车陆运到岸。行销南岸的，在岷江装中板船、半头船水运彭山转新津江入新津，计程290公里。行销雅岸的，在场

[①] 《四川省志·盐业志》，四川科学技术出版社1995年版，第107~114页。

装竹筏由青衣江溯运经夹江、洪雅至雅安，计程250公里，再分运荥经、汉源、芦山、天全等地。此外，还有少量陆运，过红岩关200里至丹棱，310里至名山，350里至峨边。射蓬场。射蓬场所产为巴盐（清民国时期，巴盐每包重160斤），场多位于涪江之滨，商人就灶放盐，下河装船，顺流210里至潼南，或陆运分销铜梁、璧山，或继续水运至合川，一路转嘉陵江溯流至武胜，另一路转渠江溯流至罗渡，陆运岳池、广安等地。简阳场。沱江装方头船50包，溯运至金堂、新都、华阳，再陆运成都。

川北、川西各盐场由于产量少，多是产地自销，部分盐场运销里程如下：绵阳场。过新庙子190里至德阳、绵竹，200里至北川，400里至松潘、茂县。南阆场。经万年场320里至剑阁，380里至广元、昭化，过金鸭场270里至南江，360里至通江。井仁场。经观音桥验卡行150里至仁寿，经竹园铺100里至荣县。盐源场。经黑场验卡行300里至西昌，450里至冕宁、昭觉，610里至会理。云阳场。水陆并行360里至开江、开县，水运巫山、奉节直至巴东、秭归、宜昌等地。

总的来说，虽然巴蜀地区是中国最早开采井盐的地区之一，但在明清以前，其产盐总量较少，多次有调集外盐济川的记载，此时川盐的物流就近运输，路线比较短促。明代以后川盐生产发展较快，行销区域才大大扩展。

（二）川盐销黔概况[①]

贵州素不产盐，历史上黔人所食之盐都是由外省运入，包括川盐、滇盐、粤盐、淮盐等。关于川盐销黔最早的记载是在元代，《续文献通考·兵考》中记载："元代至顺元年（1330）十一月壬申朔，云南行省言：'亦奚不薛（今贵州地区）等地所牧国马，以每月上寅日饲以盐，则马健无病。比因伯忽乱，云南盐不到，马多病死。诏令川渝行省，以盐给之。'"明初，由于统一北方的战争需要，明朝遂允许各地用盐到贵州、云南等地采购马匹。《明史·食货志》记载"洪武初，许川以盐与乌撒、乌蒙、东川、芒部等处易马，马一匹易盐百斤"，"洪武三年，募商人纳米中盐，普安、普定、乌撒、乌蒙等处皆杂给淮、浙、川渝安宁等处"。可见元明两代川盐销黔的主要是出于中央政府治边和战争的需要。

清初为了恢复和发展巴蜀经济，放松对川盐的管制，盐商有很多特权，

[①] 万良华：《清代民国时期川盐外运路线初探》，西南大学2008年硕士毕业论文。

得以在官府管制下运盐至黔地销售。道光《大定府志》载，清初"贵州各府，近湖广者食淮盐，近川渝者食川盐，不通商，不颁引，小民就近负贩而输税于官，布政使、粮驿道兼理之，统隶于贵州巡抚"①。可见清初贵州的食盐销售并没有严格的管理规定，任凭商人自由贩卖，政府不加约束，只是收取一定税银而已。平定"三藩之乱"后，川盐得以行销贵阳、平越、都匀、思南、石阡、大定、威宁等府及安顺府所属之盘县等30县、卫、所。康熙三十四年（1694），复准"普安等处，自食云南盐，商民两病，将普安等处改食川盐"②。雍正八年（1730）实行川盐引岸制度后，销黔川盐有了固定的行销区域及运输路线和运输方式，即通过永岸、涪岸、仁岸、綦岸四大边岸（有的学者认为四大边岸的规定是在乾隆时期）向贵州贵阳、平越、都匀、思南、石阡、大定、威宁、安顺、南笼、遵义十府行销川盐。此后川盐继续扩大其行销区域，到乾隆五十六年（1791），"准镇远、铜仁、思州三府民间愿食淮盐者仍食淮盐，愿食川盐者，听其就近买食川盐，并无禁界"。也就是在这些地区实行川淮盐并销制，而黎平、古州食用粤盐，其他地区全为川盐所垄断。太平天国运动后，原属于淮盐销区的镇远、铜仁、思州均全部为川盐占领，淮盐被挤出贵州市场。光绪年间丁宝桢就任川渝总督后，收回了原属于川盐销区却行销粤盐的独山、荔波两地。

永岸运道，即是川盐由巴蜀地区各地盐场（主要是富荣盐场）经永宁河运至叙永边岸，再行销贵州各地的运输路线。清代这条路线主要行销大定（今大方）、安顺、兴义各府及普安厅等地，民国以来扩大到毕节、大定、威宁、水城、安顺、盘县、普安、兴仁、兴义、郎岱、晴隆、清镇、黔西、织金、普定、关岭、贞丰、紫云、安龙、册亨、平坝等22县。抗日战争胜利后，又增加开阳、罗甸、凤岗、三穗、贵筑、岑巩6县，共计28县。清代民国时期川盐经永岸销黔共计6条古道。第一条是行销普安厅路线经普市、摩泥场、赤水河、白岩场、金银山计320里至毕节县，毕节经沙坝、兔场、雉沟、南毗计290里至水城厅，再行290里经鹅脚、鸡官营、以盖、代马、鸡场坪至普安厅。第二条是行销赫章、威宁路线，从叙永行320里至毕节后，经长春铺、洒那溪行100里至七星关，再经牛困塘、七家湾、横水塘行220里至威宁。第三条是行销兴义路线经毕

---

① 道光《大定府志》卷四〇《食货志四上》。
② 《清史稿》卷一二三。

节过沙坝、兔场、雉沟、南毗至水城，或经毕节过七星关，经菜子地、挪呼计150里至水城，再经八家寨、高石坎、崖桑坪、立碑、岔河、地瓜坡，计570里至兴义新城。第四条是行销贞丰州路线，由石梯子经小坪、普汛、瓢儿井行250里至大定府，再经兔场、鸡场崖脚行340里至郎岱厅，郎岱行180里至贞丰州。第五条是行销归化厅，从叙永行250里至大定府，大定行170里至平远（今织金），再行180里至安顺，安顺行140里至归化厅。第六条是行销永宁州等地，从叙永行420里至平远，平远行210里至镇宁州，再行100里至永宁州。

仁岸运道，主要行销富荣、犍为盐场之盐，运盐路线主要是由合江溯赤水河至仁怀厅（今赤水市），再经元厚、二郎滩、兴隆滩至仁怀县之茅台，再由陆路分运贵阳、定番（今惠水）、罗斛（今罗甸）、安顺、黔西、平远、平越（今福泉）、都匀等地。盐运至茅台村后，分为东、中、西三条路线：东路翻山越岭行140里至金沙，再行140里至滥泥沟，再分运安顺、平坝、清镇等地；西路经鸭溪口铺、团溪、猪场至瓮安，再南下平越、都匀、独山等地；中路是仁岸运盐量最大的路线，由茅台村经鸭溪口铺、扎佐、刀靶水铺至贵阳，再南下定番，分运罗斛、长寨厅（今长顺）、平远（今平塘）、都匀等地；民国25年（1936）后，贵州许多地区开始通公路，运盐变得越来越迅捷，扎佐、刀靶水铺等中转站被取消。仁岸运盐还有一条运线，经合江陆运至土城，再分运桐梓、遵义、贵阳等地，此路以陆运为主，并非主要路线。

綦岸运道，从江津几江口沿綦江水运140里经盖石、羊蹄至贵州松坎转陆，运抵桐梓、遵义瓮安、贵阳、定番、平越、都匀、独山、荔波等地。綦岸运盐路线主要有四条：一是经正安州如湄潭、瓮安等地的路线。川盐水运至綦江后，经綦江境之三溪、石角镇、青羊石、桐梓县之白杨坪、湾塘、三岔沟入正安州之安场行380里至正安州。有学者认为川盐运至正安州是单独的线路，因为清代民国时期政府对正安州的统治都不得力，这里经常匪患横行，商人运盐得不到保障因而运量较少，运至湄潭、瓮安等地的盐另有路线，即经赶水运至松坎再至遵义，转运湄潭、瓮安等地。但有的学者认为，川盐运至正安州后继续南下湄潭、瓮安，甚至荔波，直到湘西一带。具体路线是正安州经独龙塘、灵官场、谢坝行190里至湄潭县，再经马头山、偏刀水、松烟铺、菁口场、太平堡行220里至瓮安，瓮安行590里可至荔波，路线不详。二是綦江边岸行销遵义府、都匀府等地的路线。由三溪经盖石洞、赶水镇、龙昌子、牛口石、虎滩、松坎、蒙渡、新站、中冈等地至绥阳县，由绥阳县行70里至遵义县，经龙平场、团溪水、羊崖关、猪场、崖坑场行220里至瓮安县，最后南下平越州、麦冲、都匀、独山等地。三是綦岸运销贵阳、定番等地路线。由綦江水运至松坎，转陆运至桐梓、遵义，南下贵阳、定番，再运至都匀、独山等地。此路线在明清时期是川入黔大道，也是川盐销黔的重要通道。四是綦岸运销长寨厅、罗斛州路线。由桐梓、遵义至息烽、扎佐、沙子哨，由沙子哨分路经狗场、石板哨、广顺至长寨厅，再南下罗斛州。

涪岸运道，此盐路线从重庆之涪陵溯乌江而上，到达东北方入贵州地区，这一直是巴蜀地区进入黔贵的一条重要通道。早在战国时期，司马错就率领大军十万经乌江伐楚，取商于之地为黔中郡，这条道路可能早于此时就存在了。此后的历史中多有记载这条道。元代开始设立站赤，转运茶盐，清代中期以后对此路的盐运输更加得力，盐运规模也相当大。此路大致路线：一是涪陵溯乌江至彭水，再转陆运至务川、正安等地；二是涪陵溯乌江直至沿河，转陆路前往秀山，再南下松桃、铜仁等地；三是溯乌江直至思南，在思南换用装30余包盐的小船运至石阡，再分运思州（今岑巩）、镇远等贵州东部地区。乌江自古就是川黔交通的重要道路，开发已有千年历史，但险滩密布，古代先民凭着勤劳与智慧同恶劣的大自然做斗争，乌江溯流可达思南，保证了贵州东部地区有盐可食。清代民国时期潮砥、新滩、龚滩号称三重天堑，需要搬滩换船，但政府民间一直注意对乌江水路的整修和保护。自宋元以来，贵州是川盐外销的重要区域，为了保证其航路的畅通，政府不惜多次斥巨资维护和整修入黔水路。但是在贵州的广大地区，川盐的运输仍然主要依靠肩挑人扛，陆路也因此得到开拓。民国25年（1936）后，贵州修筑了大量公路，汽车的运输使得川盐能够更便捷地到达贵州南部，这一现象得到了一定程度的缓解。

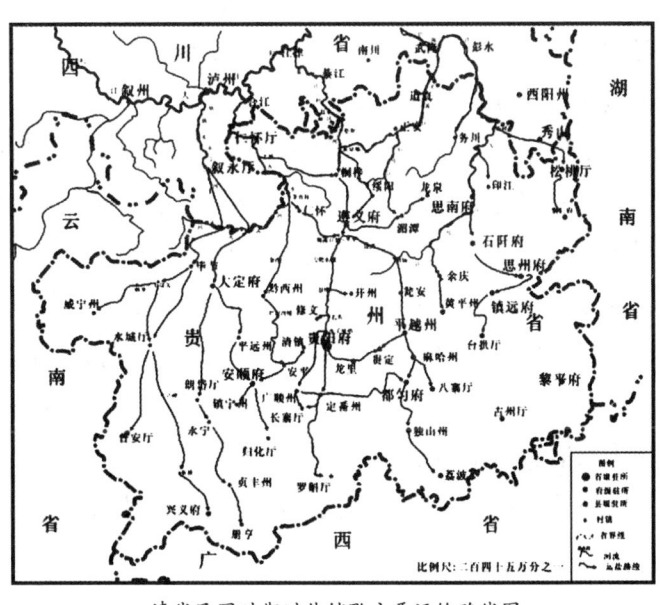

清代民国时期川盐销黔主要运输路线图

(三) 川盐销滇运输概况①

云南引进川盐情况与贵州、两湖有所不同。云南自己产盐，但云南盐分布不均，食盐产地多位于中部、西部、南部，而东部地区不产盐，且云南盐产量小，运输困难，味道不如川盐，故东部的昭通、镇雄两府以及东川府之南宁、沾益、平彝三县都引食川盐，且所引之川盐数量不在少数。云南之昭通、东川两地曾属于四川，明初即食川盐。东川、昭通两府原属于川渝，雍正年间才改隶云南，食用滇盐，但"嗣因人民习惯，仍复改食川盐"。清代滇铜京运数量大，保护得力，入滇川盐多利用运铜之马返回之际捎带，其运输路线与滇铜京运之川滇段路线一致。当时销滇川盐主要是犍为盐和富顺盐，而犍为盐运滇包括宜宾岸局和南广岸局。

宜宾岸局：犍为盐在五通桥公仓放盐，下河装南货船每船载9万～13.5万斤，沿岷江顺流行300里至宜宾，再南下安边场。在安边场分为两路，一条走金沙江水路，即逆金沙江经屏山县行210里至绥江县副官村，水路不畅时由此转陆行约770余里至昭通府，水路畅通时可继续溯金沙江而上经中村场、新店子、桧溪、锅圈滩、新新场、老新场、黄葛树计行530里至黄草坪再转陆行180里可至昭通府；另一条走石门旧道，主要行销大滇边。由安边场溯横江经横江场、庙子溪、两碗溪、滩头汛、普洱渡行370里至老鸦滩，在此起陆运过大关厅行440里可至昭通府。到昭通府后分为两路，一路走石门旧道西路（唐、清时期的石门旧道路线），即经鲁甸南下东川府府治会泽；另一路走石门旧道东路（元明时期的石门旧道路线），即由昭通折向贵州省之威宁州，再折向西南经可渡运至滇省的宣威州、沾益州。

南广岸局：南广距离宜宾约15里，此岸局行销滇省取道南广河，行销小滇边。由南广之上洞行40里至泺口分为三路，第一路由泺口经大窝、来复渡行120里至庆符县，再行20里至高县，再经嘉乐场、十里平寨行150里至罗星渡，由此转陆运经三岔河、黄水河、斑鸠沟，计行270里至镇雄州；第二路由泺口经龙洞湾、黄沙橹行130里至庆符县，再行20里至高县，高县经乐应场行100里至筠连县，再运至镇雄州；第三路由泺口经两江口、沙河驿、罗喜行130里至珙县，再南下威信、镇雄等地。

清乾隆以来川盐取道南广河运销小滇边开辟了一条新路，即乌撒入蜀旧路

---

① 万良华：《清代民国时期川盐外运路线初探》，西南大学2008年硕士毕业论文。

罗星渡支线（叙永—镇雄—威宁—宣威线）。溯南广河至罗星渡，经洛亥、中村、花蛇岭、雨洒河、古芒部至镇雄，镇雄经桃园、菩萨塘、阿箕车、高枧槽至威宁，从威宁经乌撒驿经箐头铺、可渡驿、倪塘驿至宣威州，再运至沾益、南宁、平彝等地。

富荣盐销滇主要是通过永岸运道行销的。川盐经水路运至叙永边岸囤积，利用运输滇铜之马再驮回滇省，这样就大大节省了运盐的成本。因此，富荣运盐入滇路线与滇铜京运川滇段大体吻合。其具体路线有二：一是乌撒入蜀旧路（叙永—毕节—威宁—宣威线），其叙永至威宁线与永岸销黔之叙永—威宁线重合。到威宁后马运经8站半即到宣威，再运销沾益、南宁、平彝等地。此路线是滇铜黔铅京运的重要路线，也是川盐行销黔、滇两省的重要路线，得到了政府的重视和积极维修，较为顺畅。二是奎乡线，乾隆九年（1744）新开奎

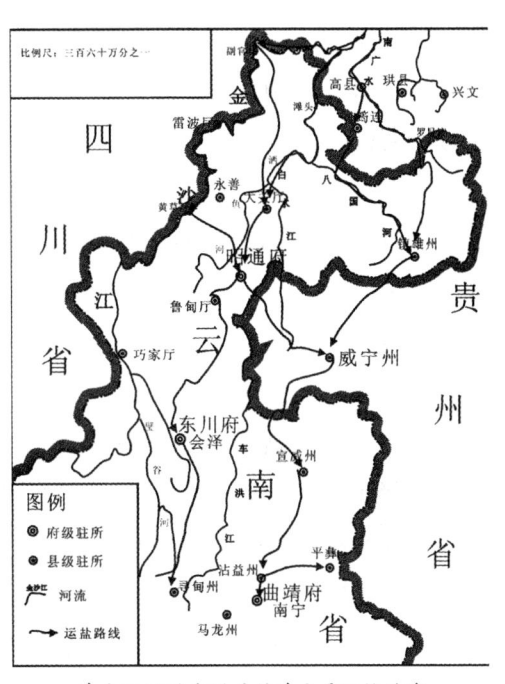

清代民国时期川盐销滇主要运输路线

乡线以解决运京滇铜数量增加的需要，其大致路线从叙永经威信、扎西、雨洒河、古芒部、镇雄县、五眼洞、林口、牛场约12站至奎乡，奎乡经洛泽河3站半即至昭通，昭通经鲁甸5站半至东川府治会泽。

（四）川盐销楚概况①

川盐于康熙二十五年（1686）颁引，开始行销楚地，雍正七年（1729）清政府决定实行计口授盐，根据法定盐产区与销区把川盐逐步划定为本省计岸、云南边岸、贵州边岸以及楚八县计岸等四大岸销区域。楚八县即长乐、恩施、宣恩、利川、建始、咸丰、来凤七县以及鹤峰一州。其中建始县原属夔州府，改隶湖北后也一直食用川盐，其他地区则是在乾隆三年（1738）始食川盐。除了八县计岸外，湖北其他地区都是淮盐的销区。乾隆时期起，川盐开始与淮盐

---

① 万良华：《清代民国时期川盐外运路线初探》，西南大学2008年硕士毕业论文。

争夺两湖市场，特别是咸丰年间的太平天国运动时期，太平军阻断江路，淮盐不能上运，而两湖地区素不产盐，民苦淡食，生活受到重要影响，清政府权衡再三，决定调集物美价廉而又便于运输的川盐以济民食，川盐销楚达到鼎盛时期。太平天国运动失败后，淮盐重返两湖市场，但川盐较之淮盐具有很大优势，其在楚地的地位已经无从撼动，形成川淮盐并销的局面。抗战时期沿海各大盐场为日军占领，交通路线也为日军阻断，川盐再次大量销楚，形成第二个黄金时期。

《四川盐法志》有载："湖北所辖鹤峰一州及长乐、恩施、宣恩、利川、建始、咸丰、来凤等七县，转乾隆元年划为川盐计岸，每年共额须水引1199张，陆引4715张。历配夔州府所属之云安、大宁两厂及酉阳所属之彭水县盐斤运往该八州县，以济民食。"[①]乾隆二十五年（1760），又增加犍为水引315张。

犍为、富荣盐销楚八县计岸路线为：犍为、富荣盐销楚，由水路而下入长江，经泸州、合江、江津、重庆入万州分局，再分运湖北八县。至利川、咸丰、来凤的，水路行30里至佛滩，又行30里至大溪口登陆，经走马岭、马头场、磨刀溪行270里至利川县，从利川再行150里至里洞，一路行120里至咸丰县，另一路经中堡行220里至来凤县。至咸丰、来凤还有另一条道路，自云阳转陆路直至里洞，再至咸丰、来凤。至建始、恩施、宣恩的，自万州顺长江而下255里至巫山县戴溪转陆，行180里至建始县，再行300里至恩施县，继续南行90里至宣恩县。至鹤峰、长乐的，由万县水运行430里至上洋平转路，行360里即至鹤峰，鹤峰行470里至长乐。

云阳盐场运销楚八县路线（不销咸丰、长乐）是：云阳盐运销建始、恩施、宣恩、来凤四县的路线由盐场官运水陆兼行30里至云阳提拔卡发商，顺江而下经庙基子、夔州府、滟滪石至大溪口转陆路运输经庙耳槽、红村荡、杉木架计340里至建始县，建始县经龙驹河、北岩头、向家村行120里至恩施县，恩施经天桥、乾溪河、枹土娅行90里至宣恩，宣恩县经茅坝场、板料场、甘溪河、乾坝河行180里至来凤县。另外，云阳盐到大溪口后可继续顺流90里下巫山县，由此再转陆路行销以上四县。云阳盐行销利川县路线由盐场水陆兼行30里至云阳县城，溯长江行85里至万县大溪口，由此转陆行260里至利川县城。云阳

---

① （清）丁宝桢等纂：《四川盐法志》卷五《转运三》，清光绪年间刻本。

盐运销鹤峰路线由盐场水路经巫山等地行370里至上洋平，再转陆路行360里至鹤峰，此为官定运销路线。民国时多由水运至巴东，再转陆行经建始至鹤峰，但因巴东为大宁盐销岸而常有倾销方面的争执。

大宁盐运销楚八县计岸路线：由大宁盐场官运顺大宁河行210里至巫山提拔卡发商，由商运至各县行销。大宁盐行销恩施、宣恩路线由提拔卡水运经青石行110里至上洋平，由此转陆路经漆树垭、料箭槽、石垭子、崔家坝、熊家岩、向家村行330里至恩施县，再由恩施经乾溪行90里至宣恩县。大宁盐行销鹤峰路线共有两条，一由提拔卡水运至上洋平登陆经漆树垭、白鹤溪、建始坪、野花坪、店子坪、黄鳝溪、金果坪、金溪口至鹤峰县，此路线由盐场至鹤峰路程共计680里；另一路由巫山提拔卡水路行45里至培石，由此转陆行450里至鹤峰，此路由场至鹤峰共计705里。大宁盐行销建始县路线：自上洋平转陆行经漆树垭、料箭槽、毛田至建始县，计由盐人场至建始县路程为480里。大宁盐经巴东、秭归、宜都行销长乐、鹤峰路线自巫山提拔卡沿江行200里至巴东县，巴东水路再行110里至秭归，秭归沿江行230里至宜昌府，宜昌顺流120里至宜都县，宜都行20里至清江口。由此分两路，一路经汉洋河水行70里至渔洋关，渔洋关起陆行180里至湾潭，再行100里至长乐县；另一路自清江口起陆运行180里至湾潭，湾潭行410里至鹤峰，此路险远不常用。

彭水场盐（郁厂盐）运销咸丰、来凤路线：郁厂产盐量少，不归官运，听商由郁厂运销咸丰、来凤等地，其路线大致由郁厂陆行经黔江县、咸丰丁寨行360里至咸丰县，咸丰行40里至来凤县。

川盐济楚除了上方八县外，还运销鄂西其他诸县，路线众多，如大宁场运巴东、秭归路线共3条，第一条路线沿大宁河水运210里至巫山，转大江顺流200里至巴东，再行110里至秭归；第二条路线由盐场经大宁县、水口、大昌、后溪河、小坪、茅山岭、溪坝、八宝山、平阳坝、曾家坝、东瀼口至巴东县，共计315里；第三条路线由盐场经大宁县、水口、大昌、羊溪河、港圳子、八树坪、凉水井、黄草坪、阴条岭、大九湖、小九湖、劳水河、麻线坪、下鼓坪、白林岩、青龙寨、源头河、手爬岩、平阳坪至巴东县，共计575里。大宁盐运销兴山路线共3条，第一条由盐场水运210里至巫山入长江，经巴东、秭归行390里至香溪，由香溪转河逆行90里即至兴山；第二条由盐场经梯子口、关口山、张公桥、青龙坡、长城坡、麦池垭、象鼻岭、崩磊沟、九道梁、安场、学堂坪、举人坪、老鸢岩、白沙园、乾沟子、七里碥、高桥河、南阳河、丰玉坪、大花坪至兴山县，共计705里；第三条路线经大宁县、水口、大昌、后溪河、小坪、茅山岭、溪坝、八宝山、平阳坝、龚家桥、龙潭坪至兴山县，计405里。

其他大宁盐运长阳路线由盐场水运210里至巫山入长江，顺流经巴东、秭归至宜都的清江口，计680里，清江转小船水运长阳，约220里（共计1110里）。大宁盐运竹溪路线：经徐家坝、牛石硔、肖家坡、界岭、马鬃岭、招风岩、老叶顶、马家坝、丰溪镇、红铜山、唐家坪、撰河塘、双竹园、义渡口、龙王垭、漫应沟至竹溪县，计438里。大宁盐运竹山县路线：经神麂坪、土地塘、高家坡、大禾田、偏岩子、大水沟、向家坝、柳林店、公子河、白河口、平河口、松树林、官渡河、田家坝至竹山，共553里。大宁盐运房县路线：经梯子口、关口山、张公桥、青龙坡、长城坡、梨树岭、红坪、白梨树垭、上氽场、南坪、下店子至房县，共520里。

富荣、犍为盐场济楚路线。富荣、犍为两地盐场入楚路线较清晰，富荣场盐从厂经井河至邓关换载后入沱江，经怀德镇至泸州换大船转长江，经合江、江津、重庆、涪州等地至万县分局，计程2180里（如系荣厂盐，贡井至富顺自流井十里至岸，计程为2190里），再分运两湖各地。犍为场盐顺岷江下宜宾至泸州，以下路线与富荣场同。

长江连接川楚，是川盐销楚的主要运道，富荣盐济楚还有一些重要运道，如经川北、陕西到鄂西北的通道。自清初以来，川盐经黔入湘者有之。由黔入湘运道又可分为上关道和下关道。富荣盐由井河经纳溪、九枝、赤水、桐梓、思南、铜仁迁入湘西，古称上关道。此路入湘途近，然多匪患，盐旅客商只能结伴而行。川盐经泸州、綦江、松坎、桐梓、遵义、贵阳、贵定、凯里、剑河、锦平入湖南靖县，古称下关道。总的来看，川盐运销湖南路线，主要的还有3条，

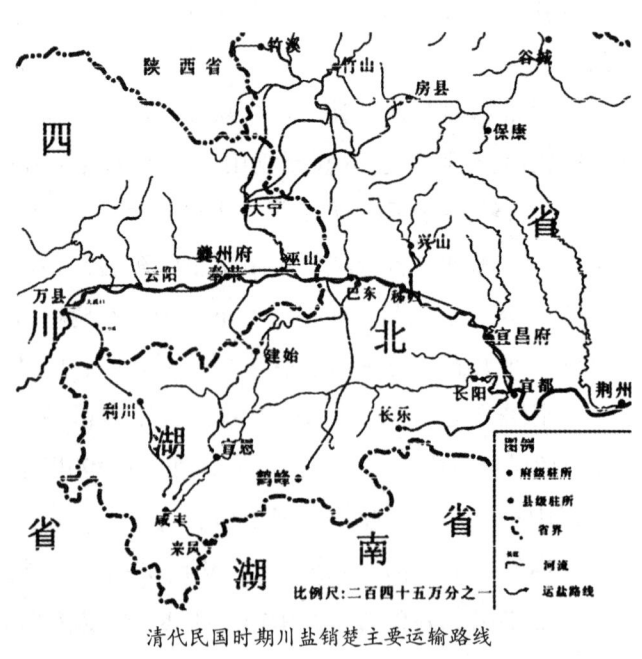

清代民国时期川盐销楚主要运输路线

一是泸县运至重庆后，顺长江运出川境，经湖北公安、石首等地入湘；一条经重庆酉阳、秀山等地入湘西保靖；一条则是水运到涪陵后，经乌江运至彭水龚滩，再循陆路经黔境铜仁等地入湘西之凤凰、麻阳、乾城等地。①

抗日战争爆发后，日军大举侵占我国土地，江道梗阻，淮盐不能上运，大部分沿海盐场也被日军占领，川盐再度济楚。自宜沙撤守，江道告阻，济湘川盐大部分改道涪河之乌江段逆运彭水，利用湖米来川空车载返。因湘盐需要迫切，仍以一部分济湘盐循长江下运巴东，增辟三斗坪运线，为人力畜力转运入湘。这时期运输更艰难，情形尤为复杂。随着国土区的沦陷与收复，运线也随之开辟与停废。

川盐运销湖南的路线有2条，一条是涪陵至沅陵线，水运至涪陵转乌江逆运至彭水龚滩起载，陆行汽车运至龙潭，然后换木船水行经泸溪至沅陵口岸，计程1448里；一条是涪陵至泸溪线，水运涪陵转乌江逆运彭水龚滩起载，陆行汽车运经龙潭、妙泉到泸溪，计程1176里。此外，川盐行销两湖地区运道主要还有三斗坪至津市线（计程460里）、妙泉至沅陵线（木船水运，计程442里）、思南至高村县线（计程524里）、贵阳至芷江线（计程1838里，川盐入黔后，自贵阳循湘黔公路经贵定、马场坪、黄坪、镇远等地，是黔入湘官盐之干道）。

抗日战争时期川盐运销湖南的主要有香毅线：富荣盐循长江运至万县交付川东盐务管理局（直属总局），再由川东局派押运员及武装税警押运至三斗坪，起载后转香溪（秭归县城下面）小河水运至兴山起运，转陆行经保康、毅城、樊城至老河口（湖北光化县）。故委托第二十二集团军代办。宁郧线：川省巫溪之大宁盐，经竹山而至郧县。沙樊线：则由沙市取道宜城北达樊城，沿途均设立转运站，分途赶运，1940年5月日军攻占沙市，此线路被迫废弃。鄂中方面，于民国29年（1940）秋开办密资（密湾溪至资丘）、兴云（兴山至云渡河）两线运道，官运南江北两岸食盐。鄂西方面，分为3条运线：一是云阳至利川线，川省之云阳盐自厂下运万县长滩坝，交由川东局转运，经龙驹坝运利川县等地；二是宁恩线，川省之大宁盐装小船下运至巫山县换船，交由湖北省政府平价物品供应处盐部负责包运至巴东，经培石运至秭归和兴山等处；三是云建线，川省之云阳盐由场水陆共行30里至云阳转大江，下运至巫山大溪口登陆，车运至建始县。川省之大宁盐至鄂北竹山、竹溪、房县等地，还可由大宁

---

① 罗益章：《川盐济楚运道概略》，《盐业史研究》1992年第3期。

盐场后山路小道抵达。

陕鄂线：1942年盐专卖后，鄂岸因鄂北盐源不济，另由陕区转济川北盐（绵阳、大宁等场盐）每月5000担。川盐入陕后，自汉中官运郧阳转襄樊济销。

总的来说，湖北所辖鹤峰一州及长乐、恩施、宣恩、利川、建始、咸丰、来凤等七县本是四川省辖区，离云阳、大宁等盐场较近，自古食用川盐。清代以后，川盐销楚呈不断扩大趋势，其物流路线大抵以长江运线为主，由富荣盐场沿长江南下直达三峡地区，再起岸陆运湖北西部各地。抗日战争时期由于沿海为日寇占领，湖南西部也成为川盐的销区，此时的运道十分繁杂，公路的开拓使得川盐能够到达更远地区。①

（五）川盐运销陕、甘、康藏地区路线②

早在清代，陕西白河、平利、镇坪等地就已经食用川盐。由于这些地区与川渝连界，而树大林深官运不至，人们只好赴大宁盐场买盐而食。光绪《大宁县志》有载"竹、房、兴、归，山内重岗叠巘，官盐运行不至。山民之肩挑背负，赴（大宁）厂买盐者，冬春之间日常数千人"。抗日战争时期，陕西盐运销陕西路线受阻，川盐扩大在陕西的行销区域，主要是汉中、安康两大区域的略阳、沔县、宁强、勉县、褒城、留坝、南郑、城固、洋县、西乡、定远（今镇巴）、佛坪、石泉、汉阴、紫阳、安康、平利、镇坪、旬阳、白河等地。

其具体运销路线有多条，如为大宁盐运销镇坪、平利路线，经谭家墩、两河口、神鹿坪、铜罐沟、鸡心岭、瓦子坪行240里至镇坪，镇坪经石砦河、谢家塆、白土岭、白珠峡、牛头店、琉璃垭、曾家坝、秋山塘、八角庙、八里关行365里至平利县。另如绵阳盐场运销陕西汉中、安康路线，一路经沉香铺、魏城到梓潼，再经上亭铺、武连驿北上剑阁、昭化、广元，在广元沿长江北上经朝天驿、神宣驿、七盘关至宁羌（今宁强），宁强经勉县至汉中，计程800里。至汉中后，沿汉水经柳林至城固，经龙亭、金水河、韩仙镇、子午镇、饶凤至石泉，再由石泉经紫阳至安康。另一路由绵阳三台经秋林驿、界牌至盐亭，再经富村驿、柳边驿至阆中，阆中陆运经苍溪、槐树驿、龙潭街至广元，广元以上路线与第一条相同。再如南阆场盐至汉中路线由场溯嘉陵江至阆中，阆中经苍溪、槐树驿、龙潭街至广元，广元以上与绵阳盐运路线重合。另外，阆中至广

---

① 罗益章：《川盐济楚运道概略》，《盐业史研究》1992年第3期。
② 万良华：《清代民国时期川盐外运路线初探》，西南大学2008年硕士毕业论文。

元也可以溯嘉陵江。还有射洪盐场运销陕西宁强、西乡、定远，道里未详。富荣场盐运销陕西路线由场沿水路运至泸州换大船，顺长江东下重庆，再换船转入嘉陵江，溯江上广元，再转运宁强、勉县、汉中。

甘肃文县、武都县都曾在抗日战争时期借食川盐，主要采用绵阳盐场、南阆盐场、射洪盐场的盐。南阆场盐运销甘肃文县、武都县路线由场经嘉陵江水运至昭化，由昭化沿白水江经白水关上行，一路至文县（古称阴平道），一路至武都县（古称白水道）。绵阳场盐运销甘肃文县、武都县路线经石人嘴、丰谷井、北门至绵阳北关，北行经彰明至江油，沿涪江经白草铺至平武，再经北雄关、隘口司折向文县，计程800里。再由文县至武都县，道里不详。射洪场盐运销甘肃文县，道里也不详。

康藏地区与川渝接境，但在历史时期一直为彝族、藏族等少数民族的聚居地，政府无力管辖，直到1939年才成立西康省，主要包括今川渝甘孜藏族自治州、凉山彝族自治州、雅安市以及西藏东部的部分地区。1949年12月西康解放，次年5月成立西康省人民政府，1955年撤销省级建制。西康境内有少量盐井，但远远不能满足当地人对食盐的要求，历史时期当地人常以麝香等物在打箭炉与川商换盐，其所销之盐多为乐山盐场，商运商销，主要由乐山经峨眉、峨边、汉源永利、马烈到汉源县城，再南下凉山，西走康巴。

三、川盐运输的影响

（一）促进运销路线周边地区交通、经济的发展

清代民国时期，川盐外运基本依靠水运，而川盐运销各条重要水路赤水河、乌江、永宁河、大宁河乃至长江水路都是险滩林立，随着川盐运销所带来了巨大经济利益与税收，使得政府也积极改善沿线交通。清乾隆初年，贵州需盐量大增，而黔地跬步皆山，舟车不通，川盐运黔主要依靠人力肩挑背负或牛马驮运，成本高使得黔地川盐价贵，"贫薄之民竟有终年淡食者"。为方便川盐运输，在贵州总督张广泗提议下，乾隆十年（1745）清政府投资白银38642.5两，历时五个月，分段疏通了赤水河上游航道300多里，险滩68处。光绪年间川渝总督丁宝桢大力发展川盐外运，在他提议下，政府对赤水河进行修理，自光绪四年（1878）始历时三年，耗银两万两，大大改善了赤水河水路交通状况。工程完成后，盐务官运局拨款白银1万两借给盐商，以利息作为赤水河道及沿河陆路的岁修费用，保证了赤水河交通的顺畅。抗日战争时期川盐运销紧张，

政府于民国30年至民国34年（1941~1745）共投资3941.91万元进行赤水河整修，"全河整理工程，除险滩十之八，去浅十之七，缩短全河航行时间三分之一"。民国35年（1946）进一步投资100万元修理剩余险滩。新中国成立后，于1955年成立赤水河航道工程队对其进行常年的整治和养护，大小整治数十次，仅1953年至1958年用于赤水河治理的经费就达2228万元人民币。①

川盐外运还促进了沿线城镇的崛起。茅台原来是一个普通的小镇，闻名天下的国酒茅台的发展与盐商紧密相关。乾隆时期划定川盐销黔为四大边岸，其中仁岸运盐路线主要是由合江溯赤水河至仁怀厅（今赤水县），再经元厚、二郎滩、兴隆滩至仁怀县之茅台，再由陆路分运贵阳、定番（今惠水）、罗斛（今罗甸）、安顺、黔西、平远、平越（今福泉）、都匀等地。茅台成为赤水河水运的终点，又是陆运的起点，是仁岸川盐运销的重要枢纽和川盐集散地。在川盐转运带动下日益兴旺，沿线各地商旅云集，商业发达，在此囤积的食盐常年达数十万斤。商旅兴旺为茅台酒业的发展提供了市场，富商的需求也促进了茅台酒质量的提高和技术的改善，"天和号"盐号老板王振发建立的酒厂所生产的酒成为朝廷的贡品。元厚，原名猿猴，历史时期一直是县治下土城里的一个甲，直到民国时期才去甲改乡。元厚的崛起正是得益于赤水河上著名的险滩猿猴滩。乾隆初期，赤水河就是川盐销黔四大口岸中运量最大的重要路线，而猿猴滩之险使得盐船根本无法通过，盐运航道被其分为赤猿段和猿郎段，实行分段运输。川盐运至元厚必须下船起坎、仓储，然后继续上运，下行船货也必须在元厚下船、上坎再继续下运。几大盐商在此建立盐务单位，盐运船主在此成立盐帮，各地商人在此成立会馆，各种客栈、商店、酒家、庙宇、社团纷纷成立，成为川黔经济交流的重要枢纽，成为贵州最富庶的城镇之一。

同样，川盐济滇、济楚等促进了巴蜀与滇云、荆楚之间的交通通道的开通和修缮，使沿途经济得到发展。

（二）川盐运输的其他影响

川盐运销的不断发展不仅为沿线的交通和城镇的发展起重大推动作用，在国家政治、经济、文化等各个层面也起到了许多积极的作用。

自从春秋时期管仲实行"官山海""盐铁官营"以来，政府都很重视对盐的控制，盐税在国家税收中占了很大的比重，历代盐税的比重仅次于田赋，

---

① 中共赤水市委宣传部：《川盐入黔仁岸——赤水》，贵州省新闻出版署2007年内刊，第38页。

近代盐税更超过田赋，成为百税之首。宣统年间，川盐所纳各种税总额超过田赋总额的630万两，跃居川渝赋税之首。例如清代川盐所纳之税除了正税外，还有厂厘、各地军税、施济、炮船经费等二十余种税。根据各盐场所需缴纳不同，计每引所需要缴纳之税在70~130两之间。按咸丰年间外运川盐总数9600至11000引计算，川盐所需要缴纳的税当在90万两左右，其数额是相当大的，所占比重亦不低。如光绪初年运销滇黔楚等地的川盐所纳盐税约为100余万两，占当时川渝总盐税收入（约200余万两）的50%，占川渝省全部财政收入（约500万两）的20%。全省盐税占全省税收的比重则达到40%。而光绪中后期年外运川盐税总额为13万至13.4万两左右，川盐总税为14.8万至18.3万两左右，全川税收为47.1万至52.6万两左右，则外运川盐税占川渝总盐税的73.4%至87.6%左右，占全川税收的26%~28%，川盐总税占川渝税收的32%至34%左右。抗日战争时期，川盐产业缴纳的税更是国民政府维持统治和坚持抗战的重要支柱，例如实行盐专卖的1942年，川盐税收达到635 714 000元，约占全国盐税的42.23%，占全国税收的25%。① 新中国建立之初，川盐税收依然是本地区税收的重要组成部分，在财政收入中占据相当大的比重。

历史时期西南地区少数民族众多，其中不乏不服王化、聚众称王者。《宋史》记载："自黔、恭以西，至涪、泸、嘉、叙，自阶又折而东，南至威、茂、黎、雅，被边十余郡，绵亘数千里，刚夷恶獠殆千万计。"② 少数民族之地多无盐可食，这也是他们屡次进攻汉人居住地的重要原因之一，"无他求，所欲唯盐耳"。宋方的情况则正好相反，中央政权辖有川东各大盐泉，食盐充足并有所过剩，而这一地区边防驻军的军粮却供应不济，常感不足。针对这一情况，自宋代开始中央政府就在川东、川西等与少数民族接境地区积极开展盐粮、盐马贸易，一方面解决军粮不足的状况，另一方面还可以以此控制这些地区的稳定。实行该政策后，"群蛮感悦，因相与盟：'不为寇，负约者，众杀之。'且曰：'天子济我以食盐，我愿输与兵食。'"③ 元明时期，中央政府多次下令在乌撒、乌蒙等地进行盐马互市，一方面加强了中央政府驻军的战斗力，另一方面加强了与少数民族的交流，改善其地无盐可食的局面，这一政

---

① 万良华：《清代民国时期川盐外运路线初探》，西南大学2008年硕士毕业论文。
② 《宋史》卷四九六《蛮夷四》，中华书局1977年版。
③ 《宋史》卷四九三《蛮夷一》，中华书局1977年版。

策的可行性使得其得到后来政权的沿用和推广。咸丰年间，太平军起义导致淮盐不能上运，两湖地区素不产盐，民苦淡食，各地人民无法生活，起义不断，"从贼如流"。川盐济楚后，每月楚地有大约720万斤食盐供应①，基本能够满足当地食盐需求，为清政府增加税收、军饷的同时也起到了平定盐价、稳定民心的作用。

市场需求决定商品生产，对于盐的需求刺激了川盐盐场积极改进技术、扩大生产规模、改善产品质量，促进新技术的推广与应用，并推动相关行业的发展，促进了经济的繁荣。同时，巴蜀地区盐业发展，促进了其他辅助行业的发展，增加就业机会。川盐生产分工细致，需要大量人力。"其人，有司井、司牛、司篾、司梆、司漕、司涧、司锅、司火、司饭、司草，又有医工、井工、铁匠、木匠……非战而群嚣贯耳，不雨而黑云遮天"。富荣、犍为等大盐场分工达四五十种，此外还有大批零工，这些人大多是丧失土地或只占有少量土地的农民，或来自各省流民。各盐场盐工少则数百，多则上万，如民国初年富荣盐场盐工达到了30万，盐业生产为这些人民提供了赖以生存的工作，使其得到生存保障。

川盐运输也需要大量人力，大量纤夫、搬运工、船员等依靠川盐运输得以生活。如丁宝桢时期，川盐销黔四边岸民工达26000多人，而19世纪末20世纪初，常年往返于重庆—宜宾路线盐运的民船不下两万只，沿江船夫、纤夫总计不少于20万人，若加上其家属，赖销楚盐运而生存的人恐怕不下百万人。②川盐交通促使政府进行修整河道、改善交通的一系列工程也需要大量的民工。此外，还有许多为川盐产销服务的行业，例如提供食物、燃料、运输工具、运输途中的食宿等行业，这些也多需要大量的人力。

盐运促进运销区域商旅兴盛，也促进区域文化创作的兴盛，灿烂多彩的盐商道文化欣欣向荣。首先，川盐运输贸易促进会馆文化的兴盛。川盐运输过程中，随着外籍经商人员的不断涌入，会馆和会馆文化逐渐繁荣。其次，外来人士在盐道上经商游历，为当地人民带来丰富多彩的异乡文化的同时，留下了许多描绘盐道风土民情和自然风光的文史作品。例如浙江义乌人陈熙晋的在仁怀

---

① ［韩］李俊甲：《太平天国时期川盐在湖南湖北市场的进出与银流通》，《盐业史研究》2006年第1期。
② 聂宝璋：《川江航权是怎样丧失的》，《历史研究》1962年第5期，第135页。

留下的《之溪棹歌》和《仁怀直隶厅志》等。其三，运盐通道两旁经济促进了文化的发展。盐道的繁荣使贵州、川东等原本落后的地区在外来先进文化影响下纷纷兴办学馆，涌现出许多优秀文人。其四，盐道上留下了许多碑刻作品、船工号子、纤夫号子等艺术记忆。此外，盐道上流传的各种传说、故事也具有文学意义。

第四节　滇铜黔铅转运

历史时期，铜铅贸易具有重要意义，其对国家金融钱法的稳定起到了决定性作用，同时黑铅的出产还满足了国家的军火需求。可以说，铜铅贸易是国家经济之命脉，政治之根本，特别是到了清代，滇铜黔铅贸易运输空前发展，并形成了庞大的运输网络。

一、滇铜贸易运输

早在四千多年前，素有"有色金属王国"之称的云南，就有铜料运往中原地区。古代云南铜料外运，对中原地区青铜冶铸业产生过较大影响。据中国科技大学科学史研究室对河南安阳殷墟五号墓部分青铜进行科学测定，发现制造这些青铜器的铜料来自云南。这个事实表明，早在四千多年前的殷代，云南就能采铜和炼铜。[①]

春秋至汉晋时期，云南以滇池为中心的滇东地区，较大规模地进行了铜矿的开采、冶炼。青铜制造的生产工具和生活器具已较广泛地使用于农牧业生产和生活，推动了生产的发展和社会进步。

唐宋时期，云南出现南诏、大理地方政权。南诏、大理的佛事用铜是这一时期云南冶铜业的缩影，反映了当时采铜和炼铜的发达程度。宋代川铜紧缺，铜铸造业却有规模宏大的传世之作。现在峨眉山万年寺砖殿内的铅铜铸普贤骑象造像，铸造于宋真宗大中祥符年间，全像通高735厘米，总体重约62吨。这尊铜像的用铜，很大部分可能是来自云南。宋代民间用铁钱购买少数民族的铜料已相沿成习，"旧市夷人铜，斤给铁钱二百"。北宋官方购价为"市夷人铜，斤止给钱五百"。南诏、大理大举用铜像铸造佛像，宋代四川的佛事用铜完全

[①] 夏光辅等：《云南科学技术史稿》，云南科技出版社1992年版，第25页。

可能从大理商人购回。

明代之前，滇铜外运路线主要是由今昆明从陆路运往贵州的镇远府，然后再以水路运至全国各地，明代之前荆州、常德一带历来都是滇产铜锡外销的主要集散地。直至清初以来，云南的铜外运路线才改由水陆路运至四川泸州总店。

明清时期，是云南铜冶业的黄金时代。明代云南铜的用途之一，是铸造钱币，嘉靖年间，有大臣建议"采云南铜，自四川运至岳州府城陵矶开铸"，后来改为直接在云南收购铸钱，再运往内地流通，当时曾铸铜钱3300多万枚，约合铜近15万公斤。云南铜的另一用途是制造器物，从文献资料及现存的铜像来看，当时的造像艺术十分发达。此外，云南铜在当时还是区间贸易的重要商品。①

据景泰《云南图经志书》、正德《云南志》、万历《云南通志》及天启《滇志》等文献记载，明代云南主要的产铜地有晋宁、罗次、禄丰、易门、华宁、路南、蒙自、腾冲、楚雄、永胜、东川等处，较之前代有所增多。其中东川、易门产铜最多，直到现在，仍是全国著名的产铜地。除了这些官办的铜矿外，还有许多私营矿，规模较小。

明代云南铜一部分用于本省，大部分则销往省外。云南外销铜中有的直接输出铜锭，有的先铸成钱币，再运往省外。除公开的外销铜外，云南当时还有不少"走私铜"，即民间私下将云南铜运至边境和云南商人做生意。

明代云南铜产量居全国首位，产品销售到全国各地。天启《滇志》说云南铜"供天下"。据万历年间王士性《黔志》说："镇远，滇货所出，水陆交汇也。滇产如铜、锡，斤止值三十文，外省乃二三倍其值者。由滇运至镇远，共二十余站，皆户挑与马赢之负也。"云南至贵州镇远府，是明代滇铜外销的主要路线。另一条路线则是经贵州思南府至重庆涪陵，然后顺长江而下至湖广省荆州和常德一带。②

清代云南铜冶业空前发展，以乾隆时期为最盛，其出产的铜分运至全国，全国的制钱大都是用滇铜鼓铸出来的。阮元《云南通志稿》统计从康熙四十四年（1705）到嘉庆十一年（1807），全省共报开144个铜厂，以乾隆三十六年（1772）开46厂为最多。

---

① 黎小龙、蓝勇、赵毅：《交通贸易与西南开发》，西南师范大学出版社1994年版，第89页。
② 张增祺：《云南冶金史》，云南美术出版社2000年版，第91页。

清代初期，政府规定商民可以自由开发云南矿业，所得铜"二分纳官，八分自卖"。康熙四十四年（1705），政府改"听民开采"政策为"放本收铜"，即凡商民入山开采，由政府预先强行发给很少的"工本费"，待冶炼成铜后政府收铜课税20%，其余80%称作"官铜"。滇铜供销的主渠道是用于铸钱，绝大部分滇铜运京鼓铸，运交京师的宝泉、宝源两局，称京运。一部分供各省采买，称采买；也有一部分用于本省铜钱的铸造，称省局。这是滇铜三个最大的销路，都是运去做鼓铸制钱。清雍正、乾隆年间，工部在京开设宝泉、宝源两局鼓铸铜钱，在各省也设局铸钱，需铜量很大。清镇府改变每年进口铜料的办法，调运滇铜至京，并成为定制。①

全省各厂出产的销路，是由云南铜政当局按照产铜品质和运输路线来指定好的。譬如会泽的汤丹、碌碌，大关的人老山、箭竹塘，鲁甸的乐马，永善的梅子坨等厂，专供京运；蒙自的金钗，云龙的白羊等厂，专供采买；南安的马龙，路南的红坡等厂，专供省局与采买；路南的大兴，寻甸的发古，易门的万宝，罗茨的大美等厂，则京运、省局和采买兼供。②以上三种方式中，京运的地位最为重要。

由于云南距京城路途遥远，京运铜多采取分段运输。潘向明将清代的滇铜运输路线分为分运、递运、长运三类。③所谓分运，即由各铜矿将铜料运到云南、四川、贵州的各官铜店，具体说来就是正厂和分厂将本厂生产的京运铜，分别运往官设的铜店中。为了便于收齐各厂分散之铜，在下关、寻甸、东川、昭通设立四个铜店。滇西地区的丽江、顺宁（今临沧地区）、大理三府的京运铜全部集中在下关设的"官店"中，云南、临安、楚雄、武定、澄江诸府汇集在寻甸的"寻店"，东川、曲靖二府集中于东川的"东店"，昭通府集中在昭通的"昭店"。据《滇南铜厂图略》和《自滇至京水陆里程》记载，其中运道上还有一些铜店，也有收集、储存、转运的功能，如黄店（黄草坪）、井店（盐井渡）、镇店（镇雄州）、威店（威宁）、奎店（奎乡）都有专门的铜店，道路上一些铺、汛还有许多转运囤积小店，如宣威铜店、可渡河铜店、威宁州大坪子铜店、火烧铺铜店等。同时，分运采取就近直线转运的方法，如寻

---

① 张增祺：《云南冶金史》，云南美术出版社2000年版，第108页；严中平：《清代云南铜政考》，中华书局1957年版，第11页。
② 严中平：《清代云南铜政考》，中华书局1957年版，第10~11页。
③ 潘向明：《清代云南交通开发》，载马汝珩、马正大所编《清代边疆开发研究》。

甸发古厂本应转运到分运寻店，却直接转运到威店，以免绕道转运寻甸。①

需要指出的是，由各厂运到各店的许多路程并不当官驿道。铜厂一般都在海拔较高的山区，交通道路状况不好，沿途后勤供给条件差，故在分运、递运、长运中，以分运的道路最为艰险，路况最差。滇铜主要产区的滇东北一带山高水险，山地海拔一般在2000多米上下，人烟稀少，树茂林密，众多少数民族分散其中，社会经济较为落后。吴其浚在《滇南矿厂图略》卷二中感叹："滇多山而孕百蛮，商贾所至有驿传所不及者。矿产于獐乡岩穴寸天尺地，蔓壑支峰，古之悬车束马，何以加焉。"

通过对汤丹厂运路的考察发现，铜厂矿井一般位于海拔2000米左右。先要将其运到附近仅4公里、海拔1100米左右的小江河谷，落差巨大，在没有现代索道运输的条件下，山路盘折，可能多靠滑道、背负和驮马运输，其艰辛之状，可以想见。小江河谷又为泥石流多发地带，道路经常被冲毁。从今天小江的河床情况看，似完全不具备航运条件，即使乾隆年间小江的河床可能更宽，河水径流更大，但航运也是非常困难。其他一些地理位置更为偏僻的铜厂，如碌碌厂（即落雪厂）地处海拔3000多米高的大山之中，其运输艰难之状不难想见。不过，乾隆年间，清廷才开始着力修治滇东北地区通往各地的交通道路，初始十五六年修治一次，其后遂成定制。②

递运主要则由以上各官铜店转运料铜至总店泸州的过程，此段运输分两路进行：一路从下关启程，将"关店"收集的铜全部运往寻甸，然后再转运至泸州总店，此运输线称"寻甸路"；另一条运输线称"东川路"，由东川为起点，将"东店"集结之铜运至泸州总店。

"东川路"和"寻甸路"的铜经过以下5条路线转运。

石门旧道。此道在历史上自古当川滇交通要道，秦为五尺道，汉为西南夷道，唐代为石门道，宋代始以阿蒙坝（豆沙关）为水运起点，元代开始沿横江河谷设立叶梢坝等水站到叙州，在清代用于运盐又称"盐井渡道"。全线从东川到泸州共20站，各厂的铜汇聚东川府后，从陆路经鲁甸5站半（其中东川到鲁甸4站）到昭通，6站北运到豆沙关，水运半站（或者1站）到盐井渡经横江河谷水运

---

① 蓝勇：《清代滇铜京运路线考释》，《历史研究》2006年第3期；张增祺：《云南冶金史》，云南美术出版社2000年版，第124~125页。
② 戴瑞徵：《云南铜志》。

到叙州府共6站，沿长江到泸州2站，计由盐井渡到泸州水运8站，豆沙关至泸店水程1450里。①历史上石门旧道在云南杨林驿分成东西两路。西路从杨林驿北上经羊街、柳树河、功山、小龙潭、光头坡、鹧鸡（溪）、东川府治会泽县，北经江底到昭通。唐代石门道和清代石门旧道铜运都是取此西路（参见表6-4）。东路则是借乌撒入蜀的旧道，在杨林驿东经易隆驿、马龙州、沾益州、宣威州（也可从易隆驿、寻甸州青麦地、沾益州西北稻堆、宣威州改衣到宣威州），可渡驿到贵州威宁后，再西北折向昭通。元明时期的石门道取东路而行。

明代由于乌蒙土司据险自守，石门旧道形成"川陆久存而榛塞"的局面。②乾隆七年至九年（1742～1744），为转运京铜整修横江河道，使这条河成为滇铜京运"第一线"③，原先石门旧道"自宣威至昭通，程经五百余里，大都险峻崎岖，中多溪流间阻"，经张允随委员勘察、修治，"凿其险隘，平其偏陂，溪流泛溢则驾浮梁，以资济涉"④，运输条件得以改善。

表6-4　清代石门旧道主要驿站滩险表⑤

分道	驿站滩险名
运铜陆路	昆明云南驿站、板桥驿、杨林驿、羊街、柳树河、功山、小龙潭、光头坡、鹧鸡（溪）、东川府治会泽县（东店）、红石岩、以地汛、江底、桃园、昭通府（昭店）、闸上、小岩洞、老五寨、一碗水、大关、雄魁汛、大湾子、干海子、吉利（七里铺）、崩土坎、老木城、豆沙关（关店）
运铜水路	豆沙关背负下船，横江沿河，经龙拱沱滩、盘滩、猪圈口滩、盐井渡、黄角滩、打扒陀滩、青菜滩、新滩、花塘白龙滩、九龙滩、张家滩、横江场、高滩至安边蛮津渡，再沿金沙江到叙州府铜关码头
水路沿线陆路一	豆沙关、黎山顶、老鸦滩、普洱渡、滩头、太平场、燕子坡、棒印村、横江镇、安边场（铺）、柏树溪、叙州府
水路沿线陆路二	豆沙关、黎山顶、老鸦滩、普洱渡、滩头，渡横江河沿河西而行，经铜鼓镇、庙口塘、钟溪塘、安富场、安边场（铺）、柏树溪到叙州

---

① 蓝勇：《清代滇铜京运路线考释》，《历史研究》2006年第3期。
② 蓝勇：《四川古代交通路线史》，西南师范大学出版社1989年版，第128页。
③ 《新纂云南通志稿》卷五七《交通》。
④ 陈弘谋：《大学士广宁张文和公神道碑》，《碑传集》卷二六。
⑤ 蓝勇：《清代滇铜京运路线考释》，《历史研究》2006年第3期。

黄草坪金沙江水路。历史上金沙江水急滩多，水运一直不够通畅。到了明代，金沙江下游从叙州府到蛮夷司（今屏山新市镇）沿江设立了陆驿，有人通过水陆相兼路从黄草坪以下采买四川粮米，但水路不畅一直是云南通往内地的一个阻碍。明清两朝曾有多人力主开通金沙江下游航道，但都未能实现。乾隆年间在滇铜京运的压力下，经过云南地方官员公庆复、张允随等多次奏请，清廷才开始对金沙江下游航道进行大规模的整治。通过这次整治，不仅使黄草坪以下航道更加通畅，也一度使小江至黄草坪以下可起舶通行。据估计，乾隆年间，从黄草坪到泸州运铜船曾多达452只，故有"事繁费重"①之称。这条路线由鲁甸到黄草坪5站，其中昭通到黄草坪3站半，清时称为昭黄驿道。此线从昭通经洒鱼、永善县城（今莲峰镇）、新店台到黄草坪，再从黄草坪到泸州水路8站（一说7站）。②据嘉庆《永善县志略》卷三《铜运》记载，黄草坪水运第一站到屋基滩，第二站为锅圈滩，第三站为大汉潜，第四站为新开滩。下游不仅可通鳅船，而且可通行大两倍的五瓜船。③

奎乡路。据《清高宗实录》载，乾隆四年（1740）正月云南总督公庆复上奏："滇铜运道，自东川起由昭通镇雄，直达川属之永宁，最为捷径。"从乾隆五年（1741）始，滇铜就由威宁、镇雄两路运到永宁。其中镇雄路从东川府4站到鲁甸店，为昭通府管辖，经过昭通4站到奎乡店（云南彝良奎香镇），为镇雄州管辖。乾隆十七年（1753）改在昭通设店后，从东川店到昭通5站半，又3站半经洛泽河到奎乡店，再从奎乡经镇雄牛场、芒部、雨河、扎西隘、威信12站到永宁，水路1站到泸州。此路历史上并不是一条大道，不过清代因运铜之故，不断遣人维修。

乌撒入蜀旧路。此路明清时为四川出入云南、贵州最重要的官释通道，沿途店铺较多，且一直为运送黔铅的重要通道，因此用来运铜的时间较早，又称滇铜运输第二线。其路从云南各铜厂汇聚寻甸，然后北上用牛车挽运6站半到宣威州，再马运8站半到威宁，共15站。从威宁州经毕节驿、赤水河驿13站到四川永宁，再从永宁沿永宁河水路1站到泸州，共29站。此路即习惯所称的寻甸路。同时，据

---

① 《清高宗实录》卷三六〇，"乾隆十五年三月丙午"条。
② 戴瑞徵：《云南铜志》卷四；吴其浚：《滇南矿厂图略》卷二；道光《云南通志稿》卷七六《食货志》。
③ 蓝勇：《清代滇铜京运路线考释》，《历史研究》2006年第3期，转引自王绍荃主编的《四川内河航运史（古代近代部分）》，四川人民出版社1989年版，第90页。

《滇南矿厂图略》卷二记载，此线也可从威宁州站经高视槽、阿箕车、菩萨塘、桃园共5站到镇雄州与奎乡路接再到永宁。滇铜京运到永宁后，改行水路沿永宁河到泸州。此路对于滇铜运输十分重要，路面情况较好，并得到了较好维修。①

乌撒入蜀旧路罗星渡支线。这条道路于乾隆十年（1745）正式开通，取乌撒入蜀旧路到威宁，经高视槽、阿箕车、菩萨塘、桃园共5站到镇雄，然后经古芒部、雨洒河、花蛇岭、中村经四川珙县洛亥到罗星渡5站，从罗星渡（今珙县罗渡）沿南广河水路5站到经木滩、赞滩、南广，再沿长江3站到泸州。计从威宁州到泸州18站。此路山高水险，特别是南广河滩险十分多，以前并不当大道。

在上述5条转运路线中，石门旧道为秦代五尺道、两汉西南夷道、唐代石门道路线所沿，历史上曾多次设为官驿通道，交通设施相对完善，在滇铜京运中作用巨大，故有"滇铜运输第一线"之称。而乌撒入蜀旧路则是明清以来四川进入云南最重要的官道，设立了众多驿站，因此成为滇铜转运的第二线。乾隆年间，金沙江水运曾承担了约一半的滇铜运输任务，其作用更不可低估。

长运主要是由泸州总店沿长江、运河运铜到京师的过程。从泸州总店经汉口到扬州，这一段全部为长江水路运输，而从泸州至汉口一段长江称为川江。从叙州以下的长江水路历史上曾十分发达，唐宋时期就设立驿站，曾成为转运皇木、川米、川盐、黔铅的重要通道。清代为转运滇铜，着力治理和维修水道，使沿线交通设施更为全面。②

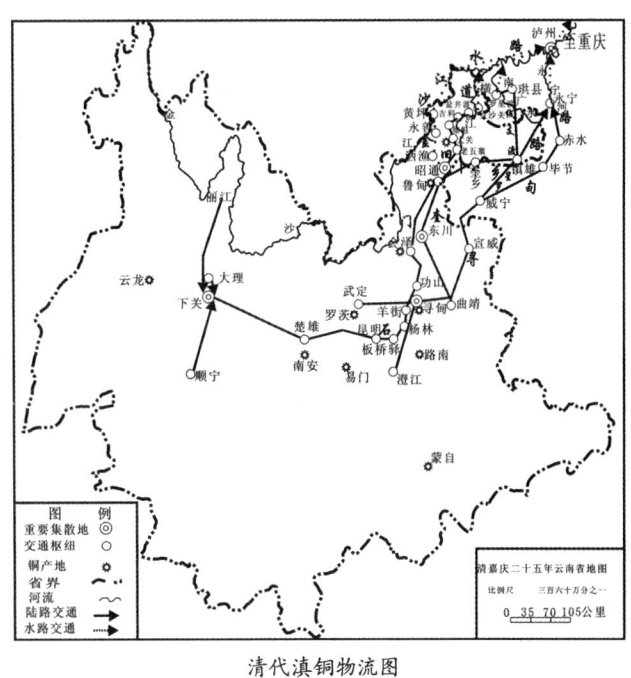

清代滇铜物流图

---

① 蓝勇：《清代滇铜京运路线考释》，《历史研究》2006年第3期。
② 蓝勇：《清代滇铜京运路线考释》，《历史研究》2006年第3期；张增祺：《云南冶金史》，云南美术出版社2000年版，第124～125页。

二、黔铅贸易运输

贵州铅的开采，大抵始于唐、宋。《溪蛮丛笑》中就已提到仡佬族能炼铅。有明一代，因取云南的铜、贵州的铅鼓铸铜钱，所以铅锌的开采兴盛一时。当时铅的产地主要有播州宣慰司、贵州宣慰司、乌撒军民府及思州府、都匀府、普安卫。①

到了清康熙年间，由于铸钱的需要，政府令"黔楚之铅，上供京局"，于是贵州铅的产量上升到重要位置，极盛时年产2000万斤，成为清代主要的产铅区之一。此外，也有部分铅丸用于制作枪支。

贵州铅业主要分布在威宁州、水城厅、毕节县、大定府、普安州、平远州、遵义县、绥阳县、凯里县、丹江县、镇远府、松桃厅、都匀县、南笼府、贞丰州等地。其中，威宁铅厂特别多，有妈姑、羊角、新发、白崖、马街、猓纳、黑泥、三家湾、莲花、齐家湾、白蜡厂、江西沟、罐子窑、榨子朱砂、猓布戛等十多处矿厂。榨子朱砂、猓布嘎两地和凯里永兴厂主产黑铅。南笼府的小红关等厂开办于雍正年间。绥阳县月亮岩、水城福集、猓木底、大定水洞帖、丹江济川、凯里永兴、松桃巴贝山大丰厂、普安连发山等铅矿厂是在乾隆年间开办的。②

表6-5　清代贵州铅矿生产情况③

旧属府	矿厂所在地	何年开采	产量
威宁府	马鬃岭	雍正三年至七年	100万斤
威宁府	丁头山	雍正三年至七年	10万余斤
威宁府	砂砾	雍正七年	88645斤
威宁府	大兴	雍正七年	69255斤
威宁府	大鸡		150万至160万斤
威宁府	柞子		百万余斤，嘉庆年间年产十三四万斤

---

① 《贵州通史》编委会：《贵州通史·明代的贵州》，当代中国出版社2003年版，第251页。
② 《贵州通史》编委会：《贵州通史·清代的贵州》，当代中国出版社2003年版，第169页。
③ 罗时法：《清代前、中期贵州矿业略考》，《贵州社会科学》1986年第4期。

续表

旧属府	矿厂所在地	何年开采	产量
威宁府	妈姑	雍正十二年至嘉庆十五年	450万斤，嘉庆元年加130万斤
威宁府	莲花塘	乾隆二十八年至二十九年	122万斤
水城通判	福集		180万斤，嘉庆元年加40万斤
遵义县	小洪关	雍正八年至九年	27万斤
普安州	达土	乾隆九年至十年	149500斤
普安州	中营	乾隆九年至十年	90500斤
绥阳县	月亮岩	乾隆三年至四年	85552斤
思州府	枫香	乾隆七年至十一年	11万余斤
铜仁府	巴坝山		100万至200万斤
平远州	达磨山	嘉庆七年至八年	2724斤
凯里县	永兴		4万到5万斤

在清代文献中，铅有白铅、黑铅之分，白铅石即锌。清代的铅产以白铅为主，黑铅厂只有寥寥几处，且产量不大，其中威宁州的柞子厂是最大的黑铅生产基地，湖南的郴、桂一州亦较为著名。此外，大定府属平远州的达磨厂、思州府属之枫香厂亦有出产。① 但铸币所需黑铅并不多，所谓铜七铅二、铜六铅四等系指白铅与铜的比例。因此在相当长的一段时间内，对黑铅的需求并不大。例如威宁柞子厂黑铅，开始亦照白铅例，由官府收买，动支银9279两余，作收买工本。但获息甚少，行销甚难，不得不终止。② 黑铅主要为军用，目前对黔铅军用的情况了解尚不多，从已发现的资料来看，贵州各营操演所用黑铅主要来自大定府威宁州柞子厂、都匀府清平县永兴厂等。③ 自乾隆中期以来，四川军队所需黑铅也基本上由柞子厂供应。④ 与黑铅不同，贵州省特别是大定

---

① 中国第一历史档案馆藏，嘉庆朝军机处录副奏折；中国人民大学清史研究所档案系中国政治制度教研室：《清代的矿业》，中华书局1983年版，第352~354页。
② 中国人民大学清史研究所档案系中国政治制度教研室：《清代的矿业》，中华书局1983年版，第325页。
③ 中国第一历史档案馆藏，乾隆朝军机处录副奏折、嘉庆朝军机处录副奏折；《清高宗实录》卷三七。
④ 中国第一历史档案馆藏，乾隆朝军机处录副奏折。

府的白铅产量极为丰旺，可以从容供应京局及许多行省鼓铸所需铅斤，下文中多处提到的"铅"多指白铅。

贵州铅锌矿具有开采时间长、规模大、产量高的特点。据统计，乾隆年间（1736~1795）贵州铅的产量为9000多吨，嘉庆年间（1796~1820）为2.2万吨，道光年间（1821~1850）则为2.4万吨。① 以威宁州的妈姑铅矿为例，它从雍正到嘉庆，开采达近百年时间。刚开始，清廷额定年产铅450万斤，从嘉庆元年（1796）起，每年还加额130万斤。此外，威宁州的马鬃岭、大鸡、柞子、莲花塘，铜仁府的巴坝山，水城的福集等处铅矿，年产量均在百万斤以上。贵州所产的铅，除满足省内铸钱所需以外，还大量外运。雍正八年（1730），贵州每年仅收铅课即70余万斤，除省内铸钱所需15.8万斤外，每年尚余课铅五十四五万斤。乾隆二十三年（1759），贵州的白铅（锌）"出产甚旺"，除本省铸钱，向京、川及各省出售外，每年约余100多万斤。当时，在省内各地多年积存下来的白铅共有5000多万斤。嘉庆十九年（1814），贵州每年采办运至京、川、楚等地的铅800多万斤。

根据全国铸币与军用的需要，清王朝每年都对铅产进行分配与运销。乾隆八年（1743），京局加卯鼓铸，议定贵州所办铅额增至510万余斤②，称之为"京运"。除供应京局外，贵州还担负着供应其他省份鼓铸或军事所需铅斤的任务，通常是从大定府运至湖北汉口发售各省——主要是江南九省，所以又称"楚运"，与"京运"相对。"楚运"属官府控制下的商品销售，黔省官员从威宁等地以每百斤一两三钱至一两五钱收买余铅，到汉口后通常以五两的价格出售。有清一代，京、楚一运大体上在700万斤以上，基本上由大定府的矿厂供办。不过从交通方面考虑，由大定府供应京局并非最佳选择，其不但路途险远，夫马供应亦相当困难，故官员们时时想利用其他铅矿分担京运任务。官府采办制度确立之初，以威宁州的莲花、砂硃二厂为主体，此外办京运的尚有湘铅，后湘铅渐微，不得已全用黔铅。③

通过以上论述得知，每年大量黑铅、白铅从大定府起解，马驮人背，经过崎岖不平的山间驿道经毕节县运至四川永宁，然后在此地上船，转入长江，一

---

① 孙同川主编：《重庆市志》第五卷，成都科技大学出版社1994年版。
② 《清朝文献通考》卷一六《钱币》。
③ 温春来：《清前期贵州大定府的产量与运销》，《清史研究》2007年第2期。

路东下，直抵汉口，这里是楚运的终点。京运铅船从汉口继续向东直抵扬州，在扬州入大运河向京城进发。实际上，经由四川转运的黔铅数量很大，乾隆十年（1745）至十四年（1749）三月，由赤水河入长江下运黔铅即达374万余斤。据巴县档案所记，乾隆时期，自川江出峡下运的黔铅共1851万余斤，嘉庆年间，转运黔铅4533万余斤，道光年间黔铅运量多达4841万余斤。①除了这些官方的运销外，尚有商人的贩运活动。因为每年产量很大，官府无法收尽并卖出所有余铅，所以允许部分余铅通商。

黔铅外运主要有两条线路，一条是纳溪线，黔铅由威宁、毕节陆运至永宁，在永宁改为水运，沿永宁河转长江，其后顺江而下抵重庆，这一路线也是滇铜外运的主要路线之一。另一条则是赤水河线，船运黔铅沿赤水河至四川合江入长江运抵重

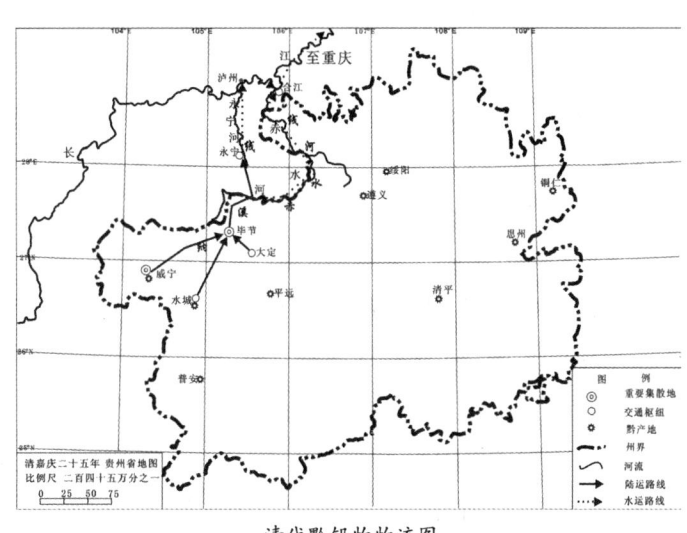

清代黔铅物物流图

庆。两条线运送的铅都在重庆换装到大船上中转，一部分运至江苏仪征转大运河抵京，供朝廷专用，称为京铅；另一部分在汉口起卸运往湖北、湖南、江苏、浙江、福建、广东、江西等省销售，称为楚铅。楚铅数量少于京铅。②

黔铅京运有一套严密的制度，黔省办运京铅，自乾隆七年（1742）起，每年委派府佐、州县二员领解。③此外，在长运过程中的用船、打捞、赔罚等方面也有明确规定。

---

① 王绍荃主编：《四川内河航运史（古、近代部分）》，四川人民出版社1989年版。
② 重庆市地方志编纂委员会总编辑室：《重庆市志》第五卷，成都科技大学出版社1994年版。
③ "道光十一年十月初八日"条，《川督鄂山札》，转引自张永海、刘君：《清代川江铜铅运输简论》，《历史档案》1988年第1期。

三、巴蜀地区与滇铜黔铅贸易运输

从开发和贸易运输来看，滇铜的开采至少可追溯到殷商时期。

滇铜、黔铅作为一种资源大规模外运则始于唐宋，盛于明清，到乾隆时达到顶点，清末走向衰落。黔铅的开采和贸易运输自唐宋以来也经历了从小到大、由盛而衰的演变过程。历史上，滇铜黔铅贸易的物流中心和主要运输路线都发生了较大的变化，但巴蜀地区在运输过程中始终起到了交通枢纽的作用。无论是来自云南的铜，还是来自贵州的铅都是主要经巴蜀地区运往京师和全国其他省市的。由此可见，巴蜀地区在中国西南交通运输史上的重要地位。

巴蜀地区之所以在交通史上起到举足轻重的作用，主要得益于长江的巨大运输能力。在所有的运输方式中，水运有动量大、投资少、成本低的优点，是一种历史最悠久的运输方式。川江航运，可追溯到几千年前，巴族人在廪君率领之下，逆川江至今涪陵一带立国的历史。到了明清时期，随着中国政治经济重心东移南迁，四川东南部地区经济发展加快，长江上游的航运地位变得更加重要。川江航运的兴盛和发达，首先表现为货物水运的物资种类多、数量大，特别是到了清代，见于记载的除了铜、铅外，还有盐、米、木材、山货土产，等等。

川江运输业务繁忙，故航道维护都十分受重视。为了改善川滇黔三省货运困难的状况，官府和民间对川江、金沙江、嘉陵江和川滇、川黔的一些小河道进行过程度不同的修复和疏浚，使巴蜀地区对外贸易交流得到很大改善。金沙江为长江上游，在川滇之间蜿蜒上千里，水量非常丰富。河道所经横断山区，地质情况异常复杂。清乾隆时，为了改善滇西铜、铅等铸钱原料运往北京路途艰险的局面，对金沙江进行全线疏浚，历时六年，耗费了大量的人力财力。[①] 金沙江一时成为重要的转运滇铜路线。

总的来看，巴蜀地区航运在清代得到巨大发展，人口的增殖，盐、粮生产的增长，黔滇两省矿业的开发，是川江航运发展的直接原因。长江南岸各支流通航，巴蜀地区也成为云贵两省与全国其他地区沟通的重要桥梁，长江成为西南三省的最为重要的进出口通道。

---

① 贾大泉、陈世松主编：《四川通史》，四川人民出版社2010年版，第480页。

第五节　皇木采办运输

早在秦代修建阿房宫便"乃写蜀、荆地材皆至"①，以致后人有"蜀山兀，阿房出"的感叹。另外，唐高宗永淳年间也曾遣人在长江上游搜寻异竹，派宦官沿峡路载至长安。②但是皇木采办就采木时间延续之长、次数之多、规模之大，对当时及后来的社会和自然影响之大，历史上莫过于明清两朝了。

一、明清在巴蜀的皇木采办情况

巴蜀地区出产楠木的历史由来已久。唐宋时期中国楠木以四川种植最为广泛。当时宋祁《益部方物略记》认为："蜀地最宜者，生童童若幢盖。然枝叶不相凝，茂叶美阴，人多植之。"在唐宋，四川地区许多寺观留有很多古楠树。中唐时巴州刺史严武曾为巴州光福寺古楠作诗，其幕客史俊和亦称"作宇由来称栋梁"。宋代庆历五年（1045）春，成都太守蒋堂甚至一次便在成都种下了楠木2000多株。③

经过唐宋时期的不断开采，中国江南和中南地区的成林楠木已经开采殆尽，直到元代，蜀地楠、杉一直未被大量采伐作宫殿用材。明朝立国，开始在蜀地采楠、杉。明清时期采办皇木以楠木、杉木为主，其主要的采办地区为四川的古蔺、西昌、天全、叙永、涪陵、奉节、纳溪、重庆府、成都、崇庆、眉州、马湖、雅安、越巂、灌县、汶川、广元、洪雅、犍为、丹棱、井研、宜宾、太平厅，云南的永善、乌蒙、镇雄，贵州的遵义、绥阳、仁怀、镇安、桐梓等地。④

明代在四川的大规模集中采木有三次，一般规模的采木则持续不断。

第一次大规模采木始自永乐四年（1406）闰七月壬戌（初五日），宋礼以工部尚书身份亲至四川督军民采木，他在四川的采木分前、后两期。前期为永乐四至六年（1406~1408），后期为永乐十至十七年（1412~1419）。这是明朝朝廷首次在四川采木。当时，森林大材近河者多，以至在马湖府山中采得围以寻尺、干逾寻丈者若干。

---

① 《史记》卷六《秦始皇本纪》。
② 《资治通鉴》卷二〇三。
③ 《蜀中广记》卷六一《方物记》。
④ 嘉庆《四川通志》卷七一《木政》。

第二次大规模采木为嘉靖二十至三十九年（1541～1560）。《明世宗实录》记载，嘉靖二十年（1541）四月辛酉（初五日）夜，"宗庙灾"，"群庙一时俱烬"。《明史·食货志·采木》称，火灾后"遣工部侍郎潘鉴、副都御史戴金于湖广、四川采办大木"。嘉靖三十六年（1557）四月丙申（十三日），"奉天等殿、门灾"[①]，三大殿及其所有楼、门、廊道全部烧光，并延烧到午门及午门外朝房，嘉靖帝只好到端门上朝。由于连年修建西苑、南内，木厂存料基本用尽，嘉靖帝要求先恢复奉天门，也好勉强在此受朝。五月癸亥（初一日），"命工部右侍郎刘伯跃兼都察院左佥都御史，总督四川、湖广采办大木"[②]。鉴于"木产多系二省连界，彼此互争采买，反致嫌隙"，"即以并为一员"，此次嘉靖帝下令刘伯跃"专在荆州适中去处总理，而以时巡历三省，会同各巡抚官计议采办。又添设郎中二员、副使二员，分省专理，听大臣节制"。此次采木的地方多集中在今重庆和川南宜宾至凉山彝族自治州一带大江以南的深山之中，或是四川与湖北、贵州、云南等省交界处，多是少数民族聚居地区。据《明史·食货志·采木》统计，此次采木在四川一省用银即达339万余两。

第三次大规模采木为万历二十四年至四十一年（1596～1613）。万历二十四年（1596）三月乙亥（初八日），坤宁宫起火，延烧乾清宫及全部后宫门、廊。四月，工部题请复建，请差官赴川、贵、湖广采办大木。这是万历时的第一次大规模用木，用银360多万两。此次采到楠、杉5600根，分两批运抵北京。真正对万历朝造成重大打击的是两宫火灾后第二年的三大殿火灾，全区建筑皆毁。从此便开始了旷日持久的采木。其间的万历三十五年至四十一年（1607～1613），四川巡抚乔璧星兼督采木六年，是采木较集中的一段时间。这次采木的地点主要集中于遵义道下属州县及附近的川东道，仍是与贵州、湖广交界的一带，但省去了嘉靖时采木的川西、川南一带。而这次采木与以往采木比的最大变化是改"民采"为"官采"。

清顺治帝去世后，因无木材建造陵墓大殿，清廷将北京北海两岸明嘉靖三十五年（1556）建造的清馥殿一区建筑拆建，用在顺治帝孝陵上。康熙时为营建太和殿，曾下令在四川大规模采木，但实际规模很小。雍正、乾隆时期，

---

① 《明世宗实录》卷四四六。
② 《明世宗实录》卷四四七。

为营造山陵，仍下令采购四川楠木，而且数量可观。清朝康熙中期之后，改变了明朝在采木工程方面一平二调、无偿劳役甚至加赋增税的做法，尽量发挥商品经济的优势，物给其值，劳计其酬。雍正、乾隆时期采木，多系地方大员采购，其扰民程度远逊明朝。嘉庆以降，四川采木逐渐减少，最终停止。

康熙六年（1667），工部议修建太和殿，需用大楠木，请敕下四川、湖广等处督抚，稽查现有采就木植或山中可采木植的长径尺寸、根数，确估采运木材所需钱粮，并限部文到后两月内将上述情况报部酌议。四川巡抚张德地接文后，亲至马湖府等地方考察，三次备陈采木艰险，称"栋梁巨材，各等之中，大约皆可采办"，"但其箐之大者，周围有五六百里；其小者，亦有一二百里"。因为明代连年采伐，离溪水、河流近处容易移运的材木已伐光，"若百里之外者，山势愈峻，道路愈险，虽有大木，无可如何矣"①。但康熙八年（1669）三月，张德地还是采得楠木80棵送到北京。康熙帝传旨"著停止采取"，不足部分，"酌量以松木凑用"。②康熙二十一年至二十四年（1682～1685），为兴修太和殿，四川又应采办楠木4503根，杉木4055根，但因资源枯竭而采办艰难，地方官员不断上疏请求减免，故免去了所有杉木和1800余根楠木，只采办2663根楠木，实际上到康熙二十五年（1686）只解运了400根。③不久，同年五月，康熙皇帝便下诏"著停止川省采运"④；康熙二十六年（1687）四月又谕工部免四川解送楠木。

康熙中期以后宫殿用材始采用松木，但雍正帝认为山陵为万年吉地，仍要用楠木建造。雍正四年（1726），令四川巡抚宪德等遴员采办楠木。自雍正六年至十一年（1728～1733），共采楠木1738件半，"实用银一万七千四百四十两五钱六分零"。乾隆七年（1742），依雍正旧例办理乾隆帝万年吉地工料，费用由地丁银内动支。乾隆八年至十四年（1743～1749），办回圆、方楠木2028件，采地为夔州府、潼川府、保宁府、泸州。乾隆十五年（1750），追加大楠木12根，并送余木2株，由夔州府赴贵州桐梓县平头山、石笋溪采办。乾隆二十四年（1759），复求大料楠木6根，由重庆府和江津县官员赴贵州桐梓县石河观、夜郎坡采办。乾隆三十年（1765），四川总督阿尔泰等委托叙州知

---

① 嘉庆《四川通志》卷七一《木政》。
② 《清圣祖实录》卷二八。
③ 嘉庆《四川通志》卷七一《木政》。
④ 《清圣祖实录》卷一二四。

府、巴县知县在屏山县高竹坪等处采办大楠木36根运送圆明园。乾隆二十二年（1767），朝廷以廷寄令采办天坛望灯杆3根、戗木9根，由泸州判到云南永善县洗马溪采办多根。乾嘉时还有几次采办天坛、地坛望灯杆等所用楠木，每次数根而已。

道光以后大规模的宫殿营建停止，工程用木自然减少。咸丰以降，宫中工程逐渐改由招募社会上的厂商承接，采木转由厂商到市场采购，实行了数百年的明清采木活动逐渐废止。

二、皇木采办运输

（一）勘察与采伐

经过历代长期的采伐，中国南方在近郊和近山的巨大楠杉木已不复存在，所以首先要勘察到生长巨大楠杉的地方。所谓"巨材所生，必于深林穷壑、崇冈绝箐、人迹不到之地"。明清两朝的一些督木官员往往都亲自登山行勘，历尽艰难。嘉靖三十六年（1557）的四川采木勘察时，负责这次采木的副都御史李宪卿就率领许多官员在四川山区搜寻。"督率郎中张国珍、李佑，副使张正和、卢孝达，各该守巡参政游震得、副使周镐、佥事于锦，先后深入永顺、卯峒、梭梭江"，而"佥事顾炳入思南、潮底，汪集入永宁、顺崖"。这些只是李宪卿率领的"正式"采木队伍，另外还有许多周边地方官或是帮助在四川勘察，或是在自己的辖区勘察。"湖广巡抚右佥都御史赵炳然、巡按御史吴百朋各先后亲历荆、岳、辰、常，四川巡抚右副都御史黄光昇历叙、马、重、夔，巡按御史郭民敬历邛、雅，贵州巡抚右副都御史高仲历思、石、镇、黎，巡按御史朱贤历永宁、赤水"①。可见勘察队伍之庞大，勘察地区之广泛。又如万历三十五年（1607）四川巡抚乔壁星谈到巨材"在夷方瘴病之乡，深山穷谷之内，寻求甚苦"。清康熙六年（1667），四川总督张德地"冒险夷方，遍到产木处"，"亲披荆负棘直至各箐山顶踏勘"。康熙年间四川巡抚杭爱勘察过程中，"遥望一木所在，必牵拽始至其地，足胝履穿，攀藤骨战，侧身亦苦难"②。至于地方官勘察就更是十分辛苦了。康熙二十二年（1683），马湖府知府何源浚亲率千余人马从马湖城深入大山勘察皇木，其"山之高者透迤而

---

① 《震川先生集》卷二五《通议大夫都察院左副都御使李公行状》。
② 嘉庆《四川通志》卷七一《木政》。

上，俯视欲堕，手附藤萝尽力攀跻，衣履数穿"，往返一个月，经过了一千多里路程，其间由于"粮匮，众采野蒿为食"①。大木被发现后，就在大木上做记号，以备接下来的砍伐。勘察完成后，一般由地方官吏结具上报勘察大木的数量、规格和地方，并包括所需银两、力夫等数目，呈报督木官员后便开始采伐。

按照明清采伐皇木的常制，重要的采办地方一般都要设立木场，如明代四川有马湖木厂、绥阳南宫木场，湖广有龙山木场。木场一般都设有督木同知，具体督办采办、负责钱银出入和招募夫匠等事项。木场是采木时在采木区设置的采木基地，是采木队伍的补给之所，也对所采之木进行初步加工以利于运输。以绥阳为例，所需的基本人力为"一厂用斧手一百名，石匠二十名，铁匠二十名，篾匠五十名，找厢架长二十名，楠木一株长七丈，围圆一丈二三尺者，用拽运夫五百名，其余按丈尺减用"②。再加上官员和其他闲杂人员当在1000人左右。

采伐难度很大，许多大楠木是因为"斧斤难施，所以在山残年"，许多大木空手接近都十分困难，采伐更是难以想象。以四川采木为例，绥阳南宫北扫木厂设有督木道一员，驻涪州，有督木同知一员专管钱粮，其"架长、斧手俱系湖广辰州府人，奉上司文著落辰州府召募来川。人夫系本官召募。架长看路找厢。找厢者，即垫低就高，用木搭架，将木置其上，以为拽运之说也。斧手伐树取材，穿鼻找筏。人夫拽运到河。用石匠打当路石。篾子做缆子，铁匠打斧头与一应使用器具"，而且需要"沿路安塘，十里一塘，看路径长短，安设一塘送一塘"。③具体讲，采一株大木必须先由架工用木搭成平台，使斧手能用斧伐木和削枝，同时还必须用缆索拉系"方无堕损之虞"④。伐倒巨木后还需"穿鼻"，即将巨木穿孔以利于系缆拖运。这样采伐大木要费大量的人力。明代南宫厂就有100名斧手的定额，由于斧手专业性十分强，皇木采办的斧手均是从湖广辰州府招募而来。清初康熙年间张德地便援引旧例要求从湖广辰州府招募200名斧手来川。劳工报酬为每夫日支米一升、雇工银六分，斧手、架手日支米一升、雇工银一钱。

---

① 乾隆《屏山县志》卷七《艺文志》。
② 嘉庆《四川通志》卷七一《木政》。
③ 嘉庆《四川通志》卷七一《木政》。
④ 嘉庆《四川通志》卷七一《木政》。

（二）皇木的运送

1. 拽运与泄运

采伐以后的转运艰苦之状一点不逊于采伐。转运分两部分，一是从采伐地运到小溪处即"运到外水"的拽运过程，当时叫"点水"①；一是从小溪河运到大江大河即"运到川楚大河"的泄运过程。②由于采伐之地离附近小溪河少则数十里，多则上百里，从小溪到大江大河又往往是上百里，且多是"空手尚苦难行"③之地，"非独人迹不到，即鸟道亦稀"④，要将巨大的楠木、杉木运出的艰难可想而知。从明代惯例看，首先专门从湖广辰州府招募架长来看路、找厢和安排泄运，组织运输。所谓"找厢"，即像铺设铁路一样，以两列杉木平行铺设于路基或支架上，每距五尺横置一木。同时有专门的箑子匠造作缆索及助滑竹皮，铁匠打制工具。拽运时其间免不了要用石匠开采巨石，架长在陡坡处用木垫低就高，减小坡度，并于两高山间垒建高架成桥。有时需要设置临时栈道，形成有"远数十里者，皆浮功"⑤的状况。拽木前运夫们都要杀牲斟酒"祈神吁天"，再将大木直卧在横木上，用绳系在大木首端的鼻孔上多人负杠拖行。按制每十里设置一塘，逐塘运送，"上坡下坂辗转数十里或百里始至小溪"，再泄运到大江大河扎筏处，艰难之状可以想象。按明制一株长七丈、围一丈二三尺者的大木便需用运夫五百名之多，有的则称一木"拽运辄至七八百人"⑥。永乐初采伐到的10多株大木，"计庸万夫力乃可以运"，明永乐年间师逵在湖广采木便是"以十万众入山开道路"，难怪清初张德地提出要在邻近富庶之省招募5000名人夫，所谓"用夫役动以千计"⑦。

尤为令人头痛的是大木至小溪后泄运"又苦水浅，且溪中皆怪石林立，必待大水泛涨漫石浮木始得放出大江"，这样往往因"一石之塞亘长川，必待暴水而后过"。大木运到小溪、小河边后，要等到这些溪河涨水到能够漂浮起这些大木时，才让大木顺流而下，漂进长江。实际上，这一段过程同样充满了困

---

① 《古今图书集成·职方典》卷六三〇引毛起《采木纪略》。
② 《明神宗实录》卷四四三。
③ 嘉庆《四川通志》卷七一《木政》。
④ 《古今图书集成·职方典》卷六三〇引毛起《采木纪略》。
⑤ 嘉庆《洪雅县志》卷二《艺文》引毛起《采木纪略》。
⑥ 嘉庆《四川通志》卷七一《木政》。
⑦ 嘉庆《四川通志》卷七一《木政》。

难。溪河有水时水急滩多，无水时，水道难辨。这都给大木的运送带来了很大的麻烦。大木在这样的水道中漂流，非常容易发生大木与岩石，以及大木与大木的碰撞，大木受损就成了常有的事了。而碰坏的大木是不能用的，甚至还要承担法律责任。由于这种情形，便出现了"木在小溪利于泛涨，木在山陆又以泛涨为病，故旧例九月起工，二月止，工以三月"，出现"陆运必于春冬，水运必于夏秋"的状况①，时间耗损很多。故有时"至若滩高水落，为力尤难，筑堤壅泉，架木飞鞚，若辘轳之汲井，然游移前却，日不能以一里，作天车越涧，波涛泛涨，冲激四出，挽留无计，仰天太息"②。泄运中除了要时常凿去水中大石外，还不时得"扎堰筑坝"，或"架桥搭箱"③，才能泄运出山。在这种条件下，"倘遇直路，每日还可移一二里"④，若遇曲折万分时，"盈数百千人，终日不移寸"⑤，所以每当"点水"后，运夫"千人呼唱，以为幸"⑥。

2. 运解交收

大木以泄运或扎筏运到大江大河水次后，交各督木道验收，便开始从水路转运京师的解运过程。明清时期川南马湖、叙州、西昌、永善等地的皇木一般是从小溪直接泄运，或从小河和大江散漂，或扎筏到嘉定府、叙州府和重庆府，再扎筏起运，泸州、遵义府、大巴山地区的皇木则从小溪泄运，或从长江和嘉陵江散漂，或扎筏运到重庆府，重新扎筏起运京师。当时川东马湖、遵义二府出山大木由小溪会合于重庆，然后沿江放筏，经由全楚、三吴以至扬州，再由运河北上，直到大运河北端通州张家湾。再经过30华里陆路，送到北京城朝阳门外大木厂和崇文门的神木厂。故当时从江淮至京师的大运河运转皇木的"排筏相接"⑦，长江上"巨筏蔽江"⑧，十分繁忙。一般从四川转运到京师，即使星夜顺利赶行都要一年左右，所谓"恒以岁计"⑨。到了清末光绪年间曾

---

① 嘉庆《四川通志》卷七一《木政》。
② 孙承泽：《春明梦余录》卷四六。
③ 《陕甘总督尹继善为采获钦工巨楠并运送事奏折》，收录于王澈《清代采办楠木史料选》，《历史档案》1993年第3期。
④ 道光《遵义府志》卷一八《木政》。
⑤ 嘉靖《洪雅县志》卷五。
⑥ 《古今图书集成·职方典》卷六三〇引毛起《采木纪略》。
⑦ 陈锦：《结筏顺青河记》，《皇朝经世文续编》卷一〇四。
⑧ 嘉庆《四川通志》卷七一《木政》。
⑨ 《两广总督策楞为复运送楠木并无弊端事奏折》，收录于王澈的《清代采办楠木史料选》，《历史档案》1993年第3期。

一度动用火车和轮船搬运额办之木,转运的时间才加快。

明清时每次大规模采办的大木运解至京,都要分成若干运来完成,一运由若干筏组成。明代扎筏一般以80株大木为一筏,每筏用水手10名,运夫40名。清代长江上皇木一筏一般由70根左右大木组成,水手在筏上搭构板屋为家居,与近代金沙江和长江上的放筏相似。每一运都有专门委派的官员来负责押运,一般都是用四川、湖广、贵州、陕西等省的州、县组官负责押运解送。起运前一般都要"逐根点验,上船祭江,叩送开行"①。水手们和督运官员先期一般都要"咨会"长江和运河沿途督抚等地方官,以做好过境接送工作。运转过程中还不时抽派专官去督查催促解运。嘉靖六年(1527)工部便提出应委派官员一至二名"自荆州抵仪真,自仪真抵临清,往来催督"②。乾隆十年(1746)四川总督策楞派候补守备王珩星赴江南、山东"催趱"。明代一般各运之间的时间间隔较长,如万历二十五年(1597)四川和湖广采木为六年三运,③四川起头运,万历二十六年(1598)到京,到了万历二十七年(1599)才又起二运,二十九年(1601)才到京师,万历三十五年(1607)的采办定为三运,一运要求在万历三十六(1608)年之内完成。④乾隆八年至十二年(1743～1747)四川应采办1980件大楠木,分成六次起运,其中一、二、三运共运了1256件半,四运为335件,五运为257件,六运为178件,从乾隆八年(1743)一直延续到乾隆十四年(1747)。运解过程中每到下一个省区州县,都要移令其官员督办,逐程交结督察,但仍免不了"在途漫无统摄,稽迟漂失"⑤,特别是解运过程中不时会发生事故。如乾隆十四年(1747)四川皇木的第六运尾筏于六月二十九日从重庆起运,但在长寿县打入漩涡内不能动,直到九月四日才打捞起来共费了两个多月,故有所谓若遇"大风浪作,而排散人溺者屡也"⑥。运解过程是十分危险的。

---

① 《明世宗实录》卷七八。
② 《两广总督策楞为复运送楠木并无弊端事奏折》,收录于王澈《清代采办楠木史料选》,《历史档案》1993年第3期。
③ 嘉庆《四川通志》卷七一《木政》。
④ 《明世宗实录》卷二六四。
⑤ 陈锦:《结筏顺青河记》,《皇朝经世文续编》卷一〇四。
⑥ 《明宣宗实录》卷七九。

第六节 山货物流运输

巴蜀地区由于特殊的地理环境和经济状况，山货和山货物流贸易也不同于其他地区。巴蜀地区的山货有其特殊的含义，特指流通于市场的山区林副产品。由于历史时期经济发展水平和山货开发规模的差异，巴蜀地区的山货开发与物流贸易具有时代性和地域性的特点。具体讲，巴蜀地区山货包括生活消费类和工业原料类。生活消费类包括木耳、竹参、竹笋、花椒、银耳、虎骨、豹骨、鹿茸、麝香、柑橘、荔枝、蒟酱、邛竹杖和各类山药材等。工业原料类包括生漆、桊油、桐油、木材、木炭、白蜡、黄蜡、白鹤毛、皮毛类（鹿皮、麂皮、杂皮等）。

历史上西南地区的开发肇始于先秦，后经历秦汉两晋南北朝时期、唐宋时期、元明清时期，每一次的开发都伴随着不同规模的森林采伐，进而影响着山货的生产。巴蜀地区的山货开发也是伴随着西南地区经济开发的步伐前进的，并一直延续至民国时期。

一、先秦秦汉两晋南北朝时期山货运输

从古史传说、现存文献和发掘材料来看，早在大禹治水，桀伐岷山，蜀族、巴族助武王伐纣可以看出，巴蜀地区已与其他地区产生联系，也就是说早在这个时期，巴蜀地区已经产生通往外地的交通通道。

《尚书·禹贡》载："华阳黑水惟梁州……贡璆、铁、银、镂、砮、磬，熊、罴、狐、狸、织皮。西倾因桓是来，浮于潜，逾于沔，入于渭，乱于河。"[①]梁州地区有熊、罴、狐、狸、织皮等山区物产，且主要是通过当时所谓的"贡道"运出。"贡道"相当于金牛道和褒斜道，也就是上文中的"蜀道"。据邓少琴先生研究认为，是经甘肃岷县西倾山沿桓水（白龙江）下至潜水（嘉陵江）再北上经沔水（汉江）取褒斜道入渭水达黄河。[②]

除了南北间的陆路交通，巴蜀对外联系的交通动脉还有长江水道。长江水道也是巴与蜀之间的重要通道。古蜀时期，巫山壅江、岷江泛滥，经常淹没沿江地区。先后有开明氏、蜀守李冰开凿巫峡、玉垒山，分岷江入沱江，改善岷

---

① 《史记》卷二《夏本纪第二》。
② 蓝勇：《四川古代交通路线史》，西南师范大学出版社1989年版，第7页。

江水系交通，此后"蜀汉沃野千里，号为陆海"。史籍记载战国时有"蜀地之甲，轻舟浮于汶"，就是从成都沿江而下，到达川南、川东一带。

从考古发掘来看，当时已有陶、铜、漆、木、竹等器物。《山海经》载葛山（巫山）其木多橘，可知川东很早就出产柑橘。不过，由于这一时期的巴蜀地区，山川阻隔，交通闭塞，又属于少数民族聚居之地，生产落后，因此不仅山区的开发力度较小，加之交通闭塞，巴蜀地区山货的物流范围也应该很小。

秦汉南北朝时期巴蜀地区已进入第一个开发高潮。《汉书·地理志》曾载巴、蜀、广汉"土地肥美，有江水沃野，山林竹木疏食果实之饶。南贾滇僰僮，西近邛、笮马、旄牛，民食稻鱼，亡凶年忧，俗不愁苦"①，显现了这个地区物流的频繁。

秦在商鞅变法后国力增强，开始向四面扩张。公元前318年，张仪、司马错、都尉墨伐蜀，随后置巴、蜀、汉中郡。《华阳国志》载"秦惠文、始皇克定六国，辄徙其豪侠于蜀，资我丰土。家有盐铜之利，户专山川之材，居给人足，以富相尚"②。《史记·货殖列传》有"巴蜀亦沃野，地饶卮、姜、丹沙、石、铜、铁、竹、木之器，南御滇僰，僰僮。西近邛笮，笮马、旄牛。然四塞，栈道千里，无所不通"，"汶山之下，沃野，下有蹲鸱，至死不饥。民工于市易贾。"③而《西南夷列传》又载"独蜀出枸酱，多持窃出市夜郎。夜郎者，临牂牁江，江广百余步，足以行船"④。左思《蜀都赋》"蒟酱流味于番禺"。可见当时商贾通过滇蜀之间的五尺道、牦牛道、邛笮诸道贩运少数民族的笮马、旄牛、僰僮等到巴蜀地区，交换巴蜀之地的竹木、丹沙及枸酱、蹲鸱，又或通过南夷道经牂牁江到南越的番禺。

而此时更值得一提的是，《史记·西南夷列传》所载"及元狩元年，博望侯张骞使大夏来，言居大夏时见蜀布、邛竹杖……从东南身毒国，可数千里，得蜀贾人市"⑤中的蜀布可能是苎麻或大麻织品⑥，巴蜀地区自古便是麻类的重要产地。邛竹是中国西南重要的竹类，《史记正义》载："邛都邛山出此竹，

---

① 《汉书》卷二八下《地理志》。
② 《华阳国志》卷三《蜀志》。
③ 《史记》卷一二九《货殖列传》。
④ 《史记》卷一一六《西南夷列传》。
⑤ 《史记》卷一一六《西南夷列传》。
⑥ 蓝勇：《南方丝绸之路》，重庆大学出版社1992年版，第37页。

因名邛竹。节高实中，或寄生，可为杖。"历史时期邛竹的分布甚广，在川西、川南、滇西、滇南、滇东北地区均有分布。可见当时还将邛竹杖、蜀布不远千里取南方丝绸之路输入身毒国和大夏。

汉晋时期，巴蜀地区不仅是全国重要的粮食生产基地，常调蜀粮赈济灾荒，同时，畜牧、瓜果、桑茶、竹木等副业也很发达。当时，《华阳国志·巴志》载："桑蚕麻纻、鱼盐铜铁、丹漆茶蜜、灵龟巨犀、山鸡白雉、黄润鲜粉，皆纳贡之。其果实之珍者，树有荔枝，蔓有辛蒟，园有芳蒻、香茗，给客橙、葵。其药物之异者，有巴戟天、椒。竹木之瑰者，有桃支、灵寿。"①而蜀郡有"璧玉、金、银、珠、碧、铜、铁、铅、锡、赭、垩、锦、绣、罽、牦、犀、象、毡毦、丹黄、空青、漆、麻、纻之饶"，"其山林泽渔，园囿果瓜，四节代熟，靡不有焉"②，说明巴蜀地区物产丰富，通过陆路和长江水路，将巴蜀的纺织品、漆器、药材及其他山货行销全国或上贡中央。

据考证，巴蜀地区的荔枝早在秦代就通过五尺道和南夷道由南粤地区引进。到了汉代，荔枝就成为贡品。唐以前，川南和川东地区都盛产荔枝，以宜宾和重庆为盛。藤麻纺织品也有一定的规模，晋代有"巴郡葛，当下美"③之称。《史记·货殖列传》也有"蜀、汉、江陵千树橘"的记载。西汉时，在三峡地区的朐忍、鱼复地曾设橘官，管理当地柑橘生产和经营。东汉时，在江州、南安也设立柑橘官。当时柑橘主要分布在川东、川西、川南。晋代柑橘种植也甚广，左思《蜀都赋》称"户有橘柚之国"。最突出的是晋代黄柑（广柑）生产，晋人张载诗有"三巴黄甘"之称。④郭义恭《广志》载："甘有二十核，有成都可蒂甘。大如升，色苍黄。犍为、南安县出黄甘。"以此来看，晋代今川东、川北、川西、川南柑橘种植十分普遍，且多有输出，名声较大。另外，三峡地区也是重要的药材和漆产地。《史记·货殖列传》载"地饶卮、姜、丹沙"，涪州是丹砂的重要产地，峡州的干漆也颇负盛名。

具体讲，秦汉两晋时期巴蜀地区的山货主要竹木类有桐木、桃枝、灵寿木、漆木、邛竹、羌竹筒，食物类有蒟酱、蹲鸱、茶等，野生动物类有灵龟、巨犀、山鸡、白雉、虎、猿、貘、犀、熊、罴等，瓜果类有荔枝、柑橘、芳

---

① 《华阳国志》卷一《巴志》。
② 《华阳国志》卷三《蜀志》。
③ 《华阳国志》卷八《大同志》。
④ 《蜀中广记》卷六一《方物记》。三巴即巴东、巴西、巴郡。

蒻、香茗、给客橙、葵等，药材类有巴戟、丹砂、天椒等。这些山货大多在巴蜀地区内部民族间、地区间交流，也有部分行销全国其他地区。

这个时期巴蜀地区同中原的贸易往来主要是通过秦岭中的几条谷道，由金牛道、米仓道入汉中，再经褒斜道、子午道等入关中。此外，长江上游水系也是与中原交通转输的重要的交通线路，并形成了成都和江州两大水运枢纽。岷江、长江沿岸商业发达，商船成队，商贾采用千丈长的大船，贩运各地的山货产品，将蜀布、麻、漆茶叶、皮革、朱砂药材等远销外地，换取吴盐等外地商品。另外，嘉陵江、沱江也是重要的交通要道。另一方向则是与西南边区即川西、云南、贵州少数民族地区之间的贸易，以山材、竹木、蔬菜、瓜果、布帛等山货及盐铁等其他生活用品换取少数民族的筰马、旄牛及其他土特产品。具体有两条大路：由僰道（五尺道）往南入云南，或贵州，沿牂牁江至南越，上文提到的"蒟酱流味于番禺"就是沿着这条道路。另外一条则是经旄牛道，即由今天雅安的荥经过汉源，再到邛都（西昌）一线，由此转入云南，再经西南到永昌（云南保山）到达缅甸、印度，上文提到张骞在大夏所见的邛竹杖和蜀布则是由这条道路贩运的。巴蜀与西北少数民族也有山货贸易往来，吐谷浑"其地与益州邻，常通商贾"，"牦牛蜀马及西南之珍，无岁不至"，而蜀民也"民慕其利，多往从之"，巴蜀与西北的山货物流经由早已开辟的西山道和景谷道。

二、唐宋时期山货运输

唐宋时期，巴蜀地区没有受到大规模战争的破坏，在社会相对安定的局面下，经济总体发展十分迅速，但是由于地区间自然条件和社会条件的差异，经济发展水平存在不均衡性。但是在经济发展的整体带动下，山货开发经历了第二个高潮时期，山货资源的开发为这一时期山货物流贸易奠定了基础。唐宋时期的一部分山货是作为贡品由地方流向中央，地区间的山货物流也是重要的组成部分。民间山货贸易主要是各个地区间山货物流贸易，形成了地区山货转输集散地。山货贸易的发展不仅是山货开发力度加强的结果，也与唐宋时期蜀道的开拓和峡江水运的发展互为因果，密切相关。

成都平原和四川盆地中部丘陵地区是巴蜀地区水热条件较好的地区，也是山货经济发展较快的地区之一，盛产药材、蜀布、苎麻、荔枝等山货。四川盆地北缘的大巴山、米仓山和四川盆地东部的平行岭谷地区，总体经济水平较低，但是由于地处山区岭谷，山货资源也较为丰富，盛产麻、漆、蜡。由于经济发展落后，加之"山川重阻，道路跻危"，"山谷贫人，随土交易"，物流辐射范围有限。长江川江沿线地区南部山地虽然水热条件较为便利，但是大多为少数民族聚居之地，经济发展在巴蜀地区来说很落后，曾为"地无桑麻"之地。

总的来看，巴蜀地区的山货药材、柑橘等大多通过峡江出川。川西高山、高原等畜牧业区山货主要有麻布、羚角、牦尾等牲畜或其皮毛，以及麝香、羌活、当归等。

（一）药材

巴蜀地区在唐宋时期是盛产药材的地方。在唐代，全国200多种地道药材，川产地道药材就占40多种。据《新唐书·地理志》统计，全国土贡药材有110种，当时四川上贡的药材就有43种，其中植物类药材有32种、动物类药材有5种、矿物类药材有6种。[1]巴蜀地区药材的主要产地分布在丘陵和高原地带。据严奇岩研究，唐代巴蜀地区的药材分布呈现地域性的特点，形成以成都、重庆为中心的成都平原、川东丘陵地区，剑阁、雅安、綦江、万州、达州等盆地边远山区，甘孜、阿坝、凉山等西部高山、高原区三个大区。巴蜀地区的药材不仅种类多，还有许多特产药材作为特产上贡中央。据《新唐书》《元和郡县图志》统计，唐代四川贡品药材如巴戟天、当归、升麻、牡丹皮、石菖蒲、买子木、买子实、羌活、乌头、侧子、木兰皮、枫香、车前子、落雁木、天雄、朴硝、蒟酱、生马牙硝、重台、曾青等20种，全国仅四川专贡。[2]而动物类山货有黄蜡、蜜蜡、石蜜、牦牛尾、狐尾、吐绶鸡、山鸡、熊、罴、鹿皮、象牙、犀角、麝香、羚羊角、鹿茸等。总的来说，巴蜀地区的药材分布呈现地域性的特点，其中，成都平原、川东丘陵地区，以黄柏、巴戟天、木药子、黄连、苦药子、红蓝花、天门冬、牡丹皮、橘皮、木兰皮、蒟酱、天门冬煎等药材为著名；盆地边缘山区，以丹砂、枫香、蜂蜜、石菖蒲、天门冬、葛根等药材为最；西部高山、高原区，以麝香、川菖蒲、当归、续断、羌活、大黄、天雄、乌头、升麻、羚羊角等野生药材为主。[3]

药材除了进贡中央外，很大一部分进入民间流通领域中。这一时期药材

---

[1] 严奇岩：《从唐代贡品药材看四川地道药材》，《中华医史杂志》2003年第2期。
[2] 严奇岩：《从唐代贡品药材看四川地道药材》，《中华医史杂志》2003年第2期。
[3] 严奇岩：《从唐代贡品药材看四川地道药材》，《中华医史杂志》2003年第2期。

的开发促进了药材贸易发展,唐代在梓州、成都、夔州等地都出现了药市。据《蜀中广记》载:"唐末,天下货药者皆于九月初集梓州,王杞龙冲地货其所赍药,八日夜始散,俗因谓之药市。"① 在成都城南的玉局观,每年的九月九日,"尽一川所出药草",进行交易。夔州虽然经济落后,但凭其便利的峡江水运,"每春州县聚游人货药,谓之药市"②。宋代,川芎、大黄、枸杞、巴豆、羌活、黄柏、天门冬、当归、黄连、红花、半夏、贝母、麝香、羚羊角、黄耆、天麻、何首乌、附子等都是当时名贵的中药材。在药材的生产过程中,还出现了专门的采药、种药的农户。杨天惠《彰明附子记》中载彰明:"赤水、廉水、会昌、昌明宜附子,总四乡之地为田五百二十顷……附子之田止居其二焉,合四乡之产得附子一十六万斤……人饵附子者少,惟陕辅闽浙宜之。"③ 可见附子生产已形成规模,农户们积累了丰富的生产经验,还吸引了陕西、福建、两浙的商贾前来采购。

（二）桑麻、蜀布等

除了药材外,巴蜀地区也是重要的桑麻出产地。除了长江沿线的部分少数民族地区"地无桑麻"外,桑麻广泛种植于四川盆地。④ 其中尤以成都平原为著,出产的"蜀麻"被唐王朝封为"邦国宝货"。苎麻主要分布于剑南道境内,此外,巴、开、夔、黔也出产苎麻,其中,以开州土贡的"白苎布"、汉州的"弥牟布"、夔州的"苎锡布"最为著名。唐代贡麻和布的地区还有普州、泸州、荣州、巴州、涪州、渝州等。到了宋代,又增加了昌州、戎州、阆州、黔州、永康军、广安军、云安军、富顺监等地,所产麻布比唐代多,仅官府每年收买就多达70万匹。这些布匹,主要由川江水运出川。在这个时期川峡地区所产的白苎布、葛布、弥牟布等也都作为贡品供应京师。

（三）荔枝、柑橘

唐宋巴蜀地区水果以荔枝、柑橘的生产为盛。晋时江州即产荔枝,唐宋时期是荔枝种植史上的鼎盛时期。成都、戎州、泸州和三峡地区均产荔枝,《元和郡县图志》载戎州"僰道县出荔枝,一树可收百五十斗"⑤,《新唐书》载

---

① 《蜀中广记》卷五八《风俗记》。
② 李焘:《续资治通鉴长编》卷七三。
③ 陶宗仪:《说郛》卷一〇六下《彰明附子记》。
④ 李敬洵:《唐代四川经济》,四川省社会科学院出版社1988年版,第128页。
⑤ 《元和郡县图志》卷三二《剑南道》。

僰道贡荔枝煎，①白居易称"荔枝生巴峡间"。杨贵妃嗜食荔枝，诏驿自涪陵经通州（达州）入子午谷，远至长安。②唐代柑橘的种植比较前代更为普遍。据《新唐书》载，川东的夔州、开州，川西的兴元府、文州、巴州、梓州、悉州、绵州，川中的简州、资州、合州、普安州、荣州，川南的眉州都有柑橘分布，其中绵州还设有橘官，可见柑橘的生产已达到一定规模，三峡地区还出现"朱橘不论钱"的景况。

除了地方政府进贡荔枝、药材、蜀布等，少数民族地区还进贡羚角、牦牛尾、象牙、犀角等方物。《新唐书》载，剑南道贡羚角、牦牛尾，巂州贡麝香，雅州贡石菖蒲，黎州土贡升麻、麝香，维州土贡牦牛尾，茂州贡麝香、狐尾、羌活、当归，黔州贡犀角，龙州土贡羚羊角。③《元和郡县图志》载，松州贡狐尾、犀角，维州贡麝香、牦牛尾，当州土贡羚羊角、牦牛尾，悉州土贡牦牛尾、麝香，龙州开元贡羚羊角。④《太平寰宇记》载，南州、溱州土产象牙、犀角，并入贡。⑤据《宋史》《宋朝事实》载，邛部州蛮贡犀角、象牙。⑥

唐宋时期山货的物流流向主要有三个：一个是向关中、汴京的进贡贸易；一个是与东南、西北地区的贸易；一个是巴蜀地区内部的山货流向。这一时期是蜀道贸易的兴盛期，唐代和北宋年间的山货上贡京师之路取道于秦蜀间的栈道。唐代，自成都到京师长安有金牛驿路可直达，为巴蜀地区与中原交通的主道。上述荔枝的转运就是由涪州（今涪陵）沿荔枝道经乐温、通州（达州）过大巴山至西乡县，再经由子午道运到长安。除金牛道、荔枝道外，嘉陵道、米仓道也是重要的山货外运通道，也是巴蜀与西北地区山货转输的通道。巴蜀地区与西南地区各民族也保持着山货贸易关系，汉族用绀绢茶布换取蕃部的红椒盐马。同时，巴蜀地区还通过云南与印、缅、安南进行国际山货贸易。山货在陆运运输中形成了地方性的山货集散地，例如梓州、成都等形成规模较大的药市等。宋代，农村的草市镇发展迅速，泸州从元丰初年的4个市镇发展到嘉定末

---

① 《新唐书》卷四二《地理志》。
② 蓝勇：《贵妃食荔自何来》，《史学月刊》1988年第3期；《陕西通志》，明嘉靖二十一年本。
③ 《新唐书》卷四二《地理志》。
④ 《元和郡县图志》卷三三《剑南道二》、卷三四《剑南道三》。
⑤ 《太平寰宇记》卷一二二《思州》。
⑥ 《宋史》卷四九六，"邛部州蛮，端拱二年贡犀角二、象牙二"条；《宋朝事实》卷一二《仪注》，"邛部州蛮，景德二年贡象牙"条。

年的65个草市镇。①当地出产荔枝、柑橘、盐,再加上相对便利的运输条件,故而宋代川南草市镇得以迅速发展。

除了陆路运输,水运也是唐宋时期山货运输的重要途径。岷江、嘉陵江、涪江、渠江、乌江构成长江上游水系交通网络。川西地区的成都,川东地区的渝州和峡江沿岸的夔州是当时最大的山货贸易市场,并汇集了蜀商和南北各地商贾。唐诗中"蜀麻吴盐自古通,万斛之舟行如风"就是当时对山货外运景象的真实写照。唐代成都城形成了季节性的市场,如"成都九日药市,芎与大黄如积,香溢于廛"②,另还有花市、蚕市等。长江与嘉陵江汇合处的渝州是川东水陆要冲,重要的山货集散地。夔州是峡江沿岸最大的城镇,有"蜀之东门""全蜀之口"之称,城下"舟帆远自吴越来",有"瞿塘饶贾客"之称,北宋熙宁十年(1077),夔州城商税21292贯,比金牛道的剑州多。除了成都、渝州和夔州之外,宋代的梓州(三台)、遂州(遂宁)、嘉州(乐山)、叙州(宜宾)、果州(南充)、泸州、利州(广元)、合州(合川)也是当时著名的贸易都市。这些地区都是依靠嘉陵江、涪江、渠江及川江其他江河的沿岸,也形成了规模大小不等的山货市场。嘉陵江是连接关中、陇右、四川盆地、东川的重要交通路线,溯江而上可达陇右,在利州转陆路又可到关中,顺嘉陵江而下入峡又可到达荆楚。四川盆地北部的药材、柑橘、桑麻等山货都是由嘉陵江北上或南下入峡。涪江重镇梓州是当时全川药材交易中心,能"尽一川所出药草",其中以涪江上游龙州、绵州的山区所产的附子、麦冬为主,依靠涪江便利的水运条件,药材贸易产销不衰。永宁河上泸南夷人每年冬至后"自江门寨浮筏而下……诸蛮从而至者几二千人,皆以筏载白椹、茶、麻、酒、米、鹿、豹皮、杂毡兰之属,博易于市"③。

三、元明清时期山货运输

元明清时期巴蜀地区为山地开发的高峰时期,特别是清代中后期人口剧增,人地矛盾的巨大压力迫使居民向山区移民,山区开发力度大大加强。清代,山区资源成为资源开发的重要内容。这一时期,山货开发主要是药材、茶

---

① 宗文:《宋代草市镇研究》,福建人民出版社1989年版,第230页。
② 《蜀中广记》卷六四《方物记》。
③ 《建炎以来系年要录》卷六四。

叶、烟叶和手工业原材料等，山货贸易主要以进献中央和民间贸易为主。清代巴蜀地区的山货远销至上海、福建、广东等省外其他地区，甚至远销海外。1877和1891年，宜昌和重庆分别开埠后，巴蜀地区山货出口在种类和数量上迅速增长，成为巴蜀地区最主要的经济增长点和经济支柱，长江水路也一跃成为这一时期山货运输的重要通路。

明代，巴蜀地区的药材类山货也开发了一些新的品种，例如虫草、黄连蛇等。据《四川志》载，四川土贡有川椒7800斤，乌梅5000斤，姜黄500斤，栀子2000斤，杏仁2000斤，胡黄连5斤，川乌20斤，附子40斤，川芎3720斤，黄连2500斤，杜仲100斤，厚朴3000斤，巴豆5斤，草果400斤，当归500斤，羌活1200斤，大黄1200斤，升麻300斤，八角茴香10斤，独活700斤，天雄4对，郁金80斤，黄柏皮800斤，干山药50斤，巴戟50斤，常山80斤，续随子50斤，白芨300斤，牡丹皮50斤，蒿本65斤，蜜6000斤，木耳1500斤，菜笋2000斤，麝香15斤，鹿茸8两，麂皮45244张。①由于自然地理条件、社会发展程度及生产结构的不同，药材资源在各个地区的开发也有差异。

据《明一统志》载，成都府土产花椒、川芎、附子；潼川府土产盐、柑橘、天门冬、曾青、空青等；顺庆府土产天门冬、黄柑；保宁府土产橙、麝香、巴戟；嘉定州土产麝香、茶、邛竹、盐、荔枝等。此外，多黄连、半夏、车前子、常山、龙胆、五加皮、厚朴、菖蒲、葛、苎、黄蜡等。②叙州府土产仙茅、荔枝、苦笋、邛竹；泸州土产荔枝、楠木；重庆府土产荔枝、灵寿木、苦药子、盐；龙安府土产羚羊角、厚朴、葛粉、附子、天雄；眉州土产盐、史君子、巴豆；雅州土产石菖蒲；天全司土产麝、鹿、蜡；黎州安抚司土产牛黄、麝香、升麻、邛竹杖、花椒；平茶洞长官司土产黄蜡、土降香、花斑布；马湖府土产黄精、官桂、黄连、艾油、五倍、栋子、牵牛、车前子、钩藤、罂粟、茱萸、何首乌、木通、石菖蒲、黄蜡③；夔州府土产花椒、鹿皮、麂皮、黄连、茱萸、芍药、大黄、香附、五倍子、麝香、厚朴、枫香、麦门冬等。④

明代巴蜀地区的土贡很多，除了药材类和食物类，供京师采办的山货还有工业原料类。桐子在巴蜀地区的种植有着悠久的历史。元代，下川东一带就种

---

① 正德《四川志》卷八。
② 嘉靖《洪雅县志》卷三《食货志·物产》。
③ 嘉靖《马湖府志》卷四《食货·贡》。
④ 正德《夔州府志》卷三《土产·货类》。

植桐子。据《四川志》载，四川贡桐油10000斤，生漆35236斤，黄蜡9500斤，白蜡800斤等。① 明代，桐油行销国内。由于"头重脚轻"，桐油不利于运输，因此桐油的生产主要集中于交通便利的沿江地区，由水运销往各地。据《夔州府志》载，夔州府出产葛布（云阳、梁山、建始三县出）、漆（云、开、建始三县出）、棕毛、桐油（达县、建始二县出）、黄蜡、白蜡、花椒、鹿皮、麂皮等，② 马湖府沐川县出黄蜡等。③

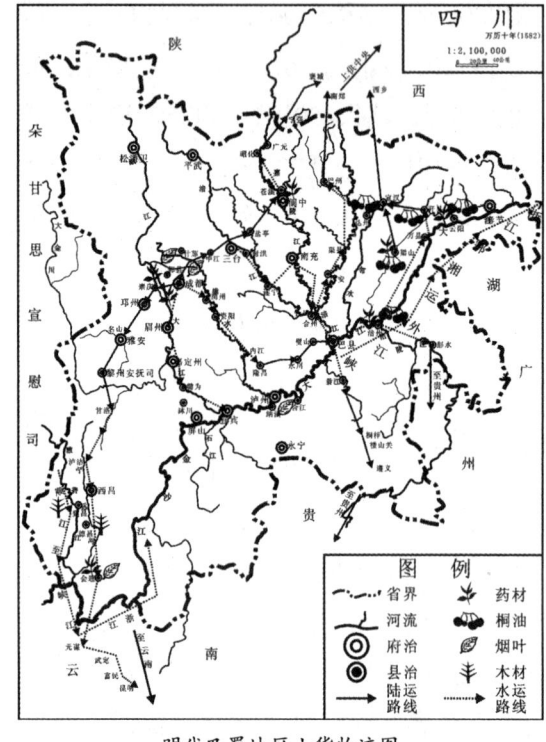

明代巴蜀地区山货物流图

明代除了皇木采办外，还有一部分木材进入民间商品流通中。明代建昌所产的杉板，时称"建板"，为川中三大特产之一，虽然价格昂贵，却大量投入民间商品市场。巴蜀地区木材运输主要依靠水运。当时许多商人在安宁河、雅砻江一线大肆砍伐杉木，采取扎筏、流放、船运等方式，大规模流放到江、浙一带，获取暴利。德昌一带的商人砍伐杉木到江南，据称一板十金，到了江南则可卖到百金。④

烟草在明末天启年间传入巴蜀地区，有避瘴之功效。自烟草随"平奢之役"传入西南地区之后，立刻开始盛行。史载"征滇之役，师旅深入瘴地，无不染病，独一营安然无恙，问其所以，则众皆吸烟，由是遍传。今则西南一方，无分老幼，朝夕不能间矣"⑤。巴蜀地区的烟草较早形成的集中产区是成都平原和长江沿线一带。由于巴蜀地区本身就是一个烟草的消费大区，吸烟的风气十分流行，因此

---

① 正德《四川志》卷八。
② 正德《夔州府志》卷三《土产·货类》。
③ 嘉靖《马湖府志》卷四《食货》。
④ 蓝勇：《长江上游森林砍伐与保护的历史思考》，《光明日报》1999年7月30日。
⑤ （明）张介宾：《景岳全书》卷四八《烟》。

明末烟草的物流主要是本区域内部。

清前期，巴蜀地区的山货资源开发进入一个新的阶段。这一时期，山货开发的数量、种类大大增加，出现了新的品种，例如虫草、黄连蛇、羌活鱼、山大豆、大母药、鹿茸、豹骨、虎骨、熊骨、灵蛇胆等；市场也大大拓展，一部分山货产品已经出口，例如白蜡、黄蜡、虎骨、豹骨、磨香、黑木耳等六种山货在清乾隆时期已出口，五倍子在嘉庆时期开始出口。清嘉庆以前，山货的开发仍以进贡朝廷为主，种类也主要是生活消费品类。因此，清前期的山货物流仍以进京为方向，这一时期的山货也主要是药材、食品。

清后期，尤其是重庆开埠后，国内外市场需求激增，山货的开发进入高峰时期。这一时期山货的生产和物流贸易出现新的特点，即随着山货的多种经营转变为商品化经营，由多产、多种转变为地区性的单一生产，并形成山货的生产基地和转输基地。从清末各府县的地方志记载来看，山货开发的品种和数量较前代增多，山货产品由生活消费品居多转向以工业原料类为主，其中，药材、桐油、生漆、白蜡最多，主要运销外省和国外市场。

药材主要产于丘陵和高原地带，清末在这些地区的周围形成了众多的药材场镇。秀山"厚朴、黄柏岁货数百金，八面山产杜仲至万斤"，以致"至于居货成市，竞来商贾千里奔走，为一都会，其物通行流衍达乎江汉河淮海之乡"[①]。大宁药材以党参、黄连、杜仲、牛膝、当归、车前、厚朴、升麻为大宗。大宁东北与陕西连界处，所产花椒甚多，"运行甚远"[②]。

清末，巴蜀地区逐渐形成地区性药材生产地和集散地，其中以崇庆的郁金、姜黄、白芷，松潘的贝母，川西的麝香、鹿角、药材，江油的附子，三台的麦冬，灌县、崇庆的川芎，石柱的黄连，遂宁的白芷，中江的白芍，合川的使君子、补骨脂，汉源的川牛膝，茂县的当归，峨眉的黄连等最为出名。

清代巴蜀地区的桐油产地多集中于长江、岷江、沱江、嘉陵江、乌江的沿江地区。川东一带的桐油生产最旺，往往商行大号收购，顺峡江而下，销往汉湘。万县"多山，故民多种桐，取其子为油，盛行荆鄂"，"水陆商贩向以米棉桐油三者为大，装行于滇楚"[③]。秀山"擅油利旧矣，故秀油最名，载

---

① 光绪《秀山县志》卷一二《货殖志》。
② 光绪《大宁县志》卷一《地理》。
③ 同治《万县志》卷三《地理志·物产》。

销湘汉淮济之间"①，最初由秦吴荆豫大商收购为多，后由湖北、江西二帮商人为多。大宁四面山乡产桐油，"场灶每年需用数十万斤"，"行销下河一带"②。丰都的桐油行销云南、湖北地区，部分也出口海外。奉节、巫山、云阳、开县等地的桐油运销成都市场。

此外，川北和川江上游地区也是重要的桐油的出产地。万源桐油"成大庄"，"输出秦楚余区运到绥万通巴，多由邻商贩运，本地商亦有自贩者"③。宣汉产桐油，"全县皆有之，水运合渝，陆销开万，亦大宗也"④。井研、荣县、渠县、高县、庆符、兴文、屏山、达州等地，"农人多种植"，"为江海大利矣"⑤。道光年间綦江桐子"挑负盈路，收着积之如山，油房声相应"。东可运南川，南可运遵义。⑥除了盛产桐油，桕油也是地区性大宗山货，井研县"乌桕油（乌桕油即桕油）岁行资阳、青神境，约十数万斤"⑦。合江产桕油，销往江津、重庆。在桐油的生产地及其周边地区还形成了桐油的集散地，川江下游的南川、涪陵、酉阳、秀山、黔江、彭水等倚乌江运输集中于涪陵，云阳倚长江汇于万县，后转运重庆。川北地区的万源、宣汉、渠县、江油、遂宁、阆中、盐亭、蓬溪等倚渠江、嘉陵江、涪江汇于合川，再转运重庆。川江上游的井研、荣县、乐山、屏山、高县、筠连、珙县、兴文等地倚沱江、荣溪、南广水、清溪等汇于泸州，再转运重庆。

从明代到清代，烟草在中国的种植经历了由禁止到放任的转变。到乾嘉时期，烟草种植开始完全放任，巴蜀地区的烟草种植在西南地区中传种的速度最快，地区也最广，⑧成为全国重要的烟草产区。乾隆初年，已形成以成都平原和盆南川江沿岸两大种植区，郫县烟草"最多，上通蛮部，下通楚豫，氓

---

① 光绪《秀山县志》卷一二《食货志》。
② 光绪《大宁县志》卷一《地理志·物产》。
③ 民国《万源县志》卷三《食货门·实业》。
④ 民国《宣汉县志》卷五《职业志·商业》。
⑤ 据嘉庆《四川通志》卷七四《食货》，光绪《井研县志》卷八《食货》，民国《荣县志》卷七《食货》，民国《渠县志》卷二《食货志》，同治《高县志》卷五一《物产志》，光绪《庆符县志》卷三五《物产志》，乾隆《屏山县志》，光绪《兴文县志》卷一《舆地志》。
⑥ 道光《綦江县志》卷一〇。
⑦ 光绪《井研县志》卷八《食货·土产》。
⑧ 郑昌淦：《明清农村商品经济》，中国人民大学出版社1989年版，第341～342、346页。同时期，四川有13州县种植烟草，云南5州县，贵州7州县。

以其利胜于谷也，遂择上则田地种之"①；嘉庆间彭遵泗《蜀中烟说》"烟产郫县特佳，业者最多"②；什邡县"多产烟叶，远近贩烟者，各乡秤户为之交易"③；乐至"农人岁田莳，获利颇厚"④；新津县在道光时"业烟者甚多，良田熟地，种之殆遍，六七月中，烟市堆积如山"⑤；纳溪县产烟草，"沿河以及山地种植甚多，业此者获亦饶"⑥；会理州以麻窝烟最佳；合江、三台、崇宁也是出产烟草的重要产地。巴蜀同时也是烟草的消费旺区，在瘴疠之地一般应是供不应求的，而周边地区的湖南"衡烟"，兰州地区"水烟"，陕西汉中府出产的烟草也是"连云充栋"，已经占据了当地市场，因此烟草主要用于自产自销，仅有余量外销，其中一部分顺江而下运往鄂西地区，还有一部分销售到藏南地区。⑦

清廷皇木采办大大刺激了民间私人伐木活动，木商"每住十数星霜，虽僻远万里"⑧。三峡地区的森林资源丰富，加之便捷的水运条件，木商获利颇多。《三省边防备览》载"山内木、笋、纸、耳、香蕈、铁、沙、金各厂皆流寓，客民所藉资生者而木厂为大"，木厂"工匠可就造作贩卖"，"各木客遇水源失者甚多，然于百株之中能留二三十株，即以获利，以林质大而价重，且多松柏、花栗美材，可作器具，不止房屋板片之用也"⑨。在川江上游，江西、湖广商人在金沙江流域的大山中砍伐杉木，扎筏顺江流放，牟取暴利，雷波便成为因伐木而日渐兴盛的商业场镇。清代重庆江北厅专门设置有渝关，主要功能之一就有征收木植税。

白蜡、黄蜡在清乾隆时期已经出口；光绪年间，白蜡的需求量很大，销路甚广，因此光绪年间是白蜡贸易的旺盛时期，多者每年产量达百万担。⑩其

---

① 宋军令：《明清时期美洲农作物在中国的传种及其影响研究》，河南大学出版社2007年版，第58页。
② 嘉庆《四川通志》卷七五《食货》。
③ 民国《合川县志》卷三八，记纪大奎在什邡任内事。
④ 道光《乐至县志》卷三《地理志·物产》。
⑤ 道光《新津县志》卷二九《物产·货》。
⑥ 嘉庆《纳谿县志》卷三《疆域志·物产》。
⑦ 陶卫宁：《明末清前期我国烟草的主要产地及运销》，《中国历史地理论丛》1996年第4期。
⑧ 《广志绎》卷五《西南诸省》。
⑨ 严如熤：《三省边防备览》卷九《山货》。
⑩ 张肖梅：《四川经济参考资料》，中国国民经济研究所1939年版，第25~26页。

中，嘉定、叙州府、峨眉的白蜡为著。井研县物产以"盐、丝、蜡为大宗，岁计数十万。"①咸丰时期以白猪鬃、黑猪鬃为主，出口日、美、英等国，其中，白猪鬃约千担，黑鬃年出货百余箱。光绪年间，出口的工业原料类主要有白鹤毛、杂皮、杂骨、兔皮、人发、鸭毛、牛角、牛油、棕丝、棕绳、羊毛、黄牛皮、羊皮、竹参、胶渣等。②清末出口的山货大多经由水路销往汉口、上海，再转售外商洋行，或直接由外帮洋行收购。

咸丰年间，白木耳的生产还没有受到重视，由汉口帮高价采买后才广泛种植。到光绪时，以川黔两省的白木耳出口量最多，每年共产四五千斤。③大巴山区的木耳生产为盛。綦江产枳壳，将枳壳收购后航运至重庆的商行，再转运出省，即"小贩收买，商人捆包，船载渝行，或径至楚"④。柑橘也是重要的商品之一。江津的红柑"秋末冬初时，夔关内外客商到境贩运，本地亦有装运至汉口、沙市、宜昌发卖者，颇获利焉"⑤。柑橘多是由水路贩运到长江沿岸城市销售。

从以上山货贸易和贩运来看，开埠前山货的输出市场主要以国内为主，或上贡中央或行销民间。开埠后以出口海外所占比重较大，但区域间转运也有很大的发展。据重庆海关的资料显示，1891~1895年平均出口112万海关两，1911年的出口贸易总值为1550万两，其中以药材、麝香、大黄、白蜡等贸易很旺。⑥这一时期，由长江水系贩运出省的商品主要有生漆、青麻、水牛皮、箱皮、牛胶、生丝、大黄、白蜡、黄蜡、虎骨、豹骨、麝香、五倍子、桐油、猪鬃、木耳、药材

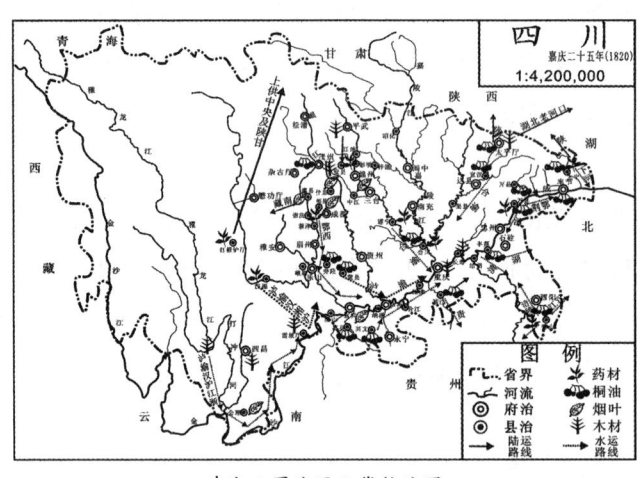

清代巴蜀地区山货物流图

---

① 光绪《井研志》卷八《食货·土产》。
② 张肖梅：《四川经济参考资料》，中国国民经济研究所1939年版，第26页。
③ 张肖梅：《四川经济参考资料》，中国国民经济研究所1939年版，第28页。
④ 道光《綦江县志》卷一〇。
⑤ 光绪《江津县志》卷八。
⑥ 严奇岩：《近代四川山货开发研究》，西南师范大学出版社2004年版，第19~20页。

等，由商贩在山货出产区收购，运往沿江城镇，再集中成都、宜宾、重庆等山货集散地运销出省。明清时期，长江航运的开拓，大大促进了巴蜀地区山货的对外贸易，长江水道成为对外经济交流的主动脉。由于四川与外界主要依靠川江的东西航运，重庆和万县成为山货转输的集散地。

除了川陕间陆路、嘉陵江水路和川鄂间的峡路以外，还有川滇间的南方丝绸之路以及川藏间驿路也是重要的山货贩运通道。川滇间的建昌道、石门道是当时商贸活动较为活跃的通道，四川的布匹、附子、麦冬、川芎等远销云南，再转运到缅甸、印度。川藏贸易主要是茶马贸易、朝贡贸易和民间贸易，而四川山货入藏主要是通过民间贸易这一方式。清朝前期，川藏贸易市场以打箭炉为贸易中心和运销枢纽，向川、藏山货产销区延伸，输入西藏的主要货物有茶叶、布匹等。[1]

四、民国时期山货运输

20世纪30年代中期以前的民国初期，是历史上山货开发和贸易发展的鼎盛时期。特别是在1891年重庆开埠后，山货市场的重点由国内市场转向国外市场，山货经历了输出的高潮，其中以工业原料类山货出口最旺，最为显著。到了30年代后期，中国处于战时状态，山货的出口量和出口种类大大减少，山货贸易日益衰落。

民国时期巴蜀地区桐油产地集中于沿江地区，即长江流域的万县、重庆、泸县、涪陵等地，嘉陵江流域的合川、西充等地，乌江流域的綦江、南川等地，渠江流域的宣汉、万源等地。如宣汉全县皆产桐油，"以上东区为最，水运合渝，陆销开万，亦大宗也"[2]。绵阳产桐油，一般是销往遂宁、成都。[3] "顺庆、三汇、渠县、绥定、广安所出甚多"，皆运油至合川一带销售。[4] 从以上各地区桐油的产销可以看出，沿江地区的桐油先就近输入商务较繁荣的地区集中，再运到万县、重庆，距两地较近或有河道可供运输的地区则直接倚水运至万县、重庆两地。万县是这一时期最大的桐油生产基地和集散市场，依靠其便利的水陆运输条件，川南、川北以及湖北、贵州、陕西等地的桐

---

[1] 张莉红：《在闭塞中崛起》，电子科技大学出版社1999年版，第117页。
[2] 民国《宣汉县志》卷四《物产·货之属》。
[3] 民国《绵阳县志》卷三《食货志·物产》。
[4] 民国《合川县志》卷一〇《掌录·商业》。

油也大多运往万县销售。1930年四川的桐油出口约占全国的近一半,而万县的桐油出口则占川省出口量的二分之一。在桐油的转输贸易中,前期形成了万县和重庆两大出口市场。除了万州、重庆、合州外,涪陵、宜宾等也是主要的桐油集散地。桐油先集中于内地市场,再分别运往渝、万转运汉口、上海出口。民国初期,川省桐油的出口量占全国的三分之一,其中1917年桐油出口量为41920担,到了1936年,猛增至698558担。[1]桐油以运销美国为最多,每年约增1000余万磅,约增150余万金元。[2]而到了30年代后期,由于抗战爆发,直接影响了国内商品的出口贸易,四川桐油输出量约为战前的四分之一。由于武汉沦陷导致长江航运受阻,万县的桐油贸易大大下降,重庆成为桐油的最大集散地。桐油商行大多由泸县经叙永、毕节、威宁、宣威,由西南公路到昆明,或由重庆经宜宾至昆明。到达昆明后再运销国外。[3]

巴蜀地区的生漆生产以川南边缘山地为主要产区。民国初年至20世纪20年代销售极盛,每年输入日本达万余桶。[4]还有部分经汉口分销各地,或转销英美等国。战时,由于洋漆进口困难,而国内其他产漆地大多沦陷,川漆的产量较战前增加,每年约产15000担,大部分销往省内各地,一部分运销湘赣,仅有少数由昆明出口。[5]四川的白蜡产区有17处,其中以峨眉、夹江、乐山、洪雅、犍为、青神、丹棱为主,年产80000担,运销陕、甘、粤、苏、赣、湘、鄂等省。战前输出值约100万海关两,战时产量大减,年产仅7000余担,由重庆输出量仅千担。黄蜡全川产量约37000多斤,以广元、中坝、灌县产量最大,主要销往上海、广州等地。[6]

巴蜀地区的牛、羊皮毛年产量约25000担以上,其中,嘉陵江流域的顺庆、保宁等县,年产量约7000到10000担;长江沿岸的涪州、叙州、合江等地,沱江的资中,岷江的成都等,年产量在10000到15000担。明代四川就有水牛皮、箱

---

[1] 张肖梅、赵循伯:《四川省之桐油》,商务印书馆1937年版,第89~91页。
[2] 邓少琴:《近代川江航运简史》,重庆地方史资料组1982年4月,第109~110页。
[3] 张丽蓉:《民国桐油贸易格局与市场整合以四川为中心》,《中国历史地理论丛》2002年第2期。
[4] 张肖梅:《四川经济参考资料》,中国国民经济研究所1939年版。
[5] 四川省交通厅地方交通史志编纂委员会:《四川省内河航运史志资料·新中国成立前的四川航运》第一辑,1984年版,第91~92页。
[6] 四川省交通厅地方交通史志编纂委员会:《四川省内河航运史志资料·新中国成立前的四川航运》第一辑,1984年版,第91页。

皮、牛胶出口，水牛皮的极盛时代在清乾隆朝，光绪时外商在沪、汉收买。箱皮、牛胶在光绪二十年（1894）以后为极盛时期。牛、羊皮毛先由产地收购，再集中于川西的灌县、成都，川东地区集中于涪陵、万源。抗战前牛羊皮多由各集散地集中到重庆、万县，再运往上海出口日本及英美各国。战时，则集中于重庆一地，再转运出去。绵羊毛全川年产约46000市担，战前曾出口于海外，其中，1928年输出约15880担，1931年输出28287担，年均输出22000担。到了抗日战争时仅供省内消费。①

其他的工业原料类山货，如白鹤毛、兔皮、麂皮、鸭毛、牛油、牛角、胶渣、棕丝、棕绳等，在战前均有出口。白鹤毛在光绪至民国初年销路兴旺，年输出七八百两。麂皮在民国初年为外商洋行大量收买，出口数量约200余担。鸭毛贸易，颇称发达，出口约千余担。牛油主要为日商收购，输出量达三四千支（每支重200余斤）；民国初年，日本商行曾在江津开设棕厂，制造棕丝、棕绳，俗称"洋庄箩绳"②。到了抗战时，除了生漆、桐油出口量稍大以外，其余的工业类山货大多衰落。

药材也是民国时期重要的出口山货。川西主要产川芎、泽泻、羌活、赤芍、木香、甘松、五加皮、当归、大黄、贝母、虫草、黄芩、牛膝、知母、茯苓、梧子、防风、天麻、常山、麻黄、黄精、柴胡、鹿茸、麝香、熊胆、虎骨等，以灌县为集中市场；川南产黄姜、白姜、郁金、黄连、巴豆、蝉花、云丸、杜仲、粉葛、石斛、梧子等，多集中于叙府或嘉定；川北主要产附子、当归、羌活、党参、大黄等；川东产黄连、党参、谷茴、巴豆、陈皮、川楝子、半夏、苍术、富丸等。战前，各地药材先集中于灌县、叙府、嘉定等地区集散地，再集中于上川东地区的重庆，而下川东则多集中于万县，后出口省外。战前，四川每年药材输出多达10310000斤，以1931年至1933年出口平均数为例，在百万斤以上者有黄姜1645200斤，多运销上海、湖南、日本；川芎1526900斤，多运销广州、汉口、台湾、安南；当归1518000斤，多运销上海、浙江、广东、湖北；白芍1023900斤，运销广东、上海、湖南、浙江等。③梧子不仅在中

---

① 四川省交通厅地方交通史志编纂委员会：《四川省内河航运史志资料·新中国成立前的四川航运》第一辑，1984年版，第93~94页。
② 张肖梅：《四川经济参考资料》，中国国民经济研究所1939年版，第27页。
③ 四川省交通厅地方交通史志编纂委员会：《四川省内河航运史志资料·新中国成立前的四川航运》第一辑，1984年版，第86页。

医学上可用作收敛药,还可用于工业制革、染料等。民国时,德国人将川产梔子制成"快靛",染色效果甚佳。民国十七八年间(1928~1929),日本颜料工业发达,因此大量收购川产梔子。

民国时期,巴蜀地区是烟叶的主产区之一,以民国28年(1939)为例,全省产烟叶110多万担,以什邡、新都、郫县、绵竹"为大宗",年产在8万担以上。什邡、绵竹、新都、郫县各地烟叶多集中赵镇经沱江、长江运销,或运成都经岷江运销。绵阳烟类有白条、香花、叶、菸,销往梓潼、剑阁、安县、广元。除本省销外,川烟还远销陕、甘、宁、青、滇、黔、鄂各省,以陕、滇销路最大,黔、鄂次之。陕西、西康大多陆运,销往贵州则由纳溪入黔,销往云南则由纳溪至毕节转运,每年由重庆经长江出口运销外省约4万担。①

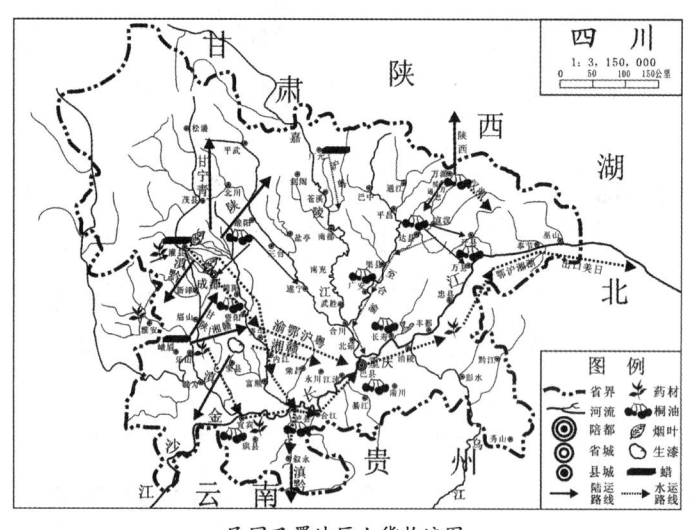

民国巴蜀地区山货物流图

战前,巴蜀地区的出口山货甚多,有药材、白蜡、黄蜡、麝香、生漆、五倍子、桐油、山丝、白鹤毛、鹿皮、杂皮、棕丝、棕绳、青麻、猪鬃、麂皮、兔皮、鸭毛、牛油、胶渣、茶叶、烟叶等。据重庆海关的调查报告显示,1911~1915年的出口总值为578万海关两,其中山货类占45.4%。到了战时,出口的山货品种和数量减少,山货贸易日益衰落;1938年出口山货仅为桐油、麂皮、梔子、生漆、青麻等14类,到了1939年主要是桐油、生漆和少量的梔子;以后,仅有桐油为出口的大宗山货。

山货贸易的衰落,不仅受战时经济政策和政局混乱的影响,同时,交通道路的阻塞也严重制约了山货的运输贸易。山货的运输一般分为旱运水运两种,

---

① 四川省交通厅地方交通史志编纂委员会:《四川省内河航运史志资料·新中国成立前的四川航运》第一辑,1984年,第88页。

先用人力由山货产地运至沿江市镇，或地区集散地，再由船运至重庆或万县，最后从陆路转运至内地的销售市场，或经水路运至上海、汉口等地出口。尽管民国时期国民政府修缮了驿路交通，但是蜀道之难，自古以来都是影响该地区政治、经济变化的重要因素，历代山货的物流运输的发展也印证了这一点。以交通条件和生活设施最好的近代来说，例如桐油的运输，陆路运输需要人力肩挑背扛，从达县到万县，每担运费5元，每挑80至100斤，需用5至6天到达。从万源到万县，需要8至9天到达，而运费每担7元。① 从1936年桐油的出口海外量为698558担，可以想象得出，桐油的运输费用和人力代价之高昂，也能想象得出历代山货外运的困难。四川及邻省地区纵横交错、发达的水系为山货运输提供了便利条件，但是航运又经常受到船只设备、江水枯落和江河暗滩险礁的影响。还以桐油的运输为例，由云阳至万县，用大船可载100至260篓，小船可载30至70篓，其中每篓200斤，运费3角8分，洪水期8日、枯水期5日可达。涪陵至万县，用大船载120桶，小船载30到50桶，每桶326斤，运费1元，洪水期两天半、枯水期4天可到。战后，桐油大部分改运重庆。而木船的运费一般是200里以内每篓1元，400至1000里每篓1元5角至2元。虽然时有轮船装运，但是运费高昂，而轮船本身大多没有油舱设备，油篓油桶体积太大且易渗漏，大多拒绝运输。到了后期，轮船增多，才改为轮运。② 交通条件与山货的运输、贸易发展关联密切，省内交通不便，山货运输耗费高昂，利润颇低，造成了山货运输贸易的衰落，而山货贸易的衰落又直接影响到山货的开发。

从历代山货的开发和贸易运输来看，山货开发经历了汉晋、唐宋、明清三段高潮时期，民国时期的山货开发高潮是明清时期的延续。到了民国后期，受各种因素的影响，山货开发和物流贸易逐渐衰落。

明清以前的山货开发与物流主要有两种形式，即以贡品形式供京师采办和区域间民间贸易，其中，以上贡中央占的比例较大。山货的开发主要以药材类、动物类为主，而动物类山货多为供应京师食用，这些山货主要是为了满足统治者的需要。到了明清时期，巴蜀地区的山货一方面仍供京师，另一方面，民间贸易开始占主要地位。动物类山货的开发也由食用性向皮毛、药材利用性

---

① 四川省交通厅地方交通史志编纂委员会：《四川省内河航运史志资料·新中国成立前的四川航运》第一辑，1984年，第85页。
② 四川省交通厅地方交通史志编纂委员会：《四川省内河航运史志资料·新中国成立前的四川航运》第一辑，1984年，第85页。

转变，还出现了山货出口海外的现象。清末，出口海外的山货在数量和种类上都大大增加。民国时期，山货开发和物流贸易达到顶峰，山货以出口为主，尤以工业原料类为大宗。同时，各大区域间的转运规模增大。

山货的物流转输与当时交通道路的开辟和交通条件密切相关。巴蜀地区地势封闭，对外交流主要依靠秦蜀栈道、南方丝绸之路、川藏通道和长江水道。其中，秦蜀栈道和川藏通道道路险远，在宋以前山货外运不发达，故多为政治军事所用。南方丝绸之路早在先秦时期就已开拓，成为重要的国际商贸通道，在历代山货物流贸易中扮演着重要的角色。长江水系早在先秦时期即被蜀地先民利用，对相对闭塞的巴蜀地区发展山货物流贸易发挥了不可替代的作用。明清以来，山货开发加快，在中国政治经济文化中心东移南迁背景下，长江水道成为山货物流最重要的交通线。山货贸易依赖于交通的通达，而山货贸易也促进了巴蜀交通路线的开拓和维护。

清后期，尤其是重庆开埠后，随着经济的发展，山货商品化经营逐渐突出。这一时期山货的生产和物流贸易出现新的特点，地区性山货的多产、多样转变为单一生产。同时，生产的专业化也带动了山货物流的集中化，大部分山货经过中间商的分散收购、集中转运，再进入地区间的流通领域。于是，在山货产地便形成了山货收购市场，在交通要道上形成了集散市场，在通商口岸形成了出口市场。近代，尤其是重庆开埠后，山货物流贸易的专业化和集中化程度加强，形成了众多山货专业性的交易和集散市场，重庆、成都、万县和一些交通要道、临江临河的山货生产地成为巴蜀地区山货物流贸易中专业化和集中化市场。

第七章 巴蜀交通与政治军事

巴蜀地区的特殊交通地位与四川盆地区特殊的四向封闭的环境关系密切，而巴蜀的交通制度、交通通道、交通运输又与近五千年来巴蜀地区的政治军事发展关系密切。

四川盆地虽然内部土壤肥沃，气候温暖湿润，物产丰富，但四川盆地四面高山耸立，北面的大巴山，东面巫巴山地，东南武陵山、七曜山、大娄山，南面乌蒙山，西南大小凉山，西部的横断山六江河谷，西北为高原，故汉晋时《蜀都赋》就有"缘以剑阁，阻以石门"之称，明代有"瞿塘邛崃锁其东南，岷山剑阁阻其西北"[①]，在传统时代生产力不发达的背景下，交通梗阻，进出为艰。虽然历史上巴蜀先民充分发挥自己聪明才智，利用栈道、索桥、舟楫、鸡公车等特别的交通设施来克服这种种阻隔，但相对而言，巴蜀地区的交通仍然较为闭塞。这种内部的富饶与对外封闭，使历史上的巴蜀的政治生态和军事地位都十分特殊。

第一节 交通闭塞形成的特殊政治军事地位

巴蜀地区在历史上四向闭塞，交通不便，历代中央王朝往往有鞭长未及之感。但是，巴蜀地区四向闭塞内的物质条件在传统社会里又是相当丰富，这种物质富足而天子莫奈我何的感觉很容易滋生独据一方为王的情结。所以，巴蜀历史上的割据政权众多，如东汉公孙述，东汉末刘璋、刘备，晋代李氏父子，南北朝时的谯纵、王谦，唐末王建、孟知祥，明初明玉珍，明末张献忠等，乃至近代保路运动后的蜀军政府、大汉政权等，虽然不是割据一方的独立政权，也是显现了传统时代这种率先与中央对抗的区域特色。

不过，好的气候条件、物质背景却是一把双刃剑。好的物质条件一方面成就了一大批独立政权能够衣食不愁，有独立的经济基础，但是另一方面又消磨了独立者进取的意志。同样，利用割据的环境也是一把双刃剑。四塞的地理环

---

① 嘉靖《四川总志》卷一。

境带来的交通不便，一方面成就了独立成王的空间，一方面也阻止和制约了向外进取的雄心，影响了向外军事进取的辎重粮草保障。所以从历史上来看，虽然巴蜀地区割据为王者众多，但没有长久坐守巴蜀为王的；而历史上依托巴蜀富庶的资源积极进取者往往却能争雄天下，如刘邦以巴蜀而王天下，西晋、北周、隋、宋等都先依托巴蜀直取长江中下游而取天下。难怪顾祖禹《读史方舆纪要》卷六六《四川方舆纪要叙》称："四川非坐守之地也，以四川而争衡天下，上之足以王，次之足以霸，恃其险而坐守之，则必至于亡。"其实顾祖禹的论点可能受到宋代李文、明代章潢的影响。宋代郭允蹈《蜀鉴》李文序称："噫，蜀在宇内，九之一尔，得之则安，失之则危，窃之则亡。"明代《图书编》卷四〇也称：

（四川）山水襟属自相藩篱，故奸雄割据，则盗兵不敢西窥。地饶而险陋也，然奸宄内作悬车束马，势不相及，有难猝定者矣……川虽僻阻，然巴蜀沔益之饶，或时给焉，且藩蔽吴楚东南上游，表里滇陇西南要地，得其人则治以安，否则亦易扰乱，前代之辙，炯鉴具在也。

这种观点到了明末欧阳直加以总结发挥得出了蜀中治乱的理论，其《蜀警录》称：

先民有言：天下未乱蜀先乱，天下既治蜀后治。验之今日，语诚不诬。此其故何欤？说戒者曰：蜀道难，蜀形胜据常山蛇首，蜀边为雄塞，杂处西南夷。厥土燥，人悍劲。菁窟怪僻，莽蓊翳。蜀山峭，岊巉崒多险恶，蜀水奔激，澎湃而汹汹，少澄泓涵谧之致，故蜀之劫火较炽，而劫灰亦未易寒者，殆其风水使耳。

这里欧阳氏将其总结为"天下未乱蜀先乱，天下既治蜀后治"，总结得十分到位，故在近三百多年来在社会中广为流传，有的将其改称为"天下未乱蜀先乱，天下已治蜀未治"。不过，欧阳氏将"土燥""蓊翳""劫火炽"等因素看成原因，就失之荒谬。后人还将这种特征与所谓的蜀人"乐祸贪乱"这一点上联系在一起，也显得牵强附会。以往学者从《南史》记载中了解到四川很早就有"乐祸贪乱"的传统，但《南史》卷五五《罗研传》记载："蜀人乐祸贪乱，一至于此。对曰：蜀中积弊实非一朝，百家为村不过数家有食，穷迫之人，什有八九，束傅之使，旬有二三，贪乱乐祸，无足多怪。"实际上从记载来看，所谓"贪乱乐祸"不过是讲一种普遍的社会现象，与我们这里谈的因环境区位产生的特殊的历史现象并没有太直接的关系。

不过，《隋书》卷首《文帝纪》称："巴蜀阻险，人好为乱，于是更开平道，毁剑阁之路，立铭垂诫焉。"开通更平坦的大道主要是对付"为乱"之心，倒是说到了一点原因。当然，中国的阻险之地还很多，只是在传统社会里没有一个阻险之地有巴蜀地区这样的物质基础。如果说巴蜀阻险是巴蜀地区的环境基础，那么，巴蜀富足则是巴蜀好乱的物质基础。物质富足而环境独立，可能在古代统领巴蜀者更易滋生出割据为王的潜意识。

第二节　交通发展与巴蜀的成亡得失

历史上巴蜀地区的地形地貌和区位地缘形成了特殊的人地关系，致使巴蜀交通对巴蜀地区政权的成亡兴衰的影响较为复杂。

一、秦汉时期的巴蜀治理

在秦汉以来，巴蜀地区交通通道无不与巴蜀地方政权和存亡休戚相关。交通通路通达与封闭对政治、军事、经济、文化发展的影响是完全不同的。从巴蜀历史上来看，通达的交通是巴蜀地区对外经济文化交流的保障，是巴蜀地区经济文化地位在全国较高的条件，也是经济文化地位较高的表现。但是较通达的交通往往使军事进入较为容易，又往往是地方割据政权巩固不利因素。这样的自然环境与社会环境使巴蜀独立政权存在时并不在意交通的修筑，而在统一王朝背景下，巴蜀地区的交通往往得到更好的治理和修治。

《华阳国志》卷三记载：

周显王之世，蜀有褒汉之地。因猎谷中，与秦惠王遇。惠王以金一笥遗蜀王，王报珍玩之物。物化为土。惠王怒，群臣贺曰："天奉我矣，王将得其土地。"惠王喜，乃作石牛五头，朝泻金其后，曰"牛便金"，有养卒百人。蜀人悦之，使使请石牛。惠王许之。乃遣五丁迎石牛，既不便金，怒，遣还之。乃嘲秦人曰"东方牧犊儿"。秦人笑之曰："吾虽牧犊，当得蜀也。"

同时《水经注·沔水》引来敏的《本蜀论》说得更具体和直接：

秦惠王欲伐蜀而不知道，作五石牛，以金置尾下，言能屎金。蜀王负力，令五丁引之成道。秦使张仪、司马错寻路灭蜀，因曰石牛道。

《华阳国志》卷三记载："周慎王五年秋，秦大夫张仪、司马错，都尉墨等从石牛道伐蜀。蜀王自于葭萌拒之，败绩，王遁走，至武阳。"看来，由于秦通过种种军事侦探措施，已经熟知了秦蜀交通走向，蜀王仅在葭萌之地象征性地抵抗了一下，秦军就势如破竹地进入成都平原。

这是关于历史上川陕交通得名金牛道或石牛道的记载。当然我们知道，实际上在这之前，巴蜀与秦陇之间就有通道的，故宋代吴师孟称"禹贡已书开蜀道，秦人安得粪金牛"。不论从文献记载或考古发现来看，巴蜀与中原的交通交流可能早在新石器早期就存在了。这里的关于金牛的两则记载可能是反映春秋战国时巴蜀与秦陇之间因为交流使这条道路得到重视和修治。不过，作为秦蜀间的通道还需要如此的侦察手段去了解，可以想见当时交通道路的险远和信息的不畅。

在古代，交通的通与塞于军事攻战双方来说更重要，交通的通与塞对政权生存的重要性也往往比现代更明显。

据《汉书》卷一《高帝纪》记载：

（汉王）留萧何收巴蜀租给军粮食，五月，汉王引兵从故道出袭雍，雍王邯迎击汉陈仓，雍兵败，还走，战好畤，又大败走废丘，汉王遂定雍地。

这条资料后来被文献转引，成为"明修栈道，暗度陈仓"典故的最初来源，影响较大。这里记载的是秦末刘邦被封为汉王，曾有意烧毁栈道，迷惑项王，但后又有意修复栈道来迷惑雍王，暗中却从小道抄围陈仓（今宝鸡）的历史故事。这个历史显现了当时秦蜀间交通的不便，栈道的存亡在外人看来就是交通通与不通的关键。所以，刘邦玩军事和政治手段都要借助于交通通道的修废来迷惑对方。①可以想见在传统社会早期，由于交通险阻，通信不畅，在军事和政治上玩交通牌往往最能迷惑对方。前面的石牛成道与秦灭巴蜀、明修栈道的历史都显现这种特征，这在巴蜀地区尤为明显。

汉武帝雄心勃勃，开发了"西南夷"地区。面对崇山峻岭的西南地区，汉武帝也是首先想到筑路通道，这一方面使山川险隘失去雄险，使原来的独居者无险可守，一方面也使中原文化能够容易渗入，军事征调能够很好地实现。早在秦代时，秦王朝就"略通五尺道，诸此国颇置吏焉"②，在巴蜀地区开路往往是政治上设立郡县的先决条件。历代经营巴蜀的王者要使后院安稳，必先安定西南夷地区，使所谓"秦虽有巴蜀，南中不宾也"③。汉王朝在控制了巴蜀地区后，汉武帝当然急不可待地一统"西南夷"地区，他深知开发"西南夷"地区的首务当为开通道路。所以，汉武帝开发"西南夷"地区的军事行动往往是与开道修路密不可分，有时开道筑路比军事征伐本身遇到的麻烦更多。《史记》卷一一六《西南夷列传》在记载犍为郡的设立过程中就认为"乃以为犍为郡，发巴蜀卒治道，自僰道指牂柯江"，《史记》卷三〇《平准书》则记载"唐蒙司马相如开路西南夷，凿山通道千余里以广巴蜀"。

《史记》卷一一七《司马相如传》较详细地记载了开路通道的艰辛：

唐蒙已略通夜郎，因通西南夷道，发巴蜀广汉卒，作者数万人。治道二岁，道不成，士卒多物故，费以巨万计。蜀民及汉用事者多言其不便。是时，邛筰之君长闻南夷与汉通，得赏赐多，多欲愿为内臣妾，请吏，比南夷。天子问相如，相如曰："邛、筰、冉駹者近蜀，道亦易通，秦时尝通为郡县，至汉兴而罢。今诚复通，为置郡县，愈于南夷。"天子以为然，乃拜相如为中郎将，建节往使。副使王然于、壶充国、吕越人驰四乘之传，因巴蜀吏币物以赂西夷。……司马长卿便略定西夷，邛、筰、冉駹、斯榆之君皆请为内臣，除边

---

① 据《史记·淮阴侯列传》《史记·樊郦灌滕列传》等记载，并无明修暗度具体记载。"栈道"在汉唐有时特指"褒斜道"，不经陈仓，走陈仓之道为后来的故道，连云栈道。不过，这段历史直到元才被人提炼为"明修栈道，暗度陈仓"的典故。目前我们发现最早记载这个典故是元人戏文中，如元尚仲贤《气英布》、无名氏《暗度陈仓》，后清代康熙年间储大文的《存研楼文集》卷七《三谷》，称："从两当出者为故道，汉高帝攻陈仓縣之———独两当道，乃谚所谓：明修栈道，暗度陈仓者。"

② 《史记·西南夷列传》。

③ 《华阳国志·蜀志》。

关，关益斥，西至沫、若水，南至牂牁为徼，通零关道，桥孙水，以通邛都，还报天子，天子大悦。

在司马相如看来，交通通达是政教化俗的关键，其《难蜀父老书》中认为："今封疆之内，冠带之伦，咸获嘉祉，靡有阙遗矣。而夷狄殊俗之国，辽绝异党之地，舟舆不通，人迹罕至，政教未加，流风犹微。"司马相如这里谈到"舟舆不通，人迹罕至"的原因，自然是交通闭塞。所以，在司马相如看来，着力开通巴蜀与外界的交通应下大力。可能这次开通的工程力度十分大，影响十分深远，故据《水经注·江水》记载"汉武帝感相如之言，使县令南通僰道，费功无成，唐蒙南入斩之。乃凿石开阁以通南中，迄于建宁，二千余里。山道广丈余，深三四丈，其錾凿之迹犹存"，显然，这次开通的道路在南北朝时还存有遗迹。

二、三国至隋唐的巴蜀治理

到了三国蜀汉时，诸葛亮也时时不忘南征平定"西南夷"地区。实际上诸葛亮南征时也采取了与后来邓艾平蜀相似的战略。司马相如平定"西南夷"以后，巴蜀地区往西南夷地区一般通行三条大道，一条是经川西南地区的零关道，一条是经川南再经滇东北地区的五尺道（西南夷道），一条是从川南经黔西北的南夷道。这三条道路在两汉时期开通得较为通畅，所以，在军事上也成为"西南夷"设防较为重视的通道。对于诸葛亮来说，怎样顺利完成"西南夷"地区军事征战，也费了许多心血。在军事交通上诸葛亮南征最大的开创就是不仅沿用了前面的三条通道，而且还取用一条由安上入越嶲的间道。

《三国志》卷一三《蜀志》记载："丞相亮南征先由越嶲，而恢案道向建宁。"而《华阳国志》卷四《南中志》记载："建兴三年春，亮南征，自安上由水路入越嶲，别遣马忠伐牂柯，李恢向益州。"后来《资治通鉴》卷七〇记载："汉诸葛亮至南中，所在战捷。亮由越嶲入，斩雍闿嶲及高定。使庲降督益州李恢由益州入，门下督巴西马忠由牂柯入。"这里记载的由安上入越嶲通道实际上是开通的一条十分险要的间道，即从今四川乐山一带下到屏山县西入安宁河流域的通道，基本上是翻大小凉山到宁南县一带到安宁河的通道，后来这条通道实际演变成隋唐宋时期的沐川源道。①看来，取此奇道是当时南中诸夷防不胜防之道。但取用此道的艰辛远比其他已经开通为大道的三条大道更甚。

三国末年魏蜀之争，诸葛亮七出祁山，川北主要通道作为军事取用频繁。不过，由于剑阁的雄险，一直是屏护蜀汉的重要关隘。魏攻破汉中后，姜维退守剑门关，"列营守险，会攻之不克"，使魏军一度因粮草缺乏而退兵，但邓艾首开阴平新道，创千古奇迹。对此，《三国志》卷一四《蜀志》记载十分简单："而邓艾自阴平由景谷道傍入，遂破诸葛瞻于绵竹，后主请降于艾。"《三国志》卷二八《邓艾传》记载说明："冬十月，艾自阴平道行无人之地七百余里，凿山通道，造作桥阁。山高谷深，至为艰险。又粮运将匮，频于危殆。艾以毡自裹推转而下，将士皆攀木缘崖，鱼贯而进，先登至江油，蜀守将马邈降。"后来《资治通鉴》卷七八也记载："遂自阴平行无人之地七百余里，凿山通道，造作桥阁。山谷高深至为艰险，又粮运将匮，濒于危殆。艾以毡自裹，推转而下，将士皆攀木缘崖，鱼贯而进，先登至江油，蜀守将马邈降。"后来《蜀鉴》《通鉴纪事本末》等也沿引此文，广为流传。值得指出的是从邓艾开通阴平邪径后，历代沿此道交通开始频繁起来，两晋南北朝唐代称此道为"左担道"，唐宋之际又称此道为青塘岭道、青云岭道，即翻今青川县摩天岭到甘肃文县的小道。此道不仅成为历代攻伐巴蜀的一条重要通道，也成为川甘间商业贸易的重要通道。在军事上，宋代《古今记》中已经有"今天下根本在蜀，蜀屏翳在文州"之说。宋末元初，这条道路为蒙古人的主要入川通道之一，明初傅友德取巴蜀和解放战争中解放军入川都取此道夺取巴蜀。可以说，开辟一条交通通道，多少都会对四川的政治军事格局产生影响，这是四川盆地特殊的地理环境所决定的。

在中国历史上水路交通的地位在许多时候比陆上交通更重要，对于四川盆地这样的地理环境来说，利用天然的水路交通更自然是十分明智的选择。天然的水路交通自然有一个顺溯的差，自发源地而下的河流，利用水势的动力，往往比溯流而上更迅速、快捷。所以，在中国历史上利用长江河道的这种天然形势，从上游顺流而下夺取天下者早就存在，而且随着中国政治经济中心的东移南迁，这种趋势更为明显。

早在《战国策》卷一四中，张仪游说楚国时就称："秦西有巴蜀，方船

---

① 蓝勇：《四川古代交通路线史》，西南师范大学出版社1989年版，第150~153页。

积粟，起于汶山，循江而下，至郢三千余里，舫船载卒，一舫载五十人与三月之粮，下水而浮一日行三百余里，里数虽多，不费马汗之劳，不至十日而距扞关。"《战国策》卷三〇记载苏代游说燕国时也称"蜀地之甲轻舟浮于汶，乘夏水而下江，五日而至郢"。以后历代受此影响，从长江上游而下夺取荆楚、江南进而统一中国的军事事例众多，其中晋代王濬从蜀取水路伐吴更为典型。

《晋书》卷四二《王濬传》：

> 武帝谋伐吴，诏濬修舟舰。濬乃作大船连舫，方百二十步，受二千余人，以木为城，起楼橹，开四出门，其上皆得驰马来往。又画鹢首怪兽于船首，以惧江神。舟楫之盛，自古未有……太康元年正月，濬发自成都，率巴东监军广武将军唐彬攻吴丹阳，克之，擒其丹阳监盛纪。吴人于江险碛要害之处并以铁镞横截之，又作铁锥长丈余，暗置江中以逆距船。先是，羊祜获吴间谍，具知情状。濬乃作大筏数十，亦方百余步，缚草为人，被甲持杖，令善水者以筏先行，筏遇铁锥，锥辄着筏去。又作火炬长十余丈，大数十围，灌以麻油在船前，遇镞然炬烧之，须臾融液断绝，于是船无所碍。二月庚申，克吴西陵，获其镇南将军留宪、征南将军成据、宜都太守虞忠。壬戌，荆门夷道二城，获监军陆晏。乙丑，克乐乡，获水军督陆景，平西将军施洪等来降。乙亥，诏进濬为平东将军假节都督益梁诸军事。濬自发蜀兵，不血刃，攻无坚。

后来《刘宾客文集》卷二四《西塞山怀古》感叹道："王濬楼船下益州，金陵王气黯然收；千寻铁锁沈江底，一片降幡出石头。人世几回伤往事，山形依旧枕寒流；今逢四海为家日，故垒萧萧芦荻秋。"

从隋唐以后，随着中国政治经济文化的东移南迁，先取巴蜀后顺江而下取天下的战争更是频繁。隋代杨素从峡路攻伐杨坚，宋末蒙古军先取四川攻取江南都显现了川江交通对于四川战略地位的重要性。同时，从汉唐以至宋代，从长江上游从西向东的移民事件较多，这在唐宋时期十分明显；川江水路从流水而下的交通功能在这个时期特别突出。

元明以来，中国移民格局发生了较大的变化，长江流域从东向西的人口迁移增多，同时这个时期要溯水而上攻破巴蜀，往往都要东南与西北方向同时配合才能成功，如明代廖永忠、汤和伐巴蜀，清张献忠入蜀，解放战争期间解放大西南，许多攻战如果仅溯水而上，往往成功率不高，因此日本侵略军受阻于三峡。

唐代巴蜀地区与南诏的交通对于南诏与唐代剑南道的关系尤为重要。汉代开通"西南夷"道和"南夷道"以来，由于汉晋时期云南、贵州地区一直为汉代直接控制的郡县地区，通道的开通往往是以经济和政治上的需要为主。但到了唐代，云南为民族政权南诏控制，通道的开通往往与军事、政治、经济格局相关联，交通通达在政治和军事上来说对于双方的利弊却显得十分复杂。

姚州是唐代清溪道入云南的重要枢纽，南诏统一前，唐朝实际控制姚州的姚州蛮，故姚州是唐代对付西南众多民族的前哨，置有泸南七镇，每年都有蜀兵镇守。天宝七年（748）开始，南诏与唐交恶，天宝十年（751）正式发生天宝战争。

据《新唐书》卷二二二《南蛮传·南诏传》：

鲜于仲通领剑南节度使，下忿少方略。故事南诏尝与妻子谒都督。过云南，太守张虔陀私之，多所求丐，阁罗凤不应。虔陀数诟靳之，阴表其罪。由是忿怨反，发兵攻虔陀，杀之，取姚州及小夷州凡三十二。明年，仲通自将出戎、巂州，分二道，进次曲州、靖州。阁罗凤遣使者谢罪，愿还所虏，得自新；且城姚州。如不听，则归命吐蕃，恐云南非唐有。仲通怒，囚使者，进薄白厓城，大败引还。阁罗凤敛战骴，筑京观，遂北臣吐蕃……会杨国忠以剑南节度当国，乃调天下兵凡十万，使侍御史李宓讨之，辇饷者尚不在，涉海而疫死相踵于道，宓败于大和城，死者十八。亦会安禄山反，阁罗凤因之取巂州会同军，据清溪关。

《旧唐书》卷一〇六《杨国忠传》对李宓的战争记载更详明：

十载，国忠权知蜀郡都督府长史、充剑南节度副大使、知节度事，仍荐仲通代己为京兆尹。国忠又使司马李宓率师七万，再讨南蛮。宓渡泸水，为蛮所诱至和城，不战而败，李宓死于阵。国忠又隐其败，以捷书上闻。自仲通、李宓再举讨蛮之军，其征发皆中国利兵，然于土风不便，沮洳之所陷，瘴疫之所伤，馈饷之所乏，物故者十八九。凡举二十万众弃之死地，只轮不还，人衔冤毒，无敢言者。

天宝战争间20多万大军能远涉云南边地，主要依靠当时南北二路，即南路清溪道和北路石门道。其中鲜于仲通出戎、巂州，实际上记载得就十分明确，而李宓大军可能全取自清溪道入。唐代前期南诏与唐和平时期修治的两道对于军事交通的取用创造了条件，如在天宝战争之前的天宝六年（747），章仇兼琼修复邛崃关驿道；太和六年（832），李德裕对清溪道进行了治理①；咸通十二年（872），路岩对清溪道也进行了修治。②

也正是因为交通险阻，沿途瘴疠横行，正如所称"其征发皆中国利兵，然于土风不便，沮洳之所陷，瘴疫之所伤，馈饷之所乏，物故者十八九"，早年蜀兵到姚州从边就因"路险治远，死亡者多"③，可见在军事上巴蜀交通的影响可谓关系重大。

到贞元年间韦皋治蜀时，又"开青溪道以通群蛮，使由蜀入贡，又选群蛮子弟聚之成都，教以书数"④，贞元十年（794）袁滋为册南诏使出使南诏又取石门道进入。⑤同时，唐代后期，清溪道又成为南诏攻战出入之路，大历十四年（779），南诏与吐蕃攻西川，一路出黎雅邛崃关⑥；太和三年（829），南诏取清溪道经邛州攻破成都⑦；咸通二年（862），南诏攻破邛崃关；咸通十年（870），南诏经清溪关逼成都；乾符元年（875），南诏从清溪攻掠成都。⑧所以，韦齐休《云南记行》认为："云南所以能为唐患者，以开通越巂耳。若自黎州之南，清溪关外尽斥之，疆场可以无虞。不然，忧未艾也。"

到了宋代，宋王朝对于西南边疆多采取不直接接触的政策，往往利用巴蜀与外界特殊的地理环境，相对封闭交通，使大理政权无机会也不可能攻伐宋代巴蜀疆土。

周煇《清波别志》卷一：

---

① 《蜀鉴》卷一〇。
② 《资治通鉴》卷二五二胡注引《锦里耆旧传》。
③ 《资治通鉴》卷二〇六。
④ 《资治通鉴》卷二四九《唐记》。
⑤ 《资治通鉴》卷二三五。
⑥ 《资治通鉴》卷二二六。
⑦ 《资治通鉴》卷二四四。
⑧ 《资治通鉴》卷二五〇至卷二五二。

黎州，汉沉黎郡也，三面被边，去大河三百里。河之外邛部川蛮青羌部落，皆唐八诏族帐。涉水不用舟楫，止束蒲苇以济，魋髻，冬夏披毡以蔽体。既通中国互市，狞犷良费羁縻。河下流旧接雅州，透嘉陵江石佛下，后天产山险横绝，遂不通汉境。《西南备边录》载：艺祖既平蜀，议者欲因兵威以复越巂，上命取地图视之，亲以玉斧划大渡曰：自此以外，朕不取。即今之疆界也。河滨旧有划玉亭，今犹在。岁绍熙辛亥毗陵张谓守郡，谢到任表有念玉斧所划之方，即金城可恃之险，谓此也。

对于巴蜀地区与西南夷地区来说，交通的通与塞对于经济文化发展与军事征战的关系较为复杂，影响的系数相对于其他平原地区或不是如此闭塞的环境的地区要大得多。通与不通往往决定成败，影响重大。故《蜀鉴》卷一〇称：

论曰：汉武帝穷荒极远，郡县四夷，以一时之侈心，而基后世之多事。彼固不知三代圣王之盛德远虑也，南夷在蜀徼外叛服不常，而汉之威令足以震詟之，汉之官吏足以厌服之。至于武侯而南征四郡，深入不毛，将以绝后顾之虞，非特藉其资以给军用，而已王业偏安不得已也。然天威所临，至于今能使之褫魄丧胆，北向厥角，不幸而为永嘉李氏窃据，纵獠于蜀，蜀人被南夷之祸者，几三百年。时无武侯，而武帝开边之患于是乎惨矣。至唐而鲜于仲通辱国丧师，蠢尔小丑遽有轻中国之心，三入蜀境，而南诏之患，与吐蕃回纥等。惟我艺祖远法三代，玉斧画河，不贪其土，而蜀于是鲜有腹心之疾。凡我疆吏，谨固封圻，壹是皆以砥砺廉隅为安边之本，孰谓其不行于蛮貊哉，虽百世而无南夷之忧可也。

汉唐时期巴蜀地区一方面地形地貌上为四向闭塞的盆地，一方面气候土壤条件使物产丰富，一方面正处于政治核心区的近邻，故往往成为中央政权最佳避乱地的首选。特别是唐代关中政治核心区遭受到的政治和军事危机，都依靠四川盆地来斡旋，而这种斡旋往往以交通开通为前提。唐代多次对金牛道进行修治，如唐朝开成四年（839），刘禹锡等"自散关剑门凿山石栈道千余里以通路"，唐宣宗大中年间，剑阁县令蒋侑整治侠阁驿道。[①]

---

① 蓝勇：《四川古代交通路线史》，西南师范大学出版社1989年版，第18页。

唐代安史之乱后，唐玄宗入蜀。《蜀鉴》卷七记载："朕甚愧之，蜀路阻长，郡县褊小，人马众多，或不能供。今听卿等各还家，朕独与子孙中宫前行入蜀，亦自足达。众皆哭曰，臣等以死从陛下，不敢有二。扶风改为凤翔郡。帝至散关，分麾从将士为六军使颖王璬先行诣剑南，寿王瑁等分将六军以次之。帝至河池郡，剑南节度使崔圆奉表迎车驾，具陈蜀土丰稔。帝至普安，房琯来谒见，以琯为文部侍郎、同平章事。普安今隆庆府。太子即位于灵武。上皇至成都。"

后来《资治通鉴》卷二一八引《考异》也称："《肃宗实录》七月壬寅上皇入剑门，幸普安郡，命颖王璬先入蜀。"实际上当时蜀中物产丰富，绝非"不能供"，也正是因此。到了唐末动荡之后，唐僖宗也入蜀。《蜀鉴》卷七记载："唐僖宗广明元年（880）黄巢入长安上走兴元。……上趋骆谷，凤翔节度使郑畋谒于道……帝至兴元，诏诸道出兵收复京师。中和元年（881）春正月，发兴元至成都，陈敬瑄迎谒于鹿头关。至绵州，东川节度使杨师立谒见。郑畋遣其子凝绩诣行在，凝绩追及上于汉州，车驾至成都，馆于府舍。"

对此，唐代于邵说得十分好，他的《剑门山记》称："仁者由剑门以之为福，不仁者由剑门以之生祸。"《明史》卷一二三也称"以瞿塘剑阁之险，一夫负戈万人无如之何"，四向闭塞而来的交通四塞，在有时也成为国家续延存亡的天然屏障。

三、宋以降的巴蜀治理

宋初征后蜀，交通也在战争中起了重要的作用。据《蜀鉴》卷八记载："太祖皇帝乾德二年（965），以王全斌为凤州路都部署，刘光义为归州路副都部署，分道伐蜀……十二月，王全斌取兴州……蜀山南节度使韩保正弃城走，史延德入兴元，追获之，蜀军退保葭萌……刘光义入夔州，蜀守将高彦俦死之……王全斌入利州……乾德三月正月，王全斌等入剑州……王全斌次魏城，蜀主孟昶以表请降。全斌等入成都……刘光义、曹彬自夔门会王全斌等于成都。"其间蜀军曾"蜀主烧绝栈道，退保葭萌"[①]，故王全斌只有取罗川道入利州。[②]

---

① 蓝勇：《四川古代交通路线史》，西南师范大学出版社1989年版，第25页。
② 《续资治通鉴长编》卷五。

由于中国政治经济文化重心东移南迁，使中国大的政治格局变化，从北宋开始，从外攻取巴蜀的军事行动往往采取北路与东路并行进攻的战略，使巴蜀的守军往往两面受敌，顾此失彼。在这个时期，如果想要通过先取巴蜀来夺取江南地区，往往更多是采取从巴蜀顺势而下的战略，只是面对巴蜀险要，往往采取更大的包围战术。

南宋以来宋金对抗，巴蜀地区北部成为战争前沿。在很长的时间内，宋代对秦岭一线的交通通塞十分看重，主要是因为这是宋与金对抗的前线。开始，宋军对川陕交通更多考虑是自己行军的通达，军事防御的考虑并不突出。所以有"昔守三关，无所事此"之称，这里的三关，实际上是指武休关、仙人关和七方关。南宋面对蒙古军的进攻，往往"栈道不烧，隘口不塞"[1]，所以形成剑门天险变成"户枢"的现状，以致蒙古军势如破竹攻取巴蜀之地。如端平二年（1235），蒙古军出大散关、阳平关克利州、剑门，直趋成都；宝祐五年（1257），元军又从大散关入利州、葭萌，攻下隆庆府。[2] 显然，蜀北交通的通塞对于北方军事进攻巴蜀的影响十分明显。

实际上，在古代人的眼中，川陕为中国西部最重要的军事要区，《广舆记·提要》中的《析言天下之要害》中称：

一曰川陕，夫江南所恃以固者长江也，四川据上游以临吴楚，其势足以夺长江之险……川陕实制南北之命焉，设令北人兼有巴蜀，则湘汉为战守之地，而冀马秦锋可骋于吴会之郊矣。南人兼有秦中，则汾洛为战守之地……夫然后知南人之守在巴蜀而战在陕西，北人之守在陕西而战在巴蜀，故曰挚南北之轻重者在川陕。

显然，古人眼中巴蜀地区的军事地位十分高，所以有"川陕实制南北之命"的说法。从时间上来看，这种趋势在明清以前特别明显。从区位上讲，明清以前的巴蜀北部的战略地位相比之下在巴蜀地区也更为重要，这里讲的"川陕"，实际上主要是指川北、陕南。

明清以来，随着中国政治经济中心的东移南迁，巴蜀地区通过东南方向的

---

[1] 吴泳：《鹤林集》卷二《论坏蜀证及救蜀五策札子》。
[2] 蓝勇：《四川古代交通路线史》，西南师范大学出版社1989年版，第26页。

长江水路与核心区的交往增多,东南交通的重要性更加彰显出来。明初玉珍政权的建立和灭亡与巴蜀交通关系密切。《明史》卷一二三《明玉珍传》记载:"玉珍从其策,袭重庆,走完者都,执哈麻秃献寿辉。寿辉授玉珍陇蜀行省右丞……二十三年春僭即皇帝位于重庆,国号夏,建元天统……四年正月,命征西将军汤和、帅副将军廖永忠等以舟师由瞿塘趋重庆,前将军傅友德帅副将军顾时等以步骑由秦陇趋成都伐蜀。"同样《明史》卷一二九《傅友德传》也记载:"明年,充征虏前将军,与征西将军汤和分道伐蜀。和帅廖永忠等以舟师攻瞿塘,友德帅顾时等以步骑出秦陇。太祖谕友德曰:'蜀人闻我西伐,必悉精锐东守瞿塘,北阻金牛,以抗我师。若出不意直捣阶文,门户既隳,腹心自溃,兵贵神速,患不勇耳。'友德疾驰至陕,集诸军,声言出金牛,而潜引兵趋陈仓,攀援岩谷,昼夜行抵阶州,败蜀将丁世珍,克其城。蜀人断白龙江桥。友德修桥以渡,破五里关,遂拔文州。渡白水江,趋绵州。时汉江水涨,不得渡,伐木造战舰,欲以军声通瞿塘,乃削木为牌数千,书克阶文绵日月,投汉水顺流下,蜀守者见之,皆解体。初,蜀人闻大军西征,其丞相戴寿等悉众守瞿塘,及闻友德破阶文,捣江油,始分兵援汉州,以保成都。未至,友德已破其守将向大亨于城张下,谓将士曰:'援师远来,闻大亨破,已胆落,无能为也。'迎击。大败之。遂拔汉州,进围成都。寿等以象战,友德令强弩火器冲之,身中流矢不退,将士殊死战,象反走,躏藉死者甚众。寿等闻其主明升已降,乃籍府库仓廪面傅,诣军门,成都平。分兵徇州邑未下者,克保宁,执吴友仁送京师,蜀地悉定。友德之攻汉州也,汤和尚顿军大溪口。既于江流得木牌,乃进师。而戴寿等撤其精兵西救汉州,留老弱守瞿塘,故永忠等得乘胜捣重庆,降明升。"显然,明军最后攻破明玉珍政权,采取的是北、东两面夹击的战术。

明末张献忠入蜀多取道东南峡路,先后在崇祯六年(1633)、七年(1634)、十四年(1641)、十七年(1644)四次进入巴蜀地区,如崇祯十四年(1641)曾"焚断驿舍七百里"。① 清初以来,巴蜀地区政治军事格局相对稳定,外来的战争影响相对较少,虽在巴蜀内部时有战乱的影响,如白莲教、李蓝起义、保路运动等,但外来的战争却少见。其中很重要的原因是清中叶以来东南

---

① 蓝勇:《四川古代交通路线史》,西南师范大学出版社1989年版,第187页。

面临资本主义列强的侵略,中国政治军事的核心区东移东南地区,巴蜀地区的政治军事地位大大下降,外界对巴蜀的政治、军事影响相对削弱。不过,抗日战争开始以后,中国东南半壁江山失守,巴蜀地区特殊的区位、环境和物质条件,又使巴蜀交通地位明显上升,所以,巴蜀地区成为抗战大后方的核心地区,从军事角度促使了川陕、川湘、川滇公路的修建。新中国成立后的三线建设,出于战备的需要,又很大程度上促成了成昆、宝成、川黔的铁路的修建。

第三节　巴蜀交通发展与中国政治格局变化

一个地区的交通路线格局与大的国家政治经济文化格局关系密切,政治格局的变化,对于交通路线走向变化关系密切。

由于中国特殊的文化背景原因,中国历史上在许多地方都有以"朝天"命名的地名。历史上巴蜀地区也曾出现过多个朝天的地名,其中最有影响的一个是位于今广元的朝天镇,一个是今重庆渝中区的朝天门。[①]透过这两个"朝天"地名地位的变化,我们可以看出巴蜀交通地位的变迁。

"朝天"地名本取义于"朝觐天子"之意。徐梦莘《三朝北盟汇编》卷四九记"向帝都者谓之朝天门也"。《三朝北盟汇编》卷四五称:"臣谨按,蔡京用事每有异心,盖尝与蔡崇阴谋,是时陈瓘之子来诉于朝,蔡京怒之编置海岛。天下州郡城门之向帝都者,素号朝天门,京乃令更名曰朝京,欲为天下朝已之谶。"陈东《少阳集》卷二也记载:"蔡京怒之编置海岛。天下州郡城门之向帝都者,素号朝天门,京乃令更名朝京,欲为天下朝已之谶。"所以,"朝天"地名在某种程度上透露出一个时期的政治交通格局。《御制宋诗》卷一二苏轼《神女庙》称"飘萧驾风驭,弭节朝天关",《嘉祐集补遗》水宫诗称"翼从三神人,万里朝天关"。显然,"朝天"地名已经寓含了一定的政治意义。

"朝天"作为地名可能早在唐末就出现了,是作为山的名称"朝天岭",指的是今广元的朝天镇南嘉陵江东岸山地。《太平广记》卷八六引《录异记》:"黄齐者,蜀之偏神也,常好道,行阴功,有岁年矣。于朝天岭遇一老人,髭髪皎白……"《太平广记》所引的《录异记》是唐末五代初的杜光庭所

[①] 据《舆地纪胜》卷一五一记载,宋代永康军(今都江堰)有朝天门;据《方舆胜览》卷五二记载宋代简州也有朝天门;据忠州皇华州的《金鱼堡碑记》记载也有朝天门。

著，所以，我们可以肯定至少在唐末今广元朝天镇一带就有朝天之名了。

宋以后，有关广元朝天的地名屡屡见于史文献记载，如宋祁《景文集》、范镇《东斋记事》、文同《丹渊集》、韦骧《钱塘集》、范祖禹《范太史集》、吴泳《鹤林集》中都有对朝天岭的记载。据《方舆胜览》卷六六《利州》"朝天岭，在州北五十里，路径绝险，其后即朝天程。旧路在朝天峡，栈阁遂开，此道人甚便之"。同时，文同《丹渊集》《陆游诗全集》、范纯仁《范忠宣集》等也有记载，宋代朝天已经设置为驿站。

元以后，广元朝天开始作为驿站名、关口名，使用更为频繁。元代《析津志·天下站名》记载在朝天设置有朝天水驿，又见于《永乐大典·站赤》；《明一统志》卷六八记载有朝天岭；《明会典》卷一二〇记载有保宁府朝天驿；正德《四川志》卷四下记载保宁府朝天岭，设有朝天水驿。

重庆的朝天之名以前有人认为得名于宋代，但并无直接的史料支持。宋元之际重庆可知的城门有洪崖、千厮、太平、薰风、镇西五门，并无朝天门的记载。现在看来，最早记载重庆朝天地名的应在元代，元代《经世大典》"站赤"条首先记载巴县朝天站，而《析津志·天下站名》记载为重庆站。

从明代开始，有关重庆朝天地名记载开始多了起来。《明会典》卷一二〇记载巴县朝天驿。正德《四川志》卷一三记载洪武初年指挥戴鼎重修重庆城，设立十七门，其首就为朝天门，同时洪武初知府潘贤设朝天驿。嘉靖《四川通志》卷九："朝天驿，府治东三里，洪武初知府潘贤建。"万历《四川总志》、万历《三峡通志》《读史方舆纪要》、雍正《四川通志》都记载重庆朝天驿。《明史纪事本末》卷一一记"癸卯，汤和至重庆会永忠以兵驻朝天门外"，这则记载又见《古今说海》卷四。

明清以后，重庆时朝天门的记载日渐繁多，乾隆《巴县志》、道光《重庆府志》《巴县乡土志》等方志对于朝天门的记载很多，清代巴县档案中关于朝天门的记载更是频繁。

从总的形势来看，元以前四川盆地北面的金牛道上的广元朝天岭、朝天关、朝天驿的地名知名度大，金牛道为出入四川盆地的第一道，而这时重庆巴县并无朝天地名之称。元以后四川盆地东部开发加快，加上在中国政治经济文化中心东移南迁的背景下，长江峡路的地位上升，重庆巴县的政治经济地位上升，朝天门的地名在文献和社会中曝光频率大增，巴县朝天地名的知名度大增，而广元朝天地名知名度大减。

唐宋时期巴蜀地区的金牛道等川北诸道是联系中国政治核心区关中平原的最重要的通道。唐代于邵认为此路"为全蜀之路必由"①，故有人称当时四川"束咽喉于剑阁"②。唐代西川奏章一般都取金牛道传达室递到关中长安，只是到了特殊的兵革梗阻时才取长江峡路传递。③宋代此道也是"岁贡纲运，使命商旅，昼夜相继，庐舍骈接。犬豕纵横，虎豹群盗，悉皆屏迹"④。到了元明清时期，虽然金牛道仍是四川地区出入的最重要通道之一，有"北路"之称，号"最为繁重"⑤，但长江峡路的交通地位大大上升，元明时期在长江川江沿线设立大量水陆驿。明清时期在川江上皇木、滇铜、黔铅、川盐转运频繁，川江的地位远远超过金牛道。近一百年来，在现代铁路、高速公路出现前，长江上游川江交通更是出入四川的第一通道，地位远比沿金牛道、川陕公路重要。

这种变化趋势显现了近一千多年来在中国政治经济文化中心的东移南迁影响下四川盆地区位地缘变化的走势，即宋元以来，在中国政治、经济、文化重心东移南迁的背景下，四川盆地从向政治核心区关中地区的向心力变成向东南地区的向心力。巴蜀地区以前多是向北取金牛道朝觐天子，宋元以来更多改为向东取川江水路朝觐天子，与此相应的是明清以来四川盆地东部政治、经济、文化地位的上升，川江水路的地位超过金牛道，成为出入四川盆地的第一道。重庆巴县的政治经济文化地位显赫，巴县朝天门作为地名也日渐广为人知。当然，在这种大趋势下，整个四川盆地北部对外交通通道的地位都相对下降，即不仅金牛道如此，米仓道、荔枝道、阴平道在这个时期的地位也大大下降。而东南方向的川黔大道、乌撒入蜀旧道的地位上升。其中川滇交通道路的变化与云南地区的政治格局变化也有较大的关系。

云南地区在汉晋南北朝时期一直作为中央一级政区郡县被直接管辖，其政治核心区虽然在滇池平原一带，但民族众多，汉民族较少，政治核心区在云南的核心影响并不明显。这个时期，从四川盆地进入云南的通道主要是以五尺道为基础的"西南夷"道和邛都道，各道地位高低并不明显。但到唐代和宋代，

---

① 《文苑英华》卷八三四。
② 《文苑英华》卷四五八《授刘崇望东川节度使制》。
③ 蓝勇：《四川古代交通路线史》，西南师范大学出版社1989年版，第20页。
④ （北宋）黄休复：《茅亭客话》卷一《虎盗屏迹》。
⑤ （宋）周询：《蜀海丛谈》卷上。

云南地区先后出现南诏和大理两个独立的地方民族政权，其政治核心区都在云南高原的洱海平原一带。南诏国都和大理国都在今大理附近地区，这使得四川盆地核心区成都平原进入云南政治核心区往往取唐代南路清溪道更为便捷，所以，唐宋历史上往往南路清溪道的取用更为频繁，南路的地位也更为重要。对南路的名称也是繁多，如称清溪道、天竺路、邛部旧路、西川道、姚州道、姚嶲道、巂州道等。唐代这条道路上使节往返、军队取用，商贾采用不断。历史上的南方丝绸之路，真正是国际意义上的交通和交流，主要体现在唐代沿此路僧侣出入多。宋代虽然对西南地区民族采取不接触的政策，但在北宋熙宁以前，不论政府还是民间取此道的接触都较多，只是到了北宋熙宁以后南路才相对闭塞的。①

元明清时期，云南地区政治核心区迁移到滇池平原。元代设立中庆府，治昆明，明代设立云南府，清代相沿，省治都在昆明。云南地区政治中心的东移，一方面与其区域内民族分化演变的自身作用有关，同时也与当时中国政治经济文化中心东移南迁有一定关系。同时期，四川盆地的经济文化重心也在向东南推移，这种双向的东南移，使得四川盆地进入云南地区的交通通道向东推移。所以，元时清时期，邛海道往往闭塞，相对缺乏修治，取用较少。如《皇舆考》卷一〇《云南图序》认为："武定之达建昌，川陆存久而榛塞。"王士性《广志绎》卷五认为："自武定路从金沙江出四川建昌卫，今亦莽塞。"沈德符《万历野获编》卷二四称："（建昌道）久已荆榛，仕人以至差役不复经由……尚有商贾间走此捷径者，亦于百之一耳。"天启《滇志》卷四《旅途志》称："兹路虽设，仅有空名。环州、姜驿邮卒，无委积之供，大渡金沙津吏，阙沙堤之筑，遂谓游邛都者皆回车，过泸沽者必微服。"所以，明末顾炎武称这条古道多"夷患"，而大渡河、金沙江、甸沙关烟瘴造成"道殣相籍"，故"复不能以时开通"②。

元明以来乌撒入蜀旧道、川黔旧道和旧石门道的地位上升，特别是乌撒入蜀旧道，元代《经世大典·站赤》就有"既无烟瘴，又皆坦途"之称。到明清时期，这条道路成这四川盆地进入云南、贵州的第一通道，地位明显超过了邛建昌道和石门旧道。这条道路在明代称为"神京孔道"，有称"滇人之出也，

---

① 蓝勇：《四川古代交通路线史》，西南师范大学出版社1989年版，第94~96页。
② 《天下郡国利病书》卷二八。

自交水十五日而达永宁，顺流大江"①。王士性《蜀道驿程记》记载还有"滇南孔道"，号"通衢"②，有"云南诸番使客往来不绝"③之称。显然，巴蜀地区区域内外的政治格局的变化，对于交通通道地位升降的影响是相当明显的。清代乾隆时传送云南到陕西或甘肃到云南的咨文都取此道，而咸丰年间"东南梗塞，一切改道由永宁"④。这个时期，由于川东政治经济文化地位的上升，元代川黔之边开始设立站赤。明代贵州设省，川黔交通地位更是上升很快。从重庆设立了百节、白渡、扶欢、东溪、安稳、松坎、桐梓、播川、永安、湘川、乌江、养龙坑、底寨、札佐等驿到贵阳，以至清代许瓒曾《滇行纪程续钞》认为"至常由西蜀入滇者，陆路一出建昌卫，一出遵义府"。

总的来看，出入云南南北二道地位升降与云南政治核心区的变化关系较大，而乌撒入蜀旧道和川黔大道地位上升与四川盆地东部和云南东部地位上升有关。

四川盆地内部交通道路的演变也与历史上盆地内的政治格局关系变化密切。在很长时期内，四川盆地的成都一直是四川盆地内地位独一无二的政治中心和经济中心，由成都向外的交通路线辐射明显较为平均，轻重并不明显。唐宋时期，四川盆地东西交通主要有南北二道，北道经过飞鸟县、遂州、合州到渝州，也可从邻山县、梁山军到万州；南道从简州、资州、普州、昌州到渝州。当时之所以到渝州，并不是当时渝州政治经济地位如何重要，主要是从区位上盆地诸道到渝州可取水路而东下。这个时期由于受关中政治核心区的影响，四川盆地北部地区的地位更为重要，故当时四川盆地东西交通的南北二道中，北道的地位相对于南道更重要。到了元代，四川盆地内部的交通路线仍然主要在盆地丘陵地区的西部。明代以来，川东地区开发较快，巴县的经济地位和政治地位上升，四川盆地逐渐形成东西两个政治经济中心的格局，巴县在明玉珍政权、清末蜀军政府、重庆开埠、抗战陪都、新中国成立初西南军政委员会等时期成为政治中心。开埠以后的重庆在经济上成为四川第一商埠，经济地位又大大提升。所以，明代以来的经资阳、内江、永川的成渝东大路地位相当重要。

---

① 《滇志》卷四《旅途志》。
② 王士性：《广志绎》卷五。
③ 《明英宗实录》卷二〇八。
④ 蓝勇：《四川古代交通路线史》，西南师范大学出版社1989年版，第140页。

第八章

巴蜀交通与经济文化

前面我们谈到的交通路线与政治格局的关系，往往同时也反映了经济区域地位升降的关系。中国历史上政治中心的变迁往往与经济文化重心的变迁的关系是相当密切的，所以，巴蜀交通的发展与四川盆地的经济文化的发展关系密切。具体讲巴蜀交通与区域经济地位的升降和整体社会生产力的发展变化关系密切，而巴蜀交通的特殊形式也赋予了巴蜀交通在文化上的特性。

第一节　巴蜀交通与区域经济地位升降的关系

历史上东亚大陆受季风气候进退变化规律的影响，整体上民族的活动舞台都向东南推移，中国经济重心在历史上也有一个东移南迁的历史过程。受这种大趋势的影响，四川盆地内的重要经济区也有一个从西北向东南逐渐扩展的过程。四川盆地这个扩展的过程对于巴蜀交通干道的发展有密切的关系。

一、唐以前巴蜀交通格局基本形成

先秦时期，成都平原由于特殊的区位和地形地貌的因素，得开之先，社会经济的发展处于全国最先进的行列之一。考古发现表明，早在新石器时代，成都平原就出现了各种炊煮谷物的陶器，出现了早期的农业。历史上记载的春秋战国时期杜宇在蜀教民务农，显然是农业发展到一定程度上后农业地位上升的表现。《山海经》记载："都广之野，后稷葬焉……爰有膏菽、膏稻、膏黍、膏稷，百谷自生，冬夏播琴。"表明当时成都平原农业经济的发展已经到了较高地步。从成都平原出土的大量家畜来看，在农业发展的基础上，粮食已经有较多剩余，家畜的饲养已经在经济生活中占有较高的地位。从金沙遗址和三星堆遗址的发掘来看，当时青铜制造业已经发展到一个相当的水平，漆器制造也有较高的水平。

在这种背景下，成都平原成为巴蜀交通的辐射核心区。《战国策·燕策》记载："蜀地之甲，轻舟浮于汶，乘夏水而下江，五日而至郢。"《战国策·楚策》也记载"方船积粟，起于汶山，循江而下，至郢三千余里，舫船载卒……下水而浮"，可见当时的长江水路都是主要从成都平原的岷江为始发站，向东南推移的。而成都平原向北通过栈道与中原联系最为密切，《史记·货殖列传》："巴蜀亦沃野……然四塞，栈道千里，无所不通，唯襃斜绾毂其口，以所多易所鲜。"这里谈的是汉代的状况，可能先秦也是如此形势。我们从先秦成都平原大量器物特征上可以看出受到中原文化的影响十分大，可见当时，成都平原通过取金牛道、襃斜道与中原交通是较为通达的。先秦时期，虽然从成都平原向南、向西北都有交通通道，但由于当时的经济发展条件限制，这些交通通道地位相对并不是太高。

秦统一中国，巴蜀地区纳入了中央大一统的国度之下，随着经济开发的深入，交通格局发生了较大的变化。在秦汉时期，成都平原是巴蜀地区乃至全国经济文化最发达的地区之一。从战国时李冰兴修都江堰工程后，成都平原的灌溉体系更为完善，所谓"时无荒年，水旱从人，不知饥馑"，《汉书》卷二八《地理志》："巴蜀广汉本南夷，秦并以为郡，土地肥美，有江水、沃野、山林、竹木、蔬食、果实之饶，南贾滇僰滇僰僮，西近邛筰，筰马、旄牛，民食稻鱼，亡凶年忧，俗不愁苦。"实际上主要是描述以成都平原为核心的农业经济状况。在农业经济发达的同时，成都平原的成都蜀锦、广汉漆器、蜀刀、临邛冶铁、煮盐等也有较大影响。受成都平原发展的影响，西部盆地丘陵地区的经济开发加快，特别是农副业开发加快，王褒《僮约》中记述了盆地西部的多种经营状况，丘陵上种植有桃、李、柿、柘、桑、芋、姜、葱、瓠、茄、蒜、荷、豆、麦、粟、橘，显现盆地丘陵地区开发已到较深入的程度。但是汉代巴蜀地区开发还极不平衡，盆地四缘山地经济还较为原始，游牧渔猎比重还较大，盆地丘陵东部地区的农业也较为落后，畲田的比例还较大。这种经济开发的不平衡极大地影响了当时的交通格局。

所以，在这个时期，以成都平原为核心的川西地区的交通地位最为重要，这主要体现在交通通道的密集、交通贸易的繁荣上。首先，从交通网络方面来看，成都平原成为巴蜀地区的交通枢纽，北面的嘉陵道、襃斜道、金牛道都会于成都，南面取南方丝绸之路的邛都道，岷江到僰道取五尺道可通云南贵州地区，成为秦汉王朝开发西南地区南北转输的交通枢纽。而这个时期巴蜀地区东南方向的经济还不发达，也没有形成一个经济发展的核心地区，所以从成都平原入东南地区的交通主干道还没有形成，交通网络也不明显。这个时期长江水路更多地是承担从成都平原出入巴蜀到直通长江中下游和中原地区的大通道，川江连接川江沿线城镇经济的功能并不明显。

三国两晋南北朝时期，巴蜀地区经济发展较快，一方面是三国蜀汉地巴蜀的独立经营，两晋南北朝时期大量北方移民进入巴蜀地区，对巴蜀社会经济的影响明显。在这个时期，成都平原地区仍然是水稻种植的主要地区，但巴蜀地区广大盆地中的丘陵地区开发较快，形成了许多"山田""山原田"。晋代巴蜀地区共10郡14县成为产盐区。这个时期四川的造船业已经相当发达了，晋代王浚的楼船、隋代杨素五牙船都显现了这个时期经济的发展程度。

二、唐宋时期巴蜀交通体系日趋完善

隋唐时期，巴蜀地区经济仍然发展较快。巴蜀地区水利发展较快，堰渠修建较多；成都平原、岷江冲积平原、涪江冲积平原得灌溉之利，水稻种植范围在巴蜀地区大大扩展；丘陵地区兴建大量陂塘，水稻种植已经成为规模，育秧技术推广；而小麦的种植在巴蜀地区已经开始推广，两熟制开始推广。但这个时期东部的丘陵山地地区经济开发仍较为落后，所谓"梁汉之间，刀耕火种"。不过，这个时期巴蜀西部地区的农业经济发展水平仍然是全国最高的地区之一，故巴蜀地区成为关中政治核心区的粮草后方基地，"求于蜀人，兼济中国"成为时代的趋势。在农业发展的同时，巴蜀地区的手工业、商业发展也较快。隋唐时期巴蜀地区的纺织业，特别是丝织业在全国已经有较突出的地位，四川产绢的地州占当时全国的三分之一[①]，故《隋书》卷二九《地理志》记载巴蜀地区"绫锦雕镂之妙，殆侔于上国"。盐业在巴蜀地区经济中发展也较快，茶业发展成为全国最重要的茶业区，有"惟蜀茶南走北越，北临五湖"[②]之称。造纸和印刷业也较为发达，蜀笺是当时著名的文化用品，蜀版已经有一定的影响。由于经济发展的需要，造船业发展较快，夔州、眉州、嘉州、阆州的造船业尤为突出，以致隋代征高丽时专门派蜀中工匠到莱州造船。商品经济在城市中的地位越来越显著，成都仍是全国最繁华的商业都会之一，专门的商业市区增多，出现许多定期的专业集市和综合集市，如药市、蚕市、七宝市等，有"号为天下繁侈，故称扬益焉"[③]。随着巴蜀地区东部的开发，

---

① 贾大泉等：《四川通史》，四川大学出版社1993年版，第218页。
② （唐）杨晔：《膳夫经手录》。
③ 《太平寰宇记》卷一二三。

成都东部的梓州、阆州、夔州的商业地位不断上升。唐代巴蜀地区在商业上还有一个重要的特点就是唐代对外贸易远比汉代发达，呈现西南和东部两个方向发展外贸的特点，其中向西南的国际通道也是整个唐代与今东南亚、南亚地区交流的重要外贸通道。

隋唐时期，巴蜀地区在文化上与汉晋时期相比，显现了"少从宦之士，或至耆年白首，不离乡邑"的特点，显现了对外兼容性取向，故有"自古词人多入蜀"的特点，大量文化名人都到巴蜀地区，使巴蜀地区的文化受到各地文化的影响明显，但这个时期从巴蜀地区走出去的本土文化名人并不多。

在这样的经济发展背景下，巴蜀地区的交通路线体系越来越完整，路线轻重也随之变动。总的来看，北面的剑阁金牛道、嘉陵水路、巴岭路、荔枝道与秦岭上的褒斜道、陈仓道、傥骆道、子午道四路相接，南面有南路清溪道、北路石门道，纳州道、婑溪道、黔州道与南诏相通，西北面通过松茂西山路、青塘岭道、景谷道与甘青相连，西面通过飞越岭道、夔松道、灵关道与吐蕃控制的地区相邻，盆地内部交通网络形成，特别是形成了成渝南北二干道。①但从总路线发展趋势来看，在唐代后期北部的交通地位相对下降，特别是剑阁金牛道，往往会因战乱而虎患酷烈，梗阻一时。

唐代长江下游地区得到开发，长江航运的地位上升，东面的峡路逐渐成为一条重要的漕运和商业通道，巴蜀地区通过长江水路与中国东部地区的交通有所加强。正如卢伦诗描述当时峡路"浪里争迎三蜀货"，蜀中大量商品转运到长江中下游，而杜甫诗则称"风烟渺吴蜀，舟楫通盐麻"，蜀麻、吴盐是当时重要相互交流的商品。成都是一个水码头，故有"门泊东吴万里船"之称。一到关中战乱时，往往"诸道赋舆，皆遵峡路"②，巴蜀东南地区峡路的经济地位上升更是明显。

唐代南面的清溪道、石门道进入南诏后，与缅印的路线连接，形成了一条国际交通的南方陆上丝绸之路。当然，唐代这条国际通道更多体现为大量缅印奇珍异宝从永昌以外运入南诏，再由各族转运到成都、长安或进贡长安，还有大量僧人沿此道出入频繁，真正的丝绸贸易并不明显。③

---

① 蓝勇：《四川古代交通路线史》，西南师范大学出版社1989年版。
② 崔致远：《桂苑笔耕集》卷一〇《与萧遘相公书》。
③ 蓝勇：《南方丝绸之路》，重庆大学出版社1992年版。

从经济文化地位来看，宋代是巴蜀地区在全国地位最高的一个时期，这主要是在中国政治经济文化中心东移南迁的背景下，关中地区西安逐渐成为一个区域性城市，巴蜀地区的成都平原基础较好，但重要经济区继续向四川盆地东南地区扩展，四川盆地内整体的经济实力大增。首先是宋代巴蜀地区水利设施发展较快，土地利用率大大提高，体现在复种指数提高，许多地区形成"岁三四收"①。盆地内许多丘陵、低山地区开垦为梯田、山田，稻麦复种制度已成雏形，经济作物种植越来越多，茶、甘蔗、蚕桑、橘柑影响尤大，成都平原附近有大量粮食外运。②

随着农业经济的发展，宋代巴蜀地区的手工业和商品经济的发展也较快，纺织业发展中成都平原尤为突出，成都府路的官布收入在全国所有路中最多。巴蜀地区丝纺业发展尤快，除了成都以外，梓州、蓬州、阆中、达州、果州等地丝织业发展也较快，在成都还专门设立了成都锦院，有所谓"日输月积，以衣被于天下"③之称。虽然宋代蜀茶在全国的地位与唐代相比有所下降，但制盐、酿酒、印刷、造船等其他行业发展明显。制盐上出现了卓筒井新工艺，南宋时巴蜀地区盐井曾达到4900口，产量达6000万斤。④宋代巴蜀地区酿酒业发展，酒税收入占南宋四川财政收入的五分之一。⑤宋代巴蜀制糖业发达，除了传统的石蜜外，甘蔗在沱江、涪江流域种植广泛，制成甘蔗饧、砂糖、乳糖、冰糖等，特别是冰糖（糖霜）在数量和质量上全国首屈一指。巴蜀地区的印刷业发展，蜀版成为当时全国三大制版印刷中心，后有"宋时蜀刻甲天下"⑥之称。宋代巴蜀地区造船业发达，造船中心城市越来越多，眉州、嘉州、叙州、泸州、合州、夔州、利州、阆州、万州等地都是重要的造船城市，特别是在眉州、嘉州、叙州、泸州、合州、夔州、利州、阆州打造的马船和在嘉州、叙州、泸州打造的米船影响都十分大。⑦

手工业发展为商业的发展创造了条件。据统计，北宋熙宁年间川峡四路的

---

① 《宋史》卷八九《地理志》。
② 贾大泉等：《四川通史》第4册，四川大学出版社1993年版，第167~183页。
③ （宋）吕大防：《锦官楼记》，《全蜀艺文志》卷三四。
④ 贾大泉等：《四川通史》第4册，四川大学出版社1993年版，第205页。
⑤ 贾大泉等：《四川通史》第4册，四川大学出版社1993年版，第210页。
⑥ 民国《华阳县志·艺文志》。
⑦ 蓝勇：《西南历史文化地理》，西南师范大学出版社1997年版，第395页。

商税占了全国商税的20%，四川盆地内草市镇众多，除成都外，出现了梓州、遂州、果州、利州、夔州、合州、嘉州、泸州等重要的商业都市，连唐代较为落后的渝州也形成"二江商贩，舟楫傍午"状况。特别是成都号称地大物繁，万井云错，百货汇集，士女栉比，形成了每月一市的市，即灯市、花市、锦市、扇市、香市、七宝市、桂市、药市、酒市、梅市、桃符市。熙宁年间成都府商税居全国城市中的第二位，仅次于杭州，商品经济发达背景下成都出现了世界上最早的纸币——交子。

在经济发展的同时，宋代巴蜀地区的文化地位大大提高，教育上官学越来越普及，书院大量出现，科举上成就突出。四川和江南地区成为宋代文化最发达的地区，两地所出进士占全国的80%左右，四川地区南宋进士数居全国第四位。理学中的"蜀学"成为全国影响较大重要流派之一，蜀中学者"森然若林"①。同时，宋代巴蜀地区不仅有唐代"自古词人多入蜀"的特征，而且有"自古蜀士之士大夫多卜居异乡"的特征，显现了文化上内兼与外扩的特征并行，比之于唐代开放性更明显。

在这样的背景下，巴蜀地区交通路线发展深深刻上了这个地区经济文化发展的烙印。一是从大的趋势来看，巴蜀地区与东南地区的交通通道更加重要；一是四川盆地内部由于经济开发广度拓宽和深度加强，盆地内的交通网络更加稠密，特别是许多交通道路受经济产业影响，使许多交通通道承载了明显的专门的经济功能。

宋代四川盆地交通与东南地区峡路交通重要。从成都到江陵沿线设立了完整的水驿，计当时从成都到峡州水程二十三程，成为转运马纲、蜀布、粮草的重要漕运通道，所以有"顺流而下，委输之利，通西蜀之宝货，传南土之泉谷。建帆高挂，则动越万艘；连樯直进，则倏越千里。为富国之资，助经邦之略"②之称。在荆楚地区长江沿岸有大量蜀人生息。盆地内由于众多城市的经济发展起来，各州之间的交通通道更加完善，如梓州为"水陆之冲""剑外之会"③，彭州有"小成都""小郫"之称，绵州为"水陆四动""舟车辐

---

① 蓝勇：《西南历史文化地理》，西南师范大学出版社1997年版，第88页。
② 苏德祥：《新修江渎庙记》，选自《全蜀艺文志》卷三七上。
③ 《舆地纪胜》卷一五四。

辖"①，遂州有"四达之区""居蜀腹""东蜀都会"②之称，果州则有"小益""小成都"之称，已经有"喜商贾"之称③，合州则有"巴蜀要津"④之称，为东蜀之要，渝州开始有了"二江商贩，舟楫傍午"之称，而万州也有"舟车之会"之称⑤。由于盆地内交通路线的发达，宋代当时许多取峡路到巴蜀的往往都在万州弃水路改走盆地内的陆路到成都。

　　盐和茶的运输对交通道路的影响明显。一方面宋代巴蜀地区经济整体发展，人口增加较快，对盐的需求大增，而产盐地和盐井数量也激增，这客观上使盐的转运成为交通道路承担物流的一个重要内容。而且宋代人口最集中的是成都府路，虽然"户口蕃息，所产盐食常不足"，而"梓夔等路，产盐多，人食有余"，所以，夔州路和梓州路的盐需要大量通过交通路线转运到成都府路。这样，当时巴蜀地区的主要交通道路都拥有了运盐的功用，如夔州路的汤溪河、大宁河都成为"图一泉之利而奔走四方"的通道，梓州路的长宁河取水路九程到泸州，富顺监内江（沱江）也都主要是因为运盐在这个时期成为重要通道。同时，宋代鉴于唐代桂林戍兵之祸，宋挥玉斧，与西南各民族采取绥縻政策，采取进行茶马交易来安抚西南民族政策，茶马贸易由此发展起来，巴蜀地区许多交通路线都开始成为了茶马通道，特别是西部的雅州、黎州、永康军、茂州的各通道，其中黎州和永康军是宋代巴蜀地区与西部各民族茶马贸易的最重要的两个集散地。

　　宋代黎州"蕃部蛮夷混杂之地"，很早就有用绌、绢、茶、布、交易蕃部红椒、盐、马之风俗。⑥宋代专门在黎州城外一二里设立市马务，有"蛮商越雟，毡裘椎髻，交错于阛阓中"⑦之称，所以，从黎州西走飞越山进入吐蕃的通道繁忙万分，所谓"蕃人往来互市，仰食所求，悉出于黎"⑧。而黎州之民"挟番蛮以取资，交商贾以通货，不求本业，专事末游"⑨。

---

① 《方舆胜览》卷五四。
② 《方舆胜览》卷六三。
③ 《舆地纪胜》一五六。
④ 《方舆胜览》卷六四。
⑤ 《方舆胜览》卷五九。
⑥ 《太平寰宇记》卷七七。
⑦ 《方舆胜览》卷五六。
⑧ （宋）李石：《方舟集》卷一〇《答郊运使论蜀中事体》。
⑨ （宋）李石：《方舟集》卷一八《黎州劝农文》。

宋代永康军是榷场,有称"蕃部岁至永康官场鬻马"①"蕃部驱马到永康军场以卖"②,故形成了"诸蕃尽食永康之茶"③的局面。所以,蚕崖关本身又有茶关之名,从永康军翻今娘子岭到茂州、松州等地西山道成为一条重要的茶马古道。

总的来看,宋代以来,巴蜀地区交通路线的政治、军事功用相对缩小,与经济的关系更加密切,交通道路经济的功用更加突出。

三、元明清时期巴蜀交通网络密集化

南宋末年巴蜀地区战乱对四川地区的社会经济影响较大,特别是使四川人口大减,农业经济受到的影响尤为明显。元代虽然屯田开垦了大量土地,但总的来看,开垦仍然十分有限。在文化上,巴蜀地区的文化地位由于经济地位的下降也有所下降。这个时期,影响巴蜀地区交通路线的政治军事因素成分相对上升。元代在四川地区形成站赤网络,更多是受宋蒙(元)军军事征战的背景的影响而形成的,但也有为了盐运发展起来的驿道。在军事上南宋与蒙古人征战中取用频繁的兴元路至成都驿道、成都至建昌云南驿道、成都江陵水道、嘉陵江水道、旧石门旧道、广(元)重(庆)线、二广线(广元至广安)、成渝线、成叙线等。出于政治联系的需要,元代正式设立从今贵州通湖广驿道和通云南的乌撒入蜀旧道的驿道。为了经济上需要,修通了运盐的黔江水道、浥井水道。④总的来看,元代在交通路线拓展方面有一定成效,但通过建立驿道来强化已经存在交通路线的地位作用更为明显。而这种交通通道的强化,对于整个四川盆地而言,更侧重于四川盆地的东南方向,体现了宋元以来整个中国政治经济文化中心东移南迁的大格局,也反映了整个四川盆地向东南开发的大趋势。

元末明初,巴蜀地区又经过长期的战乱,四川地区的经济文化受到的影响也是明显的,所以明清以来,四川地区的社会经济文化地位已经远不能与汉唐两宋时期相比了。不过,随着明代长达三百多年的恢复,在经济文化方面也有一些发展。在农业垦殖方面,巴蜀地区的屯田对于巴蜀边远地区的开发起着

---

① 《宋史》卷三一五《韩仁传》。
② (北宋)苏舜钦:《太子太保韩公行状》,《苏学士集》卷一六。
③ (南宋)阎苍舒:《论宜贵茶以市疏》,《宋代蜀文辑存》卷六一。
④ 蓝勇:《元代四川驿站汇考》,收录于蓝勇《古代交通生态研究与实地考察》,四川人民出版社1999年版。

明显作用，川东南地区的土地开发尤为突出，川西地区军屯影响巨大。明代都江堰灌区更为扩大，稻麦复种制在巴蜀地区逐渐巩固，棉花、边茶、蔗糖种植影响十分大。同样手工业、棉纺业、丝织业发展迅速，产盐地越来越扩大，特别是川南自流井已经开发起来，有"利颇饶"①之称。酿酒业中蒸馏酒发展迅速，特别是在川南地区尤为明显。明代巴蜀的商业主要是以木材贸易、丝绸贸易、茶马贸易三大贸易为特色。木材贸易首先是商业性采办繁荣，建板成为全国最有影响的木材商品之一，大量长江中下游商人进入川西地区采办。同时，皇木采办成为定制，采办规模越来越大。明代承宋代茶马贸易之制，只是更加完善，实行茶引制度，划分转运区域和路线，设立茶局、茶仓，分派官兵严缉私茶。同时，盆地丘陵地区开发深入，农副产品开发加快，特色农副产品增多，蜀椒、川扇、药材、皮革都成为重要的土贡。

明代四川文化发展上更明显受中原传统文化的影响，地域特色文化相对削弱，文化地位上承元代，相比于汉唐两宋时期，地位下降。但四川盆地东南地区文化地位上升明显，泸州、重庆、涪州、资州、内江、合州等地文化地位相对上升，盆地内部文化教育发展水平在空间上的差异相对缩小。

在这样的经济文化背景下，明代交通在驿运上上承元代，驿路发展较好，特别是四川盆地内连接东西的成渝大通道正式形成。一条从成都经龙泉、简州、资阳、资县、内江、隆昌、荣昌、永川、来凤、白市到重庆的东大路形成，以后成为六百多年中四川盆地内最重要的交通干道。由于经济上转运建板、皇木的需要，川江水路地位更加重要，沿江设立的驿站众多，并且设立了大量递运所、巡检司，负责转运和稽查。同时为了转运木材、粮米和开发金沙江下游地区，第一次在金沙江下游今新市镇至叙州间设立了驿路和驿站，开始不断有人呼吁整治金沙江下游航道。在交通路线的经营方面，由于受中国政治经济文化重心东移南迁的大趋势的继续影响，整个盆地在东南地区交通受到重视更明显。因明代贵州布政使司的设立，从重庆到贵州的驿道完全贯通。四川盆地经济中心东移南迁，乌撒入蜀旧道成为出入云南地区的第一通道，石门旧道和建昌路出入云南的地位相对下降。同时，受茶马贸易的影响，从内地通往西部康藏地区的茶马通道网络更全面。如明代规定巴州、通江、南江茶运销四川内地和松潘地区，而巫山、建始茶运销黎雅等地，这便形成了当时的运茶通

---

① （明）张瀚：《松窗梦语》卷二《西游记》。

道。①如明代在唐宋阳山江道基础上开通驿路，使建昌、黎州可与嘉州相通，成为运输茶盐的重要通道。②明代开始对飞越岭大道加强经营，成为茶马贸易的边茶大道，而和川道成为边茶小道。由于整个明代社会经济文化区域间联系的加强，军事政治上对信息交通的要求更高，宋代以来的急递铺在明代发展较快，铺递成为传递公文的交通方式，成为驿站交通的重要补充。

明末清初四川战乱尤为酷烈，战乱后的四川社会经济文化都受到极大破坏，人口大量损耗，虎患平常，城市残破，垦地荒芜，交通通道也受到较大影响。但随之而来的"湖广填四川"，大量移民进入进行垦殖，人口增长，经济恢复起来。清代巴蜀地区的农业经济发展是伴随着"湖广填四川"移民带入大量美洲高产旱地农作物为背景的，这对巴蜀地区的农业经济影响十分深远。在清代以前，唐宋元明时期巴蜀地区稻、麦、粟一直是最重要的大田农作物，其中稻麦主要在平坝、浅丘地区，而低山和中深丘种植以粟为核心，加上燕麦、荞麦为重要的山地丘陵农作物。实际上早在明代末年，玉米、马铃薯、红薯等就传入中国，但在中国种植并不广泛，巴蜀地区这些农作物的种植实际上是在清代乾嘉以来才普遍起来的。由于这些农作物的高产和耐寒而适应性强，成为"湖广填四川"复垦旧地和新垦山地的重要农作物。这些农作物种植使巴蜀地区山地深入开发成为可能，也使巴蜀地区人口迅速恢复，形成了清代人口发展的高峰。同时，在清代烟草、罂粟、甘蔗、柚油的广泛种植也使丘地内的土地利用更加深入。

清代巴蜀地区丝绸业远比明代发达，川北以阆中为核心、川东以巴县为核心、川西以成都为核心都形成了三个重要丝绸中心，特别是阆茧和东路丝影响较大。③清代四川盐业发展最明显，产盐区不断扩大，形成了蓬射、南阆、嘉犍、富荣、云阳五大产区，特别是富荣产区地位越来越重要。在清代盐业运销上的引岸制度，对巴蜀地区交通影响较大。清代相承明代茶马贸易，茶马贸易仍然是重要的商业转运贸易。由于森林资源长期砍伐，建板的营销地位相对下降，但皇木采办在清代中前期仍十分频繁，木材贸易仍是重要的商品贸易。在手工业中，由于受山陕酿造文化的影响，白酒生产成为四川较有影响的手工

---

① 贾大泉等：《四川通史》第五册，四川大学出版社1993年版，第254页。
② 蓝勇：《四川古代交通路线史》，西南师范大学出版社1989年版，第146~150页。
③ 贾大泉等：《四川通史》第五册，四川大学出版社1993年版，第231页。

业，清代末年泸州大曲、杂粮酒、渝酒、绵竹大曲成为当时很有影响的白酒名牌。清代沱江流域已经取代涪江流域成为最重要的蔗糖生产地区，内江一带糖房林立。由于山地不断开发，巴蜀地区的山区薪炭厂众多。

在手工业发展的背景下，清代巴蜀地区城乡商品经济发展较快，主要体现在农村集市从数量和规模都远远超过前代，出现了许多著名名镇，如江油的中坝镇、荣昌的安富镇等。同时山货开发成为巴蜀农村的重要农副开发项目，以药材、皮毛、桐油、薪炭等为核心的山货开发形成规模。清末随着重庆开埠通商后，巴蜀地区东部的商业经济地位大大上升，重庆成为巴蜀地区的第一商业都市；万州开埠后也迅速发展，商业地位远远超过盆地内的其他中等州县城市。

整个清代在文化地位上与明代一样，已经远非汉唐两宋能相比。但清代大量移民进入后，各省移民将本省文化带入，会馆林立，与土著文化融合，新的川语、川菜、川戏形成，逐渐形成了新的以湖广移民为核心的新四川文化，文化的汇纳兼容性达到空前的地步。而清代后期在开埠西方文化进入后，西方文化对巴蜀地区的影响越来越深入。新式学校大量建立，留学国外成为一时风气，新式教育方面四川地区又在全国处于领先的地位。

在这样的背景下，巴蜀地区的交通网络更加密集，交通道路承担的经济功能更为明显。在中国经济文化重心继续东移南迁的背景下，四川盆地地区与东南地区的联系更为密集，长江水路仍是巴蜀地区对外交通的最重要的通道，特别是重庆开埠以后，机动船的取用，长江水运更是承担了大型民生交通运输的重任，也为近代西方现代文化进入四川的最重要通道和四川人走出国门的第一通道。作为长江水运的补充，盆地内的东西干道地位越来越重要，成渝东大路仍然是盆地内最重要的交通驿路。同时，从万州、梁山、遂州、中江到成都的小川北道成为四川盆地内的第二条东西干道。清承明制，茶马贸易仍然较为发达。清代实行茶引制度，飞越岭路称"边茶大路"，而马鞍山路为"边茶小路"。由于运盐也实行引岸制度，特别是边岸制度对巴蜀地区对云南、贵州、湖北的交通都有明显的影响。川盐济黔促使了川黔交通的发展，如綦岸对綦江河的僰溪道、仁岸对赤水河的符关道、永岸对于永宁河的乌撒入蜀旧路、涪岸对于乌江的黔州道的发展明显。川盐济滇促使了沿横江河谷的石门旧道和沿南广河的南夷道的发展，川盐济楚促进了长江水路及两边支路交通的发展。清代利用金沙江、长江航道转运皇木、滇铜、黔铅，这些对金沙江和长江航运有明显的推动。特别是乾隆年间为转运滇铜整治金沙江航道，使金沙江小江口以下一时能水陆联运，使长江的航道向西延伸更长。同时，由于清代四川盆地内人口激增，山区开发深入，山货贸易发达，使整个乡村的道路网络越来越密集。

四、近代巴蜀交通空间格局变化

民国以来的20多年，四川地区军阀混战，经济文化发展受到诸多影响。不过，在开埠以后，近代工业大量进入巴蜀地区，特别是重庆地区，现代工业发展较快。抗日战争爆发后，大量工厂迁到巴蜀地区，使巴蜀地区工业经济迅速发展。在这样背景下，近代交通运输兴起，改变了几千年来巴蜀地区的交通格局。在民国时期，总的来看，长江水运仍然是巴蜀地区对外交通的最重要通道，但对外公路汽车交通地位开始逐渐取代传统的驿路交通主导地位，在矿区已经出现铁路交通，航空运输也逐渐开始有了影响。民国时期是传统交通与近代交通交替的一个过渡时期，一方面传统交通的驿路还在广泛使用，骡马、马车、轿子、滑竿、鸡公车等传统交通工具仍在使用，传统交通组织如麻乡约、乌拉、马帮等仍然在发挥作用；同时，机动船在长江上已经较为普遍，汽车已经在重庆、成都等较大的城市中使用，航空已经对重庆、成都等城市交通产生一定的影响。

在这样的背景下，巴蜀地区的交通空间格局发生了明显的变化。长江水运仍然是巴蜀地区对外交通的干道，这本身是当时中国东南地区成为中国经济文化最发达的地区的格局决定了的，同时也是机动船出现后对传统木船交通地位替代，使水路交通地位上升所致。同时公路逐渐成为一个时期的主要交通干道，如1933年修成的成渝公路，1932年修成的川康成公路，1935年修通了川黔公路，1936年修通了川陕公路，1937年修通了川湘公路。抗日战争期间，出于大后方战略的需要，1939年修通了川滇东线，1941年修通了乐西公路，同年连通会理到云南祥云的公路。至此，巴蜀地区对外交通的公路基本都有了干线，传统的驿运交通地位相对下降。只是在抗日战争时，因战时交通的需要，许多地区同时发展驿运，作为公路交通的补充。

第二节　巴蜀交通与社会生产力变化的关系

巴蜀地区交通的发展除了与政治军事经济发展的关系密切外，生产力的发展对于巴蜀交通方式的影响十分明显，继而也深深影响到交通文化的特性。由于各地生产力发展水平不同，特别是生产力中的劳动对象的差异，不仅各地区的交通文化特征明显，而且这种生产力变化也使交通的特征变化明显，使一个地区内的交通文化带上了明显的时间特征。

据林向先生研究表明，岷江河谷早期人类活动主要在峡谷的半山腰间，所以岷江河谷早期的文化遗址更多在半山腰，体现了这个区域的文化更为发达；到了宋元，生产力更发达后才向沟底发展。这样的状况主要是生产力发展程度的制约的结果。在生产力低下的背景下，人们游牧业的比重较大，对抗洪水的能力较低，人们选择在半山腰更加适宜生活和生产。在这样的背景下，可能主要通道的海拔更高一些。当人们生产力提高以后，人们在河谷低处发展种植业，交通通道的海拔更低一些。

巴蜀地区特殊的环境背景下，由于生产力的背景差异，巴蜀地区的交通发展形成五个时期。

一、栈道碥路时期

战国秦汉隋唐北宋时期，栈道交通是这个时期巴蜀交通最有特色的地方。这个时期一方面铁工具广泛使用，为大规模开凿栈道创造了条件，而大量的森林资源又为开修栈道奠定了方便的材料基础。同时，受先秦时期遗留下的车战传统的影响，栈道平缓的特点利于车马的行进，使栈道的开修也存在必要。历史上的"栈道千里，通于蜀汉""栈道千里，无所不通"，都是指的战国秦汉时期。从考古发现来看，现存的古栈道遗迹绝大多数都是开凿于这个时期。如褒斜道留坝一带的栈孔、甘肃成县西峡栈孔、大宁河栈道、广元明月峡栈道都主要在这个时期开凿，并兴盛于这个时期。从历史文献的记载来看，也是在这个时期开修栈道的记载最多，如汉代杨母在大相岭造栈阁、李苞修褒斜阁道、隋唐修治石门关阁道、晋晖修故道栈阁、五代修斜谷栈阁2800余间、宋修白水路栈阁2309间。历史上的"明修栈道，暗度陈仓"，实际上显现了这个时期栈道交通的唯一性和重要性。这个时期碥路交通存在于大量相对平坦之地，马车、人力车是重要的交通工具，背篓、肩舆、骡马、牛马车等是这个时期的重要交通工具。按照传说，历史上木牛流马是诸葛亮所创，据考证这种木牛流马就是今天的鸡公车之类的交通工具。在许多封闭落后地区，原始的独木舟、皮筏还是重要的交通工具。这个时期桥梁形式还较为简单原始，木桥的比例较大。

在这个时代能乘马车、牛车出行是相当高贵的，栈道往往是以官道而设立的。

二、水运碥路时期

从两宋到20世纪30年代为水运碥路时期，栈道的大量退出历史舞台是在南宋以后，所以从南宋以后少有大规模增设栈阁之举，多为毁栈为碥路的事功。木栈道毁坏之后，除改为石栈外，多数改为碥路。改为碥路一则就近在原来栈道上开辟，一则是远距离栈道所处的峡谷，改为翻山岭垭口盘折而上。

栈道的衰亡，有人为的因素，也有自然的因素。一方面汉唐时期，气候比今天要暖湿得多，森林覆盖面积比今天要广得多，这就为大规模设立栈道提供了方便的原材料。栈道毁弃后，一时无栈木修补，人们便以石代木，形成石栈，故今多留有石梁和石柱。一方面从有关航道史的研究来看，由于森林面积减少，造成水土流失，河床淤升，险滩复出。大水时水流湍急，木栈多被冲毁。而大部分时期河床两边干涸，人们完全可以行走在干涸的河床上，不必取栈而行受惊险。一方面栈道之优于碥路是在于可避盘折起伏之险，又可缩短路程，以利车舆行驶。但是，唐代以后，巴蜀地区人们多以人力、马力代车，栈道便失去存在的必要性。另一方面栈道易被水腐蚀，易为火焚，难以修葺，花费又大。这样看来，在古代生产力水平提高后，人们掌握了先进的筑路技术，自然要回山取途，逢岭盘折而过了。

同时，在这个时期由于生产力的发展，木船制造技术提高，木船制造规模扩大。据研究表明，宋以来巴蜀地区的木船制造规模大大扩大，前面谈到宋代眉州、嘉州、叙州、泸州、合州、夔州、利州、阆州、万州等地都是重要的造船城市，特别是在眉州、嘉州、叙州、泸州、合州、夔州、利州、阆州打造的马船和在嘉州、叙州、泸州打造的米船影响都十分大。宋代长江水运的地位空前，所以，宋代长江水驿路程的记载十分具体。元明清时期，在宋代的基础上正式有大量水驿名称的记载，这个时期有关国计民生的大宗运输都依靠巴蜀地区的川江干流、嘉陵江、沱江等河流，皇木转运、建板运输、滇铜转运、黔铅转运、川盐济滇黔楚、川米转运、川丝运输都是依靠长江水道，明代一部分茶的转运一度也依靠岷江、长江到嘉定，有"茶船徧江河"之称。[①]清代末年据

---

① 雍正《四川通志》卷一五《茶法》。

估计，宜昌到重庆的江面的木帆船有六七千艘之多。所以，20世纪上半叶，整个巴蜀地区留下的各种木船达70多种，堪称世界舟楫博物馆。所以，由于特殊的环境背景，这个时期的水运交通在巴蜀地区交通史上占有绝对重要的地位。在这个时期，在个别封闭落后地区原始的独木舟、皮筏还是重要的交通工具，高山深谷地区的索桥、溜索仍然是重要的交通设施。

同时，这个时期的碥路交通也达到历史上的最高峰。沿河筑路，翻山越岭走垭而修建碥路是上至驿道下至乡村小道的主要道路。所以，各地驿路往往碥石越岭相连，垭口上关防矗立，马帮穿梭，茶马贸易、川盐外济、转运滇铜黔铅、山货运输多依靠碥路转运，封疆大吏、富商大贾、文人墨客都多行于碥路上。至今在巴蜀地区还保留了许多碥路遗迹，如剑阁翠云廊，南江皇柏林，罗江白马关，都江堰娘子岭，汉源清溪大相岭，汉源泸定飞越岭，河南驿，深沟，叙永赤水镇，雪山关，甘洛海棠，越西小相岭，广元朝天岭，青川摩天岭，汉源滚龙坡，梁平高都山，重庆缙云山走马段、中梁山二郎庙段等。在这种交通背景下，马帮、船帮、乌拉差、麻乡约等特殊的交通转输组织形成，并在交通运输中发挥着重要的作用。作为碥路的交通设施，鸡公车、骡马、滑竿、轿子、背架（背篓）、担子成为这个时代的主要交通工具。梁式石桥、石拱桥成为碥路交通的最重要桥梁，边远山谷索桥、溜索仍在广泛使用。作为水运的交通工具人力木帆船仍是大宗运输的主要工具。早在明代百担大木船可以溯航到泸州一带，清代川江上中元棒、舵笼子、滚筒子、麻秧子等承载三四十吨的木船十分常见，最大的中元棒可承载150吨以上，有时一船桡夫可达五六十人，纤夫一两百人，行船场面十分壮观。同时，具有独特风格的巴蜀马帮文化、船帮纤夫文化发展到历史上最成熟时期，独特的川江号子、红船救生文化产生并完善。

在这个时期，能雇只木船在川江回溯是相当有身份的象征，而能骑上骡马、轿子前呼后拥地在驿道碥路驰骋也是一种地位的象征。

三、公路水运时代

20世纪30年代至60年代为公路水运时代。巴蜀地区的公路交通建设虽然在民国初年就已经开始，但真正成规模地建设并在交通中起有明显的作用应该从20世纪30年代开始。20世纪三四十年代修建了大量公路，如1933年修成的成渝公路，1932年修成的川康成公路，1935年修通了川黔公路，1936年修通了川陕公路，1937年修通了川湘公路。抗日战争期间，出于大后方战略的需要，1939年修通了川滇东线，1941年修通了乐西公路，同年连通会理到云南祥云的公路，这15年的时间内基本奠定了巴蜀地区公路交通干道，这些干道一直影响到20世纪六七十年代。50年代以后，巴蜀地区又修通了大量骨干公路。

这个时期公路交通已经完全取代了传统的驿路交通，与水路交通一同成为巴蜀地区交通的两大主要运输力量，在这个时期与水路共同承担了国计民生的重要交通运输。在这样的背景下，传统的驿路交通地位大大下降。许多公路不经过的驿路荒废，沿途城镇也随之从以前碥路时代的人烟汇集八方辏辐变得人烟稀落而地位一落千丈，如213国道雅安汉源县修通以后，改翻泥巴山，从而使花滩经黄泥铺翻草鞋坪垭口到清溪的古道荒废，繁荣昌盛极一时的黄泥铺等城镇衰落。同样，成渝公路修通后，原来翻缙云山走马段的古道衰落，走马、白市驿的地位大大下降。

同时，这个时期的水路交通发生了质的变化。机动船逐渐成为这个时期交通的核心力量，但木船并没有退出历史舞台，而是作为机动船的补充存在，一直保留到20世纪80年代末，这在川江支流上更为明显。巴蜀地区最早的机动船是光绪二十四年（1898）英国人立德乐利用"利川"轮试航，这便是川江上行驶的第一条机动船。以后由于机动船的相对快速和安全的特点，机动船逐渐成为国内航运公司川江航运的主流。到民国14年（1925），巴蜀地区已经有14家轮船公司，拥有轮船24艘。同时大量外国商船出入四川河道，到民国19年（1930），外轮共有47艘，比省内公司船稍少，但进出川江的轮船中外轮占90%左右。[①]民国15年（1926），卢作孚创办民生轮船公司，经过发展，到民国22年（1933），民生公司已经有轮船19艘，员工7000多人。[②]民生公司到民国26年（1937）已经有轮船47艘，承担了长江上游70%的运输任务。但在抗日战争前，轮船主要在川江主流的嘉陵江合川以下航行，其他河流主要还是以木船为主体，就是在川江主流上木船的运输量也十分大。这个时期，许多大的机动船的吨位已经达1000多吨，但多为国外轮。抗日战争期间，由于大量机动船退出川江，同时出于战时交通运输的需要，四川本地机动船发展较快。民生公司战后拥有84艘轮船，合众公司有13艘，重庆轮渡公司有12艘，招商局也有10多艘

---

① 王绍荃：《四川内河航运史》（古近代部分），四川人民出版社1989年版，第165～184页。
② 王绍荃：《四川内河航运史》（古近代部分），四川人民出版社1989年版，第195页。

机动船,这些机动船在川江承担了最重要的国计民生运输任务,如大量洋货输入,内地山货的外运,战时内迁人员、工厂物资突击转运,支持前线的军事运输等。50年代以来机动船的发展尤快。同时,在这个时期由于传统碥路交通和木船运输还占有一定的地位,往往作为机动交通的重要补充,如抗日战争时期的战时驿运、40年代至60年代的木船运输都在巴蜀交通史上占有重要的地位。这个时期航空运输已经开始出现,但在交通中的地位并不高。

总的来看,这个时期机动交通逐渐成为国计民生交通的主体,只是由于巴蜀地区特殊的地理环境,公路交通发展十分困难,水运交通受三峡滩险影响,虽然地位重要,但同样十分困难。在这个时期巴蜀地区的传统的碥路交通和木船运输仍起有明显的作用。总之,这个时期还是现代交通与传统交通的一个过渡时期。这个过渡时期与东部发达地区相比,可能在时间上显得更晚。

从文化上讲,在这个时期单独坐汽车是相当时髦的,汽车是只有极少官员、企业主才能享受的交通工具,乘洋轮(机动船)出行当然十分体面。

四、公路铁路时代

20世纪60年代至90年代为公路铁路时代。巴蜀地区现代铁路在经济命脉产生主导的影响应该是在20世纪60年代以后,随着巴蜀地区主要铁路干线的兴建,铁路成为巴蜀地区国计民生运输中的重要交通干道。在1952年成渝铁路通车后,虽然成渝之间的交通有所改善,但整个巴蜀地区对外交通还没有铁路干线,重大的国计民生大宗物资的运输还主要依靠水运和公路。到了20世纪60年代至70年代后,宝成铁路、川黔铁路、成昆铁路、襄渝铁路等对外铁路交通干道的建成,铁路才开始逐渐与水运、公路一样成为国计民生的大宗物资运输的工具,也成为长途客运的主要方式。

同时,这个时期巴蜀地区的公路建设达到一个前所未有的地步,重要的国道已经形成网络,县一级基本上实现公路相通,公路承担了绝大多数盆地内的客运和大量大宗物资的运输。从文化上讲,在这个时期驾驶员是社会行业中较为吃香的一个职业,绝大多数人只有乘坐运输公司客车的机会。自行车是这个时期规模最大、影响最广的短距离交通工具,这在成都平原及浅丘地区十分明显。

同时,虽然这个时期木船的数量大大减少,机动船的数量增大,吨位大大提高,但水运在交通中的地位相对已经不如前几个时期。传统时代的驿运骡运已经仅在极个别山区还存有,20世纪七八十年代鸡公车在农村已经很少使用,人力三轮车20世纪80年代末在城市内使用大大减少。

这个时期航空运输已经成为城市对外快速交通的重要工具，但在整个交通中的地位并不突出，客运所涉及的人群还较少，乘飞机对于大多数巴蜀人来说还是十分奢侈的享受。

五、立体交通时代

20世纪90年代以来，巴蜀地区形成以航空、高速公路为交通运输的核心，以高速铁路、城市轻轨、城市立交为交通特色的时期。

在这个时期航空运输在整个交通中的地位大大提高，巴蜀地区许多地级城市已经建立机场并拥有了通航的航线，乘坐飞机远行已经成为较多人的选择。高速公路大量建设，绝大多数地级城市都有高速公路相通，不仅县一级都通公路，而且基本实现了乡镇一级完全通公路，绝大多数村也有公路相连，公路交通网络越来越密集。相对而言，这个时期水运交通地位下降，客轮开始向快艇、大型游轮转换，木船完全退出历史舞台，木船和川江号子成为文化遗产。这个时期传统铁路的地位也相对下降，但仍是相当多中下层百姓出行的交通工具。高速铁路和高速列车开始出现，成为城际的重要交通工具。城市轻轨成为城市交通的一个亮点，城市地铁也开始建设。城市交通中重庆的立体交通特色鲜明。从交通工具方式来看，形成了航空、高速公路、高速铁路、一般铁路、一般公路、水运的立体交通网络。特别是高速公路建设，由于巴蜀地区特殊的地理环境，使巴蜀地区的高速公路桥涵比例相当大，有的高速公路桥涵比达80%以上，50%以上桥涵比的高速公路路段十分常见，使巴蜀地区的高速公路成为世界桥梁的博物馆。同样，由于这种地理特征，巴蜀地区许多城市内也是桥梁众多，特别是重庆市、泸州市、宜宾市、万州区、涪州区、南充市等城市桥梁成为城市的一道道风景线。城市中自行车的地位开始下降，20世纪90年代城市摩托车比例较大，成为时尚的交通工具，21世纪的前十年间农村摩托车成为最重要的交通工具。

在这样的背景下，传统交通工具，如轿子、滑竿、马车、人力三轮绝大多数退出了历史舞台，传统吃香的驾驶员职业在私家汽车越来越普遍的背景下，地位大降。

总的来看，影响巴蜀交通形式变迁的原因与全国是相同的。有一些则是巴蜀地区特殊的环境背景影响下形成的特殊轨迹，如高山深谷而森林密布，产生独特的栈道、索桥、溜索文化；河道复杂多样，江河湍急，孕育出了丰富的舟楫文化，如川江纤夫、红船、多种多样的木船；高山险阻和区位的因素使巴蜀地区铁路建设、公路建设相对落后。中国东部地区有的地区早在20世纪三四十代年铁路交通就已经在国民经济中扮演了重要的角色，对外公路干道早就形成，但巴蜀地区推后到六七十年代才形成这种格局。但巴蜀地区传统的驿路交通特色鲜明，背篓、肩舆、陆纤、滑竿等特色的交通工具得以使用，现代铁路和公路建设形成以高架多桥多涵的立体交通特征。显然，受特殊的地理环境和相对落后生产力的影响，巴蜀地区交通的发展在历史上在许多方面都较为滞后，但也正因此使交通文化在许多方面却是特色鲜明，对后世交通影响较大，显现了我们的先民在与自然环境抗争中抗争的轨迹。

第三节 巴蜀交通与巴蜀社会文化

由于巴蜀地区特殊的地理环境和由此产生的特殊的巴蜀交通，孕育出巴蜀特殊的交通文化。在历史上，"蜀道难"不仅成为交通闭塞地区交通不便的话语，同时成为社会人生艰辛的同义词。正是因为交通文化在巴蜀文化中的重要地位，使巴蜀地区交通文化融入了巴蜀社会生活文化的方方面面。

一、蜀道诗文与巴蜀文化

蜀道本应是一个广泛的概念，是指古代巴蜀地区与外界交通通道的总称，但是由于古代巴蜀地区社会经济文化发展过程中，北面的金牛道以及翻越秦岭的褒斜道、陈仓道、傥骆道、子午道和连云栈道等曾作为与中原核心区交通最主要的干道，被历代文化人特指为蜀道。

正因为蜀道在巴蜀历史上的特殊地位，历代许多著名的文人大都取蜀道往来。人杰地灵，文人的唱叹使这条条大山中的蜀道染上了文化的气息；钟灵毓秀，蜀道两边秀美的山川和奇异的风物也使这些文人的诗文得江山之助而声名远播。

据马强教授研究表明，唐朝五代两宋有关蜀道的诗文有400多首，特别是唐代诗人多壮游蜀道，《全唐诗》中关于蜀道的诗俯拾皆是，从沈佺期、岑参到李白、杜甫，从元稹、白居易到薛能、戎昱，从李商隐、杜牧到罗隐，至唐韦庄、孙光宪、王仁裕等，共计有50多位诗人蜀道上有诗传世。到北宋时，仍有石介、文同、苏轼、陆游等涉足蜀道，留有不少诗词。

李白的《蜀道难》、李商隐和罗隐的《筹笔驿》、郑谷的《兴州江馆》、陆游的《山南行》《剑门道中遇微雨》等都堪称名篇。①像《蜀道难》中的"蜀道难，难于上青天"，陆游的《剑门道中遇微雨》中的"此身合是诗人未，细雨骑驴入剑门"，都是流传下来的名句。

历史上也有人将蜀道特指三峡陆路的，如王士性《广志绎》卷五称："李太白称'蜀道之难，难于上青天'，不知者以为栈道，非也。乃归巴陆路，下当峡江岸上，峻阪巉岩，行者手足重累。"南宋以来，由于中国政治经济文化中心的东移南迁，巴蜀地区与外交通更多是通过三峡水陆路，所以，我们历史上称的"自古词人多入蜀"和"蜀之士大夫多卜居异乡"，可能更多是指取峡江水陆路往来。

早在魏晋南北朝时，我们更多是通过三峡交通通道了解了三峡。北魏《水经注》的作者郦道元并没有到过三峡，但《水经注》中引用了许多前人关于三峡的文献，使我们了解了三峡的美文，也使我们了解了三峡。如《水经注》引袁松山的《宜都山川记》描述三峡"林木高茂，略尽冬春，猿鸣至清，山谷传响"，引盛宏之《荆州记》描述"自三峡七百里中，两岸连山，略无阙处，重岩叠嶂，隐天蔽日，自非亭午夜分，不见曦月……"

翻开史书，我们不难看出，从唐代开始，杨炯、沈佺期、孟浩然、萧遘、张祐、窦巩、李频、张九龄、岑参、高适、王昌龄、王维、张锐、郑谷、李白、白居易、杜甫、陈子昂、刘禹锡、司马光、欧阳修、苏洵、苏轼、苏辙、范成大、陆游、王十朋、王士性、杨慎、王士禛、张问陶等文化名人都游历长江峡路，或为官三峡。如此多的文化名人汇聚，人杰地灵，文气熏染，使深僻的巴蜀三峡有了人文气韵。同样，钟灵毓秀，得江山之助，许多文化名人也因此名声更大。

杜甫流传至今的诗中有近三分之一是在三峡途中所作，他的《登高》一诗中的"无边落木萧萧下，不尽长江滚滚来"之句成为流传千古的绝句。诗人李白在三峡留下"朝辞白帝彩云间，千里江陵一日还。两岸猿声啼不住，轻舟已过万重山"的千古绝唱。刘禹锡在三峡写的《竹枝词》中的"东边日出西边雨，道是无晴却有晴"和"千淘万漉虽辛苦，吹尽狂沙始到金"也是流传甚

---

① 马强：《汉水上游与蜀道历史地理研究》，四川人民出版社2004年版，第267～268页。

广。宋代范成大出入巴蜀留下的《吴船录》一书，对巴蜀风物记载甚详，其《范石湖集》中也多有诗歌咏唱巴蜀。陆游出入巴蜀留的有《入蜀记》，而且其《剑南诗稿》中也有大量诗文论及三峡风光。宋人王十朋在三峡为官，在其《梅溪先生集》中有大量诗文对巴蜀风土的记载。

明清以来，进入巴蜀地区的文化名人相对少了，但仍有一些文化人出入蜀道，对蜀道多有记载，如王士性《广志绎》《五岳游草》《广游记》中关于蜀道的记载就甚多，其中《入蜀记》则记载从金牛道到成都再从长江峡路到宜昌的经历。杨慎的《升庵集》诗文中关于蜀道的记载也甚多，特别是杨慎多次流贬云南，出入泸州、毕节到云南地区，对乌撒入蜀旧路沿途的风物多有描述。清代王士禛著《蜀道驿程记》对沿途风物多有记载，张问陶更是在其《瞿塘峡》一诗中留下了"纵将万管玲珑笔，难写瞿塘两岸山"的名句。

可以说千百年来，蜀道的自然风光感染了我们无数文化人，使他们将自己的人生境遇与蜀道的自然风物融为一体，寄情于蜀道的山水之间，影响了他们的人生道路。所谓得江山之助，蜀道的风光造就了千古文化人。而反过来，千百年来文化名人的蜀道诗文不仅使巴蜀地区交通通道熏染上文化的光彩，留下无数墨客骚人的趣闻逸事，还使巴蜀地区文化更加多姿多彩、流芳千古，更使三峡地区这个交通要道有了"诗峡"之说。

二、蜀道交通与关隘文化

巴蜀地区的地理环境四面闭塞，使蜀道上关隘的险壮之势远远超过其他平原地区。关隘在人们生产、生活中的重要性更明显，故相关的关隘文化也因此独具特色。

在历史上由于时代不同，政治经济文化格局的差异，各时期不同关隘的地位有所差异。秦汉时维系巴蜀存亡的重要关隘为三关，即阳平关、江关、白水关。

据《天中记》卷一六引张华《汉南记》载："蜀有阳平关、江关、白水关，此为三关。"又引《通典》称："汉中褒城汉褒中县有汉阳平关，在县西北，蜀先主破魏军于此。"又引《典略》称："昭烈起馆舍筑亭障，从成都至白水关四百余区。"《三国志·吴志》卷二〇《贺昭传》："刘氏据三关之险，守重山之固，可谓金城石室万世之业。"

白水关最早见于记载是在《三国志·蜀志》卷七《法正传》，当时法正为刘备分析当时形势时认为："鱼复与关头，实为益州福祸之门。今二门悉开，坚城皆下。"法正认为当时进入巴蜀只有两条路，一是从东向西沿长江取鱼腹（奉节）入蜀，二是从北向南取陆路从关头（白水关）入蜀。因而守住鱼腹、关头是福，失掉鱼腹、关头必然有祸。《华阳国志》卷二载："白水县有关尉。"可见当时白水关的重要。正因为白水关地理位置重要，秦汉以来历朝历代设关筑寨，派兵戍地。而为了争夺白水关，这一带战事频繁。

江关对于巴蜀也十分重要，《水经注》引法孝言："鱼腹捍关，临江据水，实益州祸福之门。"这个捍关，即是江关，原在瞿塘赤甲城内，汉代也在此置都尉，后来又称为瞿塘关、铁锁关、夔关。

古阳平关，又名白马城、尽口城，始建于西汉，位于今陕西省勉县武侯镇莲水村。北依秦岭，南临汉江和巴山，西隔咸河，与走马岭上的张鲁城遥遥相对，雄踞于西通巴蜀的金牛道口和北抵秦陇的陈仓道口，与汉江南北的定军山、天荡山互为掎角之势，是汉中盆地的西门户，同时也是巴蜀通往关中的北端前沿，地理位置十分险要，历代战争不断。唐宋以后阳平关的位置西迁到唐代三泉县北的今宁强县阳平关镇，仍为川陕交通的重要关口。

秦汉时期巴蜀南部的灵关是巴蜀地区与"西南夷"地区交通的重要关隘。《史记·司马相如传》称司马相如"通零关道，桥孙水，以通邛都"。汉代的灵关应在今甘洛县深沟之处，即唐之清溪关前身。[①]而符关是巴蜀地区南部与"西南夷"地区的出入的另一重要关隘，唐蒙多次取此关出入"西南夷"地区。一般认为，这个符关在今泸州合江县县城，只是岁月流逝，具体位置已经难以确考了。

唐宋以来，巴蜀地区政治经济格局发生了较大的变化，巴蜀地区的南部得到开发，重要的交通道路向南部推移，巴蜀南部地区的关口开始受到关注。同时，与西部民族的联系增多，巴蜀地区西部的关隘名声越来越大。

《玉海》卷二四引《唐六典》卷二六，关中巴蜀地区有雅州邛崃关、彭州蚕崖关、利州石门关、绵州松岭关、龙州涪水关5个关，可见巴蜀地区关隘的重要性。《玉海》卷二四统计唐十道有关143关，其中剑南有12关，即彭州的静塞关、蚕崖关，汉州的鹿头关，嘉州的平羌关，巂州的青溪关、泸津关，雅州的灵关、鸡栋关、邛崃关，茂州的桃关，绵州之松岭关，龙州的涪水关。

唐宋时期，巴蜀地区北部最重要的关隘是阳平关和剑门关，相对而言白

---

① 蓝勇：《四川古代交通路线史》，西南师范大学出版社1989年版，第79页。

水关的地位下降。随着中国政治经济文化中心的东移南迁，巴蜀地区东南的瞿塘关越来越重要。由于巴蜀南部的开发，从巴蜀地区往南的石门关和清溪关的影响也越来越大。唐宋时的阳平关已经从勉县西郊移到嘉陵江边的唐三泉县北，即今阳平关镇处。而剑门关地位越来越重要，有"仁者由剑门以之为祸，不仁者由剑门以之生祸"①之称。宋代为加强管理，一度设立剑门路巡检使，专司管理，还设立与州同级的剑门关政区，景德二年（1005）甚至将剑阁县隶属于剑门关。《宋史》卷三〇九记载阎日新驻泊都监，徙剑门关兼知剑门县。当时剑门关使的权力十分大，负责着征收商税、照验公凭和守御防备的多项职能②，充分显现了巴蜀地区关隘在社会生活中的特殊重要地位。

唐宋时期，巴蜀地区通往南部、西部民族地区交通要道上的关隘不仅有军事防御、经济税收上的重要功能，可能在某种程度上讲成为夷夏之间的分界标志，比如清溪道上的清溪关、邛崃关、泸津关，石门道上的石门关，西山道上的玉垒关、蚕崖关等，往往是汉区与夷区的分界线，如蚕崖关，据《元和郡县图志》卷三一《剑南道》上曰："蚕崖关，在县西北四十七里。其处江山险绝，凿崖通道，有如蚕食，因以为名。"宋代，因四川与西北地区南部进行茶马贸易的缘故，蚕崖关又有茶关之名。《蜀中名胜记》卷六称："蚕崖关，宋熙宁五年（1027）重建，元末毁于火，今置巡司，关外有市，谓蚕崖市。《宋史》韩忠宪公子钳继知成都日所迁，以为夏夷互易之地。"《续资治通鉴长编》卷二〇五记载："逞蜀与夷接，边人伐木境上数侵争，因下令禁伐木。又以兵守蚕崖间，绝番部往来就威茂交易。"显然，蚕崖关成为夷夏间的重要分界线。

明清以来，巴蜀地区的关隘除政治、军事的功能外，经济功能增大，特别是水路交通上的关隘在征收关税方面的作用加强。夔州府的夔关对商税（夔厘）的征收、重庆府渝关对商税（渝厘）的征收、叙州府铜关对铜锐的征收成为关隘最重要的职能，如《大清会典事例》卷四七记载乾隆年间夔关关税实有63114两，在巴蜀地区关税中最为重要；而《大清会典事例》卷一三六记载乾隆年间四川渝关关税有5000两，主要是征收木税。水路商税的征收突显了巴蜀地区在明清商品经济发展的背景下交通关隘商业功能增大的特点。

---

① 《文苑英华》卷八三四《剑门山记》。
② 蓝勇：《四川古代交通路线史》，西南师范大学出版社1989年版，第23页。

明清时期随着政治经济文化交流增多，巴蜀地区的关隘对社会经济文化产生的影响越来越深入。灌县的玉垒关，罗江县的白马关、鹿头关，剑阁的剑门关，广元县的朝天关，天全县的禁门关，芦山县的飞仙关，汉源县的邛崃关，盐津县的豆沙关，叙永县的雪山关，重庆巴县的浮图关，奉节的瞿塘关，遵义的娄山关等关口在巴蜀社会中的影响十分大。由于巴蜀东部地区的开发，东部的关隘越来越受到重视。

巴蜀历史上的关隘一般都是险居山脉垭口，或是居高临下一览众山，或是深处峡口深谷密箐，或是紧迫江河急流。在巴蜀关隘，一会儿是战火烽烟弥漫，一会儿是商旅穿梭如流，一会儿是达官贵人出入不断，一会儿是文人墨客流连忘返，血雨腥风、功利铜臭、官场浮沉、诗文雅趣交融在一起，在历史上孕育出数不清的关隘诗文，许多知名度十分高，流传甚广。

如唐代李白就有《剑门》一诗，留有"惟天有险设，剑门天下壮"的名句，而戎昱《剑门》一诗中也有"剑门兵革后，万事尽堪悲"的名句。宋代陆游对于剑门关情有独钟，先后写下了《剑门关》《剑门城北回望剑关诸峰青入云汉感蜀亡事慨然有赋》《剑门道中遇微雨》等诗，其中《剑门道中遇微雨》流传甚广，其诗称："衣上征尘杂酒痕，远游无处不销魂。此身合是诗人未？细雨骑驴入剑门。"以后"剑门细雨"成为剑门风物的高度概括。

唐代李商隐在重庆写下了《夜雨寄北》一诗："君问归期未有期，巴山夜雨涨秋池。何当共剪西窗烛，却话巴山夜雨时。"千百年来，李商隐的这首诗以其独有的意境被广为流传，巴山夜雨也随之名扬天下。据考证，李商隐这首诗可能就是在重庆浮图关（今作佛图关）所写，故留下夜雨寺在浮图关，后来夜宿夜雨寺，卧听巴山夜雨也成为巴渝十二景之一。

雪山关位于叙永县城南70公里处，濒临驰名中外的赤水河，隔河与黔岭相对峙，海拔为1708.6米，为四川南部边陲最高峰，号蜀南第一雄关，是明清时期乌撒入蜀旧路上的重要关隘。明代四川状元、著名诗人杨升庵谪戍云南永昌卫，屡次途经叙永雪山关，留有"雪山关，雪风起。十二月，断行旅。雾为箐，冰为台。马毛缩，鸟鸣哀。将军不再来，西路何时开"的诗句，将翻越雪山关的艰辛与自己人生的怀才不遇交融在一起。1916年护国讨袁战争时，蔡锷将军率领护国军途经川南叙永县雪山关即兴撰写对联："是南来第一雄关，只有天在上头，许壮士生还，将军夜渡；作西蜀千年屏障，会当秋登绝顶，看滇池月小，黔岭云低。"对联气势豪放、音韵铿锵、脍炙人口，不仅真切地描绘出雪山关一带山川的雄秀，而且热情地讴歌了正气凛然、胜利在握的护国军，表现出将军宽广的胸怀、非凡的胆略。

三、川江交通与码头社会

传统时代，巴蜀地区川江水运在交通运输中的地位十分高，特别是在宋以后，随着中国政治经济文化中心的东移南迁，水路的地位上升，水运交通更为繁忙。由于水运停靠船舶的需要，产生了水运码头。古代的码头多自然坡岸，码头一般要有相对平稳和有一定吃水深度的水面，有容易抛锚的沙坝、挂纤的列石，最好有相对高低的河岸。较大的码头一般人工修有通向河岸的石梯，直接通向城市的城门洞，还有专门的拴纤绳的石柱。近代机动船较多后，出现专门停泊大船的趸船、连接趸船与河岸的船桥，在重庆大码头还出现升载客货的缆车。

由于传统时代水运交通在巴蜀地区交通中有重要的地位，码头就成为传统时代物流、人流最繁忙的地区。同时，码头也成为商业经济最发达的地区，成为社会阶层最复杂的区域，实际是现代民间流传的操江湖，即与码头文化的江河滋生的社会交流广泛、社会层次复杂的属性有关。

在传统时代，沿江河城市的码头往往是城市中的商业服务最为发达的地区。巴蜀地区一般在码头河岸上的吊脚楼上形成商业服务区，有各种酒店、茶馆、客栈、杂货铺、仓库、当铺、妓院、水运管理的官府，一般移民会馆和行业会馆也多在码头附近。城市的红灯区往往都离码头不远，与川江沿途的民房中私娼一起主要为老板和船工服务。在枯水季节，还在沙坝河滩上形成一个临时的商业区域，主要由竹栅墙体茅草覆瓦形成的棚户商业区，多是临时杂货铺、仓库和小酒馆。晚上码头的江岸上下都有娱乐服务，如清代奉节一带由于江岸多商船、铜船、官船，往往一叶小舟穿梭其间，船上多小姑娘卖唱为生，称为"唱灯儿"。

宋代，成都仍是重要的水码头，合江亭成为官府送往迎来的重要码头客栈。特殊的历史条件可能形成特殊的码头，如唐宋夔州城的白帝城码头，曾留下"朝辞白帝彩云间，千里江陵一日还"的千古佳句；如合川钓鱼城的水军码头，虽然修建于南宋末年，主要出于军事目的，但后代部分露在外面，仍然为民用。清代，在巴蜀的江河上有许多著名的码头，如成都锦官驿码头、九眼桥码头，彭山江口码头，乐山丽正门（铁牛门）码头、肖公嘴码头，宜宾合江门码头、东水门码头、铜关码头，泸州的铜码头、官驿嘴码头，江津的通泰门码头（官厅码头），重庆的朝天门、东水门、临江门、储奇门、南纪门、太平门、金紫门、望龙门、江北嘴、千厮门等码头，万州的黄泥滩码头，奉节的依斗门（大南门）码头，南充的中渡口、靖江楼、小东街、大东街码头，合川的鸭嘴码头，自贡的沙湾码头，武隆的羊角码头，酉阳的龚滩码头等。

由于码头特殊的功能，因此形成了一个特殊的服务阶层，主要包括操舟划桡的船夫、拉纤的纤夫、搬运货物的力夫和运输客人的轿夫、滑竿夫。

在清代前期乾隆年间，重庆码头基层社会中的饭铺和城门夫头最为关键。据记载，清代乾隆年间，饭铺本是码头中商业饭馆的老板，由于长期在码头生活，成为码头中的地头蛇之类的人物。所以，官府在重大运输工程中需要力夫等事，都请码头的饭铺代为招集，如转运滇铜、皇木所需要的力夫都是如此。同时，各城门的夫头也是重要的社会力量，据《四川巴县档案·乾隆朝》一六三号档案记载，为了接转皇筏，官府要求重庆沿江的重要城门都要招集散夫参加接运，计朝天门、临江门、千厮门每天每门50名散夫，共150名，东水门、太平门、储奇门、金紫门每天散夫40名，共160名，后来由东水门、太平门、储奇门、金紫门四门夫头李东明、段公度、罗洪魁、唐仲明负责招集。

近一百年来川江上的码头文化有所变化，主要是"湖广填四川"以来，各省移民进入后，随着经济的发展，船夫日多。据统计，民国时，南纪门有工人700多人，储奇门有400多人，金紫门有400多人，望龙门有200多人，临江门有1100人，朝天门有1100人，千厮门加上船工有1700多人，东水门有1000人。[①]因此，巴蜀地区的码头文化更为复杂，特别是码头上帮派林立。到清末民国，重庆的码头有九门七十二帮之说，形成的行帮会社十分复杂。大多数帮会都有会道门派控制，特别是清末哥老会的袍哥堂口众多。研究表明清末重庆通远门城内有西南和白花两个帮会，后统一为下货帮，城外西帮和南帮统一成同运帮，沿嘉陵江沿线则为上货帮。后来，各帮会老板称为干事，但多由袍哥老大管理。[②]清代奉节县不仅有按地域组成的帮会，如江西帮、湖广帮、福建帮、黄州帮、江浙帮等，还有许多专业类帮会，如药王帮、船商帮、屠商帮、弹花

---

① 《重庆文史资料》第二辑，重庆出版社1999年版。
② 邓晓：《川江航运文化研究》，中国言实出版社2009年版，第22～23页。

帮、铁匠帮、铜匠帮、绸布百货帮等。①清代四川船帮在宜昌就有九个帮派之多，有小红旗帮、大红旗帮、长寿帮、涪陵帮、丰都帮、忠州帮、忠县帮、云开帮、奉巫帮，船上各有自己的旗帜标识。②

在川江上谋生的船工时时面临着船毁人亡的死亡威胁，故要祭祀"震江王爷""镇江王爷"祈求平安，希望给自己增添通过激流险滩的精神力量，故一般船工们专门在码头附近修建有王爷庙，供奉镇江水神，希望能够保水运平安。由于巴蜀历史的特殊性，巴蜀地区的王爷庙中也有祭祀李冰父子的。现在保存较好的王爷庙有自贡沙湾的王爷庙、云阳的张飞庙（原是王爷庙改，三峡蓄水拆后重建）、叙永的王爷庙、江津塘河的王爷庙等。据说水运发达的宜宾船帮曾建了5座王爷庙，府河船工王爷庙在东门口，长江船工王爷庙在大南门，金沙江、大关河船工的王爷庙在小较场川主庙内，短途帮船工王爷庙在南岸下渡口，南广河船工王爷庙在南广街上。古嘉州城（原乐山城）也有3座王爷庙，它们分别是岷江东岸东岩王爷庙、铜河碥王爷庙、高西门王爷庙。四川泸州甚至出现一条街中有3座王爷庙的现象。

四、川江交通与文化艺术

由于川江航道窄险，礁石林立，水流湍急，上水需拉纤盘滩，为统一步调，往往要靠号子来统一步调，鼓舞士气，便形成了上水川江号子。同时，即使是在平水和下水时，由于川江航运时间长，船工生活单调，故航行中往往借景抒情，形成平水和下水号子。具体讲，按不同的场景、功能又分成起桡号子、招架号子、抓抓号子、诉诉号子、么二三号子、斑鸠号子等。如果按地域分，又可分为川江号子、峡江号子、乌江号子、南广河号子、嘉陵号子等。不同河段号子的音韵和内容都有一些差别。

据宋代郑刚中《思耕亭记》记载，当时拉纤就有"怒水急号呼相应"之称，为川江号子最早的文献记载。明清以来，有关川江号子的记载较多。但川江号子多是由人之间互为传唱，并没有文献将其完整记录下来，故流传下来的川江号子虽然十分多，但较为分散零散。

在众多的川江号子中，有许多记载当时风物风情的号子尤为珍贵。它们不

---

① 苏川颙：《夔州的行帮》，收录于《奉节县文史资料选辑》第3辑。
② 吴顺德主编：《宜昌地区水运志》，人民交通出版社1994年版，第191～192页。

仅是前人为我们留下的珍贵的乡土文学艺术宝库，又成为我们研究社会生活历史的重要资料。在众多号子中，一些以风物为主题的川江号子尤为珍贵。

如一首《说九门》将重庆巴县九门码头的功能和风情概括于其中：

四川省水码头要数重庆，开九门闭八门十七道门；朝天门大码头迎官接圣，千厮门花包子雪白如银；临江门买木柴树料齐整，通远门锣鼓响抬埋死人；南纪门菜篮子涌进涌出，金紫门对着那镇台衙门；储奇门卖药材供人医病，太平门卖的是海味山珍；东水门有一口四方古井，对着那真武山鱼跳龙门。

这首《说九门》实际上是另一首《说重庆》的缩写版。《说重庆》这样称：

四川省水码头要数重庆，开九门闭八门十七道门；朝天门大码头迎官接圣，千厮门花包子雪白如银；临江门买木柴树料齐整，通远门锣鼓响抬埋死人；南纪门菜篮子涌进涌出，金紫门对着那镇台衙门；储奇门卖药材供人医病，太平门卖的是海味山珍；东水门白鹤亭香火旺盛，正对着真武山古庙凉亭；较场坝地方宽多少美景，谈生意讲买卖赚金银银；想当年春秋操好不整齐，众教头操坝上大练兵丁；三牌坊富贵家表之不尽。鱼市口到冬至要杀犯人；学堂湾九眼桥使人不信，桥头上卖绸缎又卖绉绫；到门坎卖瓜帽还卖铅粉，双火墙卖毡帽又卖毡缨；陕西街上中下繁华得很，朝天门开字号兑换金银；过街楼卖笼叉叉滚，沙井湾盐井坡乌龟眼睛；三元庙不撞钟光是敲磬，龟头山敲了钟不得安宁；千厮门鸡毛土地灵得很，许还愿烧香火要数船民；木匠街卖铜器又卖冬笋，新街口卖衣线又卖头绳；长安寺第一山千年景，后伺坡看得见大河半城；大梁子卖冬帽又卖衣食，神仙口卖首饰又包赤金……

还有一首《说江湖》流传甚广，但由于是口头流传，各地各人的版本差异较大。四川版更长，如下：

一朵腊梅雪中红，三郎灌州降孽龙，三人结拜情义重，四海龙王在水中，伍子临潼斗过勇，六国苏秦把相封，七岁安安把米送，八仙过海显神通，九走江湖人称颂，十载寒窗苦读书。读书又怕打屁股，丢了书籍跑江湖。手提搭帕跑江湖，哪州哪河我不熟。成都皇城古迹有，武侯祠内三弟兄。杜甫草堂诗无数，宝光罗汉五百尊。隆昌出的白麻布，自流贡井花盐出。合州桃片遂宁蜡，金堂柳烟不马虎。峨眉山上风景好，夹江白纸好书写。五通锅盐红底白口，嘉定曾把丝绸出。宜宾醋蛋豆腐卷，柏树溪潮糕都都。牛屎偏的砂糕当烛用，泥溪板姜辣乎乎。内江白糖中江面，资中豆瓣能下锅。南溪黄葱干豆腐，江安曾把竹簧出。安宁桥的豆豉粑搭鲜肉，吃起来味道硬安得。纳溪泡糖橘精酒，叙永硫磺船运出。泸州有名大曲酒，爱人堂的香花胜姑苏。永川豆豉蒸腊肉，荣昌纸扇有名目。合江猪儿粑和罐罐肉，古蔺冬笋土挖出。江津广柑多品种，太和斋米花糖猪油酥。綦江铁矿多无数，火烤牛肉南川出。

好耍要算重庆府，卖不出去能卖出。朝天门过船往下数，长寿进城爬陡坡。梁平柚子垫江米，涪陵榨菜露酒出。石柱黄连遍山种，丰都出的豆腐肉。脆香原本万县做，其名又叫口里酥。夔府柿饼甜如蜜，巫山雪梨比昭通。

残言几句随风散，书归正传来板船。奉节本来叫夔府，古迹白帝城托孤。臭盐碛武侯显威武，河下摆下八阵图。石板峡口水势猛，仁贵东征立柱拦匈奴。二十四珠船随拜，一点航向不要输。

重庆版《说江湖》较短，且与四川版多有出入：

手提搭帕跑江湖，哪州哪县我不熟。

隆昌生产白麻布，自流贡井花盐出。合州桃片保宁醋，金堂柳烟不马虎。五通锅盐红底白口，嘉定曾把丝绸出。宜宾醋蛋豆腐乳，柏树溪潮糕油都都。牛屎偏的矿糕当烛用，泥溪板姜辣呼呼。内江白糖中江面，资中豆瓣能下锅。南溪黄葱干豆腐，安宁桥的粑粑搭鲜肉。泸州有名大曲酒，爱人堂的花生胜姑苏。永川豆豉古蔺笋，合江猪儿粑和罐罐肉。江津广柑品种多，太和斋米花糖猪油酥。

好耍要算重庆府，卖不出的能卖出。朝天门坐船往下数，长寿进城爬陡坡。梁平柚子垫江米，涪陵榨菜露酒出。石柱黄连遍山种，丰都出的豆腐肉。脆香元本万县做，其名又叫口里酥。夔府柿饼甜如蜜，巫山雪梨赛昭通。

奉节本来叫夔府，古迹白帝来托孤。臭盐碛武侯显威武，河下摆下八阵图。石板峡口水势猛，仁贵立柱征匈奴。言归正传加把劲，再往下走是两湖。

从这两个《说江湖》号子我们可以看出，当时川江号子虽然同一题目，但内容差异较大。每个号子手根据自己的体会有增有减，改动较多，体现了川江号子随口相传的特性。今天，这首《说江湖》为我们传递了许多历史上的风物细节，如号子中的许多土特产我们十分熟悉，但如泥溪板姜、古蔺笋、涪陵露酒、南溪黄葱、南川火烤牛肉等并没引起我们以前研究者的重视。

其他嘉陵江号子、沱江号子、乌江号子中也有不少沿途风情的记述。如《嘉陵号子》："嘉陵风光如锦绣，各家码头有好吃。南充河街的沙胡豆，青居镇出腊猪头。龙头寺的豆干香满口，川北凉粉拌麻油。沿口蹄花分量够，划算还是帽儿头。三汇橙糖看得透，北碚豆花第一流。土沱卖的高粱酒，醇香无不心头。小麻花出在磁器口，惹得路人口水流。"如《沱江号子》："资中开船吃枇杷，灯盏五里杨柳垭。十八女儿文江耍，石板滩儿进峡峡。甘露张公骑子马，惹得河边老马抓。铁钳口儿不太大，涨起水来像虾笆。"

在川江号子中有大量情歌类的作品，在每个河段的号子都有体现。如《今天出门好灵光》："今天出门好灵光，看到幺妹海参衣裳。手里拿根捶衣棒，活像一个孙二娘。打得鱼儿满河跑，打得虾笆钻裤裆。唯独对我眯眯笑，笑得哥哥我心发慌。"又如《挣了一滩又一滩》："挣了一滩又一滩，转弯就是泥巴湾。湾湾里头好气派，吹吹打打闹翻天。轿儿抬的是新娘，滑竿坐的舅老倌。老子还是单身汉，无儿无女好心酸。"又如《叫声妹儿听我说》："叫声妹儿听我说，今生今世苦楚多。今天你来看到我，拉起船儿往上拖。肩膀磨成猴屁股，背心晒成乌龟壳。我不疼我谁疼我，哥哥为你把汗流。"在以前流传使用的川江号子中，还有许多是低级下流带有色情内容的号子，反映了传统时代船工阶层的生活苦闷而自我调节性情感的真实历史。

一般而言，大江大河的号子内容更丰富，支流号子内容相对较简略。上水号子简明有力，平水和下水号子丰富而诙谐。从世界交通史来看，巴蜀地区的川江航道是世界上最复杂的内河大航道之一，川江航运的艰难也是世界上少见的。少见艰难的航运孕育出来的川江号子与具体的航运技术关系密切，为适应不同的航行状态，川江号子的种类繁多便是体现。所以，世界上没有哪一种劳动号子像川江号子一样与川江具体的木船运输有这样密切的关系。同时，川江也是世界上在丘陵、山地大河道中少有的如此繁忙的运输河道。这种河道艰难的特殊性与运输繁忙的特殊性的结合，使历史上川江号子内容的丰富程度、特色的鲜明程度也是世界上所有劳动号子不能具备的。不过，长期以来川江号子都是靠船工口口相传，极易流失。特别是近几十年，由于木船退出了历史舞台，承载川江号子的载体消失，川江号子也随之在实际生活生产中消失。为了保护巴蜀地区这项珍贵的非物质文化遗产，重庆专门成立了重庆川江号子研究会，将传承保护与研究结合起来。同时，川江号子作为中国非物质文化遗产，也选定了吴秀兰等一批川江号子非物质文化遗产的传人。

明清时期，随着商品经济的发展，交通运输越来越发达，在陆路运输上出现大量商人使用的路程书、经商手册等文献，如《一统路程图记》《水陆路程》《士商类要》《客商一览醒迷》等。同样，川江航运的发达也产生了大量水运的航道指南、行川指南、滩规书、船型规制类的特殊文献，成为世界交通史上独特的历史文化保留至今。

目前流传下来最早的这类文献是唐代王周的《峡船具诗序》，对三峡船型作了较系统的记载。嘉道年间谢鸣篁撰《川船记》一书，对清代川江部分船型构造有较详的记载，成为目前保留下来的唯一专门记载川江船型的历史文献。清代道光年间李本忠编有《蜀江指掌》。李本忠是嘉道年间宜昌府的商人，因长期在川江转运经商，对川江航道较为熟悉，曾用大量精力治理川江险滩，在他的晚年编成《蜀江指掌》一书，记载了长江三峡最著名的25处险滩的地理特点、凶险情况、水文变化及舟行须知，是我国保存至今最早的一部川江航道的文献。到光绪三年（1877），宜昌水师总兵罗笏臣编《峡江救生船志》，其中有对沿途滩险的绘制。后在光绪三十二年（1906）曾新编有《峡江救生船志》一书，增加了光绪年间西方人对救生红船的关注的文件。光绪十五年（1889），巴县县令国璋编成《峡江图考》一书，共95幅，附宜昌至重庆水道途程。民国6年（1919），江津人蒲宇宁组织编《峡江滩险志》，全书共3卷，一卷为志，两卷为图，篇首有峡江语，共编图63幅，40幅分图，为我国第一部现代科学实测而成的川江宜昌到重庆的航道图。到民国12年（1923）时，杨宝珊将《峡江图考》附上《川江轮船免碰章程》《轮船悬灯图说》《万县分关章程》《川江标竿救生船图》等，以《川江图说集成》出版。

同时，清末民初英国人莱基斯顿、法国人薛华立、英国人蒲兰田等也编制了有关川江航运的航运图和指南。

1960年，长航重庆分局据原海军部海道测量局刊行万分之一水道图缩为一万五千分之一，编绘了《长江上游宜渝段航道及航标配饰简图》一册，内部出版，全书共有图196页，成为新中国成立以来较早的川江航运航道手册。1965

年又绘有《宜渝段航道图》，比例为一比一万分之一。到1977年，长江航运管理局重庆分局在此基础上编制了《长江上游航行参考图》（宜昌至重庆）一书，全书共208图。1986年，重庆航海学会在前人的基础上又编印了《长江上游航行参考图》，全书分成两册，第一册为宜昌到万县，第二册为万县到重庆。与以往同类手册不同的是，图册增加葛洲坝建成后大量礁石的新旧高度表，并在每图后附有航行纪要，对该处的航道、主流、水势、航法、注意事项都有较详细的文字说明。今天长江三峡大坝蓄水后，这些航行参考图同样与清代民国留下的图考一样成为历史，已经没有实用价值了，但是这些历史文献成为三峡地区航运艰辛的历史见证，成为川江航运宝贵的历史文化遗产，也成为我们复原和研究过去航道、航运的宝贵资料。

结　语

巴蜀地区四向闭塞，山高水险，自古交通梗阻。但四川盆地以平原、浅丘为主，气候温暖湿润，物产丰富，适合人类繁衍生息。正是因为特殊的地理环境，历史上巴蜀各族人民为了消除空间阻隔不断努力，创造了世界瞩目的交通文化，为世界文明的发展做出了突出的贡献。

巴蜀交通发展史上有一个重要的话语，那就是"蜀道"。翻开中国历史的长卷，可能唯有用"蜀"这个地域词叠"道"频繁使用在各种历史文献中。"蜀道"之词在历史上有广义、中义和狭义之分。广义的蜀道泛指历史时期巴蜀地区对区域外的交通通道，这个意义可以将时间延伸到当代。而狭义的蜀道特指历史上秦蜀之间相通的主要干道，特别是多指历史上的金牛道、褒斜道、连云栈道等，使用时间多是在秦汉到明清之际为多。其实，应该还有一种中义的蜀道，特指秦蜀栈道和归巴栈道。明万历年间有两个文化人都有谈及，王士性《广志绎》卷五中明确记载："李太白称'蜀道之难，难于上青天'，不知者以为栈道，非也，乃归、巴陆路，正当峡江岸上，峻阪巉岩，行者手足如重累。黄山谷谪涪云：'命轻人鲊瓮头船，行近鬼门关外天。'人鲊瓮在秭归城外，盘涡转毂，十船九溺。鬼门关正当蜀道，今人恶其名，以其地近瞿塘，改瞿门关，亦美。"而何宇度的《益部谈资》卷下称："蜀道难，自古记之，梁简文帝诗云'巫山七百里，巴水千回曲'，为川东舟行峡中作也。李白诗云不与秦塞通云烟，为川北栈道行也，大都蜀道无不难如上青天者，峡固险矣，而陵亦匪夷，如夷陵至巴东之陆程则视栈道何异，是其难又在楚不在蜀耳。"显然，两位文人眼中的蜀道包括秦蜀栈道和归巴栈道。实际上这两条通道正是传统时代巴蜀地区与外界交通交流的最重要的两大干道。

在中国古代，"蜀道"一词的使用较早。早在《史记》卷一一七中就有"邛筰冉駹者，近蜀道易通"，《后汉书》卷六六也称："蜀道阻远，不宜归。"不过，在汉晋时，蜀道之词的认同率并不算高，《华阳国志》并无直接的"蜀道"一词出现，只是在卷二中有"邓艾伐蜀道也"之称，只能算"蜀道"之词的雏形。

应该看到，在元代以前，"蜀道"之词一直有两个词义，一是指通往巴蜀的交通道路或巴蜀外出的交通道路，如前面谈到的《史记》《汉书》中的记载。另如《旧唐书》卷一〇称"其迎上皇于蜀道"，《新唐书》卷七六称"帝至，自蜀道过其所，使祭之"，该书卷二二二称"蛮小丑，势易制，而蜀道险"，《旧五代史》卷一五称"请将兵镇谷口，通秦蜀道"，该书卷五〇称"蜀道阻险，议者以为宜缓师待变而进"，《续资治通鉴长编》卷三六六称"蜀道行于溪山之间，最号险恶"，《建炎以来朝野杂记》卷一六六称"上虑蜀道险远"，《三朝北盟汇编》卷一二三称"然而江浙所恃者陂湖，岂足以比蜀道之天险"，《宋史》卷三一五称"引众趋蜀道，为官军所败"。宋代吴栻专门写有《蜀道记行诗》三卷，范成大《吴船录》卷上"入蜀道，至此始见荔枝"，《元史》卷一五九称"蜀道险远，万乘岂宜轻动"。明清以来，交通通道意义上的蜀道的用法相对较少，如清代王士禛写有《蜀道驿程记》，指的是交通意义上的蜀道，但更多的是用"蜀道"来指道路的险恶，如《明一统志》卷七二称（乌撒军民府）"羊肠小径，十倍蜀道"，《徐霞客游记》卷五上中谈到在贵州独山州境内"随溪南岸西行，道路开整，不复以蜀道为苦"，明确将"蜀道"特指险恶之路。一是将"蜀道"特指巴蜀地区，相当于历史上使用的"蜀中""三川""西川""川蜀""蜀川""巴蜀""川峡""益州"。如《后汉书》卷一一〇称"故文翁在蜀道，著巴汉"，《魏书》卷一一四称"分遣弟子各趣诸方，法汰诣扬州，法和入蜀道"，《隋书》卷一五称"三成而平蜀道，四成而北狄是通"，《南史》卷五〇称"三年迁西中朗长史、蜀郡太守，行益州事，未至蜀道卒"，《新唐书》卷一五二称"南蛮寇蜀道，诏绛募兵"，该书卷一六一称"又言蜀道米价腾踊，百姓流亡"，《太平寰宇记》卷八二称"本蜀道铜山县之治"，《续资治通鉴长编》卷九七称"请留蜀道缣帛于关中"，该书卷四一五称"元丰中已尝奉使蜀道，推行市易之法"，《宋史》卷一八四称"元丰八年，蜀道茶场四十一"，该书卷三八七称"应辰遂摄宣抚之职，蜀道晏然"，《明史》卷三一一称"欲剪诸蛮，以通蜀道"。在元代以后,蜀道之词使用相对较少,且多是泛指巴蜀的交通通道。

其实在中国历史上"蜀道"在许多时候已经延伸为"世道",即指社会的炎凉冷暖。早南朝梁简文帝萧纲《蜀道难二首》称:"建平督邮道,鱼复永安宫。若奏巴渝曲,时当君思中。巫山七百里,巴水三回曲。笛声下复高,猿啼断还续。"这首诗描绘了在弯曲湍急的三峡行船的情景,应该是写蜀道险之实。同时代的刘孝威也作《蜀道难》一首称:"玉垒高无极,铜梁不可攀。双流逆巇道,九坂涩阳关。邓侯束马去,王生敛辔还。惧身充叱驭,奉玉若犹悭。"又一首称:"嵋山金碧有光辉,迁停车马正轻肥。弥思王褒拥节去,复忆相如乘传归。君平子云寂不嗣,江汉英灵已信稀。"刘氏的《蜀道难》也主要是写蜀道之险,思昔圣人之踪迹,发借景思古之情。但南朝梁陈间诗人阴铿的《蜀道难》称:"王尊奉汉朝,灵关不惮遥。高岷常有雪,阴栈屡经烧。轮摧九折路,骑阻七星桥。蜀道难如此,功名讵可要?"则借写蜀道难之实,拟喻世道险恶,功名难求。到了唐代张文琮也作《蜀道难》诗称:"梁山镇地险,积石阻云端。深谷下寥廓,层岩上郁盘。飞梁驾绝岭,栈道接危峦。揽辔独长息,方知斯路难。"似也有借景宣泄世道艰难之意。唐代李白的《蜀道难》最为有名,诗称:

噫吁嚱!危乎高哉!蜀道之难,难于上青天。蚕丛及鱼凫,开国何茫然!尔来四万八千岁,不与秦塞通人烟。西当太白有鸟道,可以横绝峨眉巅。地崩山摧壮士死,然后天梯石栈相钩连。上有六龙回日之高标,下有冲波逆折之回川。黄鹤之飞尚不得过,猿猱欲度愁攀援。青泥何盘盘!百步九折萦岩峦。扪参历井仰胁息,以手抚膺坐长叹。问君西游何时还,畏途巉岩不可攀。但见悲鸟号古木,雄飞雌从绕林间。又闻子规啼夜月,愁空山。蜀道之难,难于上青天!使人听此凋朱颜。连峰去天不盈尺,枯松倒挂倚绝壁。飞湍瀑流争喧豗,砯崖转石万壑雷。其险也如此,嗟尔远道之人胡为乎来哉?

剑阁峥嵘而崔嵬,一夫当关,万夫莫开。所守或匪亲,化为狼与豺。朝避猛虎,夕避长蛇。磨牙吮血,杀人如麻。锦城虽云乐,不如早还家。蜀道之难,难于上青天,侧身西望长咨嗟。

传统认为李白《蜀道难》一诗除写蜀道险恶之实外,更有斥责当时的剑南节度使严武之意。但现代人普遍认为李白此诗表面写蜀道艰险之状,实则写自已仕途坎坷,反映了自己长期游历的艰辛和怀才不遇的悲愤。不过,就是在唐代,诗人陆畅则专门为讨好当时的西川节度使韦皋而撰《蜀道易》,认为"蜀道易,易于履平地",故韦皋"大喜,赠罗三百疋"。①到明代,文人方孝孺再作《蜀道易》来颂扬当时的明太祖。②其序称"唐李白作《蜀道难》以讥刺蜀帅之酷虐,厥后韦皋治蜀,陆畅反其名作《蜀道易》以美之,今其词不传。皋虽惠于蜀民,颇以专横为朝廷所患,畅之词工否未可知推其意,盖不过媚皋云尔,非实事也。伏惟今天子以大圣御极殿下,以睿哲之姿,为蜀神明主。临国以来,施惠政,崇文教,大赉臣僚及于兵吏,内外同声称颂喜悦,天下言仁义忠孝者推焉。西方万里之外,水浮陆走,无有寇盗;商贾骈集,如赴乡间。蜀道之易于斯为至矣。臣才虽不敢望白,而所遇之时白不敢望臣也。因奉教作《蜀道易》一篇,以述圣上及贤王之德名,虽袭畅而词无溢美,颇谓过之"。

其诗称:

美矣哉,西蜀之难,何今易而昔难。陆有重岩峻岭万仞镵天之剑阁,水有砯雷掣电悬流怒吼之江关。自昔相戒不敢至胡为乎,今人操舟秣马夕往而朝还。大圣建皇极,王道坦坦如直。西有雕题凿齿之夷,北有毡裘椎髻之貊,东南大海际,天地岛居州,聚千万国莫不奉琛执贽劾朝贡,春秋使者来接迹,何况川蜀处华夏,贤王于此开寿域,播以仁风,沾以义泽,家和人裕,橐兵敛革,豺狼变化作驺虞,蛇虺消藏同蜥蜴,凿山焚荒秽,略水铲崖石,帆樯扇履任所往,宛若宇宙重开辟。美哉,蜀道之易有如此,四方行旅络绎来游,成都万室比屋如云,桑麻蔽原野鸡犬声相闻,文翁之化,孔明之仁,严郑之节,扬马之文,遗风渐被比邹鲁,士行贤哲方回参方,今况有贤圣君大开学馆,较论典坟,坐令致化,希华勋征贤,一诏到岩穴,咄尔四方之士孰不争先而骏奔。王道有通塞,蜀道无古今,至险不在山与水,只在国政并人心。六朝五季时,王路嗟陆沉,遂令三代民尽为兽与禽,当时岂惟蜀道难,八荒之内皆晦阴,戎夷杂寇盗,干戈密如林。今逢天子圣贤,王之德世所钦,文教洽飞动,风俗无邪淫,孱夫弱妇怀千金,悍吏熟视不敢侵,蜀道之易谅在此,咄尔四方来者,不惮山高江水深。

---

① 《蜀中广记》卷一〇二。
② 方孝孺《逊志斋集》卷二四。

可以说明代方孝孺的《蜀道易》将"蜀道"本来是交通意义上的话语完全放大为人间世道的意义，并用其来表达自己的情怀，渲染得透彻万分。在这时，"蜀道"已经具有了世间世道的意义，而且不仅是对巴蜀地区世间世道的借喻，更是对整个大明王朝世间世道的借喻。

从上我们可以看出，在中国历史上，"蜀道"之词有一个从交通通道的特指演绎成巴蜀地区、巴蜀世道和中国世道的过程。这种演绎过程是在世界上其他地区不曾有的，也是中国其他地区不曾有过的。透过中国历史上"蜀道"词义延伸的历史过程，我们发现巴蜀地区的交通文化对社会经济的影响的深入显然是世间少有的，我们从中看出了巴蜀交通的历史地位和交通文化的历史地位之高。

具体地讲，在水上交通上，虽然世界上最早的独木舟是距今八千三百年左右的在荷兰庇斯地区发现的独木舟，而我国最近在杭州萧山县跨湖桥也发现了距今八千年左右的独木舟，但巴蜀地区独木舟文化之丰富、历史之悠久、影响之长远在世界交通史上是罕见的。同时，在巴蜀地区发现了大量独木船棺，如在广元、巴县、奉节、新都、蒲江、绵竹、双流、成都、郫县（今郫都区）、宝兴、巫溪、大邑、广汉、绵阳、彭县、什邡等地都有发现。特别是在成都商业街发现了17具船棺和独木棺，显现了巴蜀地区舟楫文化在社会生活的各层面中深刻影响。现在看来，这些船棺可分成两种，一是完全独木型，一是木板船型。这些船棺一般长为五米左右，宽为一米左右。直到明代，云南武定府一带少数民族仍用桐槽船（一种独木舟）在金沙江上航行。今泸沽湖纳西族摩梭人的独木舟形式较为完整，基本上体现了西南地区独木舟发展的轨迹。其形制可分成三种，即简单独木舟式、舷侧加帮板或加木框式、木桦复合独木舟式，也基本上反映了世界独木舟向复合形木船发展的轨迹。

巴蜀地区江河纵横，但河流长短宽窄、落差千差万别，两岸地形地貌更是多种多样，这使得巴蜀地区的木船文化在历史上特色鲜明，先民的航运技术和造船技术都十分发达。巴蜀地区地形复杂多样，平原、沿江台地和冲积平原、丘陵、山地兼存，河流众多，且江河河道千变万化，有的宽阔平缓，有的狭窄湍急，有时一条河流几种地形地貌兼有，河流时而平缓，时而湍急，有时出现一个90度的大转弯，出现河曲回肠，这种特殊的地理环境使巴蜀地区在历史上舟楫形式丰富多彩且富有特色。在船棺发展的同时，竹木筏一直是巴蜀地区长期使用的交通工具。皮筏的使用在历史上也有著名的例证，如忽必烈军征云南就是在巴蜀地区征集皮筏南渡金沙江的。

进入复合木船时代，巴蜀地区的造船业在海运大规模兴起前，一直在中国处于领先的地位。早在战国时期，川江上的大舫每只就可载50人和3个月的粮草，直下长江中下游。晋代王浚在四川打造的可骑马往来的楼船、隋代杨素在奉节打造的高约百尺的五牙楼船更是闻名天下。唐代，为征高丽打造战船而专门在巴蜀伐木造船。唐宋时期，巴蜀沿长江一线城市都是重要的造船厂，从成都开始，眉州、嘉州、叙州、泸州、夔州，嘉陵江沿线的利州、阆州、合州也都是重要的造船重地，乌江上的黔州因地产楠木，造船业也较发达。巴蜀地区在宋元战争时使用了"巨舰""艨艟"战舰，这都与巴蜀造船业的发达有关。在这样的背景下，在唐代巴蜀地区出现了我国最早的记载内河舟船技术资料的《峡船具诗序》。

据1891年调查资料显示，当时川江上的船型多达48种，而20世纪50年代对整个巴蜀地区的木船调查表明达72种之多。可以说在这个仅五六十万平方公里的巴蜀地区内，一个时期里有如此多种木船船型，这在世界舟船史上都是罕见的，甚至可以说是独一无二的。这些木船的船型针对所航行的主要河流航道制造，以适宜巴蜀地区不同的江河环境，表明了巴蜀先民的聪明才智和与自然抗争的不屈精神。从历史上整体来看，巴蜀船轻薄腹阔，主要是利于在急流中航行，腹阔使之平缓，轻薄使之流畅，但具体到每种船的差别就十分大了。如船身狭长的中元棒适宜在河道深的河道，主要航行在沱江、长江宜宾至宜昌段；而南河船船身相对较短，吃水浅，主要航行在岷江、大渡河一带；滚筒子吃水浅，主要航行于嘉陵江上；安岳船宽长底窄，适宜在水浅而河道宽的涪江上；乌江上的歪尾船（厚板船）则适宜在滩多水急的乌江河道，以便于转舵和观察；同样，釜溪河上的歪尾船（橹船）则是增大扭矩，适应弯且窄的河道；大宁河辰驳子（柳叶舟）船身狭长，适宜在河道狭小的弯多的河道。而且，巴蜀地区的船型名称十分有特色，真实地反映了巴蜀地区的语言文化特色和环境特色，如倒栽葱、歪屁股、麻糖啄、黄瓜皮、毛叶秋、四脚蛇、麻秧子、老鸦秋、舵笼子、沙鱼鳅、金鸭子、乌棒船等。

川江交通在巴蜀交通中地位重要，但河道险恶，河流湍急，为了航行的顺利，巴蜀先民创造了丰富的舟楫文化。面对险滩，巴蜀先民创造了十分特殊的盘滩技术。传统盘滩主要是用纤夫拉船过滩，有时盘滩一船需要纤夫200多人，就是一般木船的一艘船拉纤，其拉纤的规模也远比俄罗斯伏尔加河纤夫和德国莱茵河纤夫大。正因为拉纤规模宏大，就有了纤头、夥掌头、检挽、锣鼓手等分工。在长江三峡地区的盘滩一般就仅是空船后拉纤过滩，但为了对付绝险之滩，巴蜀先民还发明了一系列更复杂的过滩方法。如清代在整治金沙江航道时就发明了厢架盘滩法，《张允随奏稿》中曾谈到"以前运送兵米船只过此，或用旱厢，或架台杆，仍多用竹缆将船捆定拉过，时有磕损"[①]。后来我们发现《乾隆金沙江全图》对这种特殊的过滩方式作了描绘，发现先要在险滩之处用大木搭厢路，然后在厢路上方提拉系在木船上悬索以减轻船的摩擦系数，前面同时使纤夫拉动船只，让船只从厢路上滑过险滩，当时称为"滚干箱""吊神船"。这种方式有点像林区运输木材的溜子天车，应该在国内外也是绝无仅有的。

为了对付急流险滩、协调劳作和消除贫乏，川江船工发明了川江号子。川江号子中的上水号子高亢短促而有力，下水号子轻柔而诙谐，有的船工可以在几百里中触景生情而唱，不重复，涉及沿岸山川风物和历史典故。可以说，川江号子是中国传统劳动号子中内容最丰富的劳动号子，其内容远比薅秧锣鼓、抬工号子、石工号子、滑竿号子等更加丰富多彩。出于川江航运的需要，需要在名称上对沿江的地形地貌滩险做出区别，所以，在川江沿线形成了有特色的地名用法，如沱、湾、枕、钱、梁、盘、碚、咀、碛、珠、浩、床、漕、嵌等，极大地丰富了中国传统地名用法。

这些宝贵的川江航行传统文化也极大地影响到近代航运。近代川江航运轮船也充分考虑了传统木船的特色，川江机动船继承了传统木船依靠纤夫增大马力、吃水浅、自重轻、载重大、操作灵活、抗沉性好的特色，形成了马力大、吃水浅、灵活的特色。传统时代川江航运导航主要依靠滩师经验，或者在石壁上写上"对我来""洪波顺流"等字符。同样，近代川江航运虽然设立了现代的助航与导航设施，如设立了航标灯、信号台，编印了纸质的《长江上游航道及航标配饰简图》供航行参考，但其中仍多参考传统的滩险地名、航行经验。近代川江航运中从以前的人力盘滩发展到机械绞滩，也是借鉴了传统盘滩的经验。因为川江航行在中国内河航行中最为险恶危险，所以，历史上川江的红船救生在明清以来发展得最完善，其中官府主导、民间参与，完全公益的救护、捞浮、掩埋、遣返、祭祀的制度，不仅对传统时代川江运输的顺利发展提供了

---

① 《云南史料丛刊》第8卷，第629页。

一定的保证，也对今天我们建立公益水上救护捞浮提供了借鉴。

从陆上来看，巴蜀地理环境四向闭塞，地形地貌复杂多样，特别是大量山地高谷深切，地势险峻，在传统生产力背景下，交通的发展十分艰难。但是巴蜀先民为了消除这种空间阻隔，前赴后继，在与自然的抗争中彰显出自己的聪明才智，创造了辉煌的陆上交通文化，在世界交通史上拥有十分独特的地位。

巴蜀先民很早就发明了用水或醋烧热岩石，使岩石裂化来修筑碥路的技术，如文献记载早在战国时李冰就在岷江下游采取了"积薪烧之"的方法，这在火药发明之前是十分重要的一个发明。这种方式直到唐代巴蜀地区在修路时仍在使用。如开成年间，修治川陕间自散关到剑门关的驿道时，"炽炭以烘之。严醋以沃之，溃为埃煤，一慧可扫"①；元和年间在修川陕间嘉陵江道路时，仍然"转巨石，仆大火，焚以炎火，沃以食醋，摧其坚刚，化为灰烬，奋钟之下，易甚朽坏，乃辟乃垦，乃宣乃理"②。显然在火药广泛使用于修路前，巴蜀地区先民也常用这种古老的方式来修路。

在千百年的历史进程中，针对巴蜀地区特殊的地理环境，巴蜀先民总结出了沿河筑路、横岭越垭、陡险盘旋、绝险设栈等方法来开通陆上通道。

从沿河筑路来看，巴蜀地区古代重要的交通要道一般多沿河筑路，这一是因为河谷地带便于征集人力，便于筑路物资的运输取用；再者巴蜀地区河谷深切，沿河筑路可以利用河谷落差小、起伏不大的好处，减少越岭走垭的盘旋而带来的路线距离增长，使道路更加平夷易行。近代公路建设、铁路建设中也继承了先民们的这一传统，多沿河而行。即使到今天，由于高速公路和高速铁路建设中出于对环境的保护，对坡度和弯度有所限制，加上修筑技术提高、现代机械能力提高，许多时候为取直、减坡往往要背离河道，但在环境允许的条件下，沿河筑路仍是相对节约成本的一种选择。

在传统时代生产力条件的制约下，如果遇到绝险之处无法沿河筑路时，往往就需要横越山岭。巴蜀先民在越岭时，一般选择岭的最低处，即垭口穿越，尽可能减少越岭的路程，如石门道的黎山顶、米仓道的草鞋坪、洋巴道滚龙坡、清溪道的草鞋坪、始阳道的飞越岭等。近现代公路建设中也多沿用这种方式以减少路程，减少工程量。

---

① 《刘梦得文集》卷二六《山南西道新修驿路记》。
② 《兴州江运记》。

在面对越岭越垭时，一般遇陡险物往往采取盘旋而上走"之"字形道路，而不是直线或者斜线而上。所以，古代先民形容道路险峻，常常用"二十四盘""七十二盘""一百零八盘"。近现代我们修公路时也采用这种方法，盘旋而上的公路在巴蜀山区随处可见，成为一道道景观。

在宋元以前，巴蜀先民在沿河筑路时，为了车马行进方便，对绝险处往往采取架设栈道的方式来修路，即修筑"偏桥"，这便是绝险设栈的传统。巴蜀地区丰富的木材资源为这种栈道的开修创造了先天的条件，而岩石坚硬虽然使修路不便，但便于开凿栈孔，所以，历史上巴蜀地区有"栈道千里，无所不通"之说。

巴蜀地区复杂的地理环境使巴蜀地区成为世界桥梁的一个博物馆。从历史上来看，巴蜀地区的桥梁种类在世界上可以称是最为完备的，从偏桥（栈道）、独梁木桥、独梁石板桥到石拱桥、木拱桥，从各类索桥到木伸臂桥、木风雨桥，从加阁的风雨桥到加饰的龙脑桥，类型多样，特色鲜明。

栈道古称偏桥。历史上巴蜀地区栈道类型多样，功能齐全，分布广阔，规模庞大，木栈分成标准式、悬崖斜柱式、无柱式、汀步式、木筏式，石栈分成标准式、无柱式、凹槽式、堆砌式。应该说中国栈道是中国特有的交通设施，而巴蜀地区则是中国栈道分布最集中、规模最大、历史最悠久、影响最深远的地区。现代我们修筑铁路和高速公路时，先修筑大量偏桥形式的桥梁，实际就是传统栈道在现代交通中的运用。可以说，巴蜀栈道文化为中国近代交通建设提供了历史的文化支撑。

研究表明，巴蜀地区西部是世界索桥的发祥地之一，是世界索桥分布最为集中的地区之一。巴蜀地区索桥的形式多样，可分为多索平铺型吊桥和多索平铺吊桥两大类。泸定桥是世界四大历史名桥之一。索桥虽然在南美洲、亚洲、非洲等地也有类似的设施，但往往种类单一，规模较小，时代较晚。巴蜀地区早在战国秦汉时期就有笮桥的记载，历代相沿，种类繁多。巴蜀地区笮桥成为现代吊桥的雏形，影响了世界索桥形式的发展。从时间上来看，巴蜀地区早在唐代就有铁索桥的记载，但西方最早在18世纪才有铁索桥的记载。应该看到，现代巴蜀交通设施中多多少少都能见到传统巴蜀交通设施的影子，如现代斜张拉索桥、悬索吊桥都有巴蜀古代索桥的影子，蕴藏着巴蜀先民的聪明才智。

风雨桥即木结构楼阁式桥，在巴蜀地区西部和东部都有分布，是在南方地区多雨且林木丰富的背景下，先民们创造的将阁楼建筑与桥梁建筑结合的一种产物，既适宜了南方地区多雨曝晒的特点，又提供了人们公共聚会的场所。这种多功能的桥梁设施也值得我们今天桥梁建设借鉴。

巴蜀地区特殊的桥梁分布也较多，如木伸臂桥梁的刁桥在全国发现得并不多，但在巴蜀地区西部甘孜、木里、硗碛等地都有发现，其制"自两岸压木于土，填以砂石，木上加木，层层递出数尺。将至斗头丈许，由以竹为排，架于其上，高约数尺，宽仅数尺"①。同样巴蜀还有一些原始的木拱桥，《古今图书集成》的木拱桥称为交桥，民间称为弓弓桥，在四川天全州硗碛一带也存在。②巴蜀地区西部是溜索的重要分布地区，不论是单向平索或是双向陡索形式都有较多分布，以茂州、松州最普遍。近代重庆城市的过江索道，实际上就是巴蜀传统溜索的继承和发展，对近代重庆城市交通的影响十分大。重庆城市码头交通中的缆车也在世界城市交通史上独树一帜。

近代在桥梁方面也有许多特殊的原创。在20世纪前半个世纪中，巴蜀在桥梁建设方面创造了许多世界和全国之最，如1966年建成的当时中国最大跨径的钢拱桥攀枝花2号桥、1969年建成的我国第一座双链式钢索吊桥重庆北碚朝阳桥、1972年建成的当时我国最大跨径的石拱桥丰都九溪沟桥、1975年建成的我国第一座钢筋混凝土斜拉试验桥云阳汤溪河桥、1980年建成的当时我国最大单孔跨径的预应力混凝土T型钢构桥重庆石板坡长江大桥、1980年建成的当时我国第一座大跨径预应力混凝土斜拉桥三台涪江桥、1988年建成的当时国内跨径最大的独塔斜拉桥重庆石门大桥、1990年建成的我国第一座斜吊杆悬索桥奉节梅溪河大桥、1997年建成的世界当时跨径最大的钢管砼劲性骨架箱型拱桥万县长江大桥。

由于巴蜀地区特殊的地理环境，巴蜀地区的交通通道具有多隧道、桥梁的特点。传统公路形成许多有特色的半隧道，如民国时期建成的广元明月峡半隧道、武隆县半坎子隧道、北碚老鹰嘴半隧道。巴蜀地区同样由于地形地貌的特殊，使高速公路形成多隧道、桥梁的特点，有的高速公路桥隧比达70%以上，形成许多长度超长的大隧道和桥梁。重庆主城区因跨长江、嘉陵江的桥多、桥大且各有特色而有桥都之称。重庆堪称"中国桥都"和"桥梁博物馆"。2007年，重庆地区已建成和在建的桥梁有6000座以上，其中，长江、嘉陵江上主跨

---

① 嘉庆《四川通志》卷三一。
② 唐寰澄：《中国科学技术史·桥梁卷》，科学出版社2000年版，第445~446页。

径150米以上、桥长800米以上的特大桥就有36座。2007年，中国100多座长江大桥建成或在建，其中仅重庆市就有24座。而高速公路上的在建桥梁也达793座。除前面谈到的北碚嘉陵江朝阳大桥、丰都县九溪沟大桥、云阳县汤溪河斜拉桥外，到2007年，重庆的巫山长江大桥是世界上跨度最大的中承式钢管拱桥，万州长江二桥是中国跨度最大的桁架式加劲梁悬索桥，重庆大佛寺长江大桥的主跨跨径为同类型桥中亚洲第一，黄花园嘉陵江大桥的连续钢构长度居世界第一，石板坡长江大桥复线桥330米钢横跨度为同类平桥中世界之最。

在历史上，巴蜀地区有许多特色鲜明的交通运输方式，如水电报、肩舆、陆纤、鸡公车、溜子厢路、背篓、滑竿、背拐子、高肩。其中有许多在世界上都是独一无二的，如利用河流放置信息木牌传递信息的水电报、专门背负成人的肩舆、陆上为肩舆拉纤的陆纤、鸡公车、林区的溜子厢路、简易方便的轿子滑竿、特殊的挑高肩担子、方便实用的背拐子都是巴蜀先民针对巴蜀地区特殊的地理环境，创造出的特色明显的交通运输方式。这些交通运输方式不仅在历史上为巴蜀地区消除空间阻隔做出了贡献，也极大地丰富了世界交通文化，成为世界宝贵的文化遗产。

在历史上这些方式有效地组织了交通运输，巴蜀先民不仅与中原一样利用了许多同样的交通组织和邮传组织，如建立了大量的驿站（站赤）、铺递、汛塘，还创造了许多很有特色的交通组织和邮传组织，如骡马帮、麻乡约、乌拉差这些社会组织。

巴蜀地区的航空运输出现得并不是太早，但由于特殊的地理环境使航空运输的重要性远远超过其他地区，所以在历史上发展得也较快。特别是在抗日战争期间，由于政治军事形势的需要，巴蜀地区的航空运输发展较快，许多在历史上起了重要作用的机场和航线都是这个时期建设起来的。所以，至民国35年（1936），巴蜀地区共建有49个机场，其中著名的有广阳坝机场（1929）、珊瑚坝机场、凤凰山机场、双流双桂寺机场（1939）、白市驿机场（1939）等机场。20世纪50年代以来，巴蜀地区航空继续发展，大多数地级行政区单位都有了飞机场，开辟了许多支线航线。

总的来看，巴蜀地区由于地理环境复杂多样，整体四面闭塞，高山耸立，而内部又有成都平原和沿江的一些平坝，丘陵从浅丘、中丘到深丘兼有。在这样的地形地貌下，河网又密集。巴蜀地区四周高山深切，河流湍急，特别是在西部，纵列河谷河流与山地的高差巨大。复杂的地理环境为孕育出丰富多彩的交通文化创造了条件。在这样的环境条件下，巴蜀先民充分利用森林资源丰富的特点，发明了大量适宜巴蜀地区环境的交通设施、交通组织、交通文化。从交通设施类型的众多、交通组织的全面、交通文化特色鲜明上来看，不仅为几千年来巴蜀地区社会经济文化的整体发展创造了条件，也为世界交通文化遗留下了宝贵的文化遗产。同时，这些交通文化在近现代的交通建设中仍发挥着作用。在近代巴蜀修建的大量公路中充分借鉴了巴蜀传统交通的特点，立体交通特色鲜明，一般公路盘旋走垭，高耸云霄，如民国时期的乐西公路、川滇东路、川黔公路都是翻越云雾缭绕的高山。近三四十年来修筑的一般铁路、高速公路也是沿河削崖，桥梁相连，穿越巨山，涵洞相接，风景特殊。城市交通也是立交桥众多，桥梁纵横，引桥复杂多样。特别是近代以来，重庆由于特殊的两江相交且地势陡险的特点，城市的桥梁建设成绩突出，长江、嘉陵江上大桥众多，重庆拥有了桥都之称。相应的，巴蜀地区现代桥梁建设科技实力在全国也较为突出。同样，近代巴蜀水上交通上船型多样，机动船与人力木船在很长的时期内并行，各司其职，以适宜复杂多样的河流航道。也正是因为巴蜀地区地形地貌复杂，区域内陆上交通不便，巴蜀地区形成机场密度大、支线航线多的特点。

　　可以说巴蜀地区交通文化上显现了形式多样性、环境适应性、文化传承性的特点，不仅对于巴蜀地区历史上社会经济文化的发展起了重要的作用，而且这种交通文化作为一种文化遗产，在世界文化遗产中的地位十分突出。巴蜀地区交通文化是值得大书特书的。这种交通文化遗产尤其对于今天世界各地因地制宜发展区域内的交通提供了一个很好的样本，具有文化多样性参考的典范意义。

后 记

交通文化在巴蜀文化中具有独特的历史地位，但长期以来，从文化史的角度思考和研究巴蜀交通的成果并不是很多，所以承担这项工作对我们这个团队来说是一个很大的挑战。好在有蜀中诸位学界前辈、同行的指导和帮助，经过我们四年的努力，《巴蜀文化通史·交通文化卷》终于完成了。

本卷是我们集体研究的成果。编写大纲主要由蓝勇初拟，在几次会议中得到《巴蜀文化通史》学术委员会诸位专家提出的许多很好的建议。成果中"导言"、第一章的第一至第三节、第二章、第四章的第二至五节、第五章、第七章、第八章、"结语"由蓝勇撰写和编写，第一章第三节主要参考王绍荃《四川内河航运史》、王立显《四川公路交通史》编写而成；第一章第四节由岑松、屈洪斌撰写；第三章由杨东煜编写，主要参考了《四川省公路志》《四川交通年鉴》《四川省志·交通志》《四川公路交通史》等文献；第四章第一节由王文君撰写，第六章第一节至第六节分别由刘志伟、吴宏郡、罗权、钱露、赵振宇、吴艳撰写。初稿完成后，蓝勇做了统稿工作，又得到各位专家的指正，然后做了大量修改。

应该说，我们这项成果只是我们研究巴蜀交通史的一个新的尝试，特别是从文化史的角度研究区域交通史，可资借鉴的成果不多，所以本成果从研究内容体系的建立、研究的学术深度来看，都有继续提高的必要，但这有待于我们以后继续努力！

蓝　勇

2012年8月

图书在版编目（CIP）数据

巴蜀文化通史. 交通文化卷 / 章玉钧，谭继和主编；
蓝勇等著. —— 成都：四川人民出版社，2021.12
ISBN 978-7-220-10583-8

Ⅰ.①巴… Ⅱ.①章…②谭…③蓝… Ⅲ.①文化史
—四川②交通运输史—四川 Ⅳ.①K297.1

中国版本图书馆CIP数据核字（2017）第282174号

BASHU WENHUA TONGSHI
JIAOTONG WENHUA JUAN

巴蜀文化通史 **交通文化卷**

蓝勇等 著

出 品 人	黄立新
项目统筹	谢 雪 董 玲 谢 寒
责任编辑	赵 静
封面设计	张 科
装帧设计	经典记忆 戴雨虹
责任校对	林 泉
责任印制	祝 健
出版发行	四川人民出版社（成都三色路238号）
网　　址	http://www.scpph.com
E-mail	scrmcbs@sina.com
新浪微博	@四川人民出版社
微信公众号	四川人民出版社
发行部业务电话	（028）86361653　86361656
防盗版举报电话	（028）86361653
制　　版	四川省经典记忆文化传播有限公司
印　　刷	成都东江印务有限公司
成品尺寸	180mm×260mm
插　　页	14
印　　张	22.5
字　　数	405千
版　　次	2021年12月第1版
印　　次	2021年12月第1次印刷
书　　号	ISBN 978-7-220-10583-8
定　　价	100.00元

■ 版权所有·侵权必究
本书若出现印装质量问题，请与我社发行部联系调换
电话：（028）86361656